suhrkamp taschenbuch
wissenschaft 25

Thomas S. Kuhn, geboren 1922, ist Professor für Wissenschaftstheorie und Wissenschaftsgeschichte in Princeton. Neben dem vorliegenden Werk ist im Suhrkamp Verlag 1977 erschienen: *Die Entstehung des Neuen. Studien zur Struktur der Wissenschaftsgeschichte.*

Kuhns Thema ist der Prozeß, in dem wissenschaftliche Erkenntnisse erzielt werden. Fortschritt in der Wissenschaft – das ist seine These – vollzieht sich nicht durch kontinuierliche Veränderung, sondern durch revolutionäre Prozesse. Dabei beschreibt der Begriff der wissenschaftlichen Revolution den Vorgang, bei dem bestehende Erklärungsmodelle, an denen und mit denen die wissenschaftliche Welt bis dahin gearbeitet hat, abgelöst und durch andere ersetzt werden: es findet ein Paradigmenwechsel statt.

Thomas S. Kuhn
Die Struktur wissenschaftlicher Revolutionen

Zweite revidierte und
um das Postskriptum von 1969
ergänzte Auflage

Suhrkamp

Titel der Originalausgabe:
The Structure of Scientific Revolutions
© 1962, 1970 by the University of Chicago
Für die zweite Auflage ist die Übersetzung
von Hermann Vetter revidiert worden

suhrkamp taschenbuch wissenschaft 25
Vierte Auflage, 24.–29. Tausend 1979
© der deutschen Ausgabe Suhrkamp Verlag
Frankfurt am Main 1967
Suhrkamp Taschenbuch Verlag
Alle Rechte vorbehalten, insbesondere das des
öffentlichen Vortrags, der Übertragung
durch Rundfunk und Fernsehen sowie der
Übersetzung, auch einzelner Teile
Druck: Nomos, Baden-Baden
Printed in Germany
Umschlag nach Entwürfen
von Willy Fleckhaus und Rolf Staudt

CIP-Kurztitelaufnahme der Deutschen Bibliothek
Kuhn, Thomas S.: Die Struktur wissenschaftlicher Revolutionen /
Thomas S. Kuhn. [Für d. 2. Aufl. ist d. Übers.
von Hermann Vetter rev. worden]. –
2., rev. u. um d. Postskriptum von 1969 erg. Aufl.,
4. Aufl., 24.–31. Tsd. – Frankfurt am Main: Suhrkamp, 1979.
(Suhrkamp-Taschenbücher Wissenschaft; 25)
Einheitssacht.: The structure of scientific revolutions ⟨dt.⟩
ISBN 3-518-07625-6

Inhalt

Für James B. Conant, der den Anstoß gegeben hat

Vorwort

Der folgende Essay ist der erste vollständig veröffentlichte Bericht über ein Projekt, das vor fast fünfzehn Jahren konzipiert wurde. Zu jener Zeit war ich Kandidat der Theoretischen Physik und stand bereits kurz vor dem Abschluß meiner Dissertation. Meine erste Begegnung mit der Geschichte der Wissenschaft verdanke ich der Beteiligung an einem neu eingeführten Collegekurs über Physik für Nichtnaturwissenschaftler. Zu meiner völligen Überraschung unterminierte jene Begegnung mit veralteter wissenschaftlicher Theorie und Praxis radikal einige meiner grundlegenden Auffassungen vom Wesen der Wissenschaft und von den Gründen für ihren besonderen Erfolg.

Diese Auffassungen hatte ich mir vorher teils durch die naturwissenschaftliche Ausbildung selbst, teils durch ein langes, neben dem Fachstudium herlaufendes Interesse an der Wissenschaftstheorie angeeignet. Was immer auch ihre pädagogische Brauchbarkeit und ihre abstrakte Glaubwürdigkeit waren, irgendwie paßten jene Vorstellungen einfach nicht zu dem Unterfangen eines historischen Studiums. Und doch waren und sind sie grundlegend für viele Erörterungen über die Wissenschaft; ihre mangelnde Wahrscheinlichkeit schien deshalb durchaus wert, verfolgt zu werden. Das Ergebnis war ein drastischer Wechsel in meinen Berufsplänen, ein Wechsel von der Physik zur Geschichte der Wissenschaft und dann allmählich von relativ geradlinigen historischen Problemen zurück zu den mehr philosophischen Fragen, die mich anfangs zur Geschichte geführt hatten. Von einigen Artikeln abgesehen, ist dieser Essay die erste von mir veröffentlichte Arbeit, in welcher diese frühen Interessen dominieren. Bis zu einem gewissen Grad ist es ein Versuch, mir selbst und meinen Freunden zu erklären, wie es kam, daß ich überhaupt von der Wissenschaft zu ihrer Geschichte hingezogen wurde.

Die erste Gelegenheit, einige der unten dargelegten Gedanken gründlich zu verfolgen, bot sich mir während der drei Jahre als Juniormitglied der »Society of Fellows« der Harvard University. Ohne jene Periode der Freiheit wäre der Übergang auf ein neues Studiengebiet weitaus schwieriger, vielleicht gar nicht möglich gewesen. Ein Teil meiner Zeit in jenen Jahren war der eigentlichen

Geschichte der Wissenschaft gewidmet. Ich setzte insbesondere das Studium der Schriften von Alexandre Koyré fort und begegnete dabei denen von Emile Meyerson, Hélène Metzger und Anneliese Maier.[1] Deutlicher als die meisten anderen neueren Gelehrten hatten diese vier gezeigt, was wissenschaftliches Denken in einer Periode bedeutete, in der die Kanons wissenschaftlichen Denkens von den heute üblichen so sehr verschieden waren. Obgleich ich in steigendem Maße einige ihrer historischen Interpretationen anzweifle, waren ihre Arbeiten, zusammen mit A. O. Lovejoys *Great Chain of Being,* für die Bildung meiner Auffassung darüber, was die Geschichte der wissenschaftlichen Ideen sein könne, fast ebenso wichtig wie das primäre Quellenmaterial.

Viel Zeit verbrachte ich jedoch in jenen Jahren mit der Erkundung von Gebieten, die ohne sichtbare Beziehung zur Geschichte der Wissenschaft sind, in denen aber die Forschung neuerdings Probleme von jener Art entdeckt, auf welche mich die Geschichte lenkte. Eine Fußnote, auf die ich zufällig stieß, führte mich zu den Experimenten, mit denen Jean Piaget die verschiedenen Welten des heranwachsenden Kindes und den Prozeß des Übergangs von der einen in die andere durchleuchtete.[2]

Einer meiner Kollegen veranlaßte mich, Abhandlungen über die Psychologie der Wahrnehmung, besonders der Gestalt-Psychologen, zu lesen; ein anderer machte mich mit B. L. Whorfs Spekulationen über die Wirkung der Sprache auf die Weltauffassung bekannt; und W. V. O. Quine eröffnete mir die philosophischen Rätsel der Unterscheidung von analytisch und synthetisch.[3] Nur durch diese Art einer zufallsbedingten Forschung, wie sie die »Society of Fellows« gestattet, konnte ich auf Ludwik Flecks fast unbekannte Monographie *Entstehung und Entwicklung einer wissenschaftlichen Tatsache* (Basel 1935) stoßen, eine Arbeit, die viele meiner eigenen Gedanken vorwegnimmt. Zusammen mit einer Bemerkung eines anderen Juniormitglieds, Francis X. Sutton, brachte mich Flecks Arbeit zu der Erkenntnis, daß jene Gedanken vielleicht in eine Soziologie der wissenschaftlichen Gemeinschaft gestellt werden müßten. Obwohl der Leser später wenig Hinweise auf diese Arbeiten und Unterhaltungen finden wird, bin ich ihnen doch in mancher Hinsicht, die jetzt zu rekonstruieren oder zu bewerten zu weit führen würde, verpflichtet.

Während meines letzten Jahres als Juniormitglied bot mir eine Einladung, am Lowell Institute in Boston Vorlesungen zu halten, eine erste Möglichkeit, meine sich immer noch formende Auffassung von der Wissenschaft zu erproben. Das Ergebnis war eine Reihe von acht öffentlichen Vorträgen im März 1951 über »The Quest for Physical Theory«. Im nächsten Jahr begann ich, die eigentliche Geschichte der Wissenschaft zu lehren, und fast zehn Jahre lang ließen mir die Probleme des Unterrichtens auf einem Gebiet, das ich niemals systematisch studiert hatte, wenig Zeit für eine ausdrückliche Darstellung der Ideen, die mich zuerst zu ihm geführt hatten. Glücklicherweise erwiesen sich jedoch jene Ideen als Grundlage einer stillschweigenden Orientierung und einer gewissen Problemklärung für einen großen Teil meines weiter fortschreitenden Unterrichts. Ich muß also meinen Studenten für unschätzbare Lehren sowohl über die Lebensfähigkeit meiner Ansichten wie auch über die ihrer wirksamen Kommunikation entsprechenden Techniken danken. Die gleichen Probleme und Orientierungen geben den meisten der überwiegend historischen und scheinbar heterogenen Studien, die ich seit Beendigung meiner Mitgliedschaft veröffentlicht habe, etwas Gemeinsames. Mehrere davon befassen sich mit der entscheidenden Rolle, die dieses oder jenes metaphysische Element in der schöpferischen wissenschaftlichen Forschung spielte. Andere untersuchen die Art und Weise, in der die experimentellen Grundlagen einer neuen Theorie von Forschern, die einer mit ihr unvereinbaren älteren Theorie verbunden sind, akkumuliert und angeeignet werden. In ihrer Abfolge beschreiben sie den Typus von Entwicklung, den ich das »Auftauchen« einer neuen Theorie oder Entdeckung nennen werde. Aber es gibt noch andere derartige Verbindungen zwischen ihnen.

Die Endstufe der Entwicklung dieser Monographie begann mit der Einladung, das Jahr 1958–59 am »Center for Advanced Studies in the Behavioral Sciences« zu verbringen. Wiederum war ich in der Lage, meine ungeteilte Aufmerksamkeit den in diesem Buch diskutierten Problemen zuzuwenden. Und, was noch wichtiger war, das Jahr in einer Gemeinschaft, die sich überwiegend aus Sozialwissenschaftlern zusammensetzte, konfrontierte mich mit unerwarteten Fragen über die Unterschiede zwischen solchen Gemeinschaften und jenen der Naturwissenschaftler, in denen ich ausgebildet worden war. Insbesondere war ich überrascht von der Zahl und dem Ausmaß der offenen Meinungsverschiedenheiten unter den Sozialwissenschaftlern über das Wesen der sinnvollen wissenschaftlichen Probleme und richtigen Methoden. Sowohl die

Geschichte wie auch die eigene Erfahrung ließen mich daran zweifeln, daß Naturwissenschaftler solidere oder bleibendere Antworten auf solche Fragen haben als ihre Kollegen in der Sozialwissenschaft. Und doch stellen sich aus irgendwelchen Gründen in der Praxis der Astronomie, Physik, Chemie oder Biologie normalerweise nicht die Kontroversen über Grundlagen ein, die heute unter Psychologen oder Soziologen verbreitet zu sein scheinen. Der Versuch, die Ursachen jener Differenz zu enthüllen, führte mich dazu, die Rolle dessen in der wissenschaftlichen Forschung zu erkennen, was ich seitdem »Paradigmata« nenne. Darunter verstehe ich allgemein anerkannte wissenschaftliche Leistungen, die für eine gewisse Zeit einer Gemeinschaft von Fachleuten maßgebende Probleme und Lösungen liefern. Sobald dieses Stück meines Puzzlespiels einmal an der richtigen Stelle lag, kam ein Entwurf für den vorliegenden Essay sehr schnell zustande.

Die nun folgende Geschichte dieses Entwurfs braucht hier nicht erzählt zu werden, aber einige Worte müssen über die Form gesagt werden, die er auch durch Überarbeitungen hindurch bewahrt hat. Bis zur Beendigung der ersten Version und deren umfangreicher Revision nahm ich an, daß das Manuskript ausschließlich als ein Band der *Encyclopedia of Unified Science* erscheinen werde. Die Herausgeber dieser bahnbrechenden Reihe hatten mich zunächst darum gebeten, hatten mich dann an meiner Zusage festgehalten und warteten schließlich mit außerordentlichem Takt und viel Geduld auf ein Ergebnis. Ich bin tief in ihrer Schuld, besonders gegenüber Charles Morris, der den wesentlichen Antrieb gab und mich bei der Entstehung des Manuskriptes beriet. Platzmangel in der *Encyclopedia* machte es jedoch erforderlich, meine Ansichten in einer äußerst konzentrierten und schematischen Form darzulegen. Obwohl spätere Ereignisse diese Beschränkungen etwas gelockert haben und eine gleichzeitige unabhängige Veröffentlichung möglich machten, ist diese Arbeit mehr ein Essay als ein vollständiges Buch, nach dem mein Stoff am Ende doch verlangt.

Da es mein wichtigstes Ziel ist, für eine neue Auffassung und Bewertung bekannter Daten zu plädieren, muß der schematische Charakter dieser ersten Darstellung kein Nachteil sein. Im Gegenteil: Leser, deren eigene Forschung sie für die hier vertretene Art der Reorientierung vorbereitet hat, finden die Essayform vielleicht anregender und auch leichter aufnehmbar. Sie hat aber auch Nachteile, und diese mögen es rechtfertigen, daß ich gleich zu Beginn auf jene Erweiterungen in der Breite und Tiefe hinweise, die ich später in einer längeren Version vorzulegen hoffe. Es ist weit mehr historisches Beweismaterial vorhanden, als hier ausgebreitet werden konnte. Außerdem entstammt dieses Material ebenso der Geschichte der biologischen wie der der physikalischen Wissenschaften. Mein Entschluß, mich hier ausschließlich mit den letzteren zu befassen, gründet zum Teil in dem Wunsch, die Geschlossenheit dieses Essays zu erhöhen, und zum Teil auch in meinem gegenwärtigen Kenntnisstand. Ein anderer Punkt ist, daß die hier dargelegte Anschauung über die Wissenschaft auf die potentielle Fruchtbarkeit einer Anzahl neuer Forschungsweisen hindeutet, sowohl historischer wie auch soziologischer. Zum Beispiel erfordert die Art und Weise, in der Anomalien (Störungen der Erwartung) die wachsende Aufmerksamkeit einer wissenschaftlichen Gemeinschaft erregen, ein genaues Studium, und das gilt auch für das Auftauchen der Krisen, die durch wiederholte Mißerfolge bei dem Versuch, eine Anomalie zu beheben, hervorgerufen werden können. Und wenn ich recht hatte damit, daß jede wissenschaftliche Revolution die geschichtliche Perspektive der Gemeinschaft, die sie erlebt, verändert, dann müßte sich dieser Wechsel der Perspektive auf die Struktur der Lehrbücher und Forschungsveröffentlichungen nach der Revolution auswirken. Eine derartige Wirkung – eine andere Verteilung der in den Fußnoten zu Forschungsberichten zitierten Fachliteratur – müßte als möglicher Hinweis auf das Auftreten von Revolutionen studiert werden.

Die Notwendigkeit einer durchgreifenden Raffung hat mich auch gezwungen, auf die Diskussion einer Anzahl wichtiger Probleme zu verzichten. So ist zum Beispiel meine Unterscheidung zwischen den Vor- und den Nachparadigma-Perioden in der Entwicklung einer Wissenschaft allzu schematisch. Jede der Schulen, deren Wettstreit die frühere Periode charakterisiert, wird von etwas geleitet, das einem Paradigma sehr ähnlich ist; es gibt Umstände (wenn sie auch, wie ich glaube, selten sind), unter denen in der späteren Periode zwei Paradigmata friedlich koexistieren können. Der Besitz eines Paradigmas allein ist noch kein völlig ausreichendes Kriterium für den in Abschnitt II diskutierten entwicklungsartigen Übergang. Noch wichtiger ist, daß ich, abgesehen von gelegentlichen kleinen Nebenbemerkungen, nichts gesagt habe über die Rolle des technischen Fortschritts oder der äußeren – sozialen, ökonomischen und intellektuellen – Voraussetzungen für die Ent-

wicklung der Wissenschaften. Man braucht aber nur an Kopernikus und an den Kalender zu denken, um zu erkennen, daß äußere
Voraussetzungen dazu beitragen können, eine bloße Anomalie in
die Ursache für eine akute Krise zu verwandeln. Das gleiche Beispiel zeigt auch, in welcher Weise Voraussetzungen außerhalb der
Wissenschaften den Bereich von Alternativen beeinflussen können, der einem Menschen, der eine Krise durch den Vorschlag dieser oder jener revolutionären Reform zu beenden sucht, offen-
steht.[4] Eine ausdrückliche Berücksichtigung von Wirkungen dieser Art würde, so glaube ich, die in diesem Essay entwickelten
Hauptthesen nicht ändern; sie würde ihm aber sicherlich eine analytische Dimension von größter Bedeutung für das Verständnis des
wissenschaftlichen Fortschritts hinzufügen.

Schließlich, und das ist vielleicht das Wichtigste, hat die Begrenztheit des Raumes meine Behandlung der philosophischen
Implikationen der geschichtlich orientierten Betrachtung der Wissenschaft in diesem Essay einschneidend beeinflußt. Natürlich gibt
es derartige Implikationen, und ich habe versucht, die wichtigsten
davon aufzuzeigen und zu belegen. Dabei habe ich jedoch gewöhnlich davon abgesehen, die verschiedenen Standpunkte, die
von zeitgenössischen Philosophen zu den entsprechenden Streitfragen eingenommen werden, im einzelnen zu diskutieren. Wo
immer ich Skepsis angemeldet habe, war sie mehr auf eine philosophische Grundhaltung als auf irgendeine ihrer voll artikulierten
Äußerungen gerichtet. Die Folge davon mag sein, daß einige von
denen, die eine jener Einstellungen kennen oder mit ihr arbeiten,
den Eindruck gewinnen, ich hätte sie mißverstanden. Ich glaube,
daß sie unrecht haben, doch geht dieser Essay nicht darauf aus, sie
zu überzeugen. Das zu versuchen, hätte es eines weit umfangreicheren und ganz andersartigen Buches bedurft.

Die autobiographischen Fragmente, mit denen dieses Vorwort
beginnt, sollten als Anerkennung dessen dienen, was ich als meine
Hauptdankesschuld gegenüber den wissenschaftlichen Arbeiten
und Institutionen betrachte, die mir bei der Konkretisierung meiner Gedanken behilflich waren. Den Rest jener Schuld werde ich
durch Zitierung auf den folgenden Seiten abzutragen versuchen.
Nichts von dem Gesagten jedoch vermag den Umfang und die Art
meiner persönlichen Dankesschuld gegenüber den vielen, deren
Anregungen und Kritik zu dieser oder jener Zeit meine geistige
Entwicklung gefördert oder bestimmt haben, auch nur anzudeu-

ten. Zu lange Zeit ist vergangen, seit die Ideen zu diesem Essay Form anzunehmen begannen; eine Liste all derer, die mit Recht einige Zeichen für ihren Einfluß auf seinen Seiten finden werden, würde fast mit einer Liste meiner Freunde und Bekannten zusammenfallen. Unter diesen Umständen muß ich mich auf die wichtigsten Einflüsse, die selbst ein schlechtes Gedächtnis niemals völlig zu verwischen vermag, beschränken.

Es war James B. Conant, damals Rektor der Harvard University, der mich zuerst in die Geschichte der Wissenschaft einführte und damit die Umwandlung in meiner Vorstellung vom Wesen des wissenschaftlichen Fortschritts einleitete. Von Anfang an war er freigiebig mit seinen Gedanken, seiner Kritik und seiner Zeit – auch jener Zeit, die erforderlich war, den Entwurf meines Manuskriptes zu lesen und wichtige Änderungen anzuregen. Leonard K. Nash, mit dem zusammen ich fünf Jahre lang den von Dr. Conant begonnenen, geschichtlich orientierten Kursus abhielt, war ein noch aktiverer Mitarbeiter während der Jahre, da meine Gedanken die ersten Umrisse annahmen, und er wurde in den späteren Stadien ihrer Entwicklung sehr vermißt. Glücklicherweise wurde sein Platz als schöpferischer »Resonanzboden«, und mehr als das, nach meiner Abreise aus Cambridge von meinem Kollegen Stanley Cavell in Berkeley eingenommen. Daß Cavell, ein Philosoph, der sich hauptsächlich mit Ethik und Ästhetik befaßte, zu Schlußfolgerungen kam, die mit meinen eigenen so weitgehend übereinstimmten, war für mich ein unerschöpflicher Quell der Anregung und Ermutigung. Er ist darüber hinaus der einzige, mit dem ich jemals meine Gedanken in unvollständigen Sätzen erkunden konnte. Diese Art der Kommunikation beweist ein Verständnis, das ihn befähigte, mir den Weg zu zeigen durch mehrere Hindernisse hindurch oder um sie herum, denen ich bei der Abfassung meines ersten Manuskriptes begegnete.

Nachdem jene Version entworfen war, haben viele andere Freunde bei ihrer Neuformulierung geholfen. Ich denke, sie werden es mir verzeihen, wenn ich nur die vier mit Namen nenne, deren Beiträge sich als die entscheidendsten erwiesen: Paul K. Feyerabend (Berkeley), Ernest Nagel (Columbia), H. Pierre Noyes (Lawrence Radiation Laboratory) und mein Schüler John L. Heilbron, der oft bei der Erstellung einer endgültigen Version für den Druck eng mit mir zusammenarbeitete. Ich fand alle ihre Einwände und Anregungen äußerst nützlich, habe aber keinen Grund zu der Annahme (und manchen Grund für Zweifel daran), daß sie oder die anderen oben Genannten das so entstandene Manuskript als Ganzes billigen werden.

Meine letzte Anerkennung, für meine Eltern, meine Frau und meine Kinder, muß ganz anderer Art sein. Auf eine Weise, die ich selbst vielleicht am wenigsten zu würdigen vermag, hat ein jeder von ihnen sein geistiges Scherflein zu meiner Arbeit beigetragen. Sie haben aber auch, in verschiedenem Maße, etwas noch Wichtigeres getan: sie haben sie fortschreiten lassen und meine Hingabe an sie noch bestärkt. Jeder, der schon mit einem Plan wie dem meinen gerungen hat, wird ermessen, was es sie gelegentlich gekostet haben mag. Ich weiß nicht, wie ich ihnen danken soll.

Berkeley, California   *T. S. K.*
Februar 1962

I. Einführung
Eine Rolle für die Geschichtsschreibung

Wenn man die Geschichtsschreibung für mehr als einen Hort von Anekdoten oder Chronologien hält, könnte sie eine entscheidende Verwandlung im Bild der Wissenschaft, wie es uns zur Zeit gefangen hält, bewirken. Dieses Bild ist, sogar von den Wissenschaftlern selbst, bisher in erster Linie nach dem Studium abgeschlossener wissenschaftlicher Leistungen gezeichnet worden, wie man sie bei den Klassikern und in neuerer Zeit in den Lehrbüchern für die junge wissenschaftliche Generation findet. Der Zweck solcher Bücher ist jedoch zwangsläufig der, zu überzeugen und pädagogisch zu wirken; eine aus ihnen gewonnene Konzeption der Wissenschaft paßt genausowenig auf ihre wirkliche Entstehung, wie es das Bild einer nationalen Kultur tun würde, das man aus einem Touristenführer oder einer Sprachlehre gewinnt. Dieser Essay versucht zu zeigen, daß wir von ihnen gründlich irregeführt worden sind. Sein Ziel ist ein Entwurf der ganz anderen Vorstellung von der Wissenschaft, wie man sie aus geschichtlich belegten Berichten über die Forschungstätigkeit selbst gewinnen kann.

Aber auch aus der Geschichte wird diese neue Auffassung nicht hervorgehen, wenn die historischen Daten weiterhin in erster Linie dazu gesucht und erforscht werden, um Fragen zu beantworten, die von der ungeschichtlichen, den wissenschaftlichen Lehrbüchern entnommenen Schablone aufgeworfen werden. Diese Lehrbücher haben beispielsweise oft den Anschein erweckt, als sei der Inhalt der Wissenschaft ausschließlich durch die auf ihren Seiten beschriebenen Beobachtungen, Gesetze und Theorien dargestellt. Fast ebenso regelmäßig wurde aus den gleichen Büchern herausgelesen, daß wissenschaftliche Methoden einfach diejenigen seien, die durch die Manipulationen bei der Gewinnung der Lehrbuchdaten und durch die logischen Operationen, mit denen man jene Daten auf die theoretischen Verallgemeinerungen des Lehrbuchs bezieht, veranschaulicht würden. Das Ergebnis war eine Vorstellung von der Wissenschaft mit tiefgreifenden Folgerungen über ihre Natur und Entwicklung.

Wenn Wissenschaft die Zusammenstellung von Fakten, Theorien und Methoden in Lehrbüchern ist, dann sind Wissenschaftler die

Männer, die sich mit oder ohne Erfolg bemüht haben, den einen oder anderen Faktor zu dieser besonderen Zusammenstellung beizutragen. Wissenschaftliche Entwicklung ist demnach der schrittweise sich vollziehende Prozeß, durch den solche Einzelheiten, isoliert oder kombiniert, zu einem immerwährend wachsenden Bestand zusammengefügt worden sind, der die wissenschaftliche Methode und Erkenntnis bildet. Und die Geschichte der Wissenschaft wird zu der Disziplin, die sowohl diesen allmählichen Zuwachs wie auch die Hindernisse, die sich der Ansammlung entgegenstellen, chronologisch aufzeichnet. Bei der Beschäftigung mit der wissenschaftlichen Entwicklung scheint der Historiker dann zwei Hauptaufgaben zu haben. Auf der einen Seite muß er feststellen, wer zu welchem Zeitpunkt jeweils ein wissenschaftliches Faktum, Gesetz oder eine Theorie entdeckt oder gefunden hat. Auf der anderen Seite muß er das Gemisch von Irrtum, Mythos und Aberglauben beschreiben und erklären, das ein schnelleres Anwachsen der Beiträge zu den modernen wissenschaftlichen Lehrbüchern behindert hat. Viele Forscher haben diese Richtung eingeschlagen, und manche tun es heute noch.

In den letzten Jahren aber fanden es einige Historiker der Wissenschaft immer schwieriger, die ihnen durch den Begriff der »Entwicklung durch Anhäufung« übertragenen Aufgaben auszuführen. Als Chronisten eines Zuwachsprozesses entdecken sie, daß zusätzliche Forschung es schwerer, nicht leichter macht, Fragen wie diese zu beantworten: Wann wurde der Sauerstoff entdeckt? Wer kam zuerst auf die Energieerhaltung? In zunehmendem Maße gelangen manche von ihnen zu der Vermutung, daß es einfach die falsche Art zu fragen ist. Vielleicht entwickelt sich die Wissenschaft doch nicht aufgrund der Anhäufung einzelner Entdeckungen und Erfindungen. Gleichzeitig sehen sich dieselben Historiker wachsenden Schwierigkeiten gegenüber, wenn sie zwischen dem »wissenschaftlichen« Bestandteil vergangener Beobachtungen und Anschauungen und dem, was ihre Vorgänger so schnell mit »Irrtum« und »Aberglauben« bezeichnet hatten, unterscheiden sollen. Je sorgfältiger sie, sagen wir, Aristotelische Dynamik, Phlogistonchemie oder Wärmestoff-Thermodynamik studieren, desto sicherer sind sie, daß jene einmal gültigen Anschauungen über die Natur, als Ganzes gesehen, nicht weniger wissenschaftlich oder mehr das Produkt menschlicher Subjektivität waren als die heutigen. Wenn man diese veralteten Anschauungen Mythen nennen will, dann können Mythen durch Methoden derselben Art erzeugt und aus Gründen derselben Art geglaubt werden, wie sie heute zu wissenschaftlicher Erkenntnis führen. Wenn man sie hingegen Wissenschaft nennen will, dann hat die Wissenschaft Glaubenselemente eingeschlossen, die mit den heute vertretenen völlig unvereinbar sind. Vor diese Alternative gestellt, muß der Historiker die letztere These wählen. Veraltete Theorien sind nicht prinzipiell unwissenschaftlich, nur weil sie ausrangiert wurden. Diese Wahl macht es aber schwer, die wissenschaftliche Entwicklung als Wachstumsprozeß zu betrachten. Die gleiche historische Forschung, welche die Schwierigkeiten bei der Isolierung einzelner Erfindungen und Entdeckungen hervorkehrt, gibt auch Anlaß zu tiefgehendem Zweifel an dem kumulativen Prozeß, von dem man glaubte, er habe die einzelnen Beiträge zur Wissenschaft zusammengefügt.

Das Ergebnis all dieser Zweifel und Schwierigkeiten ist eine historiographische Revolution in der Untersuchung der Wissenschaft, auch wenn sie sich noch im Frühstadium befindet. Allmählich, und oft ohne sich völlig darüber klar zu sein, daß sie es tun, haben die Historiker der Wissenschaft begonnen, eine neue Art von Fragen zu stellen und andere, oft keineswegs kumulative Entwicklungslinien der Wissenschaften zu verfolgen. Anstatt die beständigen, heute noch wertvollen Beiträge einer älteren Wissenschaft zu suchen, bemühen sie sich, die Ausgewogenheit jener Wissenschaft in ihrem eigenen Zeitalter darzulegen. Sie fragen zum Beispiel nicht nach der Beziehung der Auffassungen Galileis zu denen der modernen Wissenschaft, sondern nach den Beziehungen seiner Anschauungen zu jenen seines Kreises, d. h. seiner Lehrer, Zeitgenossen und unmittelbaren Nachfolger in den Wissenschaften. Darüber hinaus bestehen die Wissenschaftshistoriker darauf, die Meinungen jenes Kreises und anderer, ähnlicher Kreise von dem Standpunkt aus zu studieren – gewöhnlich weicht er von dem der modernen Wissenschaft stark ab –, der diesen Meinungen die größte innere Kohärenz und die engstmögliche Übereinstimmung mit der Natur verleiht. In der Sicht der Arbeiten, die vielleicht von den Schriften Alexandre Koyrés am besten exemplifiziert werden, scheint die Wissenschaft ganz und gar nicht das Unternehmen zu sein, das von den Autoren der älteren historiographischen Tradition diskutiert wird. Implizit zumindest deuten diese historischen Studien die Möglichkeit eines neuen Bildes der Wissenschaft an.

Der vorliegende Essay beabsichtigt, dieses Bild zu umreißen, indem er einige Folgerungen der neuen Geschichtsschreibung deutlich macht.

Welcher Aspekt der Wissenschaft wird im Verlauf dieser Bemühungen in den Vordergrund treten? Zuerst, wenigstens in der Reihenfolge der Darstellung, die Tatsache, daß methodologische Richtlinien für sich allein auf vielerlei wissenschaftliche Fragen keine eindeutige inhaltliche Antwort herbeiführen können. Jemand, der elektrische oder chemische Phänomene untersuchen soll und keine Erfahrung auf diesen Gebieten besitzt, aber weiß, was als wissenschaftlich gelten soll, kann mit vollem Recht zu irgendeiner von mehreren miteinander unvereinbaren Schlußfolgerung kommen. Unter diesen zulässigen Möglichkeiten werden die speziellen Folgerungen, zu denen er gelangt, wahrscheinlich durch seine früheren Erfahrungen auf anderen Gebieten, durch die Zufälle seiner Untersuchung und durch seinen persönlichen Charakter bestimmt sein. Welche Anschauung über die Sterne bringt er zum Beispiel für das Studium der Chemie oder Elektrizitätslehre mit?

Welches der vielen denkbaren Experimente auf dem neuen Gebiet wählt er als erstes aus? Und welche Aspekte des sich ergebenden komplexen Phänomens erscheinen ihm für eine Erhellung der Natur der chemischen Veränderung oder der elektrischen Affinität besonders relevant? Für den einzelnen zumindest, und manchmal auch für die wissenschaftliche Gemeinschaft, sind Antworten auf derartige Fragen oft wesentliche Faktoren der wissenschaftlichen Entwicklung. Wir werden beispielsweise in Abschnitt II sehen, daß die frühen Entwicklungsstadien der meisten Wissenschaften durch einen dauernden Wettstreit zwischen einer Anzahl von deutlich unterschiedenen Ansichten über die Natur charakterisiert sind, von denen jede teilweise aus den Forderungen wissenschaftlicher Beobachtung und Methode abgeleitet ist und alle in etwa mit ihnen vereinbar sind. Was diese einzelnen Schulen unterschied, war nicht diese oder jene Schwäche der Methode – sie waren alle »wissenschaftlich« –, sondern das, was wir später ihre nicht vergleichbare Art und Weise, die Welt zu sehen und die Wissenschaft in ihr auszuüben, nennen werden. Beobachtung und Erfahrung können und müssen den Bereich der zulässigen wissenschaftlichen Überzeugungen drastisch einschränken, andernfalls gäbe es keine Wissenschaft. Sie allein können jedoch nicht ein bestimmtes System solcher Überzeugungen festlegen. Ein offenbar willkürliches Element, das sich aus zufälligen persönlichen und historischen Umständen zusammensetzt, ist immer ein formgebender Bestandteil der Überzeugungen, die von einer bestimmten wissenschaftlichen Gemeinschaft in einer bestimmten Zeit angenommen werden.

Dieses Element von Willkür deutet aber nicht darauf hin, daß irgendeine Gruppe von Wissenschaftlern ihren Beruf ohne eine Reihe anerkannter Überzeugungen ausüben könnte. Es macht auch die besondere Konstellation, der die Gruppe zu einer gegebenen Zeit tatsächlich verbunden ist, nicht weniger folgenreich. Eine wirksame Forschungsarbeit beginnt selten, bevor eine wissenschaftliche Gemeinschaft überzeugt ist, auf Fragen wie die folgenden gesicherte Antworten zu haben: Welches sind die Grundbausteine des Universums? Wie wirken sie aufeinander und auf die Sinne ein? Welche Fragen können sinnvoll über diese Bausteine gestellt und welche Methoden bei der Suche nach Lösungen angewandt werden? Zumindest bei ausgereiften Wissenschaften sind Antworten auf solche Fragen (oder vollwertiger Ersatz dafür) fest in das Ausbildungsritual eingebettet, welches die Studierenden auf ihre fachliche Tätigkeit vorbereitet und ihnen die Zulassung dafür erteilt. Weil diese Ausbildung streng und dabei starr ist, vermögen jene Antworten sich tief im wissenschaftlichen Denken zu verankern. Daß sie es können, trägt viel dazu bei, die besondere Leistungsfähigkeit der normalen Forschungstätigkeit und die Richtung, die sie zu einem bestimmten Zeitpunkt einschlägt, zu erklären. Bei der Untersuchung der »normalen Wissenschaft« in den Abschnitten III, IV und V werden wir diese Forschung als einen rastlosen und hingebungsvollen Versuch beschreiben, die Natur in die von der Fachausbildung gelieferten Begriffsschubladen hineinzuzwängen. Gleichzeitig werden wir uns fragen, ob die Forschung ohne solche Schubladen weiterbestehen könnte, welches auch immer das Element der Willkür bei ihrem historischen Ursprung und gelegentlich noch bei ihrer späteren Entwicklung sei.

Dieses Element der Willkür ist jedenfalls vorhanden und hat einen bedeutenden Einfluß auf die wissenschaftliche Entwicklung, einen Einfluß, der in den Abschnitten VI, VII und VIII noch genauer untersucht werden wird. Die normale Wissenschaft als die Betätigung, mit der die meisten Wissenschaftler zwangsläufig fast ihr ganzes Leben verbringen, gründet auf der Annahme, daß die wissenschaftliche Gemeinschaft weiß, wie die Welt beschaffen ist. Viele Erfolge der Unternehmung gehen darauf zurück, daß die Gemeinschaft bereit ist, diese Annahme zu verteidigen, eventuell sogar mit beträchtlichem Aufwand. Die normale Wissenschaft unterdrückt zum Beispiel oft fundamentale Neuerungen, weil diese notwendigerweise ihre Grundpositionen erschüttern. Und trotzdem, solange diese noch ein Element der Willkür enthalten, bietet gerade das Wesen der normalen Forschung die Gewähr dafür, daß das Neue nicht sehr lange unterdrückt wird. Manchmal widersteht ein normales Problem, welches durch bekannte Regeln und Verfahren lösbar sein sollte, dem wiederholten Ansturm der fähigsten Mitglieder des Kreises, in dessen Zuständigkeit es fällt. Bei anderen Gelegenheiten arbeitet ein für die normale Forschung entwickeltes Ausrüstungsstück nicht in der erwarteten Weise und läßt eine Anomalie erkennen, die sich trotz wiederholter Bemühungen nicht mit der professionellen Erwartung in Einklang bringen läßt. In dieser (und auch noch in anderer) Beziehung geht die normale Wissenschaft öfter in die Irre. Und wenn sie es tut – wenn also die Fachwissenschaft den die bestehende Tradition wissenschaftlicher Praxis untergrabenden Anomalien nicht länger ausweichen kann –, dann beginnen die außerordentlichen Untersuchungen, durch welche die Fachwissenschaft schließlich zu einer neuen Reihe von Positionen, einer neuen Grundlage für die Ausübung der Wissenschaft geführt wird. Die außerordentlichen Episoden, in denen jener Wechsel der fachlichen Positionen vor sich geht, werden in diesem Essay als wissenschaftliche Revolutionen bezeichnet. Sie sind die traditionszerstörenden Ergänzungen zur traditionsgebundenen Betätigung der normalen Wissenschaft.

Die deutlichsten Beispiele für wissenschaftliche Revolutionen sind jene berühmten Episoden der wissenschaftlichen Entwicklung, die auch früher oft als Revolutionen bezeichnet worden sind. In den Abschnitten IX und X, in denen das Wesen der wissenschaftlichen Revolutionen zum ersten Mal unmittelbar erforscht wird, werden wir uns wiederholt mit den wichtigsten Wendepunkten in der wissenschaftlichen Entwicklung, die mit den Namen Kopernikus, Newton, Lavoisier und Einstein verbunden sind, beschäftigen. Sie zeigen deutlicher als die meisten anderen Episoden, wenigstens in der Geschichte der Physik, worum es bei allen wissenschaftlichen Revolutionen geht. Jede von ihnen forderte von der Gemeinschaft, eine altehrwürdige wissenschaftliche Theorie

zugunsten einer anderen, nicht mit ihr zu vereinbarenden, zurück-
zuweisen. Jede brachte eine Verschiebung der für die wissenschaftliche Untersuchung verfügbaren Probleme und der Maß-
stäbe mit sich, nach denen die Fachwissenschaft entschied, was als
zulässiges Problem oder als legitime Problemlösung gelten sollte.
Und jede wandelte das wissenschaftliche Denken in einer Weise
um, die wir letztlich als eine Umgestaltung der Welt, in welcher
wissenschaftliche Arbeit getan wurde, beschreiben müssen. Derartige Änderungen sind, zusammen mit den Kontroversen, die sie
fast immer begleiten, die bestimmenden Charakteristika wissenschaftlicher Revolutionen.

Diese Charakteristika treten mit besonderer Deutlichkeit beim
Studium der Newtonschen oder der chemischen Revolution zutage. Es ist jedoch eine Grundthese dieser Abhandlung, daß sie auch
beim Studium vieler anderer nicht so offensichtlich revolutionärer
Episoden gefunden werden können. Für den weit kleineren davon
betroffenen Fachkreis waren Maxwells Gleichungen ebenso revolutionär wie die Einsteins, und sie stießen auch auf entsprechenden
Widerstand. Die Einführung neuartiger Theorien ruft regelmäßig
und mit Recht die gleiche Reaktion seitens einiger der Fachleute
hervor, deren spezielles Gebiet betroffen ist. Für sie bedeutet die
neue Theorie eine Änderung der Regeln, die bislang die Praxis der
normalen Wissenschaft beherrschten. Zwangsläufig wirkt sie sich
daher auf umfangreiche, schon erfolgreich abgeschlossene wissenschaftliche Arbeiten aus. Insofern ist eine neue Theorie, sei ihr
Anwendungsbereich auch noch so speziell, selten oder nie nur ein
Baustein, der dem schon Bekannten hinzugefügt würde. Ihre Anerkennung erfordert die Umarbeitung einer früheren Theorie und
die Neubewertung früherer Fakten, einen wahrhaft revolutionären
Vorgang, der selten von einem einzigen Menschen und niemals von
heute auf morgen zu Ende geführt werden kann. Es ist also nicht
verwunderlich, daß es für die Historiker schwierig war, diesen umfangreichen Prozeß, den sie aufgrund ihres Vokabulars als ein ab-
geschlossenes Ereignis ansehen müssen, genau zu datieren.

Erfindungen neuer Theorien sind nicht die einzigen wissenschaftlichen Ereignisse von revolutionärer Wirkung auf die Fachleute, in deren Wirkungsbereich sie auftreten. Die Positionen,
welche die normale Wissenschaft beherrschen, spezifizieren nicht
nur, welche Entitäten das Universum bevölkern, sondern auch,
welche es nicht enthält. Daraus folgt, wenn dieser Punkt auch noch

eingehender Diskussion bedarf, daß eine Entdeckung wie die des Sauerstoffs oder der Röntgenstrahlen nicht einfach nur dem »Bestand« der Welt des Wissenschaftlers einen weiteren Gegenstand hinzufügt. Letztlich läuft es zwar darauf hinaus, doch erst dann, wenn die Fachwissenschaft traditionelle Experimentierverfahren neu bewertet, die Vorstellung von den Entitäten, mit denen sie seit langer Zeit vertraut ist, geändert und damit das Theoriensystem, durch das sie die Welt betrachtet, verschoben hat. Wissenschaftliches Faktum und wissenschaftliche Theorie lassen sich nicht streng trennen, außer vielleicht innerhalb einer einzelnen Tradition normal-wissenschaftlicher Praxis. Darum ist eine unerwartete Entdeckung in ihrer Bedeutung nicht einfach eine Tatsache, und deshalb wird die Welt des Wissenschaftlers durch grundlegende Neuerungen – auf dem Gebiet der Theorie oder der Tatsachen – ebenso qualitativ umgewandelt wie quantitativ bereichert.

Dieser erweiterte Begriff der wissenschaftlichen Revolution wird auf den folgenden Seiten umrissen werden. Die Erweiterung dehnt natürlich den herkömmlichen Gebrauch stark aus. Trotzdem werde ich daran festhalten, auch einzelne Entdeckungen revolutionär zu nennen, denn gerade die Möglichkeit, ihre Struktur zum Beispiel mit der Kopernikanischen Revolution in Zusammenhang zu bringen, läßt mir den erweiterten Begriff so wichtig erscheinen. Die vorangegangene Diskussion zeigt, auf welche Weise wir die komplementären Begriffe der normalen Wissenschaft und der wissenschaftlichen Revolution in den unmittelbar folgenden neun Abschnitten entwickeln werden. Im letzten Teil dieses Essays versuchen wir dann, drei verbleibende Hauptfragen zu lösen. Abschnitt XI befaßt sich mit der Frage, warum wissenschaftliche Revolutionen früher so schwer zu erkennen waren, indem er die Lehrbuchtradition diskutiert. Abschnitt XII beschreibt den revolutionären Wettstreit zwischen den Verfechtern der alten und den Anhängern der neuen normal-wissenschaftlichen Tradition. Er betrachtet also den Prozeß, der in einer Theorie der wissenschaftlichen Forschung die bestätigenden oder falsifizierenden Verfahrensweisen, die uns durch das übliche Bild der Wissenschaft vertraut gemacht werden, in irgendeiner Weise ersetzen sollte. Ein Wettstreit zwischen Teilgruppen der wissenschaftlichen Gemeinschaft ist der einzige historische Prozeß, der jemals wirklich zur Ablehnung einer früher einmal anerkannten oder zur Annahme einer neuen Theorie führte. Schließlich wird in Abschnitt XIII die Frage aufgeworfen, wie die Entwicklung durch Revolutionen mit dem scheinbar einheitlichen Charakter des wissenschaftlichen Fortschritts zu vereinbaren ist. Auf diese Frage gibt der Essay allerdings nicht mehr als die Umrisse einer Antwort, denn diese Antwort hängt von Eigentümlichkeiten der wissenschaftlichen Gemeinschaft ab, die umfangreiche zusätzliche Forschungen und Studien erfordern.

Zweifellos werden sich schon manche Leser gefragt haben, ob eine historische Studie überhaupt die hier angezielte Art der theoretischen Neuorientierung bewirken kann. Ein ganzes Arsenal von Dichotomien weist darauf hin, daß sie das eigentlich nicht kann. Wir sagen zu oft, die Geschichte sei eine rein beschreibende Disziplin. Die oben angeführten Thesen sind aber häufig interpretierender und manchmal normativer Art. Und weiter: viele meiner Verallgemeinerungen betreffen die Soziologie oder Sozialpsychologie der Wissenschaftler; doch gehören zumindest einige meiner Schlußfolgerungen, nach traditionellen Maßstäben, zur Logik oder Erkenntnistheorie. Es könnte sogar so aussehen, als hätte ich im vorhergehenden Absatz die heute sehr einflußreiche Unterscheidung zwischen »Entdeckungszusammenhang« und »Begründungszusammenhang« mißachtet. Zeigt diese Vermischung verschiedener Gebiete und Gesichtspunkte nicht eindeutig eine totale Verwirrung an?

Da ich intellektuell mit dieser und ähnlichen Unterscheidungen groß geworden bin, könnte mir ihre Bedeutung kaum stärker bewußt sein. Viele Jahre lang glaubte ich, sie beträfen die Natur der Erkenntnis, und ich nehme noch immer an, daß sie uns etwas Wichtiges zu sagen haben, wenn sie in angemessener Weise umgeformt werden. Und doch haben meine Versuche, sie auf die tatsächlichen Situationen, in denen Kenntnisse erworben, anerkannt und assimiliert werden, anzuwenden – und sei es auch nur ganz grob –, sie außerordentlich problematisch erscheinen lassen. Anstatt als elementare logische oder methodologische Unterscheidung, die der Analyse wissenschaftlicher Erkenntnis vorausgehen, erscheinen sie nun als integrierende Bestandteile einer traditionellen Reihe inhaltlicher Antworten auf genau die Fragen, auf die sie angesetzt worden sind. Diese Zirkularität macht sie freilich keineswegs hinfällig. Sie macht sie aber zu Bestandteilen einer Theorie und setzt sie damit der gleichen strengen Prüfung aus, der auch die Theorien anderer Gebiete unterworfen sind. Wenn sie mehr als reine Abstraktion beinhalten sollen, dann muß dieser Inhalt aufgedeckt werden, und zwar dadurch, daß man sie in der Anwendung auf die Daten betrachtet, die sie erklären sollen. Wie wäre es möglich, daß die Geschichte der Wissenschaft nicht eine Quelle von Phänomenen wäre, von denen mit Recht erwartet werden kann, daß Theorien über das Wissen auf sie anwendbar sind?

II. Der Weg zur normalen Wissenschaft

In diesem Essay bedeutet »normale Wissenschaft« eine Forschung, die fest auf einer oder mehreren wissenschaftlichen Leistungen der Vergangenheit beruht, Leistungen, die von einer bestimmten wissenschaftlichen Gemeinschaft eine Zeitlang als Grundlagen für ihre weitere Arbeit anerkannt werden. Heute werden solche Leistungen in wissenschaftlichen Lehrbüchern, für Anfänger und für Fortgeschrittene, im einzelnen geschildert, wenn auch selten in ihrer ursprünglichen Form. Diese Lehrbücher legen das anerkannte Theoriengebäude dar, erläutern viele oder alle ihrer erfolgreichen Anwendungen und vergleichen diese Anwendungen mit exemplarischen Beobachtungen und Experimenten. Bevor solche Bücher Anfang des neunzehnten Jahrhunderts (und bei den neu entstandenen Wissenschaften sogar noch später) populär wurden, erfüllten viele der berühmten Klassiker der Wissenschaft eine ähnliche Funktion. Die *Physik* des Aristoteles, der *Almagest* des Ptolemäus, Newtons *Principia* und *Opticks*, Franklins *Electricity*, Lavoisiers *Chimie*, Lyells *Geology* – diese und viele andere Werke dienten indirekt eine Zeitlang dazu, für nachfolgende Generationen von Fachleuten die anerkannten Probleme und Methoden eines Forschungsgebietes zu bestimmen. Sie vermochten dies, da sie zwei wesentliche Eigenschaften gemeinsam hatten. Ihre Leistung war neuartig genug, um eine beständige Gruppe von Anhängern anzuziehen, die ihre Wissenschaft bisher auf andere Art betrieben hatten, und gleichzeitig war sie noch offen genug, um der neuen Gruppe von Fachleuten alle möglichen ungelösten Probleme zu stellen. Leistungen mit diesen beiden Merkmalen werde ich von nun an als »Paradigmata« bezeichnen, ein Ausdruck, der eng mit dem der »normalen Wissenschaft« zusammenhängt. Durch seine Wahl möchte ich andeuten, daß einige anerkannte Beispiele für konkrete wissenschaftliche Praxis – Beispiele, die Gesetz, Theorie, Anwendung und Hilfsmittel einschließen – Vorbilder abgeben, aus denen bestimmte festgefügte Traditionen wissenschaftlicher Forschung erwachsen. Das sind die Traditionen, die der Historiker unter Rubriken wie »Ptolemäische Astronomie« (oder »Kopernikanische«), »Aristotelische Dynamik« (oder »Newtonsche«), »Korpuskular-Optik« (oder »Wellen-Optik«) und so weiter be-

schreibt. Das Studium der Paradigmata, natürlich auch solcher, die
weit mehr als die soeben genannten spezialisiert sind, ist für den
Studierenden die wichtigste Vorbereitung für die Mitgliedschaft in
einer bestimmten wissenschaftlichen Gemeinschaft, in der er später arbeiten will. Da er sich dort Menschen anschließen wird, welche die Grundlagen ihres Gebietes anhand derselben konkreten
Vorbilder kennengelernt haben, wird seine spätere Arbeit selten
offene Meinungsverschiedenheiten über Grundprinzipien auslö-
sen. Menschen, deren Forschung auf gemeinsamen Paradigmata
beruht, sind denselben Regeln und Normen für die wissenschaftliche Praxis verbunden. Diese Bindung und die offenbare Übereinstimmung, die sie hervorruft, sind Voraussetzungen für eine normale Wissenschaft, d. h. für die Entstehung und Fortdauer einer
bestimmten Forschungstradition.

Da in diesem Essay der Begriff des Paradigma oft anstelle einer
ganzen Anzahl wohlbekannter Begriffe stehen wird, muß noch
mehr über die Gründe für seine Einführung gesagt werden.
Warum rangiert die konkrete wissenschaftliche Leistung als Ort
fachwissenschaftlicher Bindung vor den verschiedenen Begriffen,
Gesetzen, Theorien und Standpunkten, die von ihr abstrahiert
werden können? In welchem Sinne ist das gemeinsame Paradigma
für den, der eine wissenschaftliche Entwicklung studiert, etwas
Grundlegendes, das nicht völlig auf logisch letzte Bestandteile re-
duzierbar ist, die dann an seiner Stelle fungieren könnten? Wenn
wir diesen in Abschnitt V begegnen, werden sie die Antworten auf
diese und ähnliche Fragen als wesentlich für das Verständnis der
normalen Wissenschaft wie auch des mit ihr verbundenen Begriffes
der Paradigmata erweisen. Diese abstraktere Diskussion wird jedoch auf eine vorangehende Beschäftigung mit Beispielen für normale Wissenschaft oder angewandte Paradigmata angewiesen sein.
Insbesondere werden diese beiden verwandten Begriffe durch die
Feststellung erhellt werden, daß es wissenschaftliche Forschung
auch ohne Paradigmata geben kann oder zumindest ohne solche,
die so unzweideutig und bindend sind wie die vorher genannten.
Die Erwerbung eines Paradigmas und der damit möglichen esoterischen Art der Forschung ist ein Zeichen der Reife in der Entwicklung jedes besonderen wissenschaftlichen Fachgebiets.

Wenn der Historiker die wissenschaftlichen Erkenntnisse über irgendeine ausgewählte Gruppe von verwandten Phänomenen zeitlich zurückverfolgt, trifft er wahrscheinlich auf eine Variante eines

Entwicklungsschemas, das hier an der Geschichte der physikalischen Optik illustriert sei. Die heutigen Physiklehrbücher sagen dem Studierenden, das Licht bestehe aus Photonen, d. h. aus quantenmechanischen Entitäten, die einige Eigenschaften von Wellen und einige von Partikeln zeigen. Die Forschung geht dementsprechend vor oder vielmehr entsprechend der ausführlicheren und mathematischen Charakterisierung, von welcher diese übliche Verbalisierung abgeleitet ist. Diese Charakterisierung des Lichts ist jedoch kaum ein halbes Jahrhundert alt. Bevor sie von Planck, Einstein und anderen Anfang dieses Jahrhunderts entwickelt wurde, lehrten die Physikbücher, das Licht sei eine transversale Wellenbewegung, eine Auffassung, die in einem Paradigma verwurzelt war, welches letztlich aus Youngs und Fresnels Schriften über Optik vom Anfang des neunzehnten Jahrhunderts stammte. Und auch die Wellentheorie war nicht die erste Theorie, die von fast allen Vertretern der Optik angenommen wurde. Im achtzehnten Jahrhundert wurde das Paradigma für dieses Fachgebiet von Newtons *Opticks* geliefert, wo gelehrt wurde, das Licht bestehe aus materiellen Korpuskeln. Zu jener Zeit suchten die Physiker Beweise, welche die frühen Wellentheoretiker nicht brauchten, nämlich Beweise für den Druck, der von den Lichtpartikeln beim Auftreffen auf feste Körper ausgeübt wird.[1]

Diese Umwandlungen der Paradigmata der physikalischen Optik sind wissenschaftliche Revolutionen, und der fortlaufende Übergang von einem Paradigma zu einem anderen auf dem Wege der Revolution ist das übliche Entwicklungsschema einer reifen Wissenschaft. Es ist aber nicht das charakteristische Schema der Zeit vor Newton, und dieser Gegensatz beschäftigt uns hier. Keine Zeit von der Antike bis zum Ausgang des siebzehnten Jahrhunderts besaß eine einheitliche, allgemein anerkannte Anschauung über das Wesen des Lichts. Es gab vielmehr eine Anzahl miteinander streitender Schulen und Zweigschulen, von denen die meisten sich für die eine oder andere Variante der Epikureischen, Aristotelischen oder Platonischen Theorie einsetzten. Eine Gruppe nahm an, das Licht seien Partikel, die von materiellen Körpern ausgehen; für eine andere war es eine Modifikation des zwischen dem Körper und dem Auge liegenden Mediums; wieder eine andere Gruppe erklärte das Licht als Wechselwirkung zwischen dem Medium und einer Emanation aus dem Auge; außerdem gab es noch andere Kombinationen und Abwandlungen. Jede der entsprechenden

Schulen leitete ihre Stärke von ihrer Beziehung zu einer bestimmten Metaphysik her, und jede hob nachdrücklich als paradigmatische Beobachtungen die besonderen optischen Phänomene hervor, die ihre eigene Theorie am besten zu erklären vermochte. Andere Beobachtungen wurden *ad hoc* erklärt, oder sie blieben als unerledigte Probleme weiterer Forschung überlassen.[2]

Zu verschiedenen Zeiten leisteten alle diese Schulen bedeutende Beiträge zu dem Bestand an Konzeptionen, Phänomenen und Methoden, aus dem Newton das erste fast einheitlich anerkannte Paradigma für die physikalische Optik ableitete. Jede Definition des Wissenschaftlers, die zumindest die kreativeren Mitglieder dieser verschiedenen Schulen ausschließt, schließt moderne Nachfolger genauso aus. Jene Männer waren Wissenschaftler. Und doch kann jeder, der einen Überblick über die physikalische Optik vor Newton zu Rate zieht, leicht zu dem Schluß kommen, daß, obwohl die Vertreter dieses Fachgebiets Wissenschaftler waren, das effektive Ergebnis ihrer Tätigkeit keine rechte Wissenschaft war. Wer damals über physikalische Optik schrieb und keine der gängigen Auffassungsweisen als gegeben hinzunehmen vermochte, sah sich genötigt, sein Fachgebiet von Grund auf neu zu entwickeln. Indem er das tat, konnte er relativ frei bestätigende Beobachtungen und Experimente wählen, denn es gab keine Standardreihe von Methoden oder Phänomenen, die anzuwenden bzw. zu erklären sich jeder Autor gezwungen fühlte. Unter diesen Umständen waren die entstehenden Bücher oft ebenso ein Dialog mit den Mitgliedern anderer Schulen wie mit der Natur. Dieses Schema ist einer Anzahl kreativer Fachgebiete auch heute noch vertraut, und es ist keineswegs unvereinbar mit bedeutenden Entdeckungen und Erfindungen. Es ist jedoch nicht das Entwicklungsschema, das die physikalische Optik nach Newton übernahm und das wir heute von anderen Naturwissenschaften kennen.

Die Geschichte der Forschung auf dem Gebiet der Elektrizität in der ersten Hälfte des achtzehnten Jahrhunderts gibt uns ein konkreteres und besser bekanntes Beispiel für die Art und Weise, in der sich eine Wissenschaft entwickelt, bevor sie ihr erstes allgemein anerkanntes Paradigma erlangt. In jener Zeit gab es fast so viele Anschauungen über das Wesen der Elektrizität, wie es bedeutende Experimentatoren auf diesem Gebiet gab, Männer wie Hauksbee, Gray, Desaguliers, Du Fay, Nollet, Watson, Franklin und andere. Alle ihre zahlreichen Vorstellungen von der Elektrizität hatten etwas gemeinsam – sie leiteten sich teilweise von dieser oder jener Form der Korpuskularmechanik her, die für die gesamte wissenschaftliche Forschung jener Tage richtungweisend war. Darüber hinaus waren sie alle Komponenten wirklicher wissenschaftlicher Theorien, die zum Teil auf Experiment und Beobachtung gründeten und zum Teil die Wahl und die Interpretation weiterer Probleme im Verlauf der Forschung bestimmten. Doch obwohl sich alle Experimente mit Elektrizität befaßten, und obwohl die meisten der Experimentatoren jeweils die Arbeiten der anderen studierten, besaßen ihre Theorien allenfalls Familienähnlichkeit.[3]

Eine Anzahl früher Theorien, die dem Verfahren des siebzehnten Jahrhunderts folgten, sah die Anziehungskraft und die Erzeugung durch Reibung als das grundlegende elektrische Phänomen. Sie neigten dazu, die Abstoßung als einen Sekundäreffekt aufgrund eines gewissen mechanischen Rückpralls zu behandeln, und auch dazu, die Diskussion sowie eine systematische Erforschung des von Gray neu entdeckten Effekts, der elektrischen Leitung, solange wie möglich hinauszuschieben. Andere »Elektriker« (der Ausdruck stammt von ihnen selbst) nahmen Anziehungskraft und Abstoßung als gleichermaßen elementare Erscheinungen der Elektrizität und modifizierten ihre Theorien und Forschungen entsprechend. (Übrigens ist diese Gruppe bemerkenswert klein – sogar Franklins Theorie erklärte niemals restlos die gegenseitige Abstoßung zweier negativ geladener Körper.) Sie hatten aber nicht weniger Schwierigkeiten als die erste Gruppe, gleichzeitig auch nur etwas weniger einfache Leitungseffekte zu erklären. Diese Effekte boten jedoch den Ausgangspunkt für eine dritte Gruppe, die dazu neigte, von der Elektrizität als von einer »Flüssigkeit« zu sprechen, die durch Leitungen laufen konnte, und nicht als von einer »Ausdünstung«, die von Nichtleitern ausging. Diese Gruppe wiederum hatte Schwierigkeiten, ihre Theorie mit einer Reihe von Anziehungs- und Abstoßungseffekten in Einklang zu bringen. Erst durch die Arbeit Franklins und seiner unmittelbaren Nachfolger kam es zu einer Theorie, die mit ungefähr gleicher Leichtigkeit nahezu alle diese Effekte zu erklären vermochte und deshalb einer folgenden Generation von »Elektrikern« ein gemeinsames Paradigma für ihre Forschung vermittelte.

Sieht man von solchen Gebieten wie Mathematik und Astronomie ab, auf denen die ersten gesicherten Paradigmata auf vorgeschichtliche Zeit zurückgehen, und auch von solchen wie der Biochemie, die durch Teilung und Neuverbindung bereits ausgereifter Spezialgebiete entstanden sind, so dürfen die oben umrissenen Situationen als historisch typisch gelten. Obwohl es für mich bedeutet, an einer unglücklichen Vereinfachung festzuhalten und eine ausgedehnte geschichtliche Episode mit einem einzigen, etwas willkürlich gewählten Namen (z. B. Newton oder Franklin) zu kennzeichnen, möchte ich sagen, daß ähnliche fundamentale Meinungsverschiedenheiten zum Beispiel das Studium der Bewegung vor Aristoteles und der Statik vor Archimedes, das Studium der Wärme vor Black, der Chemie vor Boyle und Boerhaave, der historischen Geologie vor Hutton charakterisierten. In Teilgebieten der Biologie – beispielsweise der Vererbungslehre – sind die ersten allgemein anerkannten Paradigmata noch jüngeren Datums; und es bleibt die Frage offen, welche Teilgebiete der Sozialwissenschaft überhaupt schon solche Paradigmata erworben haben. Die Geschichte zeigt, daß der Weg zu einem festumrissenen Forschungskonsensus außergewöhnlich mühsam ist.

Die Geschichte zeigt jedoch auch einige Gründe für die auf diesem Weg liegenden Schwierigkeiten. Beim Fehlen eines Paradigmas oder eines Kandidaten für ein Paradigma scheinen alle Tatsachen, die irgendwie zu der Entwicklung einer bestimmten Wissenschaft gehören könnten, gleichermaßen relevant zu sein. Folglich ist das Zusammentragen von Fakten in der Frühzeit eine Tätigkeit, die weit mehr dem Zufall unterliegt als die, welche die darauf folgende wissenschaftliche Entwicklung kennzeichnet. Darüber hinaus bleibt sie, in Ermangelung eines Grundes dafür, nach versteckteren Informationen zu suchen, gewöhnlich auf die Vielfalt der leicht greifbaren Daten beschränkt. Die sich ergebende Sammlung von Fakten enthält solche, die durch zufällige Beobachtungen und Experimente zu erreichen waren, wie auch einige mehr esoterische Daten, die durch bestehende Fertigkeiten wie Medizin, Kalendermachen und Metallurgie gewonnen wurden. Da diese Fertigkeiten Fakten leicht zugänglich gemacht haben, die nicht zufällig entdeckt werden konnten, hat die Technologie oft eine wesentliche Rolle bei der Entstehung neuer Wissenschaften gespielt.

Obwohl diese Art des Zusammentragens von Tatsachen zur Entstehung vieler bedeutender Wissenschaften beigetragen hat, wird jeder, der z. B. die enzyklopädischen Schriften des Plinius oder die Baconschen Naturbeschreibungen des siebzehnten Jahrhunderts durchsieht, vor einem Chaos stehen. Man zögert, diese Arbeiten

wissenschaftlich zu nennen. Die Baconsche »Geschichte« von
Wärme, Farbe, Wind, Bergbau usw. ist angefüllt mit (manchmal
abstrusen) Informationen. Aber sie stellt Tatsachen, die sich später
als aufschlußreich erweisen sollten (z. B. Erwärmung durch Mischen), neben andere (z. B. die Wärme in Dunghaufen), die eine
Zeitlang als so komplex erschienen sind, daß sie der Theorie überhaupt nicht integriert werden konnten.[4] Hinzu kommt, da ja keine
Beschreibung umfassend sein kann, daß die typische Naturgeschichte oft bei ihren sehr umständlichen Darstellungen gerade
jene Einzelheiten wegläßt, welche sich später für die Wissenschaftler als Quelle wichtiger Inspirationen erweisen. Kaum eine
der frühen »Geschichten« der Elektrizität erwähnt zum Beispiel,
daß Spreu, nachdem sie von einem geriebenen Glasstab angezogen
wurde, gleich wieder abgestoßen wird. Dieser Effekt schien mechanisch und nicht elektrisch zu sein.[5] Da überdies der gelegentliche Tatsachensucher selten die Zeit oder die Mittel hat, sich kritisch zu verhalten, stellen die Naturgeschichten oft Beschreibungen wie die eben genannten neben andere wie, sagen wir, die Erwärmung durch Antiperistasis (oder durch Abkühlung), die wir
heute keineswegs bestätigen können.[6] Nur selten, wie im Falle der
antiken Statik, Dynamik und geometrischen Optik, sprechen Tatsachen, die mit so wenig Anleitung durch eine vorher festgelegte
Theorie zusammengetragen werden, mit ausreichender Klarheit,
um das Entstehen eines ersten Paradigmas zu ermöglichen.

  Das ist die Lage, aus der heraus die für die frühen Stadien einer
wissenschaftlichen Entwicklung charakteristischen Schulen entstehen. Keine Naturgeschichte kann ohne einen zumindest impliziten Komplex ineinander verflochtener theoretischer und methodologischer Überzeugungen auskommen, der Auswahl,
Bewertung und Kritik möglich macht. Wenn dieser Komplex von
Überzeugungen nicht schon in der Zusammentragung der Tatsachen enthalten ist – in welchem Falle mehr als »bloße Tatsachen«
vorlägen –, muß er von außen herangetragen werden, vielleicht
durch eine geläufige Metaphysik, eine andere Wissenschaft oder
durch persönliche oder geschichtliche Zufälle. Kein Wunder also,
daß in den frühen Stadien der Entwicklung jeder Wissenschaft verschiedene Leute, die sich dem gleichen Bereich von Phänomenen,
aber gewöhnlich nicht alle den gleichen Phänomenen gegenüber
sehen, sie auch auf unterschiedliche Art und Weise beschreiben und
interpretieren. Was allerdings überraschend ist und vielleicht in

diesem Ausmaß auch nur auf den Gebieten vorkommt, die wir Wissenschaft nennen, ist die Tatsache, daß solche anfänglichen Unterschiede weitgehend verschwinden können.

Sie verschwinden tatsächlich in sehr hohem Maße, und dann anscheinend für immer. Darüber hinaus wird ihr Verschwinden gewöhnlich durch den Triumph einer der Schulen aus der Vor-Paradigma-Zeit ausgelöst, die wegen der ihr eigenen charakteristischen Auffassungen und Vorurteile nur einen bestimmten Teil der recht umfangreichen und noch ganz unfertigen Sammlung von Informationen hervorgehoben hat. Jene Elektriker, die Elektrizität für eine Flüssigkeit hielten und deshalb der Leitung besondere Aufmerksamkeit widmeten, sind ein ausgezeichnetes Beispiel dafür. Von dieser Auffassung geleitet, die kaum mit der bekannten Vielfalt von anziehenden und abstoßenden Effekten fertig werden konnte, kamen mehrere von ihnen auf den Gedanken, die elektrische Flüssigkeit in Flaschen zu füllen. Die unmittelbare Frucht ihrer Bemühungen war die Leydensche Flasche, ein Gerät, das von einem die Natur nur gelegentlich oder wahllos erforschenden Menschen vielleicht niemals entdeckt worden wäre. Tatsächlich wurde es aber von mindestens zwei Forschern unabhängig voneinander anfangs der vierziger Jahre des achtzehnten Jahrhunderts entwickelt.[7] Fast seit Beginn seiner elektrischen Forschungsarbeiten befaßte sich Franklin insbesondere mit der Erklärung dieses seltsamen und im Endeffekt besonders aufschlußreichen Spezialgeräts. Sein Erfolg dabei lieferte das wirksamste von jenen Argumenten, die seine Theorie zu einem Paradigma machten, wenn auch zu einem, das noch nicht alle bekannten Fälle von elektrischer Abstoßung erklären konnte.[8] Um als Paradigma angenommen zu werden, muß eine Theorie besser erscheinen als die mit ihr im Wettstreit liegenden, sie braucht aber nicht – und tut es tatsächlich auch niemals – alle Tatsachen, mit denen sie konfrontiert wird, zu erklären.

Was die Flüssigkeitstheorie der Elektrizität für die sie vertretende Untergruppe bedeutete, bedeutete später das Franklinsche Paradigma für die Gesamtgruppe der Elektriker. Beide zeigten an, welche Experimente einer Durchführung wert waren und welche nicht, weil sie mit sekundären oder übermäßig komplexen Erscheinungen der Elektrizität zu tun hatten. Franklins Paradigma war nur weit wirksamer als jene Theorie; zum Teil, weil das Ende der Debatte zwischen den Schulen auch mit der immer neuen

Diskussion über die Grundlagen Schluß machte, und zum Teil, weil die Überzeugung, auf dem richtigen Weg zu sein, die Wissenschaftler ermutigte, genauere, esoterischere und aufwendigere Arbeiten durchzuführen.[9] Befreit von der Sorge um *alle* elektrischen Phänomene, vermochte die vereinigte Gruppe der Elektriker ausgesuchte Phänomene in weit mehr Einzelheiten zu verfolgen, wozu sie zahlreiche Spezialgeräte entwickelte und sie ausdauernder und systematischer anwandte als alle Elektriker jemals zuvor. Sowohl das Sammeln von Fakten wie auch die Präzisierung der Theorie wurden höchst gezielte Tätigkeiten. Die Leistung und der Wirkungsgrad der Elektrizitätsforschung erhöhten sich entsprechend und lieferten den Beweis für eine allgemeinere Fassung von Francis Bacons scharfsichtigem methodologischen Ausspruch: »Die Wahrheit geht viel leichter aus einem Irrtum als aus der Verwirrung hervor.«[10]

Wir werden das Wesen dieser höchst gezielten oder auf einem Paradigma basierenden Forschung im nächsten Abschnitt untersuchen, müssen aber erst kurz darauf eingehen, wie das Auftauchen eines Paradigmas die Struktur der auf dem betreffenden Fachgebiet arbeitenden Gruppe berührt. Wenn in der Entwicklung einer Naturwissenschaft ein einzelner oder eine Gruppe erstmalig eine Synthese hervorbringt, die in der Lage ist, die meisten Fachleute der nächsten Generation anzuziehen, verschwinden allmählich die alten Schulen. Zum Teil wird ihr Verschwinden durch den Übertritt ihrer Mitglieder zum neuen Paradigma verursacht. Es gibt aber immer einige, die sich an die eine oder andere alte Ansicht klammern; sie werden einfach nicht mehr zur Fachwissenschaft gezählt, die ihre Arbeit daraufhin ignoriert. Das neue Paradigma impliziert eine neue und strengere Definition des Gebietes. Jene, die ihre Arbeit nicht anpassen wollen oder können, müssen allein weitermachen oder sich einer anderen Gruppe anschließen.[11] Historisch gesehen, sind sie oft einfach in den philosophischen Abteilungen geblieben, aus denen so viele Spezialwissenschaften hervorgegangen sind. Wie diese Hinweise andeuten, ist es manchmal nur die Annahme eines Paradigmas, durch welche eine vorher lediglich am Studium der Natur interessierte Gruppe in einen Fachberuf oder zumindest eine Disziplin umgewandelt wird. Bei den Wissenschaften (wenn auch nicht auf Gebieten wie Medizin, Technologie und Jura, deren *raison d'être* im wesentlichen ein äußeres soziales Bedürfnis ist) waren die Entwicklung von Fachzeitschriften, die Gründung von Fachvereinigungen und die Beanspruchung eines besonderen Platzes im Lehrplan gewöhnlich mit der Annahme eines ersten verbindlichen Paradigmas durch die Gruppe verbunden. Zumindest war dies der Fall zwischen der Zeit vor anderthalb Jahrhunderten, als sich das institutionelle Schema der wissenschaftlichen Spezialisierung zu entwickeln begann, und der jüngsten Vergangenheit, als das »Drum und Dran« der Spezialisierung sein eigenes Prestige errang.

Die strengere Abgrenzung der wissenschaftlichen Gruppe hat weitere Folgen. Wenn der einzelne Wissenschaftler ein Paradigma als gegeben betrachten kann, braucht er bei seinen Hauptwerken nicht mehr zu versuchen, sein Fachgebiet von den Grundprinzipien aus unter Rechtfertigung jedes neu eingeführten Begriffs neu aufzubauen. Das kann dem Verfasser eines Lehrbuches überlassen bleiben. Ist jedoch ein Lehrbuch vorhanden, so kann der schöpferische Wissenschaftler seine Forschung dort beginnen, wo dieses aufhört. Er kann sich also ausschließlich auf die subtilsten und esoterischsten Aspekte der Naturerscheinungen, mit denen sich seine Gruppe befaßt, konzentrieren. Und während er das tut, beginnen seine Forschungsberichte sich in einer Weise zu verändern, deren Entwicklung noch zu wenig untersucht worden ist, deren moderne Enderzeugnisse aber allen bekannt sind und viele bedrücken. Seine Forschungen gehen nicht mehr, wie bisher üblich, in Bücher ein, die sich, wie Franklins *Experiments ... on Electricity* oder Darwins *Origin of Species*, an jeden an dem Thema Interessierten wenden. Sie erscheinen vielmehr in kurzen Artikeln, die sich nur an die Fachkollegen wenden, an diejenigen, bei denen die Kenntnis eines gemeinsamen Paradigmas vorausgesetzt werden kann und die sich als die einzigen erweisen, welche die an sie gerichteten Arbeiten zu lesen vermögen.

Bücher sind in den heutigen Wissenschaften gewöhnlich Lehrbücher oder rückblickende Betrachtungen über diesen oder jenen Aspekt des wissenschaftlichen Lebens. Wer eines schreibt, sieht sich dadurch in seinem wissenschaftlichen Ruf eher geschmälert als gefördert. Nur in den frühen Entwicklungsstadien – vor den Paradigmata – der verschiedenen Wissenschaften pflegte das Buch die gleiche Beziehung zur wissenschaftlichen Leistung zu besitzen, wie man sie heute noch auf anderen schöpferischen Gebieten findet. Und nur auf den Gebieten, wo immer noch am Buch als dem Träger der Forschungskommunikation festgehalten wird, sind die Grenzlinien der Professionalisierung noch so schwach gezogen, daß auch der Laie hoffen darf, den Fortschritt durch das Lesen der Originalberichte der Fachleute verfolgen zu können. Sowohl in der Mathematik wie in der Astronomie waren die Forschungsberichte bereits in der Antike für einen Leserkreis mit bloßer Allgemeinbildung nicht mehr verständlich. In der Dynamik wurde die Forschung im späten Mittelalter ähnlich esoterisch, und sie gewann nur zu Beginn des siebzehnten Jahrhunderts ihre Allgemeinverständlichkeit für kurze Zeit zurück, als ein neues Paradigma das alte, das die mittelalterliche Forschung geleitet hatte, ersetzte. Die Forschungen über Elektrizität mußten schon vor Ausgang des achtzehnten Jahrhunderts für den Laien »übersetzt« werden, und die meisten anderen Gebiete der Physik hörten im neunzehnten auf, allgemein verständlich zu sein. Während der gleichen zwei Jahrhunderte können in den verschiedenen Teilgebieten der biologischen Wissenschaften ähnliche Übergänge festgestellt werden. Bei Teilgebieten der Sozialwissenschaften kommen sie wohl heute noch vor. Obwohl es üblich geworden und sicher auch richtig ist, die sich verbreitende Kluft zwischen den Fachwissenschaftlern verschiedener Gebiete zu bedauern, wurde der wesentlichen Beziehung zwischen jener Kluft und den dem wissenschaftlichen Fortschritt eigenen Mechanismen zu wenig Aufmerksamkeit gewidmet.

Seit der prähistorischen Zeit hat ein Wissensgebiet nach dem anderen die Trennungslinie zwischen dem, was der Historiker seine Vorgeschichte nennen könnte, und seiner eigentlichen Geschichte als einer Wissenschaft überschritten. Diese Übergänge zur Reife sind selten so plötzlich oder so unzweideutig vor sich gegangen, wie es aufgrund meiner notwendigerweise schematischen Erörterung scheinen mag. Dennoch vollzogen sie sich, historisch gesehen, nicht allmählich und im gleichen Takt mit der gesamten Entwicklung der Gebiete, innerhalb derer sie auftraten. Während der ersten vier Jahrzehnte des achtzehnten Jahrhunderts verfügten diejenigen, die über Elektrizität schrieben, über weit mehr Informationen über elektrische Phänomene als ihre Vorgänger im sechzehnten Jahrhundert. In dem halben Jahrhundert nach 1740 wurden nur wenig neue elektrische Phänomene dem Bestand hinzugefügt. Und trotzdem, in wichtigen Fragen scheinen die Schriften von Cavendish, Coulomb und Volta im letzten Drittel des achtzehnten Jahrhunderts viel stärker von denen Grays, Du

Fays und sogar Franklins abzuweichen als die Schriften der »elektrischen Entdecker« am Anfang des achtzehnten Jahrhunderts von denen des sechzehnten.[12] Irgendwann zwischen 1740 und 1780 waren die Elektriker zum ersten Male in der Lage, die Grundlagen ihres Gebiets als gegeben anzunehmen. Von da an drängten sie weiter zu konkreteren und versteckteren Problemen, und in steigendem Maße berichteten sie nun über ihre Ergebnisse in Abhandlungen für andere Elektriker statt in Büchern für die gebildete Welt im ganzen. Als Gruppe erreichten sie, was von den Astronomen im Altertum und den Erforschern der Bewegung von Körpern im Mittelalter, der physikalischen Optik im späten siebzehnten und der historischen Geologie im frühen neunzehnten Jahrhundert erreicht worden war. Das heißt, sie hatten ein Paradigma gewonnen, das sich als fähig erwies, die Forschung der ganzen Gruppe zu lenken. Außer im historischen Rückblick dürfte es schwierig sein, ein anderes Kriterium zu finden, das so deutlich ein Fachgebiet zur Wissenschaft proklamiert.

III. Das Wesen der normalen Wissenschaft

Was ist nun das Wesen der spezialisierten und esoterischen Forschung, wie die Annahme eines Paradigmas durch eine Gruppe sie möglich macht? Wenn das Paradigma eine abgeschlossene Arbeit darstellt, welche weiteren Probleme läßt es dann der durch es vereinten Gruppe noch zu lösen übrig? Diese Fragen erscheinen noch zwingender, wenn wir feststellen, daß die bisher benutzten Ausdrücke in gewisser Hinsicht irreführend sind. In seinem herkömmlichen Sinne ist ein Paradigma ein anerkanntes Schulbeispiel oder Schema, und dieser Aspekt seiner Bedeutung macht es mir möglich, hier die Bezeichnung »Paradigma« zu gebrauchen, da ein besseres Wort fehlt. Es wird sich aber bald zeigen, daß der Sinn von »Schulbeispiel« und »Schema«, den wir im Auge haben, nicht ganz der sonst für die Definition von »Paradigma« übliche ist. In der Grammatik beispielsweise ist »amo, amas, amat« ein Paradigma, da es das Schema darstellt, nach dem eine große Anzahl von lateinischen Verben konjugiert wird, so daß beispielsweise »laudo, laudas, laudat« herauskommt. Bei dieser normalen Anwendung fungiert das Paradigma, indem es die Wiederholung von Beispielen gestattet, von denen jedes einzelne es grundsätzlich ersetzen könnte. In einer Wissenschaft hingegen ist ein Paradigma selten ein Objekt der Wiederholung. Es ist vielmehr, der Entscheidung eines Präzedenzfalles im Rechtswesen ähnlich, ein Objekt für weitere Artikulierung und Spezifizierung unter neuen oder strengeren Voraussetzungen.

Um zu sehen, warum dem so ist, müssen wir uns darüber klar werden, wie eng begrenzt ein Paradigma in seinem Anwendungsbereich und in seiner Exaktheit im Zeitpunkt seines ersten Erscheinens sein kann. Paradigmata erlangen ihren Status, weil sie bei der Lösung einiger Probleme, welche ein Kreis von Fachleuten als brennend erkannt hat, erfolgreicher sind als die mit ihnen konkurrierenden. Erfolgreicher sein heißt jedoch nicht, bei einem einzelnen Problem völlig erfolgreich oder bei einer größeren Anzahl bemerkenswert erfolgreich sein. Der Erfolg eines Paradigmas – sei es Aristoteles' Analyse der Bewegung, Ptolemäus' Berechnung von Planetenstellungen, Lavoisiers Anwendung der Waage oder Maxwells Mathematisierung des elektromagnetischen Feldes – ist am

Anfang weitgehend eine Verheißung von Erfolg, die in ausgesuchten und noch unvollständigen Beispielen liegt. Die normale Wissenschaft besteht in der Verwirklichung jener Verheißung, einer Verwirklichung, die durch Erweiterung der Kenntnis der vom Paradigma als besonders aufschlußreich dargestellten Fakten, durch Verbesserung des Zusammenspiels dieser Fakten mit den Voraussagen des Paradigmas sowie durch weitere Artikulierung des Paradigmas selbst herbeigeführt wird.

Von denen, die nicht tatsächlich Fachleute in einer ausgereiften Wissenschaft sind, erkennen nur wenige, wieviel »Aufräumarbeit« solcher Art ein Paradigma übrig läßt, und wie faszinierend diese Arbeit tatsächlich sein kann. Das aber gilt es zu verstehen. Aufräumtätigkeiten sind das, was die meisten Wissenschaftler während ihrer gesamten Laufbahn beschäftigt, und sie machen das aus, was ich hier normale Wissenschaft nenne. Bei näherer Untersuchung, sei sie historisch oder im modernen Labor, erscheint dieses Unternehmen als Versuch, die Natur in die vorgeformte und relativ starre Schublade, welche das Paradigma darstellt, hineinzuzwängen. In keiner Weise ist es das Ziel der normalen Wissenschaft, neue Phänomene zu finden; und tatsächlich werden die nicht in die Schublade hineinpassenden oft überhaupt nicht gesehen. Normalerweise erheben die Wissenschaftler auch nicht den Anspruch, neue Theorien zu finden, und oft genug sind sie intolerant gegenüber den von anderen gefundenen.[1] Normalwissenschaftliche Forschung ist vielmehr auf die Verdeutlichung der vom Paradigma bereits vertretenen Phänomene und Theorien ausgerichtet.

Vielleicht sind das Mängel. Die von der normalen Wissenschaft untersuchten Gebiete sind natürlich recht klein; das jetzt zur Diskussion stehende Unternehmen hat die Sicht stark eingeengt. Diese Einengungen aber, die das Vertrauen zu einem Paradigma zeitigt, erweisen sich als wesentlich für die Entwicklung der Wissenschaft. Durch Konzentration der Aufmerksamkeit auf einen kleinen Bereich relativ esoterischer Probleme zwingt das Paradigma die Wissenschaftler, ein Teilgebiet der Natur mit einer Genauigkeit und bis zu einer Tiefe zu untersuchen, die sonst unvorstellbar wären. Und die normale Wissenschaft besitzt einen eingebauten Mechanismus, der eine Lockerung der Restriktionen für die Forschung gewährleistet, sobald das Paradigma, von dem sie hergeleitet sind, nicht mehr wirksam funktioniert. An diesem Punkt beginnen die

Wissenschaftler, sich anders zu verhalten, und das Wesen ihrer Forschungsprobleme ändert sich. In der Zwischenzeit jedoch, solange das Paradigma erfolgreich ist, hat die Fachwissenschaft Probleme gelöst, die sich ihre Mitglieder kaum hätten vorstellen können und niemals in Angriff genommen hätten ohne die Bindung an das Paradigma. Und zumindest ein Teil dieser Leistung erweist sich immer als dauerhaft.

Um noch deutlicher darzulegen, was mit normaler oder auf einem Paradigma basierender Forschung gemeint ist, möchte ich jetzt versuchen, die Probleme, die sich der normalen Wissenschaft stellen, zu klassifizieren und zu erläutern. Der besseren Verständlichkeit halber stelle ich die theoretische Bemühung zunächst zurück und beginne mit dem Faktensammeln, d. h. mit den Experimenten und Beobachtungen, die in den Fachzeitschriften beschrieben werden, durch welche die Wissenschaftler ihre Fachkollegen über die Ergebnisse ihrer laufenden Forschungsarbeit informieren. Über welche Aspekte der Natur berichten Wissenschaftler normalerweise? Was bestimmt ihre Wahl? Und, da die meisten wissenschaftlichen Beobachtungen viel Zeit, Ausrüstung und Geld verbrauchen: was veranlaßt den Wissenschaftler, an dieser Wahl festzuhalten, bis sich ein Ergebnis zeigt?

Es gibt, glaube ich, nur drei normale Brennpunkte für die wissenschaftliche Untersuchung von Fakten, und sie sind weder immer noch grundlegend verschieden. Zunächst kommt jene Klasse von Fakten, die vom Paradigma als für die Natur der Dinge besonders aufschlußreich bezeichnet wird. Durch ihre Verwendung bei der Lösung von Problemen hat das Paradigma sie dazu prädestiniert, mit größerer Exaktheit und in einer größeren Vielfalt von Situationen bestimmt zu werden. Zu dieser oder jener Zeit gehörten zu solchen bedeutsamen Bestimmungen von Fakten: in der Astronomie – Sternposition und -größe, die Periode der Finsternisse von Doppelsternen und Planeten; in der Physik – spezifische Gewichte und Kompressibilität von Stoffen, Wellenlängen und Spektralintensitäten, elektrische Leitfähigkeiten und Kontaktpotentiale; und in der Chemie – Zusammensetzung und Verbindungsgewichte, Siedepunkte und Säuregrad von Lösungen, Strukturformeln und optische Aktivität. Die Versuche, Genauigkeit und Ausmaß der Kenntnis von diesen Fakten zu vergrößern, nehmen einen beträchtlichen Teil der Literatur der experimentellen und beobachtenden Wissenschaft ein. Immer wieder sind umfangreiche Spezialgeräte für solche Zwecke entworfen worden, und die Erfindung, der Bau sowie der Einsatz dieser Geräte haben hervorragendes Talent, viel Zeit und beträchtliche finanzielle Mittel erfordert. Synchrotrone und Radioteleskope sind nur die jüngsten Beispiele dafür, wie weit Forscher gehen, wenn ihnen ein Paradigma die Gewähr bietet, daß die von ihnen gesuchten Fakten wichtig sind. Von Tycho Brahe bis zu E. O. Lawrence haben sich etliche Wissenschaftler nicht durch die Neuartigkeit ihrer Entdeckungen einen großen Ruf erworben, sondern durch die Exaktheit, Zuverlässigkeit und Reichweite der von ihnen entwickelten Methoden zur Neubestimmung eines bereits bekannten Faktums.

Eine zweite, aber kleinere Klasse von Tatsachenbestimmungen betrifft jene Fakten, die zwar an sich nicht von Interesse sind, aber unmittelbar mit Voraussagen aus der Paradigmatheorie verglichen werden können. Wie wir bald sehen werden, wenn ich mich von den experimentellen den theoretischen Problemen der normalen Wissenschaft zuwende, gibt es meist nur wenige Gebiete, auf denen eine wissenschaftliche Theorie, besonders wenn sie in einer überwiegend mathematischen Form ausgedrückt ist, unmittelbar mit der Natur verglichen werden kann. Bis heute sind nicht mehr als drei derartige Gebiete für Einsteins allgemeine Relativitätstheorie zugänglich.[2] Überdies müssen sogar auf den Gebieten, wo eine Anwendung möglich ist, oft theoretische und instrumentelle Annäherungen in Kauf genommen werden, welche die zu erwartende Übereinstimmung erheblich einschränken. Die Verbesserung dieser Übereinstimmung oder das Auffinden neuer Gebiete, auf denen eine Übereinstimmung überhaupt demonstriert werden kann, sind ein beständiger Prüfstein für das Geschick und die Vorstellungskraft des Experimentators oder Beobachters. Spezialteleskope, die die kopernikanische Voraussage der Jahresparallaxe demonstrieren sollten; Atwoods Maschine, die fast ein Jahrhundert nach den *Principia* erfunden wurde, um die erste unzweideutige Demonstration des Zweiten Newtonschen Gesetzes zu geben; Foucaults Apparatur, mit der gezeigt werden sollte, daß die Geschwindigkeit des Lichts in der Luft größer ist als im Wasser; oder der gigantische Szintillationszähler, der entwickelt wurde, um die Existenz des Neutrino zu zeigen – alle diese Spezialgeräte und viele ähnliche veranschaulichen die ungeheuren Anstrengungen und den Erfindungsgeist, die erforderlich waren, um Natur und Theorie in immer bessere Übereinstimmung zu bringen.[3] Dieses Bemühen, die Übereinstimmung zu demonstrieren, ist eine zweite Form der normalen experimentellen Arbeit und hängt noch viel offensichtlicher als die erste von einem Paradigma ab. Die Existenz des Paradigmas stellt das zu lösende Problem; oft ist die Paradigmatheorie unmittelbar in den Entwurf des Geräts, mit dem das Problem sich lösen läßt, einbezogen. Ohne die *Principia* zum Beispiel hätten Messungen mit der Atwood-Maschine überhaupt nichts bedeutet.

Eine dritte Klasse von Experimenten und Beobachtungen erfaßt, glaube ich, die restliche Faktensammlungstätigkeit der normalen Wissenschaft. Sie besteht in empirischer Arbeit, die dazu dient, die Paradigmatheorie zu artikulieren, einige ihrer noch bestehenden Unklarheiten zu erhellen und die Lösung von Problemen zu ermöglichen, auf die sie vorher lediglich die Aufmerksamkeit gelenkt hat. Es zeigt sich aber, daß diese Klasse von allen die wichtigste ist; ihre Beschreibung erfordert eine Unterteilung. Bei den mehr mathematischen Wissenschaften zielen einige der zur Artikulierung ausgeführten Experimente auf die Bestimmung von physikalischen Konstanten. Newtons Werk sagte beispielsweise aus, daß die Kraft zwischen zwei Masseeinheiten im Abstand einer Entfernungseinheit an allen Stellen im Universum für alle Stoffe gleich sei. Seine eigenen Probleme ließen sich jedoch lösen, ohne daß die Größe dieser Anziehungskraft, der allgemeinen Gravitationskonstante, auch nur geschätzt wurde; und keiner sonst erfand ein Gerät, das sie hätte bestimmen können, ein ganzes Jahrhundert lang nach dem Erscheinen der *Principia* nicht. Auch Cavendishs berühmte Bestimmung im letzten Jahrzehnt des achtzehnten Jahrhunderts war nicht endgültig. Wegen ihrer zentralen Stellung in der physikalischen Theorie waren verbesserte Werte für die Gravitationskonstante seither das Ziel wiederholter Anstrengungen einer Anzahl hervorragender Experimentatoren.[4] Andere Beispiele der gleichen Art sich kontinuierlich fortsetzender Arbeit sind die Bestimmung der astronomischen Einheit, der Avogadroschen Zahl, des Jouleschen Koeffizienten, der Ladung des Elektrons etc. Wenige dieser umfangreichen Anstrengungen wären wohl begonnen und keine wäre zu Ende geführt worden ohne eine Paradigmatheorie, die das Problem definierte und die Existenz einer beständigen Lösung garantierte.

Die Bemühungen, ein Paradigma zu artikulieren, beschränken sich jedoch nicht auf die Bestimmung allgemeiner Konstanten. Sie können beispielsweise auch auf quantitative Gesetze gerichtet sein: das Boylesche Gesetz, das Druck und Volumen eines Gases verknüpft, das Coulombsche Gesetz der elektrischen Anziehung, die Joulesche Formel, welche die erzeugte Wärme in Abhängigkeit vom elektrischen Widerstand und der Stromstärke darstellt, fallen in diese Kategorie. Vielleicht ist es nicht ganz einleuchtend, daß ein Paradigma die Voraussetzung für die Entdeckung derartiger Gesetze sein sollte. Wir hören oft, daß sie durch die Untersuchung von Messungen gefunden werden, die um ihrer selbst willen und ohne Bindung an eine Theorie vorgenommen werden. Die Geschichte bietet aber für eine so übertrieben Baconsche Methode keinen Anhaltspunkt. Boyles Experimente waren nicht denkbar (und hätten, wären sie ersonnen worden, eine andere oder gar keine Interpretation erfahren), bevor die Luft als eine elastische Flüssigkeit erkannt war, auf welche alle die differenzierten Begriffe der Hydrostatik angewandt werden konnten.[5] Coulombs Erfolg gründete darauf, daß er Spezialgeräte für die Messung der Kraft zwischen Punktladungen baute. (Jene, die vorher elektrische Kräfte mit gewöhnlichen Schalenwaagen etc. gemessen hatten, hatten überhaupt keine eindeutige oder einfache Regelmäßigkeit gefunden.) Aber diese Konstruktion gründete wiederum auf der vorherigen Erkenntnis, daß alle Partikel der elektrischen Flüssigkeit über die Entfernung aufeinander einwirkten. Gerade nach der Kraft zwischen solchen Partikeln – der einzigen Kraft, die mit Sicherheit als einfache Funktion der Entfernung angenommen werden kann – suchte Coulomb.[6] Joules Experimente könnten ebenfalls als Beispiele dafür dienen, wie quantitative Gesetze durch Artikulation eines Paradigmas in Erscheinung treten. Tatsächlich ist die Beziehung zwischen qualitativem Paradigma und quantitativem Gesetz so umfassend und eng, daß seit Galilei solche Gesetze oft mit Hilfe eines Paradigmas um Jahre früher richtig erraten worden sind, als Geräte für ihre experimentelle Bestimmung entwickelt werden konnten.[7]

Schließlich gibt es noch eine dritte Art von Experimenten zur Artikulation eines Paradigmas. Mehr als die anderen kann diese einer Erkundung ähneln, und sie ist besonders in jenen Perioden und Wissenschaften vorherrschend, die sich mehr mit den qualitativen als den quantitativen Aspekten der Gesetzmäßigkeit der Natur befassen. Oft ist ein für eine bestimmte Reihe von Phänomenen entwickeltes Paradigma bei seiner Anwendung auf andere, eng verwandte Phänomene doppelsinnig. Dann werden Experimente nötig, damit man unter den verschiedenen Möglichkeiten der Anwendung des Paradigmas auf das neue Interessengebiet wählen kann. Ein Beispiel: Die Stofftheorie der Wärme wurde paradigmatisch auf Erwärmen und Abkühlen durch Mischen und Zustandsveränderung angewandt. Wärme konnte aber noch auf viele andere Arten abgegeben oder aufgenommen werden – etwa durch chemische Verbindung, durch Reibung, durch Kompression oder Absorption eines Gases –, und auf alle diese Phänomene ließ sich die Theorie auf verschiedene Art und Weise anwenden. Hätte beispielsweise das Vakuum eine Wärmeaufnahmefähigkeit, so könnte die Erwärmung durch Kompression als das Ergebnis der Mischung des Gases mit dem Vakuum erklärt werden. Oder die Ursache könnte in der Veränderung der spezifischen Wärme der Gase bei wechselndem Druck liegen. Es gab noch weitere Erklärungen. Viele Experimente wurden unternommen, um die verschiedenen Möglichkeiten herauszuarbeiten und zu unterscheiden; alle diese Experimente entsprangen der stofflichen Wärmetheorie als Paradigma, und jeder nutzte es beim Entwurf seiner Experimente und der Interpretation der Ergebnisse.[8] Nachdem das Phänomen der Erwärmung durch Kompression einmal gesichert war, hingen also alle weiteren Experimente auf diesem Gebiet vom Paradigma ab. Wie sonst hätte ein Experiment zur Durchleuchtung des Phänomens ausgewählt werden sollen?

Wir wenden uns nun den theoretischen Problemen der normalen Wissenschaft zu, die in fast die gleichen Klassen zerfallen wie die Experimental- und Beobachtungsprobleme. Ein Teil der normalen theoretischen Arbeit, wenn auch nur ein kleiner, besteht einfach in der Anwendung einer vorhandenen Theorie, um faktische Voraussagen von eigenem Wert zu machen. Die Erstellung astronomischer Ephemeriden, die Berechnung von Linseneigenschaften und die Aufzeichnung von Kurven der Funkwellenausbreitung sind Beispiele für Probleme dieser Art. Die Wissenschaftler betrachten sie allerdings im allgemeinen als eintönige Arbeit, die den Ingenieuren und Technikern überlassen werden sollte. Niemals erscheint sehr viel davon in den maßgeblichen wissenschaftlichen Zeitschriften. Aber diese Zeitschriften enthalten eine große Zahl theoretischer Diskussionen über Probleme, die den Nichtwissenschaftlern fast als das gleiche erscheinen müssen. Es handelt sich um die Manipulation von Theorien, die nicht etwa unternommen wird, weil die sich daraus ergebenden Voraussagen einen eigenen

Wert haben, sondern weil sie unmittelbar mit dem Experiment konfrontiert werden können. Ihr Zweck ist es, eine neue Anwendung des Paradigmas darzulegen oder die Exaktheit einer bereits durchgeführten Anwendung zu steigern.

Die Notwendigkeit von Arbeiten dieser Art ergibt sich aus den großen Schwierigkeiten, die oft bei der Erschließung von Berührungspunkten zwischen einer Theorie und der Natur auftauchen. Diese Schwierigkeiten können kurz anhand der Geschichte der Dynamik nach Newton erläutert werden. Bis zum frühen achtzehnten Jahrhundert betrachteten jene Wissenschaftler, die in den *Principia* ein Paradigma sahen, die Allgemeingültigkeit ihrer Schlußfolgerungen als gegeben, und sie hatten allen Grund dazu. Kein anderes in der Geschichte der Wissenschaft bekanntes Werk hat eine so starke Vergrößerung sowohl des Bereichs wie auch der Genauigkeit der Forschung gestattet. Für den Himmel hat Newton die Keplerschen Gesetze der Planetenbewegung abgeleitet und auch einige beobachtete Punkte, in denen der Mond diesen Gesetzen nicht folgt, erklärt. Für die Erde hat er die Ergebnisse vereinzelter Beobachtungen an Pendeln und den Gezeiten abgeleitet. Mit Hilfe zusätzlicher, aber ad hoc gemachter Annahmen war er auch in der Lage, das Boylesche Gesetz und eine wichtige Formel für die Schallgeschwindigkeit in der Luft abzuleiten. Unter Berücksichtigung des Standes der Wissenschaft zu jener Zeit war der Erfolg dieser Demonstrationen äußerst eindrucksvoll. Doch gemessen an der mutmaßlichen Allgemeingültigkeit der Newtonschen Gesetze war die Zahl jener Anwendungen nicht groß, und Newton entwickelte fast keine anderen. Überdies waren seine wenigen Anwendungen, gemessen an dem, was jeder Kandidat der Physik heute mit den gleichen Gesetzen erreichen kann, noch nicht einmal exakt entwickelt. Schließlich waren die *Principia* hauptsächlich im Hinblick auf die Anwendung in der Himmelsmechanik entwickelt worden. Ihre Anwendung unter irdischen Verhältnissen, besonders auf Bewegungen unter Randbedingungen, war eine offene Frage. Irdische Probleme wurden jedenfalls schon sehr erfolgreich mit ganz anderen Methoden angegangen, die ursprünglich von Galilei und Huyghens entwickelt und während des 18. Jahrhunderts auf dem Kontinent von den Bernoullis, d'Alembert und vielen anderen weitergeführt wurden. Wahrscheinlich könnte man zeigen, daß diese Methoden und die der *Principia* Spezialfälle einer allgemeineren Formulierung sind, aber eine Zeitlang sah niemand so recht, wie das geschehen könnte.[8a]

Beschränken wir unsere Aufmerksamkeit einen kurzen Augenblick auf das Problem der Exaktheit. Ihren empirischen Aspekt haben wir bereits erläutert. Spezialgeräte – wie Cavendishs Waage, Atwoods Fallmaschine oder verbesserte Teleskope – waren erforderlich, um die besonderen Daten, welche die konkreten Anwendungen des Newtonschen Paradigmas verlangten, zu liefern. Ähnliche Schwierigkeiten hinsichtlich der Erzielung von Übereinstimmung bestanden auf seiten der Theorie. Bei der Anwendung seiner Gesetze auf Pendel war Newton beispielsweise gezwungen, den Pendelkörper als Massenpunkt zu behandeln, um eine klare Definition der Pendellänge zu erhalten. Die meisten seiner Lehrsätze – wobei die wenigen Ausnahmen hypothetisch und vorläufig waren – ignorierten auch die Wirkung des Luftwiderstands. Es waren einwandfreie physikalische Näherungen. Und trotzdem, als Näherungen schränkten sie die zu erwartende Übereinstimmung zwischen Newtons Voraussagen und den tatsächlichen Experimenten ein. Die gleichen Schwierigkeiten treten noch deutlicher bei der Anwendung der Newtonschen Theorie auf den Himmel auf. Einfache quantitative Fernrohrbeobachtungen zeigen, daß die Planeten den Keplerschen Gesetzen nicht ganz folgen, und Newtons Theorie zeigt, daß sie es auch nicht dürften. Um diese Gesetze abzuleiten, war Newton gezwungen gewesen, alle Anziehungskräfte mit Ausnahme derjenigen zwischen den einzelnen Planeten und der Sonne außer acht zu lassen. Da die Planeten sich auch gegenseitig anziehen, konnte nur eine ungefähre Übereinstimmung zwischen der angewandten Theorie und den Fernrohrbeobachtungen erwartet werden.[9]

Die erzielte Übereinstimmung war für die, welche sie erreichten, mehr als zufriedenstellend. Abgesehen von einigen irdischen Problemen war keine andere Theorie auch nur annähernd so erfolgreich. Keiner von denen, welche die Gültigkeit von Newtons Werk in Frage stellten, tat das wegen seiner begrenzten Übereinstimmung mit Experiment und Beobachtung. Gleichwohl hinterließ diese Begrenztheit der Übereinstimmung den Nachfolgern Newtons viele faszinierende theoretische Probleme.

Man brauchte zum Beispiel theoretische Methoden für die Behandlung der Bewegung von mehr als zwei einander anziehenden Körpern und der Stabilität gestörter Bahnen. Solche Probleme beschäftigten viele der besten Mathematiker Europas im 18. und frühen 19. Jahrhundert. Euler, Lagrange, Laplace und Gauß widmeten einige ihrer glänzendsten Arbeiten den Problemen der Verbesserung der Übereinstimmung zwischen dem Newtonschen Paradigma und den Himmelsbeobachtungen. Viele dieser Leute arbeiteten gleichzeitig an der Entwicklung einer Mathematik, die für Anwendungen nötig war, die weder Newton noch die kontinentale Schule der Mechanik auch nur versucht hatten. Sie brachten zum Beispiel eine ungeheure Literatur und einige sehr leistungsfähige mathematische Methoden für die Hydrodynamik und die Theorie schwingender Saiten hervor. Aus diesen Anwendungsproblemen erklärt sich die wohl brillanteste und aufreibendste wissenschaftliche Arbeit des achtzehnten Jahrhunderts. Weitere Beispiele könnten durch eine Untersuchung der dem Paradigma folgenden Periode in der Entwicklung der Thermodynamik, der Wellentheorie des Lichts, der elektromagnetischen Theorie oder irgendeines anderen Zweiges der Naturwissenschaft entdeckt werden, wo die Grundgesetze völlig quantitativ sind. Zumindest bei den mehr mathematischen Wissenschaften ist der größte Teil der theoretischen Arbeit von dieser Art.

Aber nicht alle Arbeit ist von dieser Art. Sogar bei den mathematischen Wissenschaften gibt es auch theoretische Probleme der Artikulation des Paradigmas; und während der Perioden, in denen die wissenschaftliche Entwicklung vorherrschend qualitativ ist, dominieren diese Probleme. Einige Probleme sowohl in den mehr quantitativen als auch in den mehr qualitativen Wissenschaften erstreben einfach eine Klärung durch Neuformulierung. Die *Principia* zum Beispiel erwiesen sich nicht immer als ein leicht anzuwendendes Werk, teils weil es noch etwas von der bei einem ersten Wagnis unvermeidlichen Umständlichkeit an sich hatte, und teils weil so viel von seiner Bedeutung erst bei den Anwendungen zutage trat. Deshalb haben sich von Euler und Lagrange im achtzehnten Jahrhundert bis zu Hamilton, Jacobi und Hertz im neunzehnten Jahrhundert viele der glänzendsten mathematischen Physiker Europas wiederholt bemüht, die Mechanik in einer äquivalenten, aber logisch und ästhetisch zufriedenstellenderen Form neu zu formulieren. Das heißt, sie wollten die expliziten und impliziten Lehren der *Principia* und der kontinentalen Mechanik in einer logisch zusammenhängenderen Fassung vortragen, einer Fassung, die in ihren Anwendungen auf die neu erarbeiteten Probleme der Mechanik einheitlicher wie auch eindeutiger wäre.[10]

Ähnliche Neuformulierungen eines Paradigmas kamen wiederholt in allen Wissenschaften vor, aber die meisten von ihnen haben im Paradigma mehr substantielle Veränderungen bewirkt als die erwähnten Neuformulierungen der *Principia*. Solche Veränderungen ergeben sich aus der empirischen Arbeit, von der vorher gesagt wurde, sie strebe die Artikulierung des Paradigmas an. In der Tat war es willkürlich, diese Arbeit als empirisch zu klassifizieren, denn mehr als bei jeder anderen normalen Forschungstätigkeit sind die Probleme bei der Paradigmaartikulierung gleichzeitig theoretisch und experimentell; die vorher angeführten Beispiele können uns auch in diesem Falle dienen. Bevor Coulomb seine Apparate konstruieren und damit Messungen machen konnte, mußte er die Elektrizitätstheorie heranziehen, um festzulegen, wie er seine Apparate bauen sollte. Aber die Folge seiner Messungen war eine Verfeinerung jener Theorie. Und die Männer, welche die Experimente für die Unterscheidung zwischen den verschiedenen Theorien über Erwärmung durch Kompression entwickelten, waren im allgemeinen dieselben, die auch die zu vergleichenden Versionen aufgestellt hatten. Sie arbeiteten sowohl mit den Tatsachen als auch mit der Theorie, und ihre Arbeit brachte nicht nur neue Informationen hervor, sondern ein exakteres Paradigma, erzielt durch die Eliminierung von Unklarheiten, die dem Original, von dem sie ausgingen, noch anhafteten. Bei vielen Wissenschaften ist der größte Teil der normalen Arbeit von dieser Art.

Diese drei Klassen von Problemen – Bestimmung bedeutsamer Tatsachen, gegenseitige Anpassung von Fakten und Theorie, Artikulierung der Theorie – machen, so glaube ich, die gesamte Literatur der normalen Wissenschaft aus, sowohl der empirischen wie auch der theoretischen. Sie machen natürlich nicht ganz die wissenschaftliche Literatur überhaupt aus. Es gibt auch außerordentliche Probleme, und es kann wohl sein, daß gerade ihre Lösung die wissenschaftliche Tätigkeit als Ganzes so besonders lohnend macht. Aber solche Probleme kann man nicht einfach herbeiwünschen; sie treten nur bei besonderen Gelegenheiten zutage, die durch das Fortschreiten der normalen Wissenschaft vorbereitet werden. Zwangsläufig fällt deshalb die Mehrzahl der Probleme, auch wenn sie von den allerbesten Wissenschaftlern in Angriff genommen werden, unter eine der oben beschriebenen drei Kategorien. Die Arbeit im Zeichen des Paradigmas kann auf keine andere Weise durchgeführt werden, und vom Paradigma abfallen hieße, die Wissenschaft, die es definiert, nicht mehr ausüben. Wir werden bald sehen, daß solche Abfälle tatsächlich vorkommen. Sie sind die Angelpunkte, um die sich die wissenschaftlichen Revolutionen drehen. Bevor wir jedoch das Studium solcher Revolutionen beginnen, brauchen wir einen größeren Überblick über die normalwissenschaftlichen Arbeiten, die ihnen den Weg bereiten.

IV. Normale Wissenschaft als das Lösen von Rätseln

Die vielleicht überraschendste Eigenart der normalen Forschungsprobleme, denen wir soeben begegnet sind, ist, daß sie so wenig bestrebt sind, bedeutende Neuheiten hervorzubringen, sei es als Begriff oder als Phänomen. Manchmal, wie beispielsweise bei einer Messung von Wellenlängen, ist außer den letzten Einzelheiten des Ergebnisses alles im voraus bekannt, und im allgemeinen ist der Erwartungsspielraum nur wenig breiter. Coulombs Messungen hätten zum Gesetz der quadratischen Abnahme nicht zu passen brauchen; die Männer, die an der Erwärmung durch Kompression arbeiteten, waren oft auf mehrere Ergebnisse gefaßt. Und dennoch, selbst in solchen Fällen ist der Bereich der erwarteten und deshalb assimilierbaren Ergebnisse immer klein verglichen mit dem, den die Vorstellungskraft ersinnen kann. Und ein Projekt, dessen Ausgang nicht in diesen kleineren Bereich fällt, ist gewöhnlich nur ein Fehlschlag bei der Forschung, der nicht auf die Natur, sondern auf den Wissenschaftler zurückfällt.

Im achtzehnten Jahrhundert wurde beispielsweise den Experimenten, bei denen die elektrische Anziehungskraft mit Hilfe von Geräten wie der Schalenwaage gemessen wurde, wenig Aufmerksamkeit gewidmet. Da sie weder einheitliche noch einfache Ergebnisse erbrachten, konnten sie für eine Artikulierung des Paradigmas, aus dem sie hergeleitet wurden, nicht gebraucht werden. Deshalb blieben sie auch *bloße* Fakten, ohne Beziehung zum weiteren Fortschritt der Elektrizitätsforschung. Nur rückblickend, im Besitz eines späteren Paradigmas, können wir sehen, welche Eigenschaften von elektrischen Phänomenen sie darstellen. Coulomb und seine Zeitgenossen besaßen natürlich dieses spätere Paradigma auch, oder eines, das zu den gleichen Erwartungen führte, wenn es auf das Problem der Anziehung angewandt wurde. Deshalb war Coulomb in der Lage, Geräte zu entwerfen, die ein durch Paradigmaartikulation assimilierbares Ergebnis zeitigten. Das ist aber auch der Grund, warum dieses Ergebnis niemanden überraschte und warum mehrere Zeitgenossen Coulombs in der Lage waren, es vorauszusagen. Selbst ein Projekt, dessen Ziel eine Paradigmaartikulation ist, erstrebt nicht die *unerwartete* Neuheit.

Wenn aber das Ziel der normalen Wissenschaft nicht bedeutende substantielle Neuheiten sind – wenn eine stärkere Abweichung von dem erwarteten Ergebnis gewöhnlich ein Mißerfolg des Wissenschaftlers ist –, warum werden dann diese Probleme überhaupt in Angriff genommen? Ein Teil der Antwort ist bereits dargelegt worden. Für die Wissenschaftler zumindest sind die in der normalen Forschung gewonnenen Ergebnisse bedeutsam, da sie die Reichweite und die Exaktheit der Anwendung des Paradigmas vergrößern. Diese Antwort erklärt natürlich nicht den Enthusiasmus und die Hingabe der Wissenschaftler an die Probleme der normalen Forschung. Niemand verbringt Jahre mit der Entwicklung eines besseren Spektroskops oder mit der Suche nach einer besseren Lösung für das Problem der schwingenden Saite nur wegen der Wichtigkeit der dabei gewonnenen Informationen. Die Daten, die durch das Errechnen von Ephemeriden oder durch weitere Messungen mit einem existierenden Instrument gewonnen werden können, sind oft genauso bedeutsam, aber diese Arbeiten werden regelmäßig von den Wissenschaftlern verschmäht, da sie in so hohem Maße Wiederholungen von früher schon durchgeführten Verfahren sind. Diese Ablehnung gibt uns Aufschluß über die Faszination des normalen Forschungsproblems. Obwohl der Ausgang oft in so vielen Einzelheiten vorhergesagt werden kann, daß das, was zu erfahren übrigbleibt, an sich uninteressant wird, ist doch der Weg zu diesem Ausgang sehr zweifelhaft. Ein normales Forschungsproblem zu einem Abschluß bringen heißt, das Erwartete auf einen neuen Weg erreichen, und es erfordert die Lösung einer Vielzahl umfangreicher instrumenteller, begrifflicher und mathematischer Rätsel. Derjenige, der sich erfolgreich zeigt, erweist sich als Experte im Rätsellösen, und die Herausforderung durch das Rätsel ist ein wichtiger Teil dessen, was ihn vorwärts zu treiben pflegt.

Die Ausdrücke »Rätsel« (*puzzle*) und »Rätsellöser« (*puzzle-solver*) werfen ein Licht auf mehrere der Themen, die auf den vorangegangenen Seiten immer deutlicher hervortraten. In der hier gebrauchten Standardbedeutung sind »Puzzles« jene besondere Problemkategorie, die zur Erprobung von Scharfsinn oder Geschicklichkeit dienen kann. Wörterbuchbeispiele sind »Geduldspiel« und »Kreuzworträtsel«, und diejenigen ihrer Eigenschaften, die sie mit den Problemen der normalen Wissenschaft gemeinsam haben, müssen wir nun isolieren. Eine davon ist eben erwähnt worden. Es ist kein Kriterium der Güte eines solchen Rätsels, daß seine Lösung in sich interessant oder wichtig ist. Im Gegenteil, die wirklich drängenden Probleme, zum Beispiel ein Heilmittel für Krebs oder das Konzept für einen dauerhaften Frieden, sind oft überhaupt keine Rätsel, weitgehend deshalb, weil sie vielleicht keine Lösung haben. Nehmen wir ein Zusammensetzspiel, dessen einzelne Teile aufs Geratewohl aus zwei verschiedenen Spielkästchen gewählt sind. Da die Lösung dieses Problems wahrscheinlich auch den scharfsinnigsten Leuten mißlingt (vielleicht auch nicht), kann sie nicht als Geschicklichkeitstest dienen. In jedem gewöhnlichen Sinn ist es überhaupt kein Rätsel. Innerer Wert zwar ist kein Kriterium für ein Rätsel, wohl aber das sichere Vorhandensein einer Lösung.

Wir haben jedoch schon gesehen, daß eines der Dinge, die eine wissenschaftliche Gemeinschaft mit einem Paradigma erwirbt, ein Kriterium für die Wahl von Problemen ist, von welchen – solange das Paradigma nicht in Frage gestellt wird – vermutet werden kann, daß sie eine Lösung haben. In weitem Maße sind dies die einzigen Probleme, welche die Gemeinschaft als wissenschaftlich anerkennt oder welche in Angriff zu nehmen sie ihre Mitglieder ermutigt. Andere Probleme, einschließlich vieler, die früher Norm gewesen waren, werden als metaphysisch abgelehnt, als Angelegenheit einer anderen Disziplin betrachtet oder manchmal einfach für zu problematisch gehalten, um Zeit daran zu verschwenden. Ein Paradigma kann die Gemeinschaft sogar von jenen sozial wichtigen Problemen isolieren, die sich nicht auf die Rätselform reduzieren lassen, da sie nicht im Rahmen des vom Paradigma gelieferten begrifflichen und instrumentellen Rüstzeugs auszudrücken sind. Solche Probleme können eine Ablenkung sein, was durch mehrere Aspekte des Baconismus im siebzehnten Jahrhundert und durch einige zeitgenössische Sozialwissenschaften eindringlich veranschaulicht wird. Einer der Gründe für den offenbar schnellen Fortschritt der normalen Wissenschaft ist, daß man sich bei ihr auf Probleme konzentriert, an deren Lösung nur Mangel an Scharfsinn hindern könnte.

Wenn jedoch die Probleme der normalen Wissenschaft Rätsel in diesem Sinne sind, brauchen wir nicht mehr zu fragen, warum die Wissenschaftler sie mit solcher Leidenschaft und Hingabe verfolgen. Ein Mensch kann aus vielen Gründen zur Wissenschaft hingezogen werden, etwa durch den Wunsch, nützlich zu sein, die Lust an der Erforschung neuer Gebiete, die Hoffnung, eine Ordnung zu finden, oder den Drang, bestehendes Wissen nachzuprüfen. Diese und andere Motive tragen auch zu der Bestimmung der besonderen Probleme bei, die ihn später gefangen nehmen. Überdies gibt es, trotz gelegentlicher Enttäuschungen, gute Gründe, warum solche Motive, wenn sie ihn einmal angezogen haben, dann auch weiter führen.[1] Das wissenschaftliche Unternehmen als Ganzes erweist sich von Zeit zu Zeit als nützlich, eröffnet neue Gebiete, zeigt eine Ordnung auf und prüft anerkannte Auffassungen. Und dennoch tut das *Individuum*, das an einem normalen Forschungsproblem arbeitet, *fast niemals etwas Derartiges*. Hat es sich erst einmal darauf eingelassen, so ist seine Motivierung ganz anderer Art. Was den einzelnen dann herausfordert, ist die Überzeugung, daß er, wenn er nur geschickt genug ist, beim Lösen eines Rätsels Erfolg haben wird, das vor ihm noch keiner gelöst oder so gut gelöst hat. Viele der größten Wissenschaftler haben ihre ganze fachliche Aufmerksamkeit solchen anspruchsvollen Rätseln gewidmet. Bei den meisten Gelegenheiten bietet ein besonderes Spezialgebiet gar keine andere Möglichkeit, eine Tatsache, die es, wenn sich ihm der Richtige verschrieben hat, nicht weniger faszinierend macht.

Wenden wir uns nun einem anderen, schwierigeren und aufschlußreicheren Aspekt der Analogie zwischen Rätseln und den Problemen der normalen Wissenschaft zu. Um als Rätsel klassifiziert zu werden, muß ein Problem durch mehr charakterisiert sein als eine sichere Lösung. Es müssen auch Regeln vorhanden sein, die sowohl die Art der annehmbaren Lösungen wie auch die Schritte, durch die sie erzielt werden sollen, einschränken. Das Lösen eines Zusammensetzspiels bedeutet zum Beispiel nicht nur »ein Bild herstellen«. Ein Kind oder ein zeitgenössischer Künstler könnten dies tun, indem sie ausgesuchte Teile eines Bildes als abstrakte Formen auf einem neutralen Untergrund verteilen. Das so hergestellte Bild wäre vielleicht viel besser und bestimmt origineller als das, aus dem das Puzzlespiel gemacht ist. Und trotzdem wäre ein solches Bild keine Lösung. Um diese zu erreichen, muß man alle Stücke verwenden, die leeren Seiten nach unten, und ohne Gewalt ineinanderschieben, bis alle Lücken gefüllt sind. Das ist ein Teil der Regeln für die Lösung von Puzzlespielen. Ähnliche Einschränkungen für zulässige Lösungen von Kreuzworträtseln, Silbenrätseln, Schachproblemen etc. sind leicht zu finden.

Wenn wir eine beträchtlich erweiterte Anwendung des Ausdrucks »Regel« anerkennen wollen – nämlich ihn gelegentlich mit »festgelegtem Standpunkt« oder »Vorverständnis« gleichsetzen wollen –, dann weisen die innerhalb einer bestimmten Forschungstradition zugänglichen Probleme etwas auf, das dieser Reihe von Rätseleigenschaften sehr ähnlich ist. Derjenige, der ein Instrument für die Bestimmung optischer Wellenlängen baut, darf sich nicht mit einem Gerät zufriedengeben, das lediglich bestimmte Zahlen bestimmten Spektrallinien zuordnet. Er führt ja nicht einfach Erkundungen oder Messungen durch. Im Gegenteil, er muß durch die Analyse seines Apparats im Rahmen der anerkannten optischen Theorie zeigen, daß die von seinem Instrument gelieferten Zahlenwerte diejenigen sind, die in der Theorie als Wellenlängen auftreten. Wenn eine restliche Unklarheit in der Theorie oder ein nicht analysierter Teil seines Instruments ihn daran hindert, diesen Nachweis vollständig zu liefern, können seine Kollegen zu dem Schluß kommen, er habe gar nichts gemessen. Die Elektronenstreuungsmaxima zum Beispiel, die später als Hinweise auf die Elektronenwellenlängen erkannt wurden, hatten keine offenkundige Bedeutung, als sie zum ersten Male beobachtet und aufgezeichnet wurden. Bevor sie zu einem Maß für irgend etwas werden konnten, mußten sie zu einer Theorie, die das wellenähnliche Verhalten der bewegten Materie voraussagte, in Beziehung gebracht werden; und selbst als diese Beziehung aufgezeigt war, mußte erst das Gerät umkonstruiert werden, damit die experimentellen Ergebnisse eindeutig mit der Theorie in Beziehung gebracht werden konnten.[2] Solange diese Voraussetzungen nicht erfüllt waren, war tatsächlich kein Problem gelöst.

Einschränkungen ähnlicher Art gelten für die zulässigen Lösungen theoretischer Probleme. Durch das ganze achtzehnte Jahrhundert hindurch hatten die Wissenschaftler, welche die beobachtete Bewegung des Mondes aus Newtons Bewegungs- und Gravitationsgesetzen herzuleiten suchten, keinen Erfolg damit. Deshalb schlugen einige von ihnen vor, das Gravitationsgesetz durch ein anderes zu ersetzen, das für kurze Entfernungen von ihm abwich. Das hätte jedoch bedeutet, das Paradigma zu ändern, ein neues Rätsel zu definieren und das alte nicht zu lösen. Schließlich behielten die Wissenschaftler die Regeln bei, bis im Jahre 1750 einer von ihnen entdeckte, wie sie mit Erfolg angewandt werden konnten.[3] Nur eine Änderung der Spielregeln hätte eine andere Möglichkeit bieten können.

Beim Studium der normal-wissenschaftlichen Traditionen stößt man auf viele zusätzliche Regeln, und diese wiederum liefern viele Informationen über die Bindungen, welche die Wissenschaftler von ihren Paradigmata herleiten. Welches sind nun die Hauptkategorien dieser Regeln?[4] Die augenfälligste und wahrscheinlich auch bindendste wird durch Verallgemeinerungen, wie wir sie eben erwähnten, exemplifiziert. Es sind explizite Behauptungen wissenschaftlicher Gesetze und Aussagen über wissenschaftliche Begriffe und Theorien. Solange sie in Ehren gehalten werden, helfen derartige Darlegungen dabei, Rätsel aufzugeben und annehmbare Lösungen abzustecken. Die Newtonschen Gesetze zum Beispiel hatten diese Funktion im achtzehnten und neunzehnten Jahrhundert, und während dieser Zeit war die Quantität der Materie eine grundlegende ontologische Kategorie für die Physiker, und die zwischen den Materieteilchen wirkenden Kräfte waren ein dominierendes Thema für die Forschung.[5] In der Chemie hatten die Gesetze der konstanten und multiplen Proportionen für lange Zeit eine ebensolche Bedeutung, da sie das Problem der Atomgewichte stellten, die zulässigen Ergebnisse chemischer Analysen abgrenzten und die Chemiker darüber informierten, was Atome und Moleküle, Verbindungen und Mischungen seien.[6] Die Maxwellschen Gleichungen und die Gesetze der statistischen Thermodynamik haben heute noch die gleiche Autorität und Funktion.

Regeln wie diese sind jedoch weder die einzigen noch auch die interessantesten, die das Studium der Geschichte aufzeigt. Auf einer niedrigeren oder konkreteren Ebene als der von Gesetzen und Theorien gibt es zum Beispiel eine Vielzahl von Bindungen an bevorzugte Arten der apparativen Ausrüstung oder zulässige Anwendungen anerkannter Instrumente. Wechselnde Einstellungen gegenüber der Rolle des Feuers bei chemischen Analysen spielten in der Entwicklung der Chemie im siebzehnten Jahrhundert eine wichtige Rolle.[7] Helmholtz begegnete im neunzehnten Jahrhundert einem starken Widerstand der Physiologen gegen seine Auffassung, daß physikalische Experimente ihr Fachgebiet erhellen könnten.[8] Und in diesem Jahrhundert erläutert die seltsame Geschichte der chemischen Chromatographie wieder die Beständigkeit von instrumentellen Bindungen, die, nicht anders als Gesetze und Theorien, die Wissenschaftler mit Spielregeln versorgen.[9] Wenn wir die Entdeckung der Röntgenstrahlen analysieren, werden wir Gründe für Bindungen dieser Art finden.

Weniger örtlich und zeitlich begrenzt, wenn auch noch immer nicht unveränderliche Charakteristika der Wissenschaft, sind die quasimetaphysischen Bindungen auf höherer Ebene, die das Studium der Geschichte so regelmäßig aufzeigt. Etwa seit 1630 und besonders nach dem Erscheinen von Descartes' höchst einflußreichen naturwissenschaftlichen Schriften nahmen die meisten Physiker an, daß das Universum sich aus mikroskopischen Teilchen zusammensetze und daß alle Naturphänomene anhand der Form, Größe, Bewegung und Wechselwirkung der Teilchen erklärt werden könnten. Dieser Komplex von Bindungen erwies sich als ein metaphysischer und zugleich methodologischer. Als metaphysischer sagte er den Wissenschaftlern, welche Entitäten das Universum enthielt und welche nicht: es gab nur geformte Materie in Bewegung. Als methodologischer sagte er ihnen, welcher Art letzte Gesetze und grundlegende Erklärungen sein müssen: Gesetze müssen die Form und Wechselwirkung der Teilchen angeben, und die Erklärung muß jedes gegebene Naturphänomen nach diesen Gesetzen auf das Verhalten von Teilchen reduzieren. Was noch wichtiger war: die Korpuskulartheorie des Universums sagte den Wissenschaftlern, wie viele ihrer Forschungsprobleme aussehen mußten. Ein Chemiker beispielsweise, der wie Boyle die neue Philosophie annahm, lenkte seine besondere Aufmerksamkeit auf Reaktionen, die als Umwandlungen angesehen werden konnten. Deutlicher als alle anderen zeigten diese den Prozeß der Neuanordnung der Teilchen, der allen chemischen Veränderungen zugrunde liegen mußte.[10] Ähnliche Wirkungen der Korpuskulartheorie können beim Studium der Mechanik, Optik und Wärmelehre beobachtet werden.

Schließlich gibt es auf einer noch höheren Ebene eine weitere Reihe von Bindungen, ohne die keiner ein Wissenschaftler ist. Der Wissenschaftler muß sich zum Beispiel bemühen, die Welt ordnend zu erfassen und die Exaktheit und den Umfang dieser Ordnung auszudehnen. Diese Verpflichtung muß ihn wiederum dazu führen, entweder allein oder mit Hilfe von Kollegen einen Aspekt der Natur in allen empirischen Einzelheiten zu erforschen. Und falls diese Erforschung Winkel scheinbarer Unordnung aufdeckt, müssen ihn diese zu einer erneuten Verfeinerung seiner Beobachtungstechnik oder zu einer weiteren Artikulierung seiner Theorie herausfordern. Zweifellos gibt es noch andere, ähnliche Regeln, die zu allen Zeiten für die Wissenschaftler gültig waren.

Die Existenz dieses starken Netzes von Verpflichtungen – begrifflicher, theoretischer, instrumenteller und methodologischer – ist ein wichtiger Bezugspunkt für die Metapher, welche die normale Wissenschaft in Beziehung zum Rätsellösen setzt. Da es Regeln liefert, die dem Vertreter eines ausgereiften Faches sagen, wie die Welt und seine Wissenschaft beschaffen sind, kann er sich ungestört auf die esoterischen Probleme konzentrieren, die diese Regeln und die vorhandenen Kenntnisse für ihn definieren. Was ihn dann persönlich herausfordert, ist das Verlangen, das noch verbleibende Rätsel zu lösen. In dieser und anderer Hinsicht erhellt eine Diskussion von Rätseln und Regeln das Wesen der normalen wissenschaftlichen Praxis. Doch kann in einer weiteren Hinsicht diese Erläuterung wesentlich irreführend sein. Obwohl es offensichtlich Regeln gibt, an die sich alle Praktiker einer wissenschaftlichen Fachrichtung zu einer bestimmten Zeit halten, mögen diese Regeln selbst vielleicht nicht alles angeben, was der Arbeit all jener Spezialisten gemeinsam ist. Normale Wissenschaft ist eine höchst determinierte Tätigkeit, sie muß aber nicht restlos von Regeln determiniert sein. Das ist der Grund, warum ich zu Beginn dieses Essays gemeinsame Paradigmata und nicht gemeinsame Regeln, Voraussetzungen und Anschauungen als Ursprung der Kohärenz von normalen Forschungstraditionen einführte. Regeln, so behaupte ich, leiten sich von Paradigmata her, aber Paradigmata können die Forschung selbst noch bei fehlenden Regeln leiten.

V. Die Priorität der Paradigmata

Um die Beziehungen zwischen Regeln, Paradigmata und normaler Wissenschaft zu ermitteln, betrachten wir zunächst, wie der Historiker die besonderen Orte der Bindung ermittelt, welche soeben als anerkannte Regeln beschrieben worden sind. Die genaue historische Untersuchung eines bestimmten Spezialgebiets zu einem bestimmten Zeitpunkt enthüllt eine Reihe sich wiederholender und gleichsam maßgebender Erläuterungen verschiedener Theorien in ihren Anwendungen in bezug auf Begriffsbildung, Beobachtung und Apparaturen. Das sind die Paradigmata der Gemeinschaft, wie sie in ihren Lehrbüchern, Vorlesungen und Laborübungen zutage treten. Durch deren Studium und den Umgang mit ihnen lernen die Mitglieder der betreffenden Gemeinschaft ihr Fach. Der Historiker entdeckt natürlich darüber hinaus ein Gebiet im »Halbschatten«, in welchem Leistungen liegen, deren Status noch zweifelhaft ist, auch wenn das Kerngebiet gelöster Probleme und anerkannter Verfahrensweisen gewöhnlich klar ist. Trotz gelegentlicher Unklarheiten können die Paradigmata einer entwickelten wissenschaftlichen Gemeinschaft relativ leicht bestimmt werden.

Die Bestimmung gemeinsamer Paradigmata ist jedoch nicht die Bestimmung gemeinsamer Regeln. Das erfordert einen zweiten Schritt, und zwar von etwas anderer Art. Wenn der Historiker ihn unternimmt, muß er die Paradigmata der Gemeinschaft miteinander und auch mit den damaligen Forschungsberichten vergleichen. Dabei ist es sein Ziel herauszufinden, welche isolierbaren expliziten oder impliziten Elemente die Mitglieder jener Gemeinschaft von ihren mehr globalen Paradigmata *abstrahiert* und als Regeln ihrer Forschung eingesetzt haben mögen. Jeder, der schon einmal versucht hat, die Evolution einer bestimmten wissenschaftlichen Tradition zu beschreiben oder zu analysieren, wird zwangsläufig nach anerkannten Prinzipien und Regeln dieser Art gesucht haben. Wie aus dem vorhergehenden Abschnitt hervorgeht, wird er dabei fast mit Sicherheit mindestens einen Teilerfolg gehabt haben. Aber wenn seine Erfahrung auch nur annähernd der meinen gleichkam, wird er herausgefunden haben, daß die Suche nach Regeln schwieriger und weniger befriedigend ist als die Suche nach Paradigmata.

Einige der Verallgemeinerungen, die er zur Beschreibung gemeinsamer Auffassungen der Gemeinschaft anwendet, bieten keine Schwierigkeiten. Andere wieder, darunter einige von denen, die oben zur Erläuterung angeführt wurden, werden etwas zu stark erscheinen. In dieser oder in irgendeiner anderen vorstellbaren Weise formuliert, wären sie mit ziemlicher Sicherheit von einigen Mitgliedern der von ihm untersuchten Gruppe abgelehnt worden. Und trotzdem, wenn der Zusammenhang der Forschungstradition im Sinne von Regeln erfaßt werden soll, muß man auf dem betreffenden Gebiet etwas Gemeinsames angeben können. Daraus ergibt sich, daß die Suche nach einem Komplex von Regeln, die zur Festlegung einer bestimmten normalen Forschungstradition geeignet sind, zu einer Quelle fortgesetzter und tiefer Enttäuschung wird.

Das Erkennen dieser Enttäuschung macht es jedoch möglich, ihren Ursprung festzustellen. Wissenschaftler mögen sich darüber einig sein, daß ein Newton, Lavoisier, Maxwell oder Einstein eine anscheinend dauerhafte Lösung für eine Gruppe besonders wichtiger Probleme gefunden hat, sie können aber doch geteilter Meinung sein – manchmal ohne daß es ihnen klar wird – über die besonderen abstrakten Charakteristika, welche diese Lösungen dauerhaft machen. Das heißt also, sie können in der *Identifizierung* eines Paradigmas übereinstimmen, ohne sich über seine vollständige *Interpretation* oder *abstrakte Formulierung* einig zu sein oder auch nur zu versuchen, eine solche anzugeben. Das Fehlen einer Standardinterpretation oder einer anerkannten Reduzierung auf Regeln hindert ein Paradigma nicht daran, die Forschung zu führen. Normale Wissenschaft kann zum Teil durch die unmittelbare Betrachtung von Paradigmata bestimmt werden, ein Prozeß, der oft durch die Formulierung von Regeln und Annahmen unterstützt wird, jedoch nicht davon abhängt. In der Tat folgt aus der Existenz eines Paradigmas nicht einmal, daß irgendein vollständiges System von Regeln vorhanden ist.[1]

Zwangsläufig ist es die erste Wirkung dieser Feststellungen, daß sie Probleme aufwerfen. Was bindet den Wissenschaftler, wenn ein System maßgebender Regeln fehlt, an eine bestimmte normalwissenschaftliche Tradition? Was kann der Ausdruck »unmittelbare Betrachtung von Paradigmata« bedeuten? Teilantworten auf Fragen wie diese wurden von Ludwig Wittgenstein entwickelt, wenn auch in einem ganz anderen Zusammenhang. Da dieser Zusammenhang sowohl grundlegender als auch vertrauter ist, könnte es nützlich sein, zunächst seine Form der Argumentation zu betrachten. Was müssen wir wissen, fragt Wittgenstein, damit wir Begriffe wie »Sessel« oder »Blatt« oder »Spiel« unzweideutig, und ohne Widerspruch hervorzurufen, gebrauchen können?[2]

Diese Frage ist sehr alt und wurde allgemein damit beantwortet, daß wir wissen müssen – bewußt oder intuitiv –, was ein Sessel, ein Blatt oder ein Spiel *ist*. Das heißt, wir müssen eine Reihe von Attributen erkennen, welche allen Spielen und nur den Spielen gemeinsam sind. Wittgenstein aber kam zu dem Schluß, daß bei der Art, in der wir die Sprache gebrauchen, und der Welt, auf die wir sie anwenden, es keine solche Reihe von Eigenschaften zu geben braucht. Obwohl eine Erörterung *einiger* Attribute, die einer *Anzahl* von Spielen oder Sesseln oder Blättern gemeinsam sind, uns oft erkennen hilft, wie wir den entsprechenden Ausdruck anwenden sollen, gibt es doch keine Gruppe von Eigenschaften, die gleichzeitig auf alle Mitglieder der Klasse und nur auf sie anwendbar sind. Vielmehr verwenden wir, wenn wir uns einer vorher noch nicht beobachteten Tätigkeit gegenüber sehen, den Ausdruck »Spiel«, weil das, was wir sehen, eine große »Familienähnlichkeit« mit einer Anzahl von Tätigkeiten hat, die wir vorher mit diesem Namen zu bezeichnen gelernt haben. Für Wittgenstein sind also Spiele und Sessel und Blätter natürliche Familien, von denen jede durch ein Netz sich überdeckender und sich kreuzender Ähnlichkeiten bestimmt wird. Das Vorhandensein eines solchen Netzes erklärt hinreichend unseren Erfolg bei der Identifizierung der entsprechenden Objekte oder Tätigkeiten. Nur wenn die von uns benannten Familien sich überschneiden und allmählich ineinander übergehen würden – wenn es also keine *natürlichen* Familien gäbe –, würde unser Erfolg beim Identifizieren und Benennen den Beweis für Gruppen gemeinsamer Eigenschaften entsprechend den einzelnen von uns gebrauchten Klassennamen erbringen.

Etwas Ähnliches mag sehr wohl auch für die verschiedenen Forschungsprobleme und -verfahren gelten, die innerhalb einer normal-wissenschaftlichen Tradition auftreten. Was diesen gemeinsam ist, ist nicht die Tatsache, daß sie eine explizite oder wenigstens völlig aufdeckbare Reihe von Regeln und Annahmen erfüllen, welche der Tradition ihren Charakter geben und den Einfluß auf den wissenschaftlichen Geist ermöglichen. Sie mögen sich vielmehr durch Ähnlichkeit oder Nachbildung auf diesen oder jenen Teil des wissenschaftlichen Korpus beziehen, den die betreffende Gemeinschaft bereits zu ihren etablierten Leistungen rechnet. Wissenschaftler arbeiten nach Vorbildern, die sie sich durch ihre Ausbildung und die spätere Beeinflussung durch die Literatur angeeignet haben, oft ohne genau zu wissen oder auch wissen zu müssen, welche Eigenschaften diesen Vorbildern den Status von Gemeinschafts-Paradigmata gegeben haben. Und aus diesem Grunde brauchen sie kein vollständiges System von Regeln. Die Kohärenz, welche die Forschungstradition, an der sie teilhaben, erkennen läßt, beweist vielleicht noch nicht einmal die Existenz eines zugrundeliegenden Komplexes von Regeln und Annahmen, den eine zusätzliche historische oder philosophische Untersuchung entdecken könnte. Daß die Wissenschaftler gewöhnlich nicht danach fragen oder darüber diskutieren, was ein bestimmtes Problem oder eine Lösung legitimiert, legt die Annahme nahe, daß sie die Antwort zumindest intuitiv wissen. Es kann aber auch lediglich bedeuten, daß sie weder die Frage noch die Antwort als relevant für ihre Forschung erachten. Paradigmata sind vielleicht eher da, verbindlicher und vollständiger als jedes System von Forschungsregeln, das sich eindeutig aus ihnen ableiten ließe.

Bisher war diese These rein theoretisch: Paradigmata *können* die normale Wissenschaft ohne Mitwirkung von angebbaren Regeln bestimmen. Ich möchte nun versuchen, ihre Deutlichkeit und ihr Gewicht zu verstärken, indem ich einige Gründe dafür aufzeige, daß Paradigmata tatsächlich auf diese Weise wirken. Der erste, bereits ausführlich diskutierte Grund ist die ernste Schwierigkeit, die Regeln zu erkennen, welche bestimmte normal-wissenschaftliche Traditionen geleitet haben. Diese Schwierigkeit ist fast die gleiche wie jene, welcher der Philosoph begegnet, wenn er zu sagen versucht, was allen Spielen gemeinsam ist. Der zweite Grund, von dem der erste eigentlich eine Folgeerscheinung ist, liegt in der Eigenart der wissenschaftlichen Ausbildung. Wissenschaftler, das sollte bereits klar sein, lernen Begriffe, Gesetze und Theorien niemals *in abstracto* und an sich. Vielmehr begegnet man diesen geistigen Werkzeugen von Anfang an innerhalb eines historisch und pädagogisch vorgegebenen Komplexes, der sie mit ihren Anwendungen und durch diese darbietet. Eine neue Theorie wird immer mit gleichzeitigen Anwendungen auf einen konkreten Bereich von Naturphänomenen angekündigt; ohne diese stünde sie noch nicht einmal im Vorhof der Anerkennung. Nachdem die Theorie angenommen ist, begleiten die gleichen oder andere Anwendungen sie in die Lehrbücher, die der Berufsausbildung zugrunde liegen. Sie stehen dort nicht lediglich zur Ausschmückung, auch nicht bloß zur Dokumentation. Im Gegenteil, der Prozeß des Erlernens einer Theorie hängt von Studium der Anwendungen ab, einschließlich des Lösens von Übungsaufgaben mit Papier und Bleistift und mit Geräten im Labor. Wenn beispielsweise der Student der Newtonschen Dynamik jemals die Bedeutung von Begriffen wie »Kraft«, »Masse«, »Raum« und »Zeit« erfaßt, so tut er dies weniger dank der unvollständigen, wenn auch manchmal hilfreichen Definitionen in seinem Lehrbuch, als vielmehr durch Beobachtung und Teilnahme an der Anwendung dieser Begriffe bei Problemlösungen.

Dieser Prozeß des Lernens durch »Fingerübungen« oder praktische Arbeit hält während der gesamten Periode der Einführung in den akademischen Beruf an. Auf dem Wege des Studierenden vom Anfängerkurs bis zu seiner Dissertation werden die ihm zugewiesenen Probleme immer komplexer, lassen sich immer weniger auf Vorgegebenes reduzieren. Sie bleiben aber eng an frühere Leistungen angelehnt, wie auch jene Probleme, die ihn normalerweise während seiner späteren wissenschaftlichen Laufbahn beschäftigen. Man könnte natürlich annehmen, daß der Wissenschaftler irgendwo auf diesem Wege intuitiv Spielregeln für sich selbst abstrahiert; für diese Annahme gibt es jedoch wenig Gründe. Obwohl viele Wissenschaftler leicht und gut über die einzelnen Hypothesen sprechen, die einem konkreten Teil der laufenden Forschung zugrundeliegen, sind sie doch nur wenig besser als Laien, wenn es um die Charakterisierung der feststehenden Grundlagen ihres Gebiets, seiner legitimen Probleme und Methoden geht. Wenn sie derartige Abstraktionen überhaupt gelernt haben, dann zeigen sie es in erster Linie durch ihre Fähigkeit zu erfolgreicher Forschung. Diese Fähigkeit kann aber verstanden werden, ohne daß man hypothetische Spielregeln heranziehen müßte.

Diese Konsequenzen der wissenschaftlichen Ausbildung haben eine Umkehrung, die einen dritten Grund für die Annahme liefert, daß Paradigmata die Forschung ebenso durch unmittelbare Vorbildwirkung wie durch abstrahierte Regeln leiten. Die normale Wissenschaft kann nur so lange ohne Regeln voranschreiten, wie die betreffende wissenschaftliche Gemeinschaft vorbehaltlos die bereits erzielten Problemlösungen anerkennt. Regeln müßten deshalb wichtig werden und die charakteristische Gleichgültigkeit ihnen gegenüber müßte verschwinden, sobald die Paradigmata oder Vorbilder nicht mehr als tragfähig empfunden werden. Das geschieht auch tatsächlich. Vor allem die einem Paradigma vorausgehende Periode ist regelmäßig durch häufige und tiefgehende Diskussionen über gültige Methoden, Probleme und Lösungsgrundsätze gekennzeichnet, obwohl diese eher dazu dienen, Schulen zu definieren als Übereinstimmung herbeizuführen. Wir haben schon einige solcher Diskussionen – in der Optik und Elektrizitätslehre – erwähnt, und sie spielten eine noch größere Rolle in der Entwicklung der Chemie des siebzehnten Jahrhunderts und der Geologie des frühen 19. Jahrhunderts.[3] Darüber hinaus verschwinden derartige Diskussionen nicht ein für allemal mit dem Erscheinen eines Paradigmas. Mögen sie auch in den Perioden der normalen Wissenschaft fast gar nicht zu finden sein, so treten sie doch kurz vor Beginn und im Verlauf wissenschaftlicher Revolutionen wieder auf, in den Perioden also, da die Paradigmata erst angegriffen und dann verändert werden. Der Übergang von der Newtonschen Mechanik zur Quantenmechanik rief viele Diskussionen über das Wesen und die Normen der Physik hervor, von denen einige noch immer nicht abgeschlossen sind.[4] Es leben heute noch Menschen, die sich an ähnliche Auseinandersetzungen erinnern können, welche durch die Maxwellsche Theorie des Elektromagnetismus und durch die statistische Mechanik hervorgerufen wurden.[5] Und noch früher wurde die Rezipierung der Mechanik Galileis und Newtons zum Anlaß für eine besonders berühmte Folge von Diskussionen mit den Anhängern von Aristoteles, Descartes und Leibniz über die für die Wissenschaft gültigen Normen.[6] Wenn die Wissenschaftler sich nicht einig sind, ob die grundlegenden Probleme ihres Fachgebiets als gelöst zu betrachten sind, erlangt die Suche nach Regeln eine Funktion, die sie normalerweise nicht besitzt. Solange die Paradigmata jedoch gesichert bleiben, können sie ohne Übereinstimmung hinsichtlich ihrer abstrakten Formulierung oder ohne den Versuch einer abstrakten Formulierung überhaupt funktionieren.

Ein vierter Grund dafür, den Paradigmata einen Status zuzubilligen, der dem von gemeinsamen Regeln und Annahmen vorgeordnet ist, kann dann diesen Abschnitt beschließen. Die Einleitung zu diesem Essay wies darauf hin, daß es sowohl kleine wie auch große Revolutionen geben kann, daß einige Revolutionen nur die Vertreter eines Spezialgebiets berühren und daß für solche Gruppen sogar die Entdeckung eines neuen und unerwarteten Phänomens schon revolutionär sein kann. Der folgende Abschnitt wird ausgesuchte Revolutionen dieser Art vorstellen, und es ist noch bei weitem nicht klar, wie sie überhaupt möglich sind. Wenn die normale Wissenschaft so starr ist und wenn die wissenschaftlichen Gemeinschaften so fest gefügt sind, wie es oben dargestellt wurde, wie kann dann ein Wechsel des Paradigmas nur eine kleine Untergruppe berühren? Das bisher Gesagte könnte den Eindruck erweckt haben, daß die normale Wissenschaft ein einziges »monolithisches« und geschlossenes Unternehmen sei, das mit jedem einzelnen seiner Paradigmata wie mit allen zusammen stehen und fallen muß. Aber die Wissenschaft ist offensichtlich selten oder nie von dieser Art. Wenn man alle ihre Bereiche zusammen betrachtet, erscheint sie oft eher als wackeliges Bauwerk, wo zwischen den einzelnen Teilen wenig Zusammenhalt zu finden ist. Nichts von dem hier Gesagten dürfte jedoch dieser sehr vertrauten Beobachtung widersprechen. Im Gegenteil, das Ersetzen der Regeln durch Paradigmata sollte die Mannigfaltigkeit der wissenschaftlichen Gebiete und Teilgebiete besser verständlich machen. Wenn explizite Regeln bestehen, sind sie gewöhnlich einer sehr breiten wissenschaftlichen Gruppe gemeinsam; für Paradigmata aber muß das nicht zutreffen. Die Vertreter sehr weit auseinander liegender Fachgebiete, sagen wir Astronomie und klassifizierende Botanik, erhalten ihre Ausbildung aufgrund ganz verschiedener Leistungen, die in ganz verschiedenen Büchern dargestellt werden. Und sogar diejenigen, die mit dem Studium der gleichen Bücher und Leistungen beginnen, da sie die gleichen oder dicht beieinander liegenden Gebiete gewählt haben, können im Laufe ihrer beruflichen Spezialisierung ganz verschiedene Paradigmata erwerben.

Nehmen wir als Beispiel die recht große und vielfältige Gruppe der Physiker. Jedem Mitglied dieser Gruppe werden heute die Gesetze der Quantenmechanik gelehrt, und die meisten machen irgendwann während ihrer Forschungs- oder Lehrtätigkeit von diesen Gesetzen Gebrauch. Sie lernen aber nicht alle die gleichen Anwendungen dieser Gesetze und werden daher auch nicht alle in der gleichen Weise von Änderungen in der quantenmechanischen Praxis berührt. Auf ihrem Weg zur beruflichen Spezialisierung begegnen einige Physiker nur den Grundprinzipien der Quantenmechanik, andere studieren eingehend die Paradigma-Anwendungen dieser Prinzipien auf die Chemie, wieder andere auf die Festkörperphysik usw. Was die Quantenmechanik für jeden einzelnen bedeutet, hängt davon ab, welche Vorlesungen er gehört, welche Lehrbücher er gelesen hat und welche Fachzeitschriften er durcharbeitet. Daraus folgt, daß eine Änderung der quantenmechanischen Gesetze wohl für alle diese Gruppen revolutionär sein würde, daß aber eine sich nur auf diese oder jene Paradigma-Anwendung der Quantenmechanik auswirkende Änderung nur für die Mitglieder einer bestimmten professionellen Untergruppe revolutionär zu sein braucht. Für die übrige Fachwissenschaft und für jene, die in anderen physikalischen Wissenschaften tätig sind, braucht diese Änderung überhaupt nicht revolutionär zu sein. Kurz gesagt, obwohl die Quantenmechanik (oder die Newtonsche Dynamik, die elektromagnetische Theorie) für viele wissenschaftliche Gruppen ein Paradigma ist, ist sie doch nicht für alle dasselbe Paradigma. Sie kann gleichzeitig mehrere Traditionen der normalen Wissenschaft bestimmen, die sich überschneiden, ohne völlig übereinzustimmen. Eine Revolution, die innerhalb einer dieser Traditionen hervorgerufen wird, muß sich nicht auch auf die anderen ausdehnen.

Eine kurze Illustration der Auswirkungen der Spezialisierung soll dieser ganzen Reihe von Punkten weiteren Nachdruck verleihen. Ein Forscher, der etwas darüber zu erfahren hoffte, wie die Wissenschaftler die Atomtheorie auffassen, fragte einen ausgezeichneten Physiker und einen hervorragenden Chemiker, ob ein einzelnes Heliumatom ein Molekül sei oder nicht. Beide antworteten ohne zu zögern, doch ihre Antworten waren verschieden. Für den Chemiker war das Heliumatom ein Molekül, da es sich in bezug auf die kinetische Theorie der Gase wie ein solches verhielt. Für den Physiker war das Heliumatom jedoch kein Molekül, weil es kein Molekülspektrum zeigte.[7] Beide Männer sprachen ja wohl vom gleichen Teilchen, aber sie betrachteten es entsprechend ihrer jeweiligen Ausbildung und Praxis. Ihre Erfahrung im Lösen von Problemen sagte ihnen, was ein Molekül sein muß. Zweifellos hatten sie viele gemeinsame Erfahrungen, aber diese sagten den beiden Spezialisten in diesem Falle nicht das gleiche. Wenn wir weitergehen, werden wir erkennen, welche Folgen Paradigmaunterschiede dieser Art gelegentlich haben können.

VI. Anomalien und das Auftauchen wissenschaftlicher Entdeckungen

Normale Wissenschaft, die Tätigkeit des Rätsellösens, die wir soeben untersucht haben, ist ein höchst kumulatives Unternehmen, höchst erfolgreich bezüglich ihres Zieles, der stetigen Ausweitung des Umfangs und der Exaktheit wissenschaftlicher Kenntnisse. In allen diesen Belangen paßt sie äußerst genau in das übliche Bild von der wissenschaftlichen Arbeit. Und doch fehlt ein Standardprodukt des wissenschaftlichen Unternehmens. Die normale Wissenschaft strebt nicht nach neuen Tatsachen und Theorien und findet auch keine, wenn sie erfolgreich ist. Neue und unvermutete Phänomene werden jedoch von der wissenschaftlichen Forschung oft genug entdeckt, und immer wieder sind von Wissenschaftlern grundlegend neue Theorien aufgestellt worden. Die Geschichte zeigt sogar, daß die Wissenschaft eine überaus wirksame Methode für die Erzeugung von Überraschungen dieser Art entwickelt hat. Wenn diese Eigenschaft der Wissenschaft mit dem bisher Gesagten übereinstimmen soll, dann muß die Forschung im Zeichen eines Paradigmas besonders erfolgreich in der Herbeiführung eines Paradigmawechsels sein. Einen solchen bewirken grundlegend neue Fakten und Theorien. Nachdem sie bei einem Spiel, das einem System von Regeln folgte, unbeabsichtigt erzeugt worden sind, verlangt ihre Rezipierung ein neues Regelsystem. Und wenn sie schließlich ein Teil der Wissenschaft geworden sind, ist das Unternehmen zumindest jener Spezialisten, in deren Gebiet die neuen Erkenntnisse fallen, nicht mehr ganz das frühere.

Wir müssen jetzt fragen, wie Änderungen dieser Art geschehen können, und betrachten zunächst die Entdeckungen oder neuartigen Tatsachen und dann die Erfindungen oder neuen Theorien. Diese Unterscheidung zwischen Entdeckung und Erfindung oder zwischen Faktum und Theorie wird sich jedoch schnell als höchst künstlich herausstellen. Ihre Künstlichkeit ist ein wichtiger Schlüssel zu mehreren Hauptthesen dieses Essays. Bei der Untersuchung ausgewählter Entdeckungen in diesem Abschnitt werden wir bald finden, daß sie nicht isolierte Ereignisse, sondern ausgedehnte Episoden mit einer regelmäßig wiederkehrenden Struktur sind. Die Entdeckung beginnt mit dem Bewußtwerden einer Anomalie, das heißt mit der Erkenntnis, daß die Natur in irgendeiner Weise die von einem Paradigma erzeugten, die normale Wissenschaft beherrschenden Erwartungen nicht erfüllt hat. Sie geht dann weiter mit einer mehr oder weniger ausgedehnten Erforschung des Bereichs der Anomalie und findet erst einen Abschluß, nachdem die Paradigmatheorie so berichtigt worden ist, daß das Anomale zum Erwarteten wird. Das Assimilieren eines neuen Faktums verlangt mehr als eine additive Anpassung der Theorie, und solange diese Anpassung nicht abgeschlossen ist, die Wissenschaftler also nicht gelernt haben, die Natur anders zu sehen, ist die neue Tatsache gar kein richtiges wissenschaftliches Faktum.

Um zu erkennen, wie eng neue Tatsachen und Theorien bei einer wissenschaftlichen Entdeckung miteinander verschlungen sind, betrachten wir ein besonders berühmtes Beispiel, die Entdeckung des Sauerstoffs. Mindestens drei verschiedene Leute haben einen berechtigten Anspruch auf diese Entdeckung, und mehrere andere Chemiker müssen kurz nach dem Jahre 1770 Luft in einem Laborgefäß mit Sauerstoff angereichert haben, ohne es zu wissen.[1] Der Fortschritt der normalen Wissenschaft, in diesem Falle der pneumatischen Chemie, bereitete weitgehend den Weg für einen Durchbruch. Der erste, der eine relativ reine Probe des Gases herstellte, war der schwedische Apotheker C. W. Scheele. Wir können jedoch seine Arbeit übergehen, da sie erst veröffentlicht wurde, nachdem die Entdeckung des Sauerstoffs an anderer Stelle wiederholt angekündigt worden war, und daher auf das historische Schema, das uns hier beschäftigt, keinen Einfluß hatte.[2] Der zweite war der britische Wissenschaftler und Geistliche Joseph Priestley, der das von erwärmtem roten Quecksilberoxyd freigegebene Gas als ein Produkt bei einer ausgedehnten normalen Untersuchung der von einer großen Anzahl fester Stoffe ausgeschiedenen »Lüfte« auffing. Im Jahre 1774 identifizierte er das so erzeugte Gas als Stickoxydul und 1775, geleitet durch weitere Tests, als gewöhnliche Luft mit weniger als der sonst üblichen Menge an Phlogiston. Der dritte, Lavoisier, begann die ihn zum Sauerstoff führende Arbeit nach Priestleys Experimenten von 1774, und zwar möglicherweise aufgrund eines Hinweises von Priestley. Anfang 1775 berichtete Lavoisier, das durch Erwärmen des roten Quecksilberoxyds erhaltene Gas sei »völlig unveränderte Luft, [außer daß] ... sie reiner herauskommt, besser atembar«.[3] Im Jahre 1777 kam Lavoisier, wahrscheinlich mit Hilfe eines zweiten Hinweises von

Priestley, zu dem Schluß, daß das Gas eine selbständige Substanzart sei, einer der beiden Hauptbestandteile der Atmosphäre – ein Schluß, den Priestley niemals akzeptieren konnte.

Dieses Entdeckungsschema wirft eine Frage auf, die bei allen jemals in das Bewußtsein von Wissenschaftlern eingedrungenen neuartigen Phänomenen gestellt werden kann. War es Priestley oder Lavoisier, falls überhaupt einer von beiden, der zuerst den Sauerstoff entdeckt hat? In jedem Falle: wann wurde der Sauerstoff entdeckt? In dieser Form könnte die Frage auch dann gestellt werden, wenn es nur einen Forscher gegeben hätte, der die Entdeckung für sich beanspruchte. Eine Entscheidung in der Frage der Priorität und des Zeitpunkts interessiert uns hier nicht. Und doch wird der Versuch, eine zu finden, das Wesen der Entdeckung beleuchten, weil es keine Antwort der gesuchten Art gibt. Diese Frage läßt sich bezüglich Entdeckungen nicht sinnvoll stellen. Die Tatsache, daß sie gestellt wird – im Falle des Sauerstoffs wurde die Priorität seit 1780 wiederholt bestritten –, ist ein Symptom für eine Einseitigkeit im Bild der Wissenschaft, die der Entdeckung plötzlich eine so grundlegende Rolle zuspricht. Sehen wir noch einmal auf unser Beispiel. Priestleys Anspruch auf die Entdeckung des Sauerstoffs basiert auf seiner Priorität bei der Isolierung eines Gases, das später als eine selbständige Substanzart anerkannt wurde. Priestleys Probe war aber nicht rein, und wenn das »In-der-Hand-halten« unreinen Sauerstoffs seine Entdeckung bedeutet, dann hat sie jeder gemacht, der einmal atmosphärische Luft in eine Flasche gefüllt hat. Außerdem, wenn Priestley der Entdecker war, wann wurde dann die Entdeckung gemacht? 1774 hatte er geglaubt, er hätte Stickoxydul gewonnen, eine Substanzart, die er bereits kannte; 1775 sah er das Gas als entphlogistizierte Luft an, was ja noch immer kein Sauerstoff ist oder auch nur für Phlogiston-Chemiker eine unerwartete Art Gas war. Lavoisiers Anspruch mag stärker sein, er wirft aber die gleichen Probleme auf. Wenn wir Priestley die Palme verweigern, können wir sie nicht Lavoisier für die Arbeit von 1775 zuerkennen, die ihn dazu führte, das Gas als »völlig unveränderte Luft« zu identifizieren. Vermutlich warten wir bis zu der Arbeit von 1776 und 1777, die Lavoisier dazu brachte, nicht nur das Gas selbst zu sehen, sondern auch, was das Gas war. Doch sogar diese Zuerkennung wäre fraglich, denn im Jahre 1777 und bis an sein Lebensende bestand Lavoisier darauf, daß Sauerstoff ein atomares »Säureprinzip« sei und daß

Sauerstoffgas sich nur bilde, wenn dieses »Prinzip« sich mit »Wärmestoff« vereine.[4] Sollen wir deshalb sagen, der Sauerstoff sei auch 1777 noch nicht entdeckt gewesen? Einige mögen sich dazu versucht fühlen. Das Säureprinzip wurde aber erst nach 1810 aus der Chemie verbannt, und der Wärmestoff hielt sich bis in die Jahre nach 1860. Der Sauerstoff war jedoch vor diesen beiden Daten zu einer chemischen Standardsubstanz geworden.

Es ist klar, daß wir ein neues Vokabular und neue Begriffe für die Analyse von Ereignissen wie der Entdeckung des Sauerstoffs brauchen. Obwohl ohne Zweifel richtig, ist der Satz »Der Sauerstoff wurde entdeckt« irreführend, da er den Anschein erweckt, als sei das Entdecken ein einziger und einfacher Vorgang, der unserem üblichen (und ebenfalls fragwürdigen) Begriff des Sehens entspreche. Deswegen nehmen wir so bereitwillig an, daß Entdecken genau wie Sehen oder Berühren etwas sein sollte, das sich unzweideutig einer Person und einem Zeitpunkt zuordnen läßt. Das letztere jedoch ist immer unmöglich und das erstere oft. Wenn wir Scheele beiseite lassen, können wir mit Sicherheit sagen, daß der Sauerstoff nicht vor 1774 entdeckt wurde, und wir können wahrscheinlich auch sagen, er sei um 1777 oder kurz danach entdeckt gewesen. Aber innerhalb dieser Grenzen oder anderer ähnlicher muß jeder Versuch, den Zeitpunkt der Entdeckung festzulegen, willkürlich sein, denn das Entdecken eines neuen Phänomens ist notwendigerweise ein komplexes Ereignis, zu dem sowohl die Erkenntnis gehört, *daß* etwas ist, als auch *was* es ist. Wenn beispielsweise Sauerstoff für uns entphlogistizierte Luft wäre, dann würden wir ohne zu zögern darauf bestehen, daß Priestley ihn entdeckt habe, auch wenn wir immer noch nicht genau wüßten, wann. Wenn aber Beobachtung und Begriffsbildung, Tatsache und Einordnung in die Theorie bei der Entdeckung untrennbar verbunden sind, dann ist die Entdeckung ein Prozeß und muß Zeit beanspruchen. Nur wenn alle relevanten theoretischen Kategorien im voraus festgelegt sind, in welchem Falle das Phänomen nicht neu wäre, kann die Entdeckung des *Daß* und des *Was* ohne Mühe geschehen, gemeinsam und in einem Augenblick.

Wir geben also zu, daß die Entdeckung einen ausgedehnten, wenn auch nicht notwendigerweise langen Prozeß der theoretischen Einordnung verlangt. Können wir auch sagen, daß sie eine Veränderung des Paradigmas verlangt? Auf diese Frage kann bis jetzt noch keine allgemeine Antwort gegeben werden, doch muß zumindest in diesem Falle die Antwort »Ja« lauten. Was Lavoisier in seinen Abhandlungen von 1777 an ankündigte, war nicht so sehr die Entdeckung des Sauerstoffs als vielmehr die Sauerstofftheorie der Verbrennung. Diese Theorie war die Grundlage für eine Neuformulierung der Chemie, und zwar einer so weitgehenden, daß sie gewöhnlich die chemische Revolution genannt wird. In der Tat, wenn die Entdeckung des Sauerstoffs nicht ein wesentlicher Teil des Auftauchens eines neuen Paradigmas für die Chemie gewesen wäre, dann wäre die Frage nach der Priorität, von der wir ausgingen, nicht so bedeutsam erschienen. In diesem wie auch in anderen Fällen hängt der Wert, der einem neuen Phänomen und damit auch einem Entdecker zugemessen wird, von unserer Einschätzung des Ausmaßes ab, in welchem das Phänomen die vom Paradigma ausgehenden Erwartungen über den Haufen warf. Beachten wir jedoch – da es später von Bedeutung sein wird –, daß die Entdeckung des Sauerstoffs nicht an sich die Ursache für die Änderung der chemischen Theorie war. Lange bevor Lavoisier überhaupt eine Rolle bei der Entdeckung des neuen Gases spielte, war er überzeugt, daß einerseits mit der Phlogistontheorie etwas nicht stimmte und daß andererseits brennende Körper irgendeinen Teil der Atmosphäre absorbierten. Das hatte er in einer versiegelten Niederschrift dargelegt, die 1772 bei dem Sekretär der Académie Française deponiert wurde.[5] Was nun die Arbeit über den Sauerstoff anging, so gab sie Lavoisiers vorherigem Gefühl, daß etwas nicht in Ordnung sei, wesentlich mehr Form und Gestalt. Sie zeigte ihm, was zu entdecken er schon bereit war – die Natur des Stoffes, welchen die Verbrennung aus der Atmosphäre entfernt. Dieses fortgeschrittene Problembewußtsein muß ein bedeutender Teil dessen gewesen sein, was Lavoisier in die Lage versetzte, in Experimenten wie denen von Priestley ein Gas zu sehen, das Priestley selbst dort zu sehen nicht in der Lage gewesen war. Und umgekehrt muß die Tatsache, daß eine größere Paradigmarevision nötig war, damit man sehen konnte, was Lavoisier sah, der Hauptgrund dafür gewesen sein, warum Priestley es bis ans Ende seines langen Lebens nicht zu sehen vermochte.

Zwei andere, weit kürzere Beispiele werden vieles des bisher Gesagten unterstreichen und uns gleichzeitig von einer Erläuterung des Wesens von Entdeckungen zu einem Verständnis der Umstände führen, unter denen sie in der Wissenschaft auftauchen. In dem Bemühen, die hauptsächlichen Arten der möglichen Entstehung von Entdeckungen darzulegen, sind diese Beispiele so gewählt, daß sie sich voneinander und auch von der Entdeckung des Sauerstoffs unterscheiden. Das erste Beispiel, die Röntgenstrahlen, ist ein klassischer Fall der Entdeckung durch Zufall, eine Art, die viel häufiger vorkommt, als die Regeln der unpersönlichen wissenschaftlichen Berichterstattung uns auf den ersten Blick erkennen lassen. Die Geschichte dieser Entdeckung beginnt an dem Tag, da der Physiker Röntgen eine normale Untersuchung von Kathodenstrahlen unterbrach, weil er bemerkt hatte, daß ein Barium-Platinzyanür-Schirm in einiger Entfernung von seinem abgeschirmten Apparat aufleuchtete, als die Entladung im Gange war. Weitere Untersuchungen – sie erforderten sieben hektische Wochen, in denen Röntgen kaum das Labor verließ – zeigten, daß die Ursache des Leuchtens Strahlen waren, die geradlinig von der Kathodenstrahlröhre ausgingen, daß die Strahlung Schatten warf, durch einen Magneten nicht abzulenken war, und vieles andere. Vor Verkündung seiner Entdeckung hatte sich Röntgen davon überzeugt, daß dieser Effekt nicht auf die Kathodenstrahlen zurückzuführen war, sondern auf einen Faktor, der zumindest einige Ähnlichkeit mit dem Licht hatte.[6]

Sogar ein solch kurzer Abriß enthüllt verblüffende Ähnlichkeiten mit der Entdeckung des Sauerstoffs: vor dem Experimentieren mit rotem Quecksilberoxyd hatte Lavoisier Experimente durchgeführt, die nicht die Ergebnisse erbrachten, welche nach dem Phlogiston-Paradigma zu erwarten waren; Röntgens Entdeckung begann mit der Erkenntnis, daß sein Schirm leuchtete, als er es gar nicht sollte. In beiden Fällen spielte die Wahrnehmung einer Anomalie – eines Phänomens also, auf welches das Paradigma den Forscher nicht vorbereitet hatte – eine wesentliche Rolle als Wegbereiter für die Wahrnehmung einer Neuheit. Aber in beiden Fällen war die Wahrnehmung, daß etwas falsch gelaufen war, nur die Einleitung zu einer Entdeckung. Weder Sauerstoff noch Röntgenstrahlen traten ohne einen weiteren Prozeß des Experimentierens und Assimilierens auf. An welchem Punkt von Röntgens Untersuchungen können wir sagen, daß die Röntgenstrahlen tatsächlich entdeckt worden sind? Auf keinen Fall im ersten Augenblick, als alles, was bemerkt wurde, ein leuchtender Schirm war. Mindestens ein anderer Forscher hatte das Leuchten ebenfalls gesehen und, zu seinem späteren Ärger, überhaupt nichts entdeckt.[7] Es ist fast ebenso klar, daß der Zeitpunkt der Entdeckung nicht einfach auf einen Punkt während der letzten Woche der Untersuchung verlegt werden kann, da Röntgen zu dieser Zeit ja die Eigenschaften der *bereits entdeckten* neuen Strahlung erforschte. Wir können nur sagen, daß die Röntgenstrahlen in Würzburg in der Zeit zwischen dem 8. November und dem 28. Dezember 1895 entdeckt wurden.

Auf einem dritten Gebiet jedoch ist die Existenz bezeichnender Parallelen zwischen der Entdeckung des Sauerstoffs und der der Röntgenstrahlen weit weniger offenkundig. Im Gegensatz zur Entdeckung des Sauerstoffs war die der Röntgenstrahlen, zumindest ein Jahrzehnt lang nach dem Ereignis, nicht mit einer offensichtlichen Umwälzung der wissenschaftlichen Theorie verbunden. In welchem Sinne kann also von der Assimilierung jener Entdeckung gesagt werden, sie habe eine Veränderung des Paradigmas notwendig gemacht? Die Gründe, eine derartige Veränderung zu bestreiten, sind sehr stark. Gewiß waren die Paradigmata, denen sich Röntgen und seine Zeitgenossen verschrieben hatten, nicht zur Voraussage der Röntgenstrahlen geeignet. (Maxwells elektromagnetische Theorie war noch nicht allgemein anerkannt, und die noch fragmentarische Theorie der Kathodenstrahlen war nur eine von mehreren derzeitigen Spekulationen.) Es war aber auch nicht so, daß jene Paradigmata offensichtlich die Existenz von Röntgenstrahlen ausschlossen, wie die Phlogistontheorie Lavoisiers Deutung von Priestleys Gas ausgeschlossen hatte. Im Gegenteil, im Jahre 1895 ließ die anerkannte wissenschaftliche Theorie und Praxis eine Anzahl von Strahlungsformen zu – sichtbare, infrarote und ultraviolette Strahlung. Warum konnten die Röntgenstrahlen nicht einfach als eine weitere Form einer wohlbekannten Klasse von Naturphänomenen anerkannt werden? Warum wurden sie nicht beispielsweise in der gleichen Art wie die Entdeckung eines weiteren chemischen Elements aufgenommen? Zur Zeit Röntgens wurden immer noch neue Elemente für die leeren Stellen im periodischen System gesucht und gefunden. Die Suche nach ihnen war ein Standardprojekt der normalen Wissenschaft, und Erfolg war nur ein Anlaß für Glückwünsche und nicht für Überraschungen.

Die Röntgenstrahlen dagegen lösten nicht nur Überraschung aus, sondern einen Schock. Lord Kelvin bezeichnete sie zunächst als einen geschickten Schwindel.[8] Andere wieder konnten zwar die Beweise nicht ganz anzweifeln, waren aber deutlich verwirrt. Obwohl die Röntgenstrahlen aufgrund der etablierten Theorie nicht ausgeschlossen waren, verletzten sie doch tief verankerte Erwartungen. Diese Erwartungen, vermute ich, steckten indirekt in der Planung und Interpretation traditioneller Laborverfahren. In den neunziger Jahren wurden Apparate zur Erzeugung von Kathodenstrahlen in zahlreichen europäischen Laboratorien gebraucht. Wenn Röntgens Apparat die neuen Strahlen erzeugte, dann mußte sie eine ganze Anzahl anderer Experimentatoren eine Zeitlang ebenfalls erzeugt haben, ohne es zu wissen. Vielleicht waren diese Strahlen, die ja auch noch andere unerkannte Quellen haben mochten, an Effekten beteiligt, die früher ohne Bezug auf sie erklärt worden waren. Zumindest mußten mehrere lange bekannte Apparaturen in Zukunft wohl mit Blei abgeschirmt werden. Vorher schon abgeschlossene Arbeiten über normale Projekte würden jetzt wiederholt werden müssen, da die Wissenschaftler früher eine wesentliche Variable nicht erkannt und kontrolliert hatten. Sicherlich eröffneten die Röntgenstrahlen ein neues Gebiet und bereicherten so den möglichen Anwendungsbereich der normalen Wissenschaft. Sie veränderten aber auch, und das ist jetzt der wichtigere Punkt, schon bestehende Gebiete. Dabei machten sie früheren paradigmatischen Apparaturen das Recht auf diese Bezeichnung streitig.

Kurz, ob bewußt oder nicht, die Entscheidung, einen bestimmten Apparat in einer bestimmten Weise zu verwenden, geht mit der Überzeugung einher, daß nur gewisse Umstände eintreten werden. Es gibt apparative und theoretische Erwartungen, und sie haben in der wissenschaftlichen Entwicklung oft eine entscheidende Rolle gespielt. Eine derartige Erwartung gehört zum Beispiel zu der Geschichte der verspäteten Entdeckung des Sauerstoffs. Unter Verwendung eines Standardtests für »die Güte der Luft« mischten Priestley und Lavoisier zwei Volumeneinheiten ihres Gases mit einer Einheit Stickstoffoxydul, schüttelten die Mischung über Wasser und maßen dann das Volumen des verbleibenden Gases. Durch ihre frühere Erfahrung, aus der dieses Standardverfahren hervorgegangen war, hatten sie die Gewißheit, daß bei atmosphärischer Luft der Rückstand eine Volumeneinheit betragen würde und daß er bei jedem anderen Gas (oder bei verunreinigter Luft) größer sein werde. Bei den Sauerstoffexperimenten fanden beide einen Rückstand, der nahe bei einer Volumeneinheit lag, und sie identifizierten das Gas entsprechend. Erst sehr viel später und zum Teil durch einen Zufall ging Priestley von dem Standardverfahren ab und versuchte, Stickstoffoxydul mit seinem Gas in einem anderen Verhältnis zu mischen. Er fand dann heraus, daß bei einem vierfachen Volumen des Stickstoffoxyduls fast kein Rückstand übrigblieb. Seine Bindung an das ursprüngliche Testverfahren – ein durch langjährige Erfahrung sanktioniertes Verfahren – war gleichzeitig eine Festlegung auf die Nichtexistenz von Gasen, die sich wie Sauerstoff verhalten konnten.[9]

Beispiele dieser Art ließen sich häufen. Man könnte etwa auf die verspätete Erkennung der Uranspaltung verweisen. Ein Grund, warum sich diese Kernreaktion als besonders schwierig zu erkennen erwies, war dieser: diejenigen, die wußten, was bei einer Bombardierung von Uran zu erwarten war, wählten chemische Tests, die in der Hauptsache die Elemente am oberen Ende des periodischen Systems betrafen.[10] Sollten wir aus der Häufigkeit, mit der solche instrumentellen Festlegungen sich als irreführend erwiesen, den Schluß ziehen, daß die Wissenschaft sich von Standardtests und Standardinstrumenten abwenden müsse? Das würde zu einer undenkbaren Forschungsmethode führen. Paradigmaverfahren und -anwendungen sind für die Wissenschaft so wichtig wie Paradigmagesetze und -theorien, und sie haben die gleiche Wirkung. Sie schränken das Gebiet der Erscheinungen, das für die wissenschaftliche Forschung zu einem gegebenen Zeitpunkt zugänglich ist, zwangsläufig ein. Wenn wir soviel anerkennen, können wir gleichzeitig auch sehen, in welchem entscheidenden Sinn eine Entdeckung wie die der Röntgenstrahlen eine Paradigmaveränderung – also eine Veränderung der Verfahrensweisen und Erwartungen – für einen bestimmten Teil der wissenschaftlichen Gemeinschaft erforderlich macht. Dann können wir auch verstehen, wieso die Entdeckung der Röntgenstrahlen für viele Wissenschaftler eine seltsame neue Welt zu eröffnen schien und so wirksam zu der Krise beitrug, die zur Physik unseres Jahrhunderts führte.

Unser letztes Beispiel für wissenschaftliche Entdeckungen, das der Leidener Flasche, gehört zu einer Klasse, die als theorieveranlaßt beschrieben werden kann. Anfangs mag der Ausdruck paradox klingen. Vieles von dem bisher Gesagten läuft darauf hinaus, daß die durch eine Theorie vorausgesagten Entdeckungen ein Teil der normalen Wissenschaft sind und keine *neuartigen* Fakten ergeben. Ich habe zum Beispiel die Entdeckung neuer chemischer Elemente in der zweiten Hälfte des neunzehnten Jahrhunderts erwähnt, die in dieser Weise aus der normalen Wissenschaft hervorgegangen ist. Aber nicht alle Theorien sind Paradigmatheorien. Sowohl während der Paradigmaperioden wie auch während der Krisen, die zu weitreichenden Paradigmawechseln führen, entwickeln Wissenschaftler gewöhnlich viele spekulative und vorläufige Theorien, die auch den Weg zu Entdeckungen weisen können. Oft jedoch ist eine solche Entdeckung nicht ganz die aufgrund spekulativer und heuristischer Hypothesen erwartete. Erst wenn Experiment und heuristische Theorie beide so weit artikuliert werden, daß sie übereinstimmen, kann es zur Entdeckung kommen und die Theorie zu einem Paradigma werden.

Die Entdeckung der Leidener Flasche zeigt alle diese Merkmale und auch die von uns vorher schon beobachteten. Als sie begann, gab es für die Elektrizitätsforschung noch kein eindeutiges Paradigma. Dafür gab es eine Anzahl von Theorien – alle von relativ leicht zugänglichen Phänomenen hergeleitet –, die miteinander im Wettstreit lagen. Keiner von ihnen gelang es, die ganze Vielfalt elektrischer Phänomene befriedigend zu ordnen. Dieses Mißlingen ist die Quelle für einige der Anomalien, die den Hintergrund für die Entdeckung der Leidener Flasche bildeten. Eine der konkurrierenden Schulen der Elektriker betrachtete die Elektrizität als Flüssigkeit, und diese Konzeption führte mehrere Wissenschaftler zu dem Versuch, die Flüssigkeit in Flaschen zu füllen, indem sie eine mit Wasser gefüllte Phiole in der Hand hielten und das Wasser mit einem Stromleiter berührten, der an einen in Betrieb befindlichen Influenzgenerator angeschlossen war. Wenn sie das Gefäß von der Maschine entfernten und das Wasser (oder einen daran angeschlossenen Leiter) mit der anderen Hand berührten, empfingen alle diese Forscher einen starken elektrischen Schlag. Aber diese ersten Experimente lieferten den Elektrikern noch nicht die Leidener Flasche. Dieses Gerät entwickelte sich langsamer, und es ist wiederum unmöglich, genau zu sagen, wann seine Entdeckung abgeschlossen war. Die ersten Versuche, elektrische Flüssigkeit zu speichern, waren nur erfolgreich, weil die Forscher, solange sie ihre Phiole in der Hand hielten, auf der Erde standen. Sie mußten noch lernen, daß die Flasche außer der inneren auch eine äußere leitende Schicht brauchte und daß die »Flüssigkeit« nicht wirklich in dem Gefäß gespeichert wurde. Irgendwann im Verlauf der Untersuchungen, die ihnen das zeigten und ihnen auch noch einige andere anomale Wirkungen vor Augen führten, entstand das von uns Leidener Flasche genannte Gerät. Außerdem waren die dazu führenden Experimente, von denen viele von Franklin durchgeführt wurden, auch diejenigen, die eine gründliche Revision der Flüssigkeitstheorie erforderlich machten und damit das erste vollständige Paradigma für die Elektrizitätslehre lieferten.[11]

In größerem oder kleinerem Ausmaß (entsprechend dem Kontinuum vom Überraschtwerden bis zum erwarteten Ergebnis) sind die den drei obengenannten Beispielen gemeinsamen Eigenschaften charakteristisch für alle Entdeckungen, aus denen neue Pänomene hervorgehen. Zu diesen Eigenschaften gehören: das vorangehende Bewußtsein einer Anomalie, das allmähliche und gleichzeitige Auftauchen einer empirischen und theoretischen Anerkennung, und die darauf folgende Veränderung von Paradigmakategorien und -verfahren, die oft einem gewissen Widerstand begegnet. Es gibt sogar Beweise dafür, daß die gleichen Eigenschaften der Natur des Wahrnehmungsprozesses selbst eignen. In einem psychologischen Experiment, das es eigentlich verdiente, außerhalb der Zunft weit mehr bekannt zu sein, hatten Bruner und Postman Versuchspersonen aufgefordert, eine Reihe von Spielkarten nach kurzer und kontrollierter Darbietung zu identifizieren. Viele der Karten waren normal, aber einige waren verändert worden, zum Beispiel eine rote Pik Sechs oder eine schwarze Herz Vier. Jede Sitzung bestand darin, daß einer Person in einer Serie allmählich immer länger werdender Darbietungszeiten jeweils eine Karte gezeigt wurde. Nach jeder Darbietung wurde die Versuchsperson gefragt, was sie gesehen hatte, und die Sitzung endete, wenn die Karte zweimal hintereinander richtig erkannt wurde.[12]

Sogar bei der kürzesten Darbietungszeit identifizierten viele Versuchspersonen die Mehrzahl der Karten, und nach einer geringen Verlängerung identifizierten alle Personen alle Karten. Bei den normalen Karten waren die Identifizierungen gewöhnlich richtig, aber die abgeänderten Karten wurden fast immer, ohne sichtbares Zögern oder Überraschung, als normale Karten bezeichnet. Die schwarze Herz Vier wurde beispielsweise als Pik Vier oder Herz Vier identifiziert. Ohne jedes Bewußtsein von Schwierigkeiten wurden sie sofort in eine der von vorangegangenen Erfahrungen bereitgestellten Begriffskategorien eingeordnet. Man kann nicht einmal sagen, die Versuchspersonen hätten etwas anderes gesehen, als sie angaben. Bei einer weiteren Verlängerung der Darbietungszeit für die nicht normalen Karten begannen die Versuchspersonen zu zögern und zeigten, daß sie sich der Anomalie bewußt wurden. Als ihnen beispielsweise die rote Pik Sechs vorgelegt wurde, sagten einige: das ist die Pik Sechs, aber etwas stimmt damit nicht – das Schwarz hatte einen roten Rand. Eine weitere Verlängerung der Darbietungszeit ergab noch mehr Zögern und Verwirrung, bis schließlich, und manchmal recht plötzlich, die meisten Versuchspersonen die richtige Identifizierung ohne Zögern nannten. Außerdem hatten sie, nachdem sie das bei zwei oder drei anomalen Karten getan hatten, nur noch wenig Schwierigkeiten bei den anderen. Einige Versuchspersonen waren allerdings überhaupt nicht in der Lage, die erforderlichen Korrekturen an ihren Kategorien vorzunehmen. Auch bei einer Verlängerung der für das richtige Identifizieren von normalen Karten erforderlichen durchschnittlichen Darbietungsdauer auf das Vierzigfache wurden noch immer mehr als zehn Prozent der anomalen Karten nicht richtig bezeichnet. Und die Versuchspersonen, die dann noch versagten, empfanden oft starke Frustration. Eine rief: »Ich kann die Farbe nicht erkennen, gleichgültig welche es ist. Diesmal sah es nicht einmal wie eine Karte aus. Ich weiß nicht, ob es jetzt Rot oder Schwarz ist, und ob es Pik oder Herz ist. Ich bin jetzt nicht einmal mehr sicher, wie ein Pik aussieht. Ach, du lieber Gott!«[13] Im nächsten Abschnitt werden wir gelegentlich sehen, daß sich auch Wissenschaftler so benehmen können.

Das psychologische Experiment gibt uns – entweder als Metapher oder weil es das Wesen des Geistes widerspiegelt – ein wunderbar einfaches und zwingendes Schema für den Vorgang wissenschaftlicher Entdeckungen. In der Wissenschaft tritt das Neue, wie bei dem Spielkartenexperiment, nur mit einer sich durch Widerstand manifestierenden Schwierigkeit zutage, und zwar vor einem durch Erwartung gebildeten Hintergrund. Am Anfang wird nur das Erwartete und Übliche wahrgenommen – selbst unter Umständen, unter denen später Anomalien beobachtet werden. Weitere Bekanntschaft führt jedoch zu dem Bewußtsein, daß etwas falsch ist, oder sie bezieht den Effekt auf etwas, das vorher falsch gelaufen ist. Dieses Bewußtsein der Anomalie eröffnet eine Periode, in der die Begriffskategorien umgemodelt werden, bis das anfänglich Anomale zum Erwarteten geworden ist. An diesem Punkt ist die Entdeckung abgeschlossen. Ich habe schon geltend gemacht, daß dieser oder ein ganz ähnlicher Prozeß beim Auftauchen aller grundlegenden wissenschaftlichen Neuheiten eine Rolle spielt. Ich möchte jetzt darauf hinweisen, daß wir, wenn wir uns diesen Prozeß vergegenwärtigen, zumindest auch zu sehen beginnen, warum die normale Wissenschaft, die nicht nach Neuheiten trachtet und diese sogar anfangs zu unterdrücken neigt, trotzdem so erfolgreich darin ist, ihr Auftauchen zu verursachen.

In der Entwicklung jeder Wissenschaft wird von dem ersten anerkannten Paradigma gewöhnlich angenommen, daß es die meisten Beobachtungen und Experimente, welche für die Fachleute jener Wissenschaft leicht zugänglich sind, erfolgreich erklärt. Die weitere Entwicklung verlangt deshalb im allgemeinen die Konstruktion einer komplizierten Ausrüstung, die Entwicklung eines esoterischen Vokabulars und besonderer Fähigkeiten sowie eine Verfeinerung der Begriffe, die in wachsendem Maße die Ähnlichkeit mit deren gemeingebräuchlichen Ausgangsbegriffen verringert. Diese Professionalisierung führt auf der einen Seite zu einer immensen Beschränkung des Gesichtskreises der betreffenden Wissenschaftler und zu einem beträchtlichen Widerstand gegen Paradigmaveränderung. Die Wissenschaft ist zunehmend starrer geworden. Auf der anderen Seite führt die normale Wissenschaft innerhalb der Gebiete, auf welche das Paradigma die Aufmerksamkeit der Gruppe lenkt, zu einer Genauigkeit der Informationen und einer Exaktheit des Zusammenspiels von Beobachtung und Theorie, die auf keine andere Weise erreicht werden könnte. Außerdem haben diese Genauigkeit und diese gute Übereinstimmung einen Wert, der ihr nicht immer sehr großes eigentliches Interesse übersteigt. Ohne die Spezialapparate, die in erster Linie für erwartete Funktionen konstruiert werden, könnten die letztlich zur Neuheit führenden Ergebnisse nicht eintreten. Und selbst wenn der Apparat existiert, taucht die Neuheit gewöhnlich nur für den auf, der *genau weiß*, was er erwarten sollte, und dadurch in der Lage ist zu erkennen, daß etwas nicht richtig läuft. Eine Anomalie stellt sich nur vor dem durch das Paradigma gelieferten Hintergrund ein. Je exakter und umfassender dieses Paradigma ist, desto empfindlicher ist es als Indikator für Anomalien und damit für einen Anlaß zu einer Paradigmaveränderung. Bei dem normalen Entdeckungsmodus hat sogar der Widerstand gegen Veränderungen eine Funktion, die im nächsten Abschnitt etwas ausführlicher untersucht werden wird. Indem er sicherstellt, daß das Paradigma nicht ohne weiteres aufgegeben wird, garantiert der Widerstand, daß die Wissenschaftler nicht zu leicht abgelenkt werden, so daß die zum Paradigmawechsel führenden Anomalien die existierende Erkenntnis erst bis auf ihren Kern durchdringen müssen. Gerade die Tatsache, daß eine bedeutende wissenschaftliche Neuheit so oft gleichzeitig in mehreren Laboratorien auftaucht, ist ein Hinweis sowohl auf die stark traditionsbewußte Natur der normalen Wissenschaft wie auch auf die Vollständigkeit, mit der jene traditionelle Einstellung den Weg für ihre eigene Veränderung bahnt.

VII. Krisen und das Auftauchen
wissenschaftlicher Theorien

Alle in Abschnitt VI betrachteten Entdeckungen verursachten eine Paradigmaveränderung oder trugen dazu bei. Überdies waren die aus diesen Entdeckungen hervorgehenden Veränderungen sowohl destruktiv wie auch konstruktiv. Nach der Einordnung der Entdeckung waren die Wissenschaftler in der Lage, einen breiteren Bereich natürlicher Phänomene zu erklären oder einige der vorher schon bekannten mit größerer Exaktheit zu erklären. Dieser Gewinn wurde aber nur durch den Verzicht auf einige früher als Norm betrachtete Auffassungen oder Verfahren möglich und durch einen gleichzeitigen Austausch dieser Komponenten des vorherigen Paradigmas gegen andere. Ich habe behauptet, Verschiebungen dieser Art seien mit allen durch die normale Wissenschaft erzielten Entdeckungen verbunden, ausgenommen nur die nicht überraschenden Entdeckungen, die bis auf Einzelheiten erwartet worden waren. Entdeckungen sind jedoch nicht die einzigen Ursachen solcher destruktiv-konstruktiven Paradigmaveränderungen. In diesem Abschnitt wollen wir mit der Betrachtung ähnlicher, aber gewöhnlich viel größerer Verschiebungen beginnen, die sich aus der Erfindung neuer Theorien ergeben.

Da wir schon darüber gesprochen haben, daß in den Wissenschaften Faktum und Theorie, Entdeckung und Erfindung nicht grundsätzlich und dauerhaft verschieden sind, können wir Überschneidungen zwischen diesem und dem vorigen Abschnitt erwarten. (Der unmögliche Gedanke, daß Priestley zuerst den Sauerstoff entdeckte und Lavoisier ihn danach erfand, hat seine Reize. Den Sauerstoff haben wir bereits als Entdeckung kennengelernt; bald werden wir ihn als Erfindung wiedertreffen.) Beschäftigen wir uns mit dem Auftauchen neuer Theorien, so werden wir zwangsläufig auch unser Verständnis der Entdeckung erweitern. Trotzdem, sich überschneiden heißt nicht identisch sein. Die im vorigen Abschnitt erörterten Entdeckungen waren, zumindest einzeln gesehen, nicht verantwortlich für Paradigmawechsel wie die Kopernikanische, Newtonsche, chemische und Einsteinsche Revolution. Sie waren auch nicht für die etwas kleineren, weil stärker fachgebundenen Wechsel des Paradigmas verantwortlich, die durch die Wellentheorie des Lichts, die dynamische Theorie der Wärme oder Maxwells elektromagnetische Theorie hervorgerufen wurden. Wie können nun solche Theorien aus der normalen Wissenschaft entstehen, einer Tätigkeit, die nach ihnen sogar noch weniger trachtet als nach Entdeckungen?

Wenn das Bewußtsein einer Anomalie beim Auftauchen neuer Phänomene eine Rolle spielt, sollte es niemanden verwundern, daß ein ähnliches, doch tieferes Bewußtsein eine Voraussetzung für jeden annehmbaren theoretischen Wandel ist. Für diesen Punkt, so glaube ich, ist die historische Beweislage völlig eindeutig. Der Zustand der Ptolemäischen Astronomie war vor der Veröffentlichung des Werkes von Kopernikus skandalös.[1] Galileis Beiträge zum Studium der Bewegung hingen eng mit den Schwierigkeiten zusammen, welche die scholastischen Kritiker in der Theorie des Aristoteles entdeckt hatten.[2] Newtons neue Theorie von Licht und Farbe entsprang der Entdeckung, daß keine der vor dem Paradigma existierenden Theorien die Länge des Spektrums erklären konnte, und die Wellentheorie, welche Newtons Theorie ablöste, wurde zur Zeit einer wachsenden Besorgnis über Anomalien in den Beziehungen zwischen den Brechungs- und Polarisationseffekten und der Newtonschen Theorie veröffentlicht.[3] Die Thermodynamik wurde aus der Kollision zweier im neunzehnten Jahrhundert existierender physikalischer Theorien geboren, und die Quantenmechanik aus einer Vielzahl von Schwierigkeiten, die der Schwarzkörperstrahlung, der spezifischen Wärme und dem photoelektrischen Effekt anhafteten.[4] Außerdem hatte das Bewußtsein der Anomalie in all diesen Fällen (bis auf den Newtons) so lange gedauert und war so tief eingedrungen, daß man von den betroffenen Gebieten mit Recht sagen kann, sie hätten sich in einem Stadium der wachsenden Krise befunden. Da das Auftauchen neuer Theorien eine umfassende Paradigmazerstörung und größere Verschiebungen in den Problemen und Verfahren der normalen Wissenschaft erfordert, geht ihm im allgemeinen eine Periode ausgesprochener fachwissenschaftlicher Unsicherheit voraus. Wie zu erwarten, wird diese Unsicherheit durch das dauernde Unvermögen erzeugt, für die Rätsel der normalen Wissenschaft die erwartete Auflösung zu finden. Das Versagen der vorhandenen Regeln leitet die Suche nach neuen ein.

Sehen wir uns zuerst einen besonders berühmten Fall von Paradigmawechsel an, das Auftauchen der Kopernikanischen Astronomie. Als ihr Vorläufer, das Ptolemäische System, in den beiden letzten Jahrhunderten vor Christus und den beiden ersten nach ihm entwickelt wurde, war es bewunderswert erfolgreich in der Voraussage der veränderlichen Positionen von Fixsternen und Planeten. Kein anderes System des Altertums hatte so gut funktioniert. Für die Fixsterne wird die Ptolemäische Astronomie heute noch weitgehend als technische Näherung verwendet; für die Planeten waren die Voraussagen des Ptolemäus ebenso gut wie die des Kopernikus. Aber bewunderswert erfolgreich zu sein, bedeutet bei einer wissenschaftlichen Theorie niemals, vollkommen erfolgreich zu sein. In bezug auf die Planetenpositionen und die Präzession von Tag- und Nachtgleiche stimmten die aufgrund des Ptolemäischen Systems gemachten Voraussagen niemals ganz mit den besten verfügbaren Beobachtungen überein. Die weitere Reduzierung jener geringen Diskrepanzen bildete ein Gutteil der Hauptprobleme normaler astronomischer Forschung für viele Nachfolger des Ptolemäus, wie auch ein ähnlicher Versuch, die Himmelsbeobachtungen und die Newtonsche Theorie in Übereinstimmung zu bringen, normale Forschungsprobleme für Newtons Nachfolger im achtzehnten Jahrhundert mit sich brachte. Eine Zeitlang hatten die Astronomen allen Grund zu der Annahme, daß diese Versuche ebensolchen Erfolg haben würden wie jene, die zum Ptolemäischen System geführt hatten. Bei einer einzelnen Unstimmigkeit waren die Astronomen ausnahmslos in der Lage, sie durch bestimmte Korrekturen im Ptolemäischen System der zusammengesetzten Kreise auszuschalten. Mit der Zeit aber konnte jemand, der den Endeffekt der normalen Forschungsbemühungen der vielen Astronomen betrachtete, feststellen, daß die Kompliziertheit der Astronomie viel schneller wuchs als ihre Exaktheit, und daß eine Diskrepanz, die an der einen Stelle korrigiert wurde, wahrscheinlich an einer anderen zu einer neuen führte.[5]

Da die astronomische Tradition wiederholt von außen unterbrochen wurde und da, solange es keine Drucktechnik gab, die Verbindungen zwischen den Astronomen beschränkt waren, wurden diese Schwierigkeiten nur ganz allmählich erkannt. Aber das Bewußtsein von ihnen kam. Im dreizehnten Jahrhundert konnte Alfons X. verkünden, daß Gott, hätte er ihn bei der Erschaffung des Universums konsultiert, guten Rat erhalten hätte. Im sechzehnten Jahrhundert behauptete Kopernikus' Mitarbeiter Domenico da Novara, daß ein so schwerfälliges und ungenaues System, wie es das

Ptolemäische geworden war, unmöglich der Natur entsprechen könne. Und Kopernikus selbst schrieb in der Vorrede zu *De revolutionibus,* daß die astronomische Tradition, die er geerbt habe, letztlich nur ein Monstrum geschaffen habe. Am Anfang des sechzehnten Jahrhunderts begann eine wachsende Zahl der besten Astronomen Europas zu erkennen, daß das astronomische Paradigma bei Anwendungen auf seine eigenen traditionellen Probleme versagte. Diese Erkenntnis war die Voraussetzung für die Ablehnung des ptolemäischen Paradigmas durch Kopernikus und für dessen Suche nach einem neuen. Seine berühmte Vorrede ist immer noch eine der klassischen Beschreibungen eines Krisenzustands.[6]

Der Zusammenbruch der normalen Technik des Rätsellösens ist natürlich nicht das einzige wesentliche Moment der astronomischen Krise, der sich Kopernikus gegenüber sah. Eine ausführlichere Behandlung müßte auch den sozialen Druck in bezug auf eine Kalenderreform erörtern, einen Druck, der das Problem der Präzession besonders akut machte. Außerdem würde eine vollständigere Darstellung die mittelalterliche Kritik an Aristoteles berücksichtigen, den Aufstieg des Neuplatonismus in der Renaissance und andere bedeutende geschichtliche Elemente. Doch der technische Zusammenbruch würde noch immer der Kern der Krise bleiben. In einer reifen Wissenschaft – und das war die Astronomie schon im Altertum geworden – sind äußere Faktoren wie die eben genannten grundsätzlich bedeutsam für die Bestimmung des Zeitpunkts eines Zusammenbruchs, für die Leichtigkeit, mit der er erkannt werden kann, und für den Bereich, in welchem, da ihm besondere Aufmerksamkeit gilt, der Zusammenbruch zuerst auftritt. Obwohl von sehr großer Bedeutung, liegen Fragen dieser Art doch außerhalb des Rahmens dieses Essays.

Das alles ist für den Fall der Kopernikanischen Revolution ziemlich klar. Wir wollen uns deshalb einem zweiten und ganz andersartigen Beispiel zuwenden: der Krise, die dem Auftauchen von Lavoisiers Sauerstofftheorie der Verbrennung vorausging. In den Jahren nach 1770 kamen viele Faktoren zusammen und lösten eine Krise in der Chemie aus, und die Historiker sind sich nicht alle über ihr Wesen oder ihre relative Bedeutung einig. Zwei dieser Faktoren jedoch werden allgemein als höchst bedeutsam anerkannt: der Aufstieg der pneumatischen Chemie und das Problem der Gewichtsrelationen. Die Geschichte der ersteren beginnt im siebzehnten Jahrhundert mit der Entwicklung der Luftpumpe und deren Gebrauch bei chemischen Experimenten. Während des folgenden Jahrhunderts, als die Chemiker diese Pumpe und eine Anzahl anderer pneumatischer Geräte verwendeten, kamen sie immer deutlicher zu der Erkenntnis, daß die Luft ein aktiver Bestandteil bei chemischen Reaktionen sein müsse. Mit wenigen Ausnahmen – allerdings so zweideutigen, daß sie vielleicht gar keine Ausnahmen sind – waren die Chemiker aber weiterhin der Meinung, die Luft sei das einzige Gas. Bis 1756, als Joseph Black zeigte, daß nichtflüchtige Luft (CO_2) durchweg von normaler Luft zu unterscheiden war, glaubte man, zwei Gasproben unterschieden sich nur durch ihre Verunreinigungen.[7]

Nach den Arbeiten von Black machte die Untersuchung von Gasen schnelle Fortschritte, am deutlichsten unter den Händen von Cavendish, Priestley und Scheele, die zusammen eine Anzahl neuer Verfahren entwickelten, mit denen eine Gasprobe von der anderen unterschieden werden konnte. Alle diese Männer von Black bis Scheele glaubten an die Phlogistontheorie und benützten sie oft bei der Planung und Interpretation von Experimenten. Scheele erzeugte erstmalig Sauerstoff, als er eine komplizierte Reihe von Experimenten durchführte, die zum Entphlogistizieren von Wärme bestimmt waren. Das Ergebnis ihrer Experimente war aber eine Vielfalt so komplizierter Gasproben und Gaseigenschaften, daß sich die Phlogistontheorie in steigendem Maße als ungeeignet erwies, mit den Laborerfahrungen fertig zu werden. Zwar schlug keiner dieser Chemiker vor, die Theorie aufzugeben, aber keiner konnte sie konsequent anwenden. Kurz nach 1770, als Lavoisier seine Experimente mit Gasen begann, gab es fast so viele Versionen der Phlogistontheorie, wie es Anhänger der pneumatischen Chemie gab.[8] Diese Wucherung von Versionen einer Theorie ist ein typisches Symptom einer Krise. In seiner Vorrede beklagte sich auch Kopernikus darüber.

Die wachsende Unbestimmtheit und die sich verringernde Brauchbarkeit der Phlogistontheorie für die pneumatische Chemie waren jedoch nicht die einzigen Ursachen der Krise, der sich Lavoisier gegenüber sah. Er suchte auch intensiv nach einer Erklärung für die Gewichtszunahme der meisten Körper beim Verbrennen oder Rösten, und das ist wiederum ein Problem mit einer langen Vorgeschichte. Zumindest einige islamische Chemiker hatten bereits gewußt, daß manche Metalle beim Rösten schwerer werden. Im siebzehnten Jahrhundert waren einige Forscher durch die gleiche Tatsache zu dem Schluß gekommen, daß ein geröstetes Metall irgendeinen Bestandteil aus der Atmosphäre aufnehme. Aber den meisten Chemikern des siebzehnten Jahrhunderts erschien dieser Schluß unnötig. Wenn chemische Reaktionen das Volumen, die Farbe und die Struktur der Bestandteile ändern konnten, warum sollten sie nicht auch das Gewicht verändern? Das Gewicht wurde nicht immer als das Maß für die Menge der Materie angesehen. Außerdem blieb der Gewichtszuwachs durch Rösten ein isoliertes Phänomen. Die meisten natürlichen Körper (z. B. Holz) verlieren Gewicht beim Rösten, wie es die Phlogistontheorie später auch behauptete.

Während des achtzehnten Jahrhunderts wurde es immer schwieriger, diese anfänglich ausreichenden Antworten auf die Frage des Gewichtszuwachses aufrechtzuerhalten. Zum Teil, weil die Waage in zunehmendem Maße als Standardgerät der Chemie gebraucht wurde, und zum Teil, weil die Entwicklung der pneumatischen Chemie es möglich und wünschenswert machte, die gasförmigen Produkte von Reaktionen festzuhalten, entdeckten die Chemiker immer mehr Fälle, in denen das Rösten von einer Gewichtszunahme begleitet war. Gleichzeitig führte die allmähliche Rezipierung von Newtons Gravitationstheorie die Chemiker dazu, darauf zu bestehen, daß eine Zunahme des Gewichts auch eine Zunahme der Menge der Materie bedeuten mußte. Diese Schlußfolgerungen führten nicht zur Ablehnung der Phlogistontheorie, denn diese Theorie konnte auf viele Arten korrigiert werden. Vielleicht hatte das Phlogiston ein negatives Gewicht, oder vielleicht drangen Feuerpartikel oder sonst etwas in den gerösteten Körper ein, wenn das Phlogiston ihn verließ. Es gab noch weitere Erklärungen. Wenn das Problem der Gewichtszunahme auch nicht zur Ablehnung führte, so führte es doch zu einer steigenden Zahl von Spezialstudien, in denen dieses Problem einen großen Raum einnahm. Eine von ihnen, »Betrachtung über das Phlogiston als Substanz mit Gewicht und [analysiert] anhand der Gewichtsveränderungen, die es in den Körpern, mit denen es sich vereinigt, hervorruft«, wurde Anfang 1772 vor der Académie Française verlesen. Es war das Jahr, das mit Lavoisiers Übergabe seiner berühmten versiegelten Niederschrift an den Sekretär der Akademie schloß. Vor der Abfassung dieser Niederschrift war ein Problem, das sich viele Jahre lang am Rande des Bewußtseins der Chemiker bewegt hatte, zu einem besonders wichtigen ungelösten Rätsel geworden.[9] Viele verschiedene Versionen der Phlogistontheorie wurden ausgearbeitet, um es zu lösen. Wie die Probleme der pneumatischen Chemie machten es die des Gewichtszuwachses immer schwerer, zu erkennen, was die Phlogistontheorie war. Obwohl man noch daran glaubte und ihm als einem Hilfsmittel vertraute, verlor ein Paradigma der Chemie des achtzehnten Jahrhunderts allmählich seinen einzigartigen Status. In zunehmendem Maße ähnelte die von ihm geleitete Forschung derjenigen, die von den konkurrierenden Schulen der Zeit vor dem Paradigma betrieben wurde – eine weitere typische Auswirkung einer Krise.

Betrachten wir nun als drittes und letztes Beispiel die Krise der Physik im späten neunzehnten Jahrhundert, die dem Auftauchen der Relativitätstheorie den Weg bereitete. Eine Wurzel jener Krise kann bis zum späten siebzehnten Jahrhundert zurückverfolgt werden, als eine Anzahl von Naturphilosophen, in erster Linie Leibniz, Newtons Festhalten an einer auf den neuesten Stand gebrachten Version der klassischen Vorstellung vom absoluten Raum kritisierten.[10] Sie waren fast, wenn auch nie ganz, in der Lage zu zeigen, daß absolute Positionen und absolute Bewegungen in Newtons System völlig ohne Funktion waren; und es gelang ihnen, auf den beträchtlichen ästhetischen Reiz hinzuweisen, den eine völlig relativistische Konzeption von Raum und Bewegung später tatsächlich ausüben sollte. Ihre Kritik war aber rein logisch. Wie die frühen Kopernikaner, welche die Beweise des Aristoteles für das Ruhen der Erde kritisierten, dachten sie nicht im Traum daran, daß dieser Übergang zu einem relativistischen System beobachtbare Folgen haben könnte. Nirgendwo setzten sie ihre Auffassungen zu irgendwelchen Problemen in Beziehung, die auftauchten, wenn man Newtons Theorie auf die Natur anwandte. Darum auch gingen ihre Anschauungen mit ihnen in den ersten Jahrzehnten des achtzehnten Jahrhunderts dahin, um erst in den letzten Jahrzehnten des neunzehnten wieder zum Leben erweckt zu werden, als sie eine ganz andere Beziehung zur physikalischen Praxis gewonnen hatten.

Die technischen Probleme, auf welche eine relativistische Philosophie des Raumes letztlich bezogen werden mußte, begannen etwa seit 1815 mit der Annahme der Wellentheorie des Lichts in die normale Wissenschaft einzudringen, haben aber bis zu den neunziger Jahren keine Krise hervorgerufen. Wenn das Licht eine Wellenbewegung ist, die sich in einem durch die Newtonschen Gesetze beherrschten mechanischen Äther fortpflanzt, dann müssen sowohl Beobachtungen des Himmels wie Experimente auf der Erde potentiell in der Lage sein, eine Bewegung gegenüber dem Äther zu entdecken. Von den Beobachtungen des Himmels versprachen nur die der Aberration genügend Exaktheit für relevante Informationen, und die Entdeckung des Ätherwinds durch Aberrationsmessungen wurde deshalb zu einem anerkannten Problem für die normale Wissenschaft. Viele Spezialgeräte wurden für seine Lösung gebaut. Mit ihnen war allerdings keine beobachtbare Strömung zu entdecken, und so wurde das Problem von den Experimentatoren und Beobachtern den Theoretikern übergeben. In den mittleren Jahrzehnten des Jahrhunderts entwarfen Fresnel, Stokes und andere zahlreiche Artikulierungen der Äthertheorie, um zu erklären, warum sich keine Strömung beobachten ließ. Jede dieser Artikulierungen setzte voraus, daß ein sich bewegender Körper einen Bruchteil des Äthers mit sich ziehe. Und jede war hinreichend erfolgreich in der Erklärung der negativen Ergebnisse nicht nur bei den Beobachtungen des Himmels, sondern auch bei den Experimenten auf der Erde, einschließlich des berühmten Experiments von Michelson und Morley.[11] Noch immer gab es keinen Konflikt, ausgenommen den zwischen den verschiedenen Artikulierungen. Und in Ermangelung eines relevanten Experimentierverfahrens wurde dieser Konflikt niemals akut.

Erst mit der allmählichen Annahme der Maxwellschen elektromagnetischen Theorie in den letzten beiden Jahrzehnten des neunzehnten Jahrhunderts änderten sich wieder die Verhältnisse. Maxwell selbst war ein Anhänger Newtons und glaubte, Licht und Elektromagnetismus im allgemeinen seien auf Ortsveränderungen der Partikel eines mechanischen Äthers zurückzuführen. Seine ersten Versionen einer Theorie für Elektrizität und Magnetismus machten unmittelbaren Gebrauch von hypothetischen Eigenschaften, mit denen er dieses Medium ausstattete. Diese ließ er in seiner endgültigen Version fallen, aber er glaubte noch immer, daß seine elektromagnetische Theorie mit irgendeiner Artikulierung der Newtonschen mechanischen Anschauung vereinbar sei.[12] Eine geeignete Artikulierung zu erarbeiten, war für ihn und seine Nachfolger eine Herausforderung. In der Praxis allerdings, und das ist in der wissenschaftlichen Entwicklung immer wieder vorgekommen, erwies sich die erforderliche Artikulierung als sehr schwierig. So wie der astronomische Entwurf des Kopernikus, dem Optimismus

seines Autors zum Trotz, zu einer wachsenden Krise für die bestehenden Theorien der Bewegung führte, verursachte Maxwells
Theorie, ihrem Newtonschen Ursprung zum Trotz, letztlich eine
Krise für das Paradigma, dem sie entsprungen war.[13] Außerdem
wurde der Ort, an welchem diese Krise am akutesten wurde, von
den soeben betrachteten Problemen bestimmt, denen der Bewegung in bezug auf den Äther.

Maxwells Diskussion des elektromagnetischen Verhaltens von
bewegten Körpern hatte auf die Mitnahme des Äthers keinen Bezug genommen, und es erwies sich als sehr schwierig, die Mitnahme in seiner Theorie unterzubringen. Somit wurde eine ganze
Reihe früherer Beobachtungen, die bestimmt waren, den Äther-
wind zu entdecken, zur Anomalie. Die Jahre nach 1890 brachten
deshalb eine lange Reihe sowohl experimenteller wie auch theoretischer Versuche, Bewegung in bezug auf den Äther zu entdecken
und die Mitnahme des Äthers in Maxwells Theorie einzuarbeiten.
Die ersteren waren allesamt erfolglos, mochten auch einige Analy-
tiker ihre Ergebnisse für zweideutig halten. Die letzteren ergaben
eine Anzahl vielversprechender Ansätze, besonders die von Lorentz und Fitzgerald, aber sie führten auch auf wieder neue Rätsel
und führten gerade jene Wucherung konkurrierender Theorien herbei, von der wir schon festgestellt haben, daß sie ein
Begleitumstand jeder Krise ist.[14] In diesem historischen Rahmen
tauchte Einsteins spezielle Relativitätstheorie im Jahre 1905
auf.

Diese drei Beispiele sind nahezu vollkommen typisch. In jedem
Falle trat eine neue Theorie erst zutage, nachdem eine normale
Problemlösungstätigkeit offensichtlich versagt hatte. Außerdem
kamen der Zusammenbruch und die Wucherung der Theorien als
sein äußeres Zeichen nicht früher als ein oder zwei Jahrzehnte vor
der Verkündung der neuen Theorie, mit Ausnahme des Falles von
Kopernikus, bei dem außerwissenschaftliche Faktoren eine besonders große Rolle spielten. Die neue Theorie scheint eine unmittelbare Antwort auf die Krise zu sein. Beachten wir auch, obwohl
dies vielleicht nicht ganz so typisch ist, daß die Probleme, aufgrund
derer der Zusammenbruch eintrat, alle schon lange bekannt waren.
Die frühere Praxis der normalen Wissenschaft hatte allen Anlaß
gegeben, sie als gelöst oder fast gelöst anzusehen. Daraus erklärt
sich, warum das Gefühl der Enttäuschung so heftig sein kann. Ein
Versagen bei neuen Problemen ist oft enttäuschend, aber niemals

überraschend: Probleme wie Rätsel werden selten gleich beim ersten Angriff bewältigt. Und schließlich haben diese Beispiele eine andere Eigenschaft gemeinsam, die vielleicht dazu beiträgt, die Rolle der Krise deutlicher hervortreten zu lassen: die Lösung jedes einzelnen ist während einer Periode, da in der entsprechenden Wissenschaft keine Krise bestand, zumindest teilweise antizipiert worden; und solange es keine Krise gab, wurden solche Vorwegnahmen nicht beachtet.

Die einzige vollständige Vorwegnahme ist auch die berühmteste, nämlich die des Kopernikus durch Aristarchos im dritten Jahrhundert v. Chr. Es wird oft gesagt, die heliozentrische Astronomie hätte ihre Entwicklung achtzehn Jahrhunderte früher beginnen können, wenn die griechische Wissenschaft weniger deduktiv und dogmabesessen gewesen wäre.[15] Das hieße aber alle historischen Zusammenhänge ignorieren. Als Aristarchos seine These vortrug, hatte das weit einleuchtendere geozentrische System keine Mängel, die ein heliozentrisches System möglicherweise hätte beheben können. Die gesamte Entwicklung der Ptolemäischen Astronomie mit ihren Triumphen und ihrem Zusammenbruch fällt in die Jahrhunderte nach Aristarchos' These. Außerdem gab es keine ersichtlichen Gründe dafür, Aristarchos ernst zu nehmen. Sogar die differenziertere These des Kopernikus war weder einfacher noch genauer als das System des Ptolemäus. Die verfügbaren Beobachtungsverfahren, wie wir weiter unten noch deutlicher sehen werden, boten keine Basis für eine Wahl zwischen ihnen. Unter diesen Umständen war einer der Faktoren, der die Astronomen zu Kopernikus führte (ein Faktor, der sie nicht hätte zu Aristarchos führen können), das Bewußtsein der Krise, das für die Neuerung überhaupt verantwortlich war. Die Ptolemäische Astronomie hatte bei der Lösung ihrer Probleme versagt; nun war die Zeit gekommen, einem Konkurrenten eine Chance zu geben. Unsere beiden anderen Beispiele bieten keine ähnlich vollständige Vorwegnahme. Aber ein Grund, warum die Theorien der Verbrennung durch Absorption aus der Atmosphäre – Theorien, die im siebzehnten Jahrhundert von Rey, Hooke und Mayow entwickelt worden waren – nicht genug Gehör fanden, war sicherlich der, daß sie keine Berührungspunkte mit einem anerkannten neuralgischen Punkt in der normalen wissenschaftlichen Praxis hatten.[16] Und die lange Mißachtung von Newtons relativistischen Kritikern seitens der Wissenschaftler des achtzehnten und neunzehnten Jahrhunderts muß weitgehend auf einen ähnlichen Umstand zurückzuführen sein.

Wissenschaftstheoretiker haben wiederholt demonstriert, daß auf eine gegebene Sammlung von Daten immer mehr als eine theoretische Konstruktion paßt. Die Geschichte der Wissenschaft zeigt, daß es, besonders in den frühen Entwicklungsstadien eines neuen Paradigmas, nicht einmal sehr schwierig ist, solche Alternativen zu erfinden. Aber die Erfindung von Alternativen ist gerade das, was Wissenschaftler selten unternehmen, außer in dem einem Paradigma vorausgehenden Entwicklungsstadium ihrer Wissenschaft und an ganz besonderen Punkten der darauffolgenden Entwicklung. Solange die von einem Paradigma gelieferten Hilfsmittel sich als fähig erweisen, die von ihm definierten Probleme zu lösen, schreitet die Wissenschaft dann am schnellsten voran und dringt am tiefsten ein, wenn diese Hilfsmittel voll Überzeugung gebraucht werden. Der Grund ist klar. Wie bei der Fabrikation, so auch in der Wissenschaft – ein Wechsel der Ausrüstung ist eine Extravaganz, die auf die unbedingt notwendigen Fälle beschränkt bleiben soll. Die Bedeutung von Krisen liegt in dem von ihnen gegebenen Hinweis darauf, daß der Zeitpunkt für einen solchen Wechsel gekommen ist.

VIII. Die Reaktion auf die Krise

Wir wollen also annehmen, daß Krisen eine notwendige Voraussetzung für das Auftauchen neuer Theorien sind, und fragen als nächstes danach, wie die Wissenschaftler auf sie reagieren. Einen ebenso offenkundigen wie wichtigen Teil der Antwort können wir finden, indem wir erst einmal festhalten, was Wissenschaftler niemals tun, wenn sie mit Anomalien konfrontiert werden, und seien diese noch so schwerwiegend und lang andauernd. Wenn sie auch beginnen mögen, den Glauben zu verlieren und an Alternativen zu denken, so verwerfen sie doch nicht das Paradigma, das sie in die Krise hineingeführt hat. Das heißt also, sie behandeln die Anomalien nicht als Gegenbeispiele, obwohl Anomalien im Vokabular der Wissenschaftstheorie genau das sind. Diese Verallgemeinerung ist zum Teil nur eine Feststellung aufgrund geschichtlicher Tatsachen, die sich auf Beispiele wie die bereits genannten und die umfangreicheren späteren stützt. Diese deuten auf das hin, was unsere Untersuchung der Paradigma-Ablehnung noch genauer aufzeigen wird: wenn eine wissenschaftliche Theorie einmal den Status eines Paradigmas erlangt hat, wird sie nur dann für ungültig erklärt, wenn ein anderer Kandidat vorhanden ist, der ihren Platz einnehmen kann. Kein bisher durch das historische Studium der wissenschaftlichen Entwicklung aufgedeckter Prozeß hat irgendeine Ähnlichkeit mit der methodologischen Schablone der Falsifikation durch unmittelbaren Vergleich mit der Natur. Diese Bemerkung bedeutet nicht, daß Wissenschaftler nicht wissenschaftliche Theorien ablehnten oder daß Erfahrung und Experiment für den Prozeß, in welchem sie es tun, nicht wesentlich seien. Sie bedeutet aber – was letztlich ein Kernpunkt sein wird –, daß der Urteilsakt, der die Wissenschaftler zur Ablehnung einer vorher anerkannten Theorie führt, niemals nur auf einem Vergleich jener Theorie mit der Natur beruht. Die Entscheidung, ein Paradigma abzulehnen, ist immer gleichzeitig auch die Entscheidung, ein anderes anzunehmen, und das Urteil, das zu dieser Entscheidung führt, beinhaltet den Vergleich beider Paradigmata mit der Natur *und* untereinander.

Dazu kommt ein zweiter Grund für Zweifel daran, daß Wissenschaftler Paradigmata ablehnen, weil sie mit Anomalien oder Gegenbeispielen konfrontiert werden. Wenn ich ihn entwickle, wird meine Argumentation selbst auf eine weitere Hauptthese dieses Essays vorausweisen. Die eben umrissenen Gründe für Zweifel sind rein faktischer Art; das heißt, sie sind ihrerseits Gegenbeispiele gegen eine bestimmte einflußreiche Erkenntnistheorie. Als solche können sie, wenn meine Behauptung richtig ist, bestenfalls zur Auslösung einer Krise beitragen oder, genauer gesagt, eine schon recht weit fortgeschrittene verstärken. Sie selbst können und werden jene philosophische Theorie nicht falsifizieren, denn deren Verteidiger werden das tun, was wir die Wissenschaftler schon haben tun sehen, wenn sie mit einer Anomalie konfrontiert werden. Sie werden sich zahlreiche Artikulierungen und *ad hoc*-Modifizierungen ihrer Theorie ausdenken, um jeden scheinbaren Konflikt zu eliminieren. Viele der entsprechenden Modifizierungen und Differenzierungen sind tatsächlich bereits in der Literatur vorhanden. Wenn also diese erkenntnistheoretischen Gegenbeispiele mehr als ein geringfügiges Ärgernis sein sollen, dann müssen sie das Auftauchen einer neuen und unterschiedlichen Analyse der Wissenschaft ermöglichen helfen, in welcher sie keine Störungsquelle mehr sind. Wenn hier außerdem ein typisches Schema, das wir später bei wissenschaftlichen Revolutionen beobachten werden, anwendbar ist, dann werden diese Anomalien nicht mehr als einfache Tatsachen erscheinen. Aus einer neuen Theorie der wissenschaftlichen Erkenntnis heraus mögen sie eher Tautologien ganz ähnlich sein, Feststellungen von Verhältnissen, die gar nicht anders denkbar gewesen wären.

Es ist zum Beispiel oft bemerkt worden, daß Newtons zweites Gesetz der Bewegung – wenn auch Jahrhunderte schwieriger empirischer und theoretischer Forschung nötig waren, um es zu erhalten – für jene, die sich auf die Newtonsche Theorie festgelegt haben, sich ganz wie eine rein logische Aussage verhalte, die keine noch so zahlreichen Beobachtungen widerlegen könnten.[1] In Abschnitt X werden wir sehen, daß das chemische Gesetz der festen Proportionen, das vor Dalton ein gelegentliches experimentelles Ergebnis von sehr zweifelhafter Allgemeingültigkeit war, nach Daltons Arbeit zum Bestandteil einer Definition chemischer Verbindungen wurde, den keine experimentelle Arbeit allein mehr hätte erschüttern können. Etwas ganz Ähnliches wird auch mit der Verallgemeinerung geschehen, daß Wissenschaftler es unterlassen, ein Paradigma abzulehnen, wenn sie sich Anomalien oder Gegenbeispielen gegenüber sehen. Sie brauchen es nicht abzulehnen und bleiben doch Wissenschaftler.

Auch wenn die Geschichtsschreibung ihre Namen kaum festhält, sind ohne Zweifel einige Forscher dazu getrieben worden, der Wissenschaft abtrünnig zu werden, weil sie nicht fähig waren, Krisen zu tolerieren. Wie Künstler müssen auch schöpferische Wissenschaftler gelegentlich in der Lage sein, in einer aus den Fugen geratenen Welt zu leben – an anderer Stelle habe ich diese Notwendigkeit als »die grundlegende Spannung« beschrieben, die der wissenschaftlichen Forschung eigen ist.[2] Aber jene Ablehnung der Wissenschaft zu Gunsten eines anderen Berufes ist, so glaube ich, die einzige Art von Paradigma-Ablehnung, zu welcher Gegenbeispiele von sich aus führen können. Wenn einmal ein erstes Paradigma für die Betrachtung der Natur gefunden worden ist, gibt es nicht mehr so etwas wie Forschung ohne Paradigma. Ein Paradigma ablehnen, ohne gleichzeitig ein anderes an seine Stelle zu setzen, heißt die Wisssenschaft selbst ablehnen. Es ist ein Schritt, der nicht auf das Paradigma, sondern auf den Menschen zurückfällt, der ihn tut. In den Augen seiner Kollegen erscheint er unvermeidlich als »der Zimmermann, der seinem Werkzeug die Schuld gibt«.

Die gleiche Behauptung kann mit zumindest gleicher Wirksamkeit in umgekehrter Form aufgestellt werden: es gibt nicht so etwas wie Forschung ohne Gegenbeispiele. Was unterscheidet eigentlich die normale Wissenschaft von der Wissenschaft in einem Stadium der Krise? Sicherlich nicht, daß die erstere keinen Gegenbeispielen ausgesetzt wäre. Im Gegenteil, was wir vorher die Rätsel nannten, welche die normale Wissenschaft ausmachen, existiert nur, weil kein Paradigma, das eine Grundlage für die wissenschaftliche Forschung bildet, jemals alle ihre Probleme vollständig lösen kann. Die ganz wenigen, die es scheinbar doch taten (z. B. die geometrische Optik), haben bald aufgehört, überhaupt noch Forschungsprobleme hervorzubringen, und wurden zu bloßen Hilfsmitteln für die Technik. Außer den rein instrumentellen Problemen kann jedes von der normalen Wissenschaft für ein Rätsel gehaltene Problem von einem anderen Standpunkt aus als Gegenbeispiel betrachtet werden, und damit auch als Ursache für eine Krise. Kopernikus hielt das, was die meisten anderen Nachfolger von Ptolemäus als Rätsel des Zusammenspiels von Beobachtung und Theorie aufgefaßt hatten, für Gegenbeispiele. Lavoisier nahm als

Gegenbeispiel, was Priestley als ein erfolgreich gelöstes Rätsel bei der Artikulation der Phlogistontheorie angesehen hatte. Und Einstein hielt für Gegenbeispiele, was Lorentz, Fitzgerald und andere als Rätsel bei der Artikulation der Newtonschen und Maxwellschen Theorien erachtet hatten. Außerdem kann nicht einmal die Existenz einer Krise von sich aus ein Rätsel in ein Gegenbeispiel verwandeln. Es gibt da keine scharfe Trennungslinie. Vielmehr lockert die Krise durch wuchernde Versionen des Paradigmas die Regeln des normalen Rätsellösens in einer Weise, daß letztlich ein neues Paradigma auftauchen kann. Es gibt, so meine ich, nur diese beiden Möglichkeiten: entweder wird keine wissenschaftliche Theorie jemals mit einem Gegenbeispiel konfrontiert, oder alle Theorien sehen sich zu jeder Zeit Gegenbeispielen ausgesetzt.

Warum konnte die Situation anders erscheinen? Diese Frage führt notwendigerweise zur historischen und kritischen Durchleuchtung der Philosophie, und diese Themen stehen hier nicht zur Diskussion. Wir können aber wenigstens zwei Gründe festhalten, warum die Wissenschaft eine so treffliche Illustration für die Verallgemeinerung zu sein schien, daß durch die Gegenüberstellung von Behauptung und Tatsache, und nur dadurch, unzweideutig über wahr und falsch entschieden werde. Die normale Wissenschaft muß sich fortgesetzt bemühen – und tut es auch –, Theorie und Tatsachen in bessere Übereinstimmung zu bringen, und diese Tätigkeit kann leicht als ein Prüfen oder als ein Suchen nach Bestätigung oder Falsifikation angesehen werden. Hingegen ist ihr Ziel die Lösung eines Rätsels, für dessen bloße Existenz die Gültigkeit des Paradigmas vorausgesetzt werden muß. Die Unfähigkeit, eine Lösung zu finden, diskreditiert nur den Wissenschaftler und nicht die Theorie. Hier trifft sogar noch besser als oben das Sprichwort zu: »Das ist ein schlechter Zimmermann, der seinem Werkzeug die Schuld gibt.« Darüber hinaus hat die Art und Weise, in der die wissenschaftliche Pädagogik die Diskussion einer Theorie mit Hinweisen auf ihre musterhaften Anwendungen vermischt, dazu beigetragen, eine vorwiegend anderen Quellen entnommene Bestätigungstheorie zu untermauern. Gibt man dem Leser eines wissenschaftlichen Lehrbuchs auch nur den leisesten Grund dafür, so kann er leicht die Anwendungsbeispiele als die Beweise für die Theorie ansehen, als die Gründe dafür, daß man an sie glauben sollte. Die Studierenden akzeptieren aber Theorien wegen der Autorität des Lehrers und des Lehrbuches, nicht aufgrund von Beweisen. Welche andere Wahl hätten sie auch oder welche Qualifikation? Die in den Lehrbüchern geschilderten Anwendungen stehen dort nicht als Beweis, sondern weil ihr Erlernen ein Teil des Erlernens des der derzeitigen Praxis zugrundeliegenden Paradigmas ist. Würden die Anwendungen als Beweis hingestellt, so würde die bloße Versäumnis der Lehrbücher, Alternativinterpretationen zu geben oder Probleme zu diskutieren, für welche die Wissenschaftler keine Paradigmalösungen finden konnten, von den extremen Vorurteilen ihrer Autoren zeugen. Für eine solche Anklage ist aber nicht der geringste Grund vorhanden.

Wie also, um zu der ursprünglichen Frage zurückzukommen, reagieren die Wissenschaftler auf das Bewußtsein einer Anomalie in der Anpassung von Theorie und Natur? Das soeben Gesagte zeigt, daß sogar eine Diskrepanz, die unerklärlicherweise größer ist als die bei anderen Anwendungen der Theorie erlebte, keine sehr tiefgehenden Reaktionen nach sich ziehen muß. Es gibt immer Diskrepanzen. Auch die hartnäckigsten fügen sich am Ende gewöhnlich doch in die normale Praxis. Sehr oft sind die Wissenschaftler bereit zu warten, besonders wenn viele Probleme auf anderen Teilgebieten anstehen. Wir haben beispielsweise schon erwähnt, daß in den sechzig Jahren nach Newtons erster Berechnung die vorausgesagte Bewegung des Mondperigäums nur halb so groß war wie die tatsächlich beobachtete. Während die besten mathematischen Physiker Europas erfolglos mit der wohlbekannten Diskrepanz rangen, gab es gelegentliche Vorschläge für eine Modifizierung von Newtons Gravitationsgesetz. Aber niemand nahm diese Vorschläge sehr ernst, und in der Praxis erwies sich dann diese Geduld mit einer bedeutenden Anomalie als gerechtfertigt. Im Jahre 1750 konnte Clairaut zeigen, daß die Anwendung nur mathematisch falsch war und daß die Newtonsche Theorie bleiben konnte, wie sie war.[3] Sogar in Fällen, wo ein bloßer Fehler kaum möglich scheint (vielleicht weil die entsprechende Mathematik einfacher ist oder von bekannter und anderswo erfolgreicher Art), führt eine hartnäckige und offenkundige Anomalie nicht immer zur Krise. Niemand stellte die Newtonsche Theorie wegen der längst erkannten Diskrepanzen zwischen Voraussagen aufgrund dieser Theorie und der Schallgeschwindigkeit sowie der Bewegung des Merkur ernsthaft in Frage. Die erste dieser Diskrepanzen konnte schließlich und recht unerwartet durch Experimente mit der Wärme, die eigentlich zu einem ganz anderen Zweck unternommen worden waren, aufgelöst werden; die zweite verschwand dank der allgemeinen Relativitätstheorie nach einer Krise, an deren Auslösung sie keinen Anteil hatte.[4] Offensichtlich war keine der beiden als so fundamental erschienen, um das zu einer Krise gehörende Unbehagen hervorzurufen. Sie konnten als Gegenbeispiele anerkannt und trotzdem für spätere Arbeit zurückgestellt werden.

Daraus folgt, daß eine Anomalie, wenn sie eine Krise hervorrufen soll, mehr sein muß als nur eine Anomalie. Irgendwo gibt es bei der Anpassung von Paradigma und Natur immer Schwierigkeiten; die meisten werden früher oder später behoben, oft genug durch Vorgänge, die niemand voraussehen konnte. Der Wissenschaftler, der sich die Zeit nimmt, jede ihm auffallende Anomalie zu untersuchen, wird selten wichtige Arbeiten abschließen können. Wir müssen also fragen, was eine Anomalie einer gemeinschaftlichen Prüfung wert erscheinen läßt, und auf diese Frage gibt es wahrscheinlich keine völlig allgemeingültige Antwort. Die von uns bereits untersuchten Fälle sind wohl charakteristisch, aber nicht unbedingt die Regel. Manchmal wird eine Anomalie ausdrückliche und grundlegende Verallgemeinerungen eines Paradigmas deutlich in Frage stellen, wie das Problem der Mitnahme des Äthers es bei jenen Forschern tat, die Maxwells Theorie anerkannt hatten. Oder aber eine Anomalie ohne erkennbare grundlegende Bedeutung kann, wie in der Kopernikanischen Revolution, eine Krise hervorrufen, wenn die Anwendungen, die sie verhindert, für die Praxis besonders wichtig sind, in diesem Falle für die Aufstellung eines Kalenders oder für die Astrologie. Oder die Entwicklung der normalen Wissenschaft kann – wie in der Chemie des achtzehnten Jahrhunderts – eine Anomalie, die vorher nur eine Belästigung gewesen war, in die Ursache einer Krise verwandeln: das Problem der Gewichtsrelationen erhielt durch den Fortschritt bei den pneumatisch-chemischen Verfahren einen ganz anderen Stellenwert. Vermutlich gibt es noch andere Umstände, die eine Anomalie besonders unerträglich machen können, und gewöhnlich wirken mehrere zusammen. Wir haben beispielsweise schon erwähnt, daß eine Ursache der Krise, der sich Kopernikus gegenübersah, die bloße Tatsache war, daß die Astronomen *so lange Zeit* ohne Erfolg mit der Verminderung der verbliebenen Unstimmigkeiten im Ptolemäischen System rangen.

Wenn aus diesen oder ähnlichen Gründen eine Anomalie mehr zu werden scheint als lediglich ein weiteres Rätsel der normalen Wissenschaft, so hat der Übergang zur Krise und zur außerordentlichen Wissenschaft begonnen. Die Anomalie wird jetzt von der Fachwissenschaft allgemeiner als solche erkannt. Immer mehr Aufmerksamkeit wird ihr seitens der hervorragendsten Vertreter des Fachgebiets gewidmet. Leistet sie weiterhin Widerstand, was sie gewöhnlich nicht tut, so können viele Wissenschaftler zu der Ansicht kommen, daß ihre Bewältigung die Hauptaufgabe ihrer Disziplin sei. Ihnen scheint dann das Gebiet nicht mehr ganz das zu sein, das es vorher war. Diese Veränderung ergibt sich zum Teil einfach aus dem neuen Brennpunkt der wissenschaftlichen Untersuchungen. Eine noch wichtigere Ursache der Veränderung ist die oft sehr unterschiedliche Natur der zahllosen Teillösungen, welche die gemeinsame Aufmerksamkeit dem Problem gegenüber hervorgebracht hat. Die ersten Angriffe auf das Widerstand leistende Problem werden sich eng an die Paradigmaregeln halten. Aber bei fortdauerndem Widerstand werden immer neue Angriffe mehr oder weniger entscheidende Paradigmaartikulationen erfordern, von denen kaum zwei gleich sind, jede teilweise erfolgreich ist, aber doch keine so sehr, daß sie von der Gruppe als Paradigma anerkannt würde. Durch diese Wucherung divergierender Artikulationen (man wird sie immer häufiger als *ad hoc*-Anpassungen beschreiben) werden die Regeln der normalen Wissenschaft in zunehmendem Maße aufgeweicht. Obwohl es noch immer ein Paradigma gibt, zeigen doch nur wenige Fachleute völlige Übereinstimmung darüber, worin es besteht. Sogar frühere Standardlösungen bereits geklärter Probleme werden in Frage gestellt.

Wenn diese Situation akut ist, wird sie manchmal von den betroffenen Wissenschaftlern deutlich erkannt. Kopernikus beklagte sich, daß zu seiner Zeit die Astronomen bei ihren Untersuchungen so wenig einig waren, »so im Ungewissen, daß sie die ewige Größe des vollen Jahres nicht abzuleiten und zu beobachten vermögen ... sondern es erging ihnen so, als wenn jemand von verschiedenen Orten her Hände, Füße, Kopf und andere Körperteile, zwar sehr schön, aber nicht in der Proportion eines bestimmten Körpers gezeichnet, nähme und, ohne daß sie sich irgendwie entsprächen, mehr ein Monstrum als einen Menschen daraus zusammensetzte.«[5] Einstein, durch den damaligen Brauch auf eine weniger blumenreiche Sprache beschränkt, schrieb nur: »Es war, wie wenn einem der Boden unter den Füßen weggezogen worden wäre, ohne daß sich irgendwo fester Grund zeigte, auf dem man hätte bauen können.«[6] Und Wolfgang Pauli schrieb in den Monaten, ehe Heisenbergs Schrift über die Matrizenmechanik den Weg zu einer neuen Quantentheorie zeigte, an einen Freund: »Zur Zeit ist die Physik wieder einmal furchtbar durcheinander. Auf jeden Fall ist sie für mich zu schwierig und ich wünschte, ich wäre Filmschauspieler oder etwas Ähnliches und hätte von der Physik nie etwas gehört.« Dieses Zeugnis ist besonders eindrucksvoll, wenn man es Paulis Worten nach weniger als fünf Monaten gegenüberstellt: »Heisenbergs Modell der Mechanik hat mir wieder Hoffnung und Freude am Leben gegeben. Es gibt sicherlich noch nicht des Rätsels Lösung, aber ich glaube, es ist jetzt wieder möglich, voranzukommen.«[7]

Solche ausdrücklichen Eingeständnisse eines Zusammenbruchs sind äußerst selten, aber die Wirkungen einer Krise hängen nicht völlig von ihrer bewußten Erkenntnis ab. Welches sind nun diese Wirkungen? Nur zwei scheinen stets vorhanden zu sein. Alle Krisen beginnen mit der Aufweichung eines Paradigmas und der sich daraus ergebenden Lockerung der Regeln für die normale Forschung. In dieser Hinsicht ähnelt die Forschung während einer Krise sehr der Forschung in der einem Paradigma vorausgehenden Periode, nur daß bei der ersteren der Ort des Zwiespalts kleiner und schärfer definiert ist. Und alle Krisen enden auf eine von drei Arten. Manchmal erweist sich die normale Wissenschaft letzten Endes als fähig, mit dem krisenerzeugenden Problem fertig zu werden, obwohl manche in ihm schon das Ende des bestehenden Paradigmas gesehen hatten. In anderen Fällen sperrt sich das Problem auch gegen anscheinend radikal neue Ansätze. Dann können die Wissenschaftler zu dem Schluß kommen, beim gegenwärtigen Stand ihres Faches werde es zu keiner Lösung kommen. Das Problem wird »archiviert« und künftigen Generationen überantwortet, die besser gerüstet sein werden. Oder schließlich – und dieser Fall wird uns hier am meisten beschäftigen – endet die Krise mit dem Auftreten eines neuen Paradigma-Anwärters und dem Streit über seine Anerkennung. Diese Art der Krisenbeendigung wird in späteren Abschnitten ausführlich betrachtet, doch wir müssen hier ein wenig davon vorwegnehmen, um unsere Bemerkungen über die Entwicklung und die Anatomie des Krisenzustands abzurunden.

Der Übergang von einem krisenhaften Paradigma zu einem neuen, aus dem eine neue Tradition der normalen Wissenschaft hervorgehen kann, ist weit von einem kumulativen Prozeß entfernt, wie ihn eine Artikulation oder eine Erweiterung des alten Paradigmas darstellen würde. Es ist vielmehr der Neuaufbau des Gebietes auf neuen Grundlagen, ein Neuaufbau, der einige der elementarsten theoretischen Verallgemeinerungen des Gebiets wie auch viele seiner Paradigmamethoden und -anwendungen verändert. Während der Übergangsperiode gibt es viele Probleme – aber nie sind es alle –, die sowohl durch das alte wie durch das neue Paradigma gelöst werden können. Es gibt aber auch einen entscheidenden Unterschied in den Lösungsmethoden. Wenn der Übergang abgeschlossen ist, hat die Fachwissenschaft ihre Anschauungen über das Gebiet, ihre Methoden und ihre Ziele geändert. Ein scharfsichtiger Historiker, der einen klassischen Fall von Neuorientierung einer Wissenschaft durch Paradigmawechsel betrachtete, beschrieb vor kurzem diesen Vorgang mit der Wendung »den Stock am anderen Ende aufheben«, ein Prozeß, bei dem »das gleiche Paket Daten wie vorher behandelt wird, die Daten aber in ein neues System gegenseitiger Beziehungen gestellt werden, indem man ihnen einen anderen Rahmen gibt«.[8] Andere, die diesen Aspekt des wissenschaftlichen Fortschritts bemerkt haben, betonten die Ähnlichkeit mit einem Wechsel der visuellen Gestalt: die Zeichen auf dem Papier, die erst als Vogel gesehen wurden, werden jetzt als Antilope gesehen, oder umgekehrt.[9] Diese Parallele kann irreführend sein. Wissenschaftler sehen nicht das eine *für* das andere an, sie *sehen* es einfach. Wir haben bereits einige der Probleme untersucht, die dadurch entstanden sind, daß gesagt wurde, Priestley habe Sauerstoff als entphlogistizierte Luft gesehen. Außerdem hat der Wissenschaftler nicht wie die gestaltpsychologische Versuchsperson die Freiheit, zwischen verschiedenen Sehweisen hin und her zu wechseln. Trotzdem ist der Gestaltwechsel, besonders da er heute so bekannt ist, ein nützliches einfaches Modell dessen, was bei einem vollständigen Paradigmawechsel geschieht.

Diese Vorwegnahme hilft uns vielleicht beim Erkennen der Krise als einer angemessenen Einleitung für das Auftauchen neuer Theorien, besonders da wir bereits eine Version des gleichen Vorgangs im kleineren Maßstab untersucht haben, das Auftauchen von Entdeckungen. Gerade weil eine neue Theorie mit der hergebrachten Tradition wissenschaftlicher Praxis bricht und eine neue begründet, die unter anderen Regeln und innerhalb einer anderen Begriffswelt steht, kann sie offenbar nur dann auftauchen, wenn man den Eindruck hat, daß die alte Tradition sehr weit in die Irre geführt hat. Diese Bemerkung ist aber nichts weiter als eine Einleitung für die Untersuchung des Krisenstadiums, und unglücklicherweise fallen die Fragen, zu denen sie führt, eher in das Fachgebiet des Psychologen als des Historikers. Wie sieht außerordentliche Forschung aus? Wie wird eine Anomalie gesetzeskonform? Wie gehen Wissenschaftler vor, wenn sie sich lediglich darüber klar sind, daß etwas grundlegend falsch gelaufen ist, und zwar auf einer Ebene, für die ihre Ausbildung sie gar nicht gerüstet hat? Diese Fragen bedürfen einer noch weit gründlicheren Untersuchung, und die sollte nicht nur historisch sein. Was nun folgt, wird notwendigerweise weniger vollständig und mehr ein Versuch sein als das Vorangegangene.

Oft taucht ein neues Paradigma, zumindest keimhaft, auf, noch bevor sich eine Krise entwickelt hat oder deutlich erkannt worden ist. Lavoisiers Arbeit ist ein Beispiel. Seine versiegelte Niederschrift deponierte er bei der Académie Française, nicht ganz ein Jahr nach der ersten sorgfältigen Studie über Gewichtsrelationen in der Phlogistontheorie, und kurz bevor Priestleys Veröffentlichungen das volle Ausmaß der Krise in der pneumatischen Chemie enthüllt hatten. Oder: die ersten Berichte Thomas Youngs über die Wellentheorie des Lichts erschienen in einem sehr frühen Stadium einer sich in der Optik entwickelnden Krise, die zunächst kaum erkennbar war, sich aber ohne das Eingreifen Youngs innerhalb eines Jahrzehnts, nachdem er zu schreiben begonnen, zu einem internationalen wissenschaftlichen Skandal ausgewachsen hatte. In solchen Fällen kann man nur sagen, daß ein geringfügiges Versagen des Paradigmas und die allererste Aufweichung seiner Regeln für die normale Wissenschaft ausreichten, um jemanden zu einer neuen Betrachtungsweise anzuregen. Was sich zwischen dem ersten Empfinden einer Störung und der Erkenntnis einer vorhandenen Ausweichmöglichkeit abspielte, muß weitgehend unbewußt gewesen sein.

In anderen Fällen jedoch – wie denen von Kopernikus, Einstein und der heutigen Kernphysik – vergeht beträchtliche Zeit zwischen dem ersten Bewußtwerden des Zusammenbruchs und dem Auftauchen eines neuen Paradigmas. Wenn das der Fall ist, kann der Historiker wenigstens einige Hinweise auf das, was außerordentliche Wissenschaft ist, auffangen. Angesichts einer unzweifelhaft fundamentalen theoretischen Anomalie werden die ersten Anstrengungen des Wissenschaftlers oft dahin gehen, sie schärfer herauszuarbeiten und ihr Struktur zu geben. Wenn er sich nun auch darüber klar ist, daß die Regeln der normalen Wissenschaft nicht ganz richtig sein können, wird er sie doch strenger als je befolgen, um zu sehen, wo und wie weit sie im Bereich der Störungen angewandt werden können. Gleichzeitig wird er Wege suchen, den Zusammenbruch zu vergrößern, ihn deutlicher und vielleicht auch aufschlußreicher zu machen, als er sich in den Experimenten darstellte, deren Ergebnis man im voraus zu kennen glaubte. Und in dem letztgenannten Bemühen wird er mehr als in jedem anderen Abschnitt der Nachparadigma-Entwicklung der Wissenschaft dem Bild entsprechen, das wir uns überwiegend von einem Wissenschaftler machen. Vor allem wird er oft wie jemand erscheinen, der auf gut Glück sucht, Experimente einfach durchführt, um zu sehen, was geschieht, und nach einem Effekt Ausschau hält, dessen Natur er nicht ganz erraten kann. Da aber kein Experiment ohne jegliche Theorie erdacht werden kann, wird der Wissenschaftler in einer Krise gleichzeitig ständig versuchen, spekulative Theorien aufzustellen, die dann, wenn sie erfolgreich sind, den Weg zu einem neuen Paradigma zeigen könnten und, falls sie keinen Erfolg bringen, relativ leicht aufgegeben werden können.

Keplers Bericht über seinen langen Kampf mit der Bewegung des Mars und Priestleys Beschreibung seiner Reaktion auf das Überhandnehmen neuer Gase liefern klassische Beispiele für die mehr zufällige Art der Forschung, die durch das Bewußtsein einer Anomalie entsteht.[10] Die wahrscheinlich besten Beispiele kommen aber aus den heutigen Forschungen in der Feldtheorie und über Elementarteilchen. Wären die immensen Anstrengungen, die für die Entdeckung des Neutrinos erforderlich waren, berechtigt erschienen ohne die Existenz einer Krise, die dazu zwang, einmal festzustellen, wie weit die Regeln der normalen Wissenschaft reichten? Oder, wenn die Regeln nicht an einem unbekannten Punkt offensichtlich zusammengebrochen wären – wäre dann die radikale Hypothese von der Nichterhaltung der Parität geprüft oder auch nur vorgeschlagen worden? Wie so viele andere Forschungsarbeiten in der Physik des vergangenen Jahrzehnts waren auch diese Experimente zum Teil Versuche, den Ursprung einer noch zerstreuten Reihe von Anomalien zu lokalisieren und zu definieren.

Diese Art der außerordentlichen Forschung wird oft, wenn auch keineswegs allgemein, von einer anderen begleitet. Ich glaube, daß besonders in Perioden anerkannter Krisen die Wissenschaftler sich der philosophischen Analyse als eines Mittels zur Lösung von Rätseln auf ihrem Gebiet zuzuwenden pflegen. Wissenschaftler müssen im allgemeinen nicht Philosophen sein und wollen es auch nicht. Tatsächlich hält sich die normale Wissenschaft gewöhnlich die Philosophie vom Leibe, und wahrscheinlich aus gutem Grund. Solange die normale Forschungsarbeit unter Verwendung des Paradigmas als eines Vorbilds ausgeführt werden kann, brauchen Regeln und Annahmen nicht eigens herausgestellt zu werden. In Abschnitt V stellten wir fest, daß das von der philosophischen Analyse gesuchte vollständige System von Regeln gar nicht existieren muß. Das heißt aber nicht, daß die Suche nach Annahmen (sogar nach nichtexistierenden) kein wirksamer Weg sein kann, den Griff, in dem der Geist durch die Tradition gehalten wird, zu lockern und die Grundlage für eine neue Tradition zu finden. Es ist kein Zufall, daß dem Auftauchen der Newtonschen Mechanik im siebzehnten Jahrhundert und der Relativitätstheorie sowie der Quantenmechanik im zwanzigsten die grundlegende philosophische Analyse der jeweiligen Forschungstradition vorausgegangen ist und sie begleitet hat.[11] Es ist auch kein Zufall, daß in beiden Perioden das sogenannte Gedankenexperiment im Fortschreiten der Forschung eine derart entscheidende Rolle gespielt hat. Wie ich an anderer Stelle gezeigt habe, ist das in den Schriften von Galilei, Einstein, Bohr und anderen einen so großen Raum einnehmende analytische Gedankenexperiment hervorragend geeignet, das alte Paradigma dem vorhandenen Wissen so gegenüberzustellen, daß die Wurzel der Krise mit einer im Labor nicht zu erreichenden Deutlichkeit herausgehoben wird.[12]

Bei der Anwendung dieser außerordentlichen Verfahren, ob einzeln oder zusammen, kann noch etwas anderes eintreten. Indem die Krise die wissenschaftliche Aufmerksamkeit auf einen engbegrenzten Störungsherd konzentriert und den wissenschaftlichen Geist darauf vorbereitet, die experimentellen Anomalien als das zu erkennen, was sie sind, bringt sie oft zahlreiche neue Entdeckungen hervor. Wir haben schon gesehen, wie das Bewußtsein einer Krise Lavoisiers Arbeit über den Sauerstoff von derjenigen Priestleys unterscheidet; und der Sauerstoff war nicht das einzige neue Gas, welches die Chemiker, die sich der Anomalie bewußt waren, in Priestleys Arbeit entdecken konnten. Oder: neue optische Entdeckungen häuften sich kurz vor dem Auftauchen der Wellentheorie des Lichts und während dieser Zeit. Einige, wie die Polarisation durch Reflexion, waren das Ergebnis eines Zufalls, wie ihn die konzentrierte Arbeit an einem Störungsherd wahrscheinlich macht. (Malus, der die Entdeckung machte, begann gerade seine Arbeit für den Akademiepreis-Essay über die Doppelbrechung, bezüglich derer der Kenntnisstand notorisch unbefriedigend war.) Andere, wie der Lichtpunkt in der Mitte des Schattens einer runden Scheibe, waren Voraussagen aufgrund der neuen Hypothese, deren Erfolg dazu beitrug, sie zu einem Paradigma für die spätere Arbeit zu machen. Und wieder andere, wie die Farben von Kratzern und dicken Platten, waren Effekte, die oft beobachtet und über die gelegentliche Bemerkungen gemacht, die aber (wie Priestleys Sauerstoff) unter wohlbekannte Effekte in einer Weise subsumiert worden waren, die ihr richtiges Erkennen verhinderte.[13] Ein ähnlicher Bericht könnte über die Vielzahl von Entdeckungen gegeben werden, die etwa seit 1895 ein konstanter Begleitumstand beim Auftauchen der Quantenmechanik waren.

Außerordentliche Forschung muß noch andere Erscheinungsformen und Wirkungen haben, doch auf diesem Gebiet haben wir noch kaum begonnen, die Fragen zu entdecken, die es zu stellen gilt. Vielleicht sind aber an diesem Punkt keine mehr nötig. Die vorangegangenen Bemerkungen sollten genügen, um zu zeigen, wie eine Krise gleichzeitig die Schablonen lockert und die für einen grundlegenden Paradigmawandel nötigen zusätzlichen Daten liefert. Manchmal deutet sich die Form des neuen Paradigmas in der Struktur, welche die außergewöhnliche Forschung der Anomalie gegeben hat, bereits an. Einstein schrieb, daß er, bevor er irgendeinen Ersatz für die klassische Mechanik hatte, die Beziehungen zwischen den bekannten Anomalien der Schwarzkörperstrahlung, des photoelektrischen Effekts und der spezifischen Wärme sehen konnte.[14] Öfter aber wird keine solche Struktur bewußt im voraus gesehen. Vielmehr taucht das neue Paradigma oder ein ausreichender Hinweis auf eine spätere Artikulierung ganz plötzlich, manchmal mitten in der Nacht, im Geist eines tief in die Krise verstrickten Wisenschaftlers auf. Wie das Endstadium aussieht – wie ein einzelner Mensch einen neuen Weg findet (oder glaubt, ihn gefunden zu haben), um allen nun vorhandenen Daten eine Ordnung zu geben –, muß hier unerforscht bleiben und bleibt es vielleicht für immer. Wir wollen dazu nur eines feststellen. Fast immer waren die Männer, denen diese fundamentale Erfindung eines neuen Paradigmas gelang, entweder sehr jung oder auf dem Gebiet, dessen Paradigma sie änderten, sehr neu.[15] Und vielleicht hätte dieser Punkt nicht ausdrücklich betont werden müssen, denn offensichtlich sind gerade jene, die nicht durch frühere Praxis an die traditionellen Regeln der normalen Wissenschaft gebunden sind, besonders geeignet zu erkennen, daß diese Regeln nicht mehr ein spielbares Spiel definieren, und daher ein anderes System von Regeln zu ersinnen, der jene ersetzen kann.

Der sich daraus ergebende Übergang zu einem neuen Paradigma ist die wissenschaftliche Revolution, ein Gegenstand, den wir endlich, nach ausreichender Vorbereitung, direkt behandeln können. Betrachten wir aber noch eine letzte und anscheinend schwer zu erfassende Beziehung, in welcher das Material der letzten drei Abschnitte den Weg bereitet hat. Bis zu Abschnitt VI, als der Begriff der Anomalie zum ersten Mal auftauchte, schienen die Ausdrücke »Revolution« und »außerordentliche Wissenschaft« vielleicht äquivalent zu sein. Und was noch wichtiger ist, beide Ausdrücke schienen nicht mehr zu bedeuten als »nicht normale Wissenschaft«, ein Zirkel, der zumindest einige Leser irritiert haben wird. In der Praxis muß es nicht so sein. Wir sind dabei zu entdecken, daß eine ähnliche Zirkularität für wissenschaftliche Theorien charakteristisch ist. Ob sie nun stört oder nicht, diese Zirkularität ist jedenfalls nicht mehr undifferenziert. Dieser Abschnitt des Essays und die beiden vorigen haben zahlreiche Kriterien eines Zusammenbruchs in der normalen wissenschaftlichen Tätigkeit entwickelt, die keineswegs davon abhängen, daß dem Zusammenbruch eine Revolution folgt. Wissenschaftler nehmen eine andere Haltung gegenüber existierenden Paradigmata ein, wenn sie mit einer Anomalie oder einer Krise konfrontiert werden, und die Natur ihrer Forschung ändert sich entsprechend. Das Wuchern konkurrierender Artikulationen, die Bereitschaft, alles zu versuchen, der Ausdruck einer offenen Unzufriedenheit, das Zufluchtsuchen bei der Philosophie und die Grundlagendiskussion, all das sind Symptome für einen Übergang von normaler zu außerordentlicher Forschung. Auf diese stützt sich der Begriff der normalen Wissenschaft stärker als auf das Auftreten von Revolutionen.

IX. Das Wesen und die Notwendigkeit wissenschaftlicher Revolutionen

Diese Bemerkungen erlauben es uns endlich, die Probleme zu betrachten, die diesem Essay seinen Titel geben. Was sind wissenschaftliche Revolutionen, und welches sind ihre Funktionen in der wissenschaftlichen Entwicklung? Ein großer Teil der Antwort ist in den vorangegangenen Abschnitten schon vorweggenommen worden. Insbesondere hat die bisherige Diskussion gezeigt, daß hier als Revolutionen jene nichtkumulativen Entwicklungsepisoden angesehen werden, in denen ein älteres Paradigma ganz oder teilweise durch ein nicht mit ihm vereinbares neues ersetzt wird. Darüber muß noch mehr gesagt werden, und ein wesentlicher Teil davon kann durch eine weitere Frage eingeleitet werden: Warum sollte der Wechsel eines Paradigmas eine Revolution genannt werden? Angesichts der weitgehenden und wesentlichen Unterschiede zwischen politischer und wissenschaftlicher Entwicklung fragt es sich, welche Parallelität die Metapher zu rechtfertigen vermag, die in beiden Vorgängen Revolutionen sieht.

Ein Aspekt der Parallelität sollte bereits offensichtlich sein. Politische Revolutionen werden durch ein wachsendes, doch oft auf einen Teil der politischen Gemeinschaft beschränktes Gefühl eingeleitet, daß die existierenden Institutionen aufgehört haben, den Problemen, die eine teilweise von ihnen selbst geschaffene Umwelt stellt, gerecht zu werden. Ganz ähnlich werden die wissenschaftlichen Revolutionen durch ein wachsendes, doch ebenfalls oft auf eine kleine Untergruppe der wissenschaftlichen Gemeinschaft beschränktes Gefühl eingeleitet, daß ein existierendes Paradigma aufgehört hat, bei der Erforschung eines Aspekts der Natur, zu welchem das Paradigma selbst den Weg gewiesen hatte, in adäquater Weise zu funktionieren. Bei der politischen und wissenschaftlichen Entwicklung ist das Gefühl eines Nichtfunktionierens, das zu einer Krise führen kann, eine Voraussetzung für die Revolution. Darüber hinaus gilt diese Parallelität, mag dies auch die Metapher überfordern, nicht nur für die großen Paradigmawechsel, welche Kopernikus oder Lavoisier zuzuschreiben sind, sondern auch für die viel kleineren, die mit der Assimilierung eines neuen Phänomens wie Sauerstoff oder Röntgenstrahlen verbunden sind. Wie wir am Schluß von Abschnitt V bemerkten, müssen wissenschaftliche Revolutionen nur denen als revolutionär erscheinen, deren Paradigmata davon berührt werden. Den Außenstehenden mögen sie, wie die Balkanrevolutionen im frühen zwanzigsten Jahrhundert, als normaler Bestandteil eines Entwicklungsprozesses vorkommen. Die Astronomen konnten die Röntgenstrahlen beispielsweise als bloße Kenntniserweiterung hinnehmen, denn ihre Paradigmata wurden durch die Existenz der neuen Strahlung nicht berührt. Aber für Leute wie Kelvin, Crookes und Röntgen, deren Forschung sich mit der Strahlungstheorie oder mit Kathodenstrahlröhren befaßte, verletzte das Auftauchen der Röntgenstrahlen notwendigerweise ein Paradigma, während es ein anderes schuf. Deshalb konnten diese Strahlen erst entdeckt werden, nachdem bei der normalen Forschung etwas nicht geklappt hatte.

Dieser genetische Aspekt der Parallele zwischen politischer und wissenschaftlicher Entwicklung dürfte jetzt nicht mehr zweifelhaft sein. Die Parallele hat aber einen zweiten und tieferreichenden Aspekt, von dem die Bedeutung des ersten abhängt. Politische Revolutionen gehen darauf aus, politische Institutionen auf Weisen zu ändern, die von jenen Institutionen verboten werden. Ihr Erfolg erfordert daher, daß eine Reihe von Institutionen zugunsten einer anderen teilweise aufgegeben wird, und in der Zwischenzeit wird die Gesellschaft von keiner Institution richtig regiert. Anfangs ist es nur die Krise, welche die Rolle politischer Institutionen schmälert, so wie wir sie die Rolle der Paradigmata haben schmälern sehen. Eine wachsende Zahl von Menschen wird in wachsendem Maß dem politischen Leben entfremdet und verhält sich mehr und mehr exzentrisch. Wenn sich die Krise dann vertieft, verschreiben sich viele dieser Menschen irgendeinem konkreten Programm für die Erneuerung der Gesellschaft in einem neuen institutionellen Rahmen. An diesem Punkt teilt sich die Gesellschaft in einander bekämpfende Lager oder Parteien, von denen die eine die alte institutionelle Konstellation zu verteidigen sucht, während die andere eine neue zu errichten trachtet. Und wenn diese Polarisierung einmal eingetreten ist, *versagt die eigentliche politische Auseinandersetzung*. Da ihre Meinung über das institutionelle System, innerhalb dessen ein politischer Wandel erreicht und bewertet werden kann, auseinander geht, da sie keinen überinstitutionellen Rahmen für die Beilegung der revolutionären Differenzen anerkennen, müssen die Parteien eines revolutionären Konfliktes letzten Endes zu den Methoden der Massenüberredung Zuflucht nehmen, die oft genug Gewalt einschließen. Obwohl Revolutionen bei der Herausbildung politischer Institutionen eine wichtige Rolle gespielt haben, hängt diese Rolle doch davon ab, daß sie teilweise außerpolitische oder außerinstitutionelle Ereignisse sind.

Dieser Essay soll im folgenden aufzeigen, daß das historische Studium des Paradigmawechsels ganz ähnliche Charakteristika in der Enwicklung der Wissenschaften enthüllt. Wie die Wahl zwischen konkurrierenden politischen Institutionen erweist sich die zwischen konkurrierenden Paradigmata als eine Wahl zwischen unvereinbaren Lebensweisen der Gemeinschaft. Da sie diesen Charakter hat, kann die Wahl nicht nur von den Bewertungsverfahren, die für die normale Wissenschaft charakteristisch sind, bestimmt werden – und wird es auch nicht –, denn jene Verfahren hängen zum Teil von einem bestimmten Paradigma ab, und dieses Paradigma ist strittig. Wenn Paradigmata in eine Diskussion über die Wahl von Paradigmata eingehen – und sie müssen es ja –, dann ist ihre Rolle notwendigerweise zirkulär. Jede Gruppe verwendet ihr eigenes Paradigma zur Verteidigung eben dieses Paradigmas.

Der sich ergebende Zirkel macht die Argumente natürlich nicht falsch oder auch nur unwirksam. Derjenige, der ein Paradigma voraussetzt, wenn er es verteidigt, kann trotzdem eine klare Darstellung davon geben, wie die wissenschaftliche Praxis für jene aussehen wird, welche die neue Naturanschauung annehmen. Diese Darstellung kann sehr überzeugend sein, oft sogar zwingend. Und doch, wie stark sie auch sein mag, dieses im Kreis gehende Argument hat nur den Status eines Überredungsversuches. Es kann nicht logisch oder auch nur probabilistisch zwingend gemacht werden für jene, die sich weigern, in diesen Kreis einzutreten. Die den beiden Parteien in der Diskussion über ihre Paradigmata gemeinsamen Prämissen und Werte sind dafür nicht ausreichend. Wie bei politischen Revolutionen gibt es auch bei der Wahl eines Paradigmas keine höhere Norm als die Billigung durch die jeweilige Gemeinschaft. Um zu entdecken, wie wissenschaftliche Revolutionen durchgeführt werden, müssen wir deshalb nicht nur die Wirkung der Natur und der Logik untersuchen, sondern auch die Methoden der überredenden Argumentation, die innerhalb der sehr speziellen Gruppen, aus denen sich die Gemeinschaft der Wissenschaftler zusammensetzt, wirksam sind.

Um herauszufinden, warum die Frage der Paradigmawahl niemals durch Logik und Experiment allein eindeutig entschieden werden kann, müssen wir kurz das Wesen der Gegensätze untersuchen, welche die Verfechter eines traditionellen Paradigmas von ihren revolutionären Nachfolgern trennen. Das ist das Hauptziel dieses und des folgenden Abschnitts. Wir haben jedoch schon zahlreiche Beispiele für solche Gegensätze erwähnt, und zweifellos bietet die Geschichte noch viele andere. Zweifelhafter als ihre Existenz – und deshalb auch vorrangig zu behandeln – ist die Frage, ob solche Beispiele wichtige Informationen über das Wesen der Wissenschaft liefern. Wenn wir die Paradigmaablehnung als eine historische Tatsache anerkennen – zeugt das von etwas anderem als von menschlicher Leichtgläubigkeit und Verwirrung? Gibt es sachliche Gründe dafür, daß die Rezipierung eines neuen Phänomens oder einer neuen wissenschaftlichen Theorie die Ablehnung eines älteren Paradigmas erfordern muß?

Halten wir zunächst fest, daß sich derartige Gründe, falls es welche gibt, nicht von der logischen Struktur wissenschaftlicher Kenntnisse herleiten. Im Prinzip könnte ein neues Phänomen auftauchen, ohne daß es sich zerstörend auf irgendeinen Teil früherer wissenschaftlicher Praxis auswirkte. Während heute die Entdeckung von Leben auf dem Mond auf existierende Paradigmata zerstörend wirken würde (denn diese erzählen uns ja Dinge vom Mond, die mit Leben dort anscheinend nicht vereinbar sind), hätte die Entdeckung von Leben in einem weniger bekannten Teil des Milchstraßensystems nicht diese Wirkung. Desgleichen muß eine neue Theorie nicht unbedingt mit einer ihrer Vorgängerinnen in Konflikt geraten. Sie kann sich ausschließlich mit Phänomenen befassen, die man vorher nicht kannte, wie sich zum Beispiel die Quantentheorie (diese aber nicht ausschließlich) mit subatomaren Phänomenen befaßt, die vor dem zwanzigsten Jahrhundert unbekannt waren. Oder die neue Theorie könnte einfach auf einer höheren Ebene liegen als die bisher bekannten, sie könnte eine ganze Gruppe von Theorien einer niedrigeren Ebene zusammenfassen, ohne eine davon wesentlich zu verändern. Heute liefert die Theorie der Energieerhaltung gerade solche Verbindungen zwischen Dynamik, Chemie, Elektrizitätslehre, Optik, Wärmetheorie etc. Es lassen sich noch weitere, die Verträglichkeit nicht ausschließende Beziehungen zwischen alten und neuen Theorien finden. Jede einzelne könnte durch den historischen Prozeß, durch den sich die Wissenschaft entwickelt hat, belegt werden. In diesem Fall wäre die wissenschaftliche Entwicklung wirklich kumulativ. Neue Phänomene würden einfach eine Ordnung in einem Bereich der Natur aufdecken, wo vorher keine gesehen wurde. In der Entwicklung der Wissenschaft würde neues Wissen an die Stelle von Unwissenheit treten, nicht von Wissen einer anderen und unvereinbaren Art.

Natürlich hätte sich die Wissenschaft (oder ein anderes und vielleicht weniger wirksames Unternehmen) auf diese völlig kumulative Weise entwickeln können. Viele Menschen waren in dem Glauben, sie hätte es getan, und die meisten scheinen noch immer anzunehmen, Kumulation sei zumindest das Ideal, das die historische Entwicklung zeigen würde, wäre sie nicht so oft durch menschliche Subjektivität verzerrt worden. Für diesen Glauben gibt es gewichtige Gründe. In Abschnitt X werden wir erkennen, wie eng die Anschauung von der Wissenschaft als Kumulation mit einer herrschenden Erkenntnistheorie verknüpft ist, welche Wissen als eine Konstruktion ansieht, die vom Geist unmittelbar auf nackten Sinnesdaten errichtet wird. Und in Abschnitt XI werden wir die starke Unterstützung untersuchen, die dem gleichen historiographischen Schema durch die Methoden einer wirksamen Wissenschaftspädagogik gewährt wird. Und doch, trotz der immensen Glaubwürdigkeit dieses Idealbildes gibt es immer mehr Gründe für die Frage, ob das wirklich ein Bild der *Wissenschaft* sein kann. Nach der dem Paradigma vorausgehenden Periode hat die Assimilierung aller neuen Theorien und fast aller neuen Phänomene tatsächlich die Zerstörung eines früheren Paradigmas und einen folgenden Konflikt zwischen konkurrierenden Schulen wissenschaftlicher Auffassungen erforderlich gemacht. Eine kumulative Erwerbung unvorhergesehener Neuheiten erweist sich als eine fast nicht existente Ausnahme von der Regel wissenschaftlicher Entwicklung. Wer historische Tatsachen ernst nimmt, muß den Verdacht haben, daß die Wissenschaft nicht zu dem Ideal tendiert, welches uns unsere Vorstellung von ihrem kumulativen Wesen nahegelegt hat. Vielleicht ist sie ein Unternehmen anderer Art.

Wenn uns jedoch widerstrebende Tatsachen zu dieser Einsicht bringen können, dann könnte ein zweiter Blick auf das bisher Behandelte erkennen lassen, daß eine kumulative Erwerbung von Neuheiten nicht nur in Wirklichkeit selten, sondern auch im Prinzip unwahrscheinlich ist. Normale Forschung, die ja kumulativ ist, verdankt ihren Erfolg der Fähigkeit von Wissenschaftlern, regelmäßig Probleme auszuwählen, die mit theoretischen und empirischen Methoden ähnlich den bereits existierenden gelöst werden können. (Das ist auch der Grund, warum ein übermäßiges Interesse an praktischen Problemen ohne Rücksicht auf ihre Beziehung zum vorhandenen Wissen und den vorhandenen Methoden so leicht die Entwicklung der Wissenschaft hemmen kann.) Wer sich aber bemüht, ein aufgrund des vorhandenen Wissens und der vorhandenen Methoden definiertes Problem zu lösen, blickt nicht nur suchend in die Runde. Er weiß, was er erreichen will. Dementsprechend entwirft er seine Instrumente und orientiert seine Überlegungen. Die unerwartete Neuheit, die neue Entdeckung, kann nur insoweit auftreten, wie sich das, was er von der Natur und seinen Instrumenten erwartet, als falsch erweist. Oft ist die Bedeutung der sich ergebenden Entdeckung proportional dem Ausmaß und der Hartnäckigkeit der Anomalie, in der sie sich ankündigte. Offensichtlich muß es also zwischen dem einen Paradigma, das eine Anomalie enthüllt, und dem anderen, das später die Anomalie gesetzeskonform macht, einen Konflikt geben. Die Beispiele für Entdeckung durch Paradigmazerstörung, die wir in Abschnitt VI untersuchten, haben uns nicht mit bloßen historischen Zufällen konfrontiert. Es gibt keinen anderen Weg, auf dem Entdeckungen gemacht werden könnten.

Das gleiche Argument trifft sogar noch deutlicher für die Erfindung neuer Theorien zu. Im Prinzip gibt es nur drei Arten von Phänomenen, für die eine neue Theorie entwickelt werden könnte. Die erste umfaßt Phänomene, die von bereits existierenden Paradigmata gut erklärt werden, und diese bieten selten ein Motiv oder einen Ausgangspunkt für die Konstruktion einer neuen Theorie. Wenn sie es aber tun, wie es bei den drei berühmten, am Schluß von Abschnitt VII diskutierten Vorwegnahmen der Fall ist, werden die sich ergebenden Theorien selten anerkannt, da die Natur keine Grundlage für Unterscheidungen liefert. Eine zweite Klasse umfaßt jene Phänomene, deren Wesen durch existierende Paradigmata erklärt wird, deren Einzelheiten aber nur durch eine weitere Artikulation der Theorie verstanden werden können. Auf diese Phänomene richten die Wissenschaftler häufig ihre Forschung, doch diese Forschung zielt mehr auf die Artikulation schon vorhandener als auf die Erfindung neuer Paradigmata. Nur wenn die Versuche einer Artikulation keinen Erfolg haben, begegnen die Wissenschaftler dem dritten Typ von Phänomenen, den anerkannten Anomalien, deren charakteristisches Merkmal ihr hartnäckiger Widerstand gegen jede Einordnung in die vorhandenen Paradigmata ist. Nur dieser Typ läßt neue Theorien entstehen. Paradigmata liefern alle Phänomene (mit Ausnahme von Anomalien), die im Gesichtsfeld des Wissenschaftlers einen durch Theorie bestimmten Platz einnehmen.

Wenn aber neue Theorien aufgeboten werden, um Anomalien in der Beziehung einer existierenden Theorie zur Natur aufzulösen, dann muß die erfolgreiche neue Theorie Voraussagen ermöglichen, die sich von den aus ihrer Vorgängerin abgeleiteten unterscheiden. Dieser Unterschied wäre nicht möglich, wenn die beiden Theorien logisch vereinbar wären. In dem Prozeß, in dem die zweite rezipiert wird, muß sie die erste verdrängen. Sogar eine Theorie wie die der Energieerhaltung, die heute als ein logischer Überbau erscheint, der nur durch unabhängig aufgestellte Theorien in Beziehung zur Natur steht, hat sich historisch nicht ohne Paradigmazerstörung entwickelt. Vielmehr tauchte sie aus einer Krise auf, zu deren wesentlichen Bestandteilen die Unvereinbarkeit zwischen der Newtonschen Dynamik und einigen kürzlich formulierten Konsequenzen der Stofftheorie der Wärme gehört. Erst nachdem die Stofftheorie abgelehnt worden war, konnte die Energieerhaltung ein Teil der Wissenschaft werden.[1] Und erst nachdem sie eine Zeitlang ein Teil der Wissenschaft gewesen war, konnte sie als Theorie einer logisch höheren Ordnung erscheinen, als eine Theorie, die nicht mit ihren Vorgängerinnen in Konflikt stand. Es ist schwer zu erkennen, wie neue Theorien überhaupt ohne solche zerstörenden Veränderungen in der Auffassung der Natur auftauchen könnten. Man kann sich zwar vorstellen, daß die älteren wissenschaftlichen Theorien logisch in den auf sie folgenden enthalten sind, aber historisch hat das wenig für sich.

Vor einem Jahrhundert wäre es nach meiner Meinung möglich gewesen, die Argumentation für die Notwendigkeit von Revolutionen an diesem Punkt auf sich beruhen zu lassen. Heute aber ist das leider ausgeschlossen, da die eben entwickelte Anschauung nicht aufrechterhalten werden kann, wenn man die am weitesten verbreitete derzeitige Interpretation des Wesens und der Funktion wissenschaftlicher Theorien akzeptiert. Diese Interpretation, die eng mit dem frühen logischen Positivismus verknüpft ist und von seinen Nachfolgern nicht kategorisch abgelehnt wird, möchte den Umfang und die Bedeutung einer anerkannten Theorie so einschränken, daß sie unmöglich mit irgendeiner späteren Theorie in Konflikt geraten kann, die Voraussagen über einige der gleichen Naturphänomene macht. Der bekannteste und stärkste Gesichtspunkt für diese eingeschränkte Auffassung einer wissenschaftlichen Theorie taucht in Diskussionen über die Beziehungen zwischen der heutigen Einsteinschen Dynamik und den älteren dynamischen Gleichungen auf, die sich aus Newtons *Principia* ergeben. Vom Standpunkt dieses Essays aus sind diese beiden Theorien im selben Sinn grundlegend unvereinbar wie die Kopernikanische und die Ptolemäische Astronomie: die Einsteinsche Theorie kann nur in der Erkenntnis akzeptiert werden, daß die Newtonsche falsch war. Heute ist das noch die Ansicht einer Minderheit.[2] Wir müssen deshalb die am weitesten verbreiteten Einwände untersuchen.

Der Kernpunkt dieser Einwände läßt sich folgenderart darstellen. Die relativistische Dynamik kann nicht gezeigt haben, daß die Newtonsche Dynamik falsch ist, denn die Newtonsche Dynamik wird noch immer mit großem Erfolg von den meisten Ingenieuren und, in bestimmten Anwendungen, von vielen Physikern gebraucht. Außerdem kann die Berechtigung des Gebrauchs der älteren Theorie gerade aus der Theorie, die jene bei anderen Anwendungen ersetzt hat, bewiesen werden. Mit Einsteins Theorie kann gezeigt werden, daß Voraussagen aufgrund Newtonscher Gleichungen bei allen Anwendungen, die einer kleinen Zahl einschränkender Bedingungen genügen, so gut wie unsere Meßinstrumente sind. Wenn die Newtonsche Theorie beispielsweise eine gute Näherungslösung ergeben soll, so müssen die relativen Geschwindigkeiten der betrachteten Körper im Vergleich zur Lichtgeschwindigkeit klein sein. Unter dieser und einigen anderen Bedingungen scheint die Newtonsche Theorie aus der Einsteinschen ableitbar zu sein, von der sie demnach ein Spezialfall wäre.

Aber eine Theorie, so fährt der Einwand fort, kann unmöglich mit einem ihrer Spezialfälle in Konflikt stehen. Wenn also die Einsteinsche Wissenschaft die Newtonsche Dynamik als falsch erscheinen läßt, dann nur, weil einige Anhänger Newtons so unvorsichtig waren zu behaupten, die Newtonsche Theorie bringe völlig präzise Ergebnisse hervor oder sie sei bei sehr hohen relativen Geschwindigkeiten gültig. Da sie dafür keine Beweise haben konnten, übten sie Verrat an den Wissenschaftsnormen, als sie solche Behauptungen aufstellten. Soweit die Newtonsche Theorie jemals eine wahrhaft wissenschaftliche, von aussagekräftigen Daten gestützte Theorie war, ist sie es noch immer. Nur übertriebene Ansprüche für die Theorie – Behauptungen, die niemals so recht ein Teil der Wissenschaft waren – konnten durch Einstein als falsch ausgewiesen werden. Von diesen rein menschlichen Übertreibungen befreit, ist die Newtonsche Theorie niemals angefochten worden und kann auch nicht angefochten werden.

Eine passende Variante dieses Arguments genügt durchaus, jede jemals von einer Gruppe kompetenter Wissenschaftler gebrauchte Theorie gegen Angriffe zu feien. Die vielgeschmähte Phlogistontheorie zum Beispiel gab einer großen Zahl von physikalischen und chemischen Phänomenen eine Ordnung. Sie erklärte, warum Körper brannten – sie waren mit Phlogiston angereichert – und warum Metalle so viel mehr gemeinsame Eigenschaften hatten als ihre Erze. Die Metalle waren alle aus verschiedenen elementaren Erden in Verbindung mit Phlogiston zusammengesetzt, und dieses Phlogiston, das allen Metallen gemeinsam war, erzeugte gemeinsame Eigenschaften. Darüber hinaus erklärte die Phlogistontheorie eine Anzahl von Reaktionen, bei denen sich durch die Verbrennung von Substanzen wie Kohlenstoff und Schwefel Säuren bildeten. Sie erklärte auch die Abnahme des Volumens, wenn die Verbrennung in einem abgeschlossenen Luftvolumen geschah – das bei der Verbrennung frei werdende Phlogiston »zerstörte« die Elastizität der Luft, von der es absorbiert wurde, genauso wie Feuer die Elastizität einer Stahlfeder »zerstört«.[3] Wären dies die einzigen Phänomene, welche die Phlogistontheoretiker für ihre Theorie in Anspruch nahmen, so hätte diese Theorie niemals angefochten werden können. Ein ähnliches Argument würde für jede Theorie taugen, die jemals erfolgreich auf irgendeine Gruppe von Phänomenen angewandt worden ist.

Um aber Theorien auf diese Weise zu retten, muß ihr Anwendungsbereich auf jene Phänomene und jene Exaktheit der Beobachtung beschränkt werden, mit denen die bereits vorhandenen experimentellen Daten aufwarten.[4] Geht man nur einen Schritt weiter (und dieser Schritt kann kaum vermieden werden, wenn der erste einmal getan ist), so verbietet eine solche Einschränkung dem Wissenschaftler den Anspruch darauf, »wissenschaftlich« über ein noch nicht beobachtetes Phänomen zu sprechen. Sogar in ihrer schwächeren Form untersagt sie es dem Wissenschaftler, sich bei seiner eigenen Forschung auf eine Theorie zu verlassen, wann immer diese Forschungsarbeit ein Gebiet betritt oder einen Grad der

Genauigkeit sucht, wofür es in der bisherigen Praxis mit dieser Theorie keinen Präzedenzfall gibt. Diese Verbote sind logisch einwandfrei. Ihre Anwendung würde aber das Ende der Forschung bedeuten, durch die sich die Wissenschaft weiter entwickelt.

Nun ist auch dieser Punkt praktisch eine Tautologie. Ohne Bindung an ein Paradigma könnte es keine normale Wissenschaft geben. Außerdem muß sich diese Bindung auf Gebiete und Genauigkeitsgrade erstrecken, für die es keinen vollständigen Präzedenzfall gibt. Täte sie es nicht, so könnte das Paradigma keine Rätsel aufgeben, die nicht schon gelöst worden sind. Dazu kommt, daß nicht nur die normale Wissenschaft von der Bindung an ein Paradigma abhängt. Wenn eine existierende Theorie den Wissenschaftler nur in bezug auf existierende Anwendungen bindet, dann kann es keine Überraschungen, Anomalien oder Krisen geben. Aber gerade dies sind die Wegweiser, die den Pfad zur außerordentlichen Wissenschaft zeigen. Wenn positivistische Einschränkungen des Bereichs der legitimen Anwendbarkeit einer Theorie wörtlich genommen werden, dann muß der Mechanismus, der einer wissenschaftlichen Gemeinschaft sagt, welche Probleme zu fundamentalen Veränderungen führen können, aufhören zu funktionieren. Und wenn das eintritt, wird die Gemeinschaft zwangsläufig in ein Stadium zurückkehren, das der Zeit vor dem Paradigma sehr ähnlich und ein Zustand ist, in dem alle Mitglieder Wissenschaft praktizieren, aber der Effekt dessen, was sie hervorbringen, kaum etwas mit Wissenschaft zu tun hat. Ist es wirklich ein Wunder, daß der Preis für bedeutsamen wissenschaftlichen Fortschritt eine Bindung ist, die das Risiko eingeht, falsch zu sein?

Und was noch wichtiger ist, in dem Argument des Positivisten gibt es eine aufschlußreiche logische Lücke, die uns unmittelbar zum Wesen der revolutionären Verbindung zurückführt. Kann die Newtonsche Dynamik wirklich aus der relativistischen Dynamik *abgeleitet* werden? Wie würde eine solche Ableitung aussehen? Denken wir uns eine Reihe von Aussagen, E_1, E_2, …, E_n, die zusammen die Gesetze der Relativitätstheorie verkörpern. Diese Aussagen enthalten Variable und Parameter, welche räumliche Lage, Zeit, Ruhemasse etc. darstellen. Aus diesen kann mit Hilfe des Systems der Logik und der Mathematik eine ganze Reihe weiterer Aussagen deduziert werden, einschließlich einiger, die durch Beobachtung überprüfbar sind. Um die Tauglichkeit der Newtonschen Dynamik als Spezialfall zu beweisen, müssen wir zu der E_i-Reihe weitere Aussagen hinzufügen, zum Beispiel $(v/c)^2 \ll 1$, wodurch der Bereich der Parameter und Variablen eingeschränkt wird. Diese erweiterte Reihe von Aussagen wird nun manipuliert, um eine neue Reihe, $N_1, N_2, \ldots, N_m$, zu erhalten, die dann in ihrer Form mit Newtons Bewegungsgesetzen, Gravitationsgesetz etc. identisch ist. Scheinbar ist die Newtonsche Dynamik aus der Einsteinschen abgeleitet worden, gemäß einigen einschränkenden Bedingungen.

Und doch ist die Ableitung falsch, wenigstens bis zu diesem Punkt. Die N_i-Reihe ist zwar ein Spezialfall der Gesetze der relativistischen Mechanik, aber es sind nicht die Newtonschen Gesetze. Oder zumindest nicht, solange die Newtonschen Gesetze nicht in einer Weise neu interpretiert werden, die vor Einsteins Arbeit unmöglich gewesen wäre. Die Variablen und Parameter, die in der Einsteinschen E_i-Reihe räumliche Lage, Zeit, Masse etc. darstellten, kommen in der N_i-Reihe immer noch vor, und dort stellen sie noch immer Einsteins Raum, Zeit und Masse dar. Aber die physikalischen Beziehungen dieser Einsteinschen Begriffe sind auf keinen Fall mit denen der Newtonschen Begriffe gleichen Namens identisch. (Die Newtonsche Masse bleibt erhalten; die Einsteinsche ist verwandelbar in Energie. Nur bei niedrigen relativen Geschwindigkeiten können diese beiden in der gleichen Weise gemessen werden, und sogar dann dürfen sie nicht als gleich angesehen werden.) Solange wir die Definitionen der Variablen in der N_i-Reihe nicht ändern, sind die abgeleiteten Aussagen nicht newtonisch. Ändern wir sie aber, so kann man rechtens nicht sagen, wir hätten die Newtonschen Gesetze *abgeleitet,* zumindest nicht in irgendeinem Sinn von »ableiten«, wie er heute allgemein anerkannt wird. Unser Argument hat natürlich erklärt, warum die Newtonschen Gesetze überhaupt zu funktionieren schienen. Damit berechtigt es vielleicht einen Kraftfahrer, sich so zu verhalten, als lebte er in einem Newtonschen Universum. Ein Argument gleicher Art wird gebraucht, um die geozentrische Astronomie in der Ausbildung der Geometer zu rechtfertigen. Das Argument hat aber noch immer nicht das geleistet, was es leisten wollte. Das heißt, es hat noch nicht gezeigt, daß die Newtonschen Gesetze ein Grenzfall der Einsteinschen Gesetze sind. Denn bei diesem Grenzübergang haben sich nicht nur die Gesetze geändert. Gleichzeitig haben wir die fundamentalen Strukturelemente abwandeln müssen, aus denen sich das Universum, auf welches sie angewandt werden, zusammensetzt.

Dieser Zwang, die Bedeutung von feststehenden und vertrauten Begriffen zu ändern, ist der Brennpunkt der revolutionären Wirkung der Einsteinschen Theorie. Wenn die sich ergebende Begriffsumwandlung auch weniger durchschlagend ist als der Wechsel von der geozentrischen zur heliozentrischen Auffassung, vom Phlogiston zum Sauerstoff oder von der Korpuskular- zur Wellentheorie, so zerstört sie doch ebenso eindeutig ein vorher gültiges Paradigma. Wir werden sie vielleicht noch als den Prototyp revolutionärer Neuorientierungen in den Wissenschaften sehen lernen. Gerade weil er nicht die Einführung zusätzlicher Objekte oder Begriffe mit sich bringt, zeigt der Übergang von der Newtonschen zur Einsteinschen Mechanik mit besonderer Deutlichkeit, daß die wissenschaftliche Revolution eine Verschiebung des Begriffsnetzes ist, durch welches die Wissenschaftler die Welt betrachten.

Diese Bemerkungen sollten genügen zu zeigen, was in einer anderen philosophischen Atmosphäre vielleicht als selbstverständlich hingenommen worden wäre. Wenigstens für Wissenschaftler sind die meisten augenscheinlichen Unterschiede zwischen einer fallengelassenen wissenschaftlichen Theorie und ihrer Nachfolgerin sehr real. Zwar läßt sich eine veraltete Theorie immer als ein Spezialfall ihrer modernen Nachfolgerin ansehen, doch muß sie für diesen Zweck umgewandelt werden. Und diese Umwandlung kann nur dank der Vorteile einer späteren Einsicht, der deutlichen Führung durch die neuere Theorie unternommen werden. Außerdem wäre, selbst wenn jene Umwandlung ein einwandfreies Mittel für die Auslegung der älteren Theorie darstellte, das Ergebnis ihrer Anwendung eine derart begrenzte Theorie, daß sie nur das bereits Bekannte neu formulieren könnte. Ihrer Ökonomie wegen wäre diese Neuformulierung nützlich, sie würde jedoch als Richtschnur für die Forschung nicht ausreichen.

Wir wollen deshalb als erwiesen annehmen, daß die Gegensätze zwischen aufeinanderfolgenden Paradigmata ebenso notwendig wie unversöhnbar sind. Können wir dann deutlicher sagen, was für Gegensätze das sind? Der auffälligste Typ ist schon wiederholt vorgeführt worden. Aufeinanderfolgende Paradigmata teilen uns verschiedene Dinge über das, was es im Universum gibt, und sein Verhalten mit. Das heißt, sie weichen bei Fragen wie der Existenz subatomarer Teilchen, der Materialität des Lichts und der Erhaltung von Wärme oder Energie voneinander ab. Das sind die wesentlichen Unterschiede zwischen aufeinanderfolgenden Paradigmata, und sie erfordern keine weiteren Erklärungen. Paradigmata unterscheiden sich aber in mehr als der Substanz, denn sie zielen nicht nur auf die Natur, sondern auch wieder zurück auf die Wissenschaft, die sie hervorbrachte. Sie sind die Quelle aller Methoden, Problemgebiete und Lösungsnormen, die von einer reifen wissenschaftlichen Gemeinschaft zu irgendeinem Zeitpunkt anerkannt werden. Daraus ergibt sich, daß die Annahme eines neuen Paradigmas oft eine neue Definition der entsprechenden Wissenschaft erfordert. Manche alte Probleme können an eine andere Wissenschaft abgegeben oder für völlig »unwissenschaftlich« erklärt werden. Andere wieder, die vorher nicht existierten oder völlig unbedeutend waren, können mit einem neuen Paradigma geradezu ein Haupttypus wichtiger wissenschaftlicher Leistung werden. Und wie sich die Probleme ändern, so ändert sich oft auch die Norm, die eine wirklich wissenschaftliche Lösung von einer bloßen metaphysischen Spekulation, einem Wortspiel oder einer mathematischen Spielerei unterscheidet. Die normal-wissenschaftliche Tradition, die aus einer wissenschaftlichen Revolution hervorgeht, ist mit dem Vorangegangenen nicht nur unvereinbar, sondern oft sogar inkommensurabel.

Die Wirkung von Newtons Werk auf die normale Tradition wissenschaftlicher Praxis im siebzehnten Jahrhundert liefert ein treffendes Beispiel für diese subtileren Folgen eines Paradigmawechsels. Vor Newtons Geburt war es der »neuen Wissenschaft« des Jahrhunderts endlich gelungen, die Aristotelischen und scholastischen Erklärungen zu verwerfen, die vom Wesen materieller Körper sprechen. Die Aussage, daß ein Stein falle, weil ihn sein »Wesen« zum Mittelpunkt des Universums treibe, war nun zu einem rein tautologischen Wortspiel geworden, was sie vorher nicht gewesen war. Fortan mußte der ganze Strom der Sinneserscheinungen, einschließlich Farbe, Geschmack und sogar Gewicht, anhand von Größe, Form, Lage und Bewegung der Elementarteilchen der Grundmaterie erklärt werden. Den elementaren Atomen andere Eigenschaften zuzuschreiben, war ein Zufluchtnehmen beim Okkulten und kam deshalb für die Wissenschaft nicht in Frage. Molière erfaßte den neuen Geist genau, als er den Arzt verspottete, der die Wirksamkeit des Opiums als Schlafmittel mit seiner einschläfernden Kraft erklärte. In der zweiten Hälfte des siebzehnten Jahrhunderts zogen es viele Wissenschaftler vor, der runden Form der Opium-Elementarteilchen die beruhigende Wirkung auf die Nerven, um die sie sich bewegten, zuzuschreiben.[5]

In einer früheren Periode waren Erklärungen mittels okkulter Eigenschaften ein wesentlicher Teil produktiver wissenschaftlicher Arbeit gewesen. Trotzdem erwies sich die neue Festlegung des siebzehnten Jahrhunderts auf mechanisch-korpuskulare Erklärung für eine Anzahl von Wissenschaften als immens fruchtbar, indem sie diese von Problemen befreite, die einer allgemein anerkannten Lösung getrotzt hatten, und ihnen dafür andere lieferte. So sind zum Beispiel in der Dynamik die drei Newtonschen Gesetze der Bewegung weniger das Ergebnis neuartiger Experimente als des Versuchs, wohlbekannte Beobachtungen anhand der Bewegungen und Wechselwirkungen neutraler Elementarteilchen neu zu interpretieren. Betrachten wir nur einen konkreten Fall. Da neutrale Korpuskeln nur durch Kontakt aufeinander einwirken konnten, richtete die mechanisch-korpuskulare Naturanschauung die wissenschaftliche Aufmerksamkeit auf ein völlig neues Studienobjekt – die Veränderung der Teilchenbewegung durch Kollision. Descartes machte das Problem bekannt und lieferte seine erste auf Vermutungen beruhende Lösung. Huygens, Wren und Wallis entwickelten es weiter, teils dadurch, daß sie mit kollidierenden Pendelgewichten experimentierten, vor allem aber dadurch, daß sie altbekannte Eigenschaften der Bewegung auf das neue Problem übertrugen. Und Newton fügte ihre Ergebnisse in seine Bewegungsgesetze ein. Die einander gleiche »actio« und »reactio« des dritten Gesetzes sind die Veränderungen der Bewegungsgröße der beiden an der Kollision beteiligten Körper. Die gleiche Bewegungsänderung liefert die Definition der dynamischen Kraft, die im zweiten Gesetz enthalten ist. In diesem Fall wie auch sonst oft im siebzehnten Jahrhundert erzeugte das Korpuskularparadigma ein neues Problem und gleichzeitig auch einen großen Teil der Lösung dieses Problems.[6]

Und doch, obwohl ein großer Teil der Newtonschen Arbeit sich auf die Probleme und Normen richtete, die vom mechanisch-korpuskularen Weltbild hergeleitet waren, war die Wirkung des aus seiner Arbeit entstehenden Paradigmas eine weitere, teilweise destruktive Veränderung der für die Wissenschaft gültigen Probleme und Normen. Die Schwerkraft, die als eine der Materie innewohnende Anziehung zwischen jedem Teilchenpaar interpretiert wurde, war eine okkulte Eigenschaft im gleichen Sinne, wie es die »Falltendenz« der Scholastiker gewesen war. Deshalb war die Suche nach einer mechanischen Erklärung der Schwerkraft eines der lockendsten Probleme für die, welche die *Principia* als Paradigma annahmen, solange die Normen der Korpuskulartheorie wirksam blieben. Newton wandte dieser Suche viel Aufmerksamkeit zu, und viele seiner Nachfolger im achtzehnten Jahrhundert taten das gleiche. Die einzige andere Möglichkeit war die Ablehnung der Newtonschen Theorie, weil sie die Schwerkraft nicht erklären konnte, und auch diese fand viele Anhänger. Dabei triumphierte letztlich keine dieser Anschauungen. Da die Wissenschaftler einerseits die Wissenschaft ohne die *Principia* nicht praktizieren, andererseits aber dieses Werk den Korpuskularnormen des siebzehnten Jahrhunderts nicht anpassen konnten, übernahmen sie allmählich die Anschauung, daß die Schwerkraft in der Tat etwas der Materie Innewohnendes sei. In der Mitte des achtzehnten Jahrhunderts war diese Interpretation fast allgemein anerkannt, und das Ergebnis war eine echte Rückkehr (was nicht das gleiche ist wie ein Rückschritt) zu einer scholastischen Norm. Innewohnende Kräfte der Anziehung und Abstoßung traten neben Größe, Form, Lage und Bewegung als physikalisch nicht reduzierbare Primäreigenschaften der Materie.[7]

Die sich ergebende Veränderung der Normen und des Problembereichs der Physik war wiederum folgerichtig. In den Jahren nach 1740 konnten die Elektriker beispielsweise vom Anziehungs-»Vermögen« der elektrischen Flüssigkeit sprechen, ohne damit den Spott herauszufordern, dem Molières Doktor ein Jahrhundert vorher begegnet war. Indem sie das taten, zeigten die elektrischen Phänomene immer mehr eine Ordnung, die sich von jener unterschied, welche sie gezeigt hatten, als sie noch für die Wirkungen einer nur durch Kontakt wirkenden mechanischen Ausdünstung angesehen wurden. Insbesondere konnte, nachdem die elektrische Fernwirkung zu einem eigenen Studienobjekt geworden war, das Phänomen, das wir heute Aufladung durch Induktion nennen, als eine ihrer Wirkungen erkannt werden. Früher war es, wenn überhaupt wahrgenommen, der unmittelbaren Wirkung von elektrischen »Atmosphären« oder von Kriechströmen, die in jedem elektrischen Labor unvermeidlich sind, zugeschrieben worden. Die neue Auffassung der induktiven Wirkungen war wiederum der

Schlüssel zu Franklins Analyse der Leidener Flasche und damit auch für das Auftauchen eines neuen und newtonischen Paradigmas für die Elektrizitätslehre. Dynamik und Elektrizitätslehre waren auch nicht die einzigen wissenschaftlichen Gebiete, die von der Legitimierung der Suche nach der Materie innewohnenden Kräften berührt wurden. Die umfangreiche Literatur im achtzehnten Jahrhundert über chemische Affinitäten und homologe Reihen leitet sich ebenfalls von diesem übermechanischen Aspekt des Newtonismus her. Die Chemiker, die an diese charakteristischen Anziehungskräfte zwischen den verschiedenen chemischen Spezies glaubten, führten Experimente durch, an die früher nicht zu denken war, und suchten nach neuen Reaktionsarten. Ohne die in diesem Prozeß entwickelten Daten und chemischen Vorstellungen wären die späteren Arbeiten Lavoisiers und ganz besonders Daltons undenkbar.[8] Änderungen der Normen für zulässige Probleme, Begriffe und Erklärungen können eine Wissenschaft umwandeln. In einem gewissen Sinn, auf den ich im nächsten Abschnitt hinweisen werde, können sie sogar die Welt umwandeln.

Weitere Beispiele für diese nichtsubstantiellen Unterschiede zwischen aufeinanderfolgenden Paradigmata können in der Geschichte jeder Wissenschaft in fast allen ihren Entwicklungsperioden gefunden werden. Für den Augenblick wollen wir uns mit nur zwei weiteren und weitaus kürzeren Beispielen begnügen. Vor der chemischen Revolution war es eine der anerkannten Aufgaben der Chemie, die Eigenschaften chemischer Substanzen und die Veränderung dieser Eigenschaften im Verlaufe chemischer Reaktionen zu erklären. Mit Hilfe einer kleinen Zahl elementarer »Prinzipien« – eines davon war das Phlogiston – sollte der Chemiker begründen, warum manche Stoffe sauer, andere metallisch, brennbar etc. sind. Einiger Erfolg war in dieser Richtung erzielt worden. Wir haben schon gesehen, wie das Phlogiston erklärte, warum die Metalle so viel gemeinsam hatten, und wir hätten auch für die Säuren eine entsprechende Beweisführung finden können. Lavoisiers Reform jedoch schaffte schließlich die chemischen »Prinzipien« ab und endete damit, die Chemie um einige tatsächliche und viele potentielle Möglichkeiten der Erklärung ärmer zu machen. Um diesen Verlust wettzumachen, war eine Veränderung der Normen erforderlich. Während eines großen Teils des neunzehnten Jahrhunderts sprach das Unvermögen, die Eigenschaften von Verbindungen zu erklären, nicht gegen eine chemische Theorie.[9]

Clerk Maxwell teilte mit anderen Befürwortern der Wellentheorie des Lichts im neunzehnten Jahrhundert die Überzeugung, daß sich die Lichtwellen durch einen materiellen Äther fortpflanzen müssen. Das Ersinnen eines mechanischen Mediums, das solche Wellen trüge, war für viele seiner fähigsten Zeitgenossen ein Standardproblem. Seine eigene Theorie jedoch, die elektromagnetische Theorie des Lichts, hatte überhaupt keine Erklärung für ein Medium, das in der Lage wäre, Lichtwellen zu tragen, und sie machte ganz offensichtlich das Auffinden einer Erklärung noch schwieriger, als es vorher bereits erschien. Anfänglich war Maxwells Theorie aus ebendiesen Gründen weithin abgelehnt worden. Aber wie bei Newtons Theorie erwies es sich auch bei derjenigen Maxwells als schwer, auf sie zu verzichten, und als sie den Status eines Paradigmas erlangte, änderte sich die Haltung der Gemeinschaft ihr gegenüber. In den ersten Jahrzehnten des zwanzigsten Jahrhunderts wirkte Maxwells Beharren auf der Existenz eines mechanischen Äthers bald nur noch wie ein Lippenbekenntnis, was es ganz entschieden nicht gewesen war, und die Versuche, ein solches ätherisches Medium zu ersinnen, wurden aufgegeben. Die Wissenschaftler hielten es nicht mehr für unwissenschaftlich, von einer elektrischen »Verschiebung« zu sprechen, ohne anzugeben, was verschoben wurde. Das Ergebnis war wiederum eine neue Reihe von Problemen und Normen, die schließlich wesentlich an der Entstehung der Relativitätstheorie beteiligt waren.[10]

Diese charakteristischen Verlagerungen in der Auffassung der wissenschaftlichen Gemeinschaft von ihren gültigen Problemen und Normen wären für die Thesen dieses Essays weniger bedeutungsvoll, wenn man annehmen könnte, daß sie sich immer von einem methodologisch niedrigeren zu einem höheren Typ vollzögen. In diesem Falle würden auch ihre Wirkungen als kumulativ erscheinen. Es ist kein Wunder, daß einige Historiker behauptet haben, die Geschichte der Wissenschaft zeige eine fortlaufende Steigerung der Reife und Verfeinerung der menschlichen Auffassung vom Wesen der Wissenschaft.[11] Doch ist es noch viel schwieriger, Argumente für eine kumulative Entwicklung der wissenschaftlichen Probleme und Normen vorzubringen, als für eine Kumulierung von Theorien. Der Versuch, die Schwerkraft zu erklären, wurde zwar von den meisten Wissenschaftlern des achtzehnten Jahrhunderts mit Gewinn aufgegeben, war aber nicht auf ein an sich illegitimes Problem gerichtet; die Einwände gegen innewohnende Kräfte waren weder unwissenschaftlich noch in irgendeinem herabsetzenden Sinne metaphysisch. Es gibt keine äußeren Normen, die eine Beurteilung dieser Art gestatten. Was geschah, war weder ein Absinken noch eine Hebung der Normen, sondern einfach ein Wechsel, den die Annahme eines neuen Paradigmas forderte. Außerdem ist dieser Wechsel seitdem rückgängig gemacht worden und könnte es nochmals werden. Im zwanzigsten Jahrhundert gelang es Einstein, die Schwerkraft zu erklären, und diese Erklärung hat die Wissenschaft zu einer Reihe von Kanons und Problemen zurückgebracht, die in diesem speziellen Punkt eher denen von Newtons Vorgängern als denen seiner Nachfolger ähneln. Ein anderes Beispiel: die Entwicklung der Quantenmechanik hat das methodologische Verbot, das in der chemischen Revolution entstand, umgekehrt. Die Chemiker versuchen jetzt, und zwar mit großem Erfolg, die Farbe, den Aggregatzustand und andere Eigenschaften der in ihren Laboratorien verwendeten und erzeugten Substanzen zu erklären. Ein ähnlicher Umschwung könnte selbst in der elektromagnetischen Theorie im Gange sein. Der Raum ist in der heutigen Physik nicht die inaktive und homogene Grundlage, als die er in Newtons und Maxwells Theorie auftrat; einige seiner neuen Eigenschaften sind den einst dem Äther zugeschriebenen nicht unähnlich; eines Tages werden wir vielleicht wissen, was eine elektrische Verschiebung ist.

Indem die obigen Beispiele die Betonung von den kognitiven auf die normativen Funktionen des Paradigmas verlagern, erweitern sie unser Verständnis der Art und Weise, in der Paradigmata dem wissenschaftlichen Leben Form verleihen. Vorher haben wir in der Hauptsache die Rolle des Paradigmas als Träger einer wissenschaftlichen Theorie untersucht. In dieser Rolle funktioniert es, indem es dem Wissenschaftler sagt, welche Entitäten es in der Natur gibt und welche nicht, und wie sie sich verhalten. Durch diese Informationen entsteht eine Landkarte, deren Einzelheiten durch reife wissenschaftliche Forschung aufgehellt werden. Und da die Natur viel zu komplex und vielfältig ist, um auf gut Glück erforscht zu werden, ist diese Landkarte genauso wichtig für die kontinuierliche Weiterentwicklung der Wissenschaft wie Beobachtung und Experiment. Durch die von ihnen verkörperten Theorien erweisen sich die Paradigmata als grundlegend für die Forschungstätigkeit. Sie sind jedoch für die Wissenschaft in noch anderer Hinsicht konstitutiv, und darauf kommt es uns nun an.

Besonders unsere letzten Beispiele zeigen, daß die Paradigmata die Wissenschaftler nicht nur mit einer Landkarte versorgen, sondern auch mit einigen wesentlichen Richtlinien für die Erstellung einer Landkarte. Wenn der Wissenschaftler ein Paradigma erlernt, erwirbt er sich Theorien, Methoden und Normen, gewöhnlich in einer unentwirrbaren Mischung. Wenn Paradigmata wechseln, gibt es deshalb normalerweise bezeichnende Verschiebungen der Kriterien, welche die Zulässigkeit von Problemen und den sich anbietenden Lösungen bestimmen.

Diese Beobachtung bringt uns zum Ausgangspunkt dieses Abschnittes zurück, denn sie liefert uns den ersten deutlichen Hinweis darauf, warum die Wahl zwischen konkurrierenden Paradigmata regelmäßig Fragen aufwirft, die mit den Kriterien der normalen Wissenschaft nicht gelöst werden können. In dem Maße – einem ebenso bezeichnenden wie lückenhaften Maß –, in dem die Auffassungen zweier wissenschaftlicher Schulen darüber, was ein Problem und was eine Lösung ist, auseinandergehen, werden sie zwangsläufig aneinander vorbeireden, wenn sie über die relativen Vorzüge ihrer jeweiligen Paradigmata diskutieren. In den sich regelmäßig ergebenden, teilweise im Kreis laufenden Argumenten wird für jedes Paradigma gezeigt, daß es mehr oder weniger den Kriterien, die es sich selbst vorschreibt, gerecht wird und einigen jener Kriterien, die ihm von seinen Gegnern zudiktiert werden, nicht völlig genügt. Es gibt auch noch andere Gründe für die Lückenhaftigkeit logischer Kontakte, die durchweg die Paradigmadiskussionen charakterisiert. Da beispielsweise kein Paradigma jemals alle von ihm definierten Probleme löst und da keine zwei Paradigmata genau dieselben Probleme ungelöst lassen, bringen Paradigmadiskussionen immer die Frage mit sich: die Lösung welcher Probleme ist bedeutsamer? Wie der Streit konkurrierender Normen kann diese Wertfrage nur im Rahmen von Kriterien entschieden werden, die außerhalb der normalen Wissenschaft liegen, und gerade diese Zuflucht zu äußeren Kriterien macht ganz offensichtlich die Paradigmadiskussionen revolutionär. Es geht aber noch um etwas Grundlegenderes als Normen und Werte. Bisher habe ich nur behauptet, Paradigmata seien konstitutiv für die Wissenschaft. Jetzt möchte ich darlegen, inwiefern sie auch für die Natur konstitutiv sind.

X. Revolutionen als Wandlungen
des Weltbildes

Wenn der Wissenschaftshistoriker die Ergebnisse der früheren Forschung vom Standpunkt der zeitgenössischen Geschichtsschreibung aus untersucht, könnte sich ihm der Gedanke aufdrängen, daß bei einem Paradigmawechsel die Welt sich ebenfalls verändert. Unter der Führung eines neuen Paradigmas verwenden die Wissenschaftler neue Apparate und sehen sich nach neuen Dingen um. Und was noch wichtiger ist, während der Revolutionen sehen die Wissenschaftler neue und andere Dinge, wenn sie mit bekannten Apparaten sich an Stellen umsehen, die sie vorher schon einmal untersucht hatten. Es ist fast, als wäre die Fachgemeinschaft plötzlich auf einen anderen Planeten versetzt worden, wo vertraute Gegenstände in einem neuen Licht erscheinen und auch unbekannte sich hinzugesellen. Natürlich geschieht in Wirklichkeit nicht ganz dies: es gibt keine geographische Verpflanzung; außerhalb des Labors gehen die alltäglichen Geschehnisse wie bisher weiter. Und doch, Paradigmawechsel veranlassen die Wissenschaftler tatsächlich, die Welt ihres Forschungsbereichs anders zu sehen. Soweit ihre einzige Beziehung zu dieser Welt in dem besteht, was sie sehen und tun, können wir wohl sagen, daß die Wissenschaftler nach einer Revolution mit einer anderen Welt zu tun haben.

Als einfachste Modelle für solche Veränderungen der Welt des Wissenschaftlers erweisen sich die bekannten Darstellungen eines visuellen Gestaltwandels als sehr lehrreich. Was in der Welt des Wissenschaftlers vor der Revolution Ente waren, sind nachher Kaninchen. Ein Mensch, der zuerst die Außenseite eines Kastens von oben sah, sieht später die Innenseite von unten. Veränderungen dieser Art sind übliche Begleiterscheinungen der wissenschaftlichen Ausbildung, wenn sie auch gewöhnlich langsamer vor sich gehen und fast nie rückgängig zu machen sind. Bei einem Blick auf eine Höhenlinienkarte sieht der Studierende Linien auf einem Bogen Papier, der Kartograph dagegen sieht das Bild eines Geländeabschnitts. Beim Blick auf ein Blasenkammerphoto sieht der Studierende verworrene und unterbrochene Linien, der Physiker aber sieht die Aufzeichnung eines bekannten subnuklearen Vorgangs. Erst nach einer Anzahl solcher Umwandlungen des Sehbildes wird der Studierende ein Bewohner der Welt des Wissenschaftlers, der sieht, was der Wissenschaftler sieht, und reagiert, wie es der Wissenschaftler tut. Die Welt, in die der Studierende dann eintritt, ist jedoch nicht ein für allemal durch die Natur seiner Umwelt einerseits und der Wissenschaft andererseits festgelegt. Sie wird vielmehr gemeinsam von der Umwelt und der bestimmten normal-wissenschaftlichen Tradition, der zu folgen der Studierende angehalten wurde, bestimmt. Deshalb muß zur Zeit einer Revolution, da sich die normal-wissenschaftliche Tradition verändert, die Wahrnehmung des Wissenschaftlers von seiner Umgebung neu gebildet werden – in manchen vertrauten Situationen muß er eine neue Gestalt sehen lernen. Wenn er das getan hat, wird die Welt seiner Forschung hie und da mit der vorher von ihm bewohnten nicht vergleichbar erscheinen. Das ist ein weiterer Grund, warum von verschiedenen Paradigmata geleitete Schulen immer etwas aneinander vorbeireden.

In ihrer gebräuchlichsten Form zeigen Gestaltexperimente natürlich lediglich das Wesen von Veränderungen in der Wahrnehmung. Sie sagen uns nichts über die Rolle von Paradigmata oder von früher bereits assimilierten Erfahrungen beim Wahrnehmungsvorgang. Für diese Frage jedoch steht eine reichhaltige psychologische Literatur zur Verfügung, von welcher ein großer Teil aus der bahnbrechenden Arbeit des *Hanover Institute* herrührt. Eine Versuchsperson, der eine Spezialbrille mit Umkehrlinsen aufgesetzt wird, sieht anfänglich die ganze Welt auf dem Kopf stehend. Zu Beginn funktioniert das Wahrnehmungssystem der Versuchsperson in der Weise, wie es ohne Brille zu sehen gelehrt wurde, und das Ergebnis ist eine völlige Desorientierung, eine akute persönliche Krise. Nachdem die Versuchsperson aber gelernt hat, sich der neuen Welt anzupassen, kippt das gesamte Gesichtsfeld um, gewöhnlich nach einer Zwischenperiode, in welcher das Sehbild verworren ist. Danach werden die Objekte wieder so wahrgenommen, wie es vor dem Aufsetzen der Brille der Fall war. Die Assimilation eines vorher anomalen Gesichtsfeldes hat auf das Feld selbst eingewirkt und es verändert.[1] Wörtlich und metaphorisch hat der an Umkehrlinsen gewöhnte Mensch eine revolutionäre Umwandlung des Sehens durchgemacht.

Die Versuchspersonen bei dem in Abschnitt VI besprochenen Experiment mit den veränderten Spielkarten erlebten eine ganz ähnliche Umwandlung. Bevor sie durch verlängerte Darbietung gelehrt worden waren, daß die Welt veränderte Spielkarten enthielt, sahen sie nur die Karten, auf die sie durch ihre früheren Erfahrungen eingestellt waren. Nachdem die Erfahrung sie aber mit den erforderlichen zusätzlichen Kategorien vertraut gemacht hatte, waren sie in der Lage, alle anomalen Karten bei der ersten Betrachtung, die lang genug war, um überhaupt eine Identifizierung zu gestatten, zu erkennen. Andere Experimente zeigen, daß auch die wahrgenommene Größe, Farbe usw. von experimentell dargebotenen Objekten je nach der früheren Übung und Erfahrung der Versuchspersonen variiert.[2] Bei einer Überprüfung der reichen Experimentalliteratur, der diese Beispiele entnommen sind, kommt der Verdacht auf, daß für die Wahrnehmung selbst etwas Ähnliches wie ein Paradigma vorausgesetzt werden muß. Was ein Mensch sieht, hängt sowohl davon ab, worauf er blickt, wie davon, worauf zu sehen ihn seine visuell-begriffliche Erfahrung gelehrt hat. Bei mangelnder Übung darin kann es nur, wie William James es ausdrückt, »eine verteufelt wilde Verwirrung« geben.

In den letzten Jahren haben einige von denen, die sich mit der Geschichte der Wissenschaft befassen, Experimente wie die soeben beschriebenen äußerst anregend gefunden. Besonders N. R. Hanson hat Gestaltdemonstrationen verwendet, um einige der auch mich hier beschäftigenden Konsequenzen wissenschaftlicher Überzeugung herauszuarbeiten.[3] Andere Kollegen haben wiederholt festgestellt, daß die Wissenschaftsgeschichte einen besseren und geschlosseneren Sinn ergäbe, wenn man annehmen könnte, daß auch Wissenschaftler gelegentlich Wahrnehmungsverschiebungen wie die vorher beschriebenen erleben. Aber so anregend psychologische Experimente auch sind, sie können nach der Natur der Dinge nicht mehr sein als das. Sie zeigen zwar Eigenschaften der Wahrnehmung, die für die wissenschaftliche Entwicklung zentral sein *könnten,* sie beweisen aber nicht, ob die von einem Forscher geübte sorgfältige und kontrollierte Beobachtung überhaupt an diesen Eigenschaften teilhat. Außerdem macht gerade die Eigenart solcher Experimente jede unmittelbare Demonstration dieses Punktes unmöglich. Wenn geschichtliche Beispiele die psychologischen Experimente als relevant erscheinen lassen sollen, müssen wir zunächst feststellen, welche Daten wir von der Geschichte erwarten können und welche nicht.

Die Versuchsperson bei einer Gestaltdemonstration weiß, daß sich ihre Wahrnehmung verschoben hat, da sie diese wiederholt wechseln lassen kann, während sie dasselbe Buch oder Stück Papier in der Hand hält. Der Tatsache bewußt, daß sich in ihrer Umwelt nichts verändert hat, richtet sie ihre Aufmerksamkeit in steigendem Maße nicht auf die Figur (Ente oder Kaninchen), sondern auf die Linien auf dem Papier, auf das sie blickt. Schließlich kann sie sogar lernen, die Linien zu sehen, ohne eine der Figuren wahrzunehmen, und sie vermag dann zu sagen (was sie vorher nicht einwandfrei konnte), daß sie wirklich diese Linien sieht, jedoch abwechselnd einmal *als* Ente und einmal *als* Kaninchen. Aus dem gleichen Grund weiß die Versuchsperson bei dem Experiment mit den anomalen Spielkarten (oder genauer gesagt, sie kann dazu gebracht werden zu wissen), daß ihre Wahrnehmung sich verschoben haben muß, weil eine äußere Autorität, nämlich der Experimentator, sie überzeugt, daß sie ohne Rücksicht darauf, was sie *gesehen* hat, die ganze Zeit auf eine schwarze Herz Fünf *geblickt* hat. In beiden Fällen, wie auch bei allen ähnlichen psychologischen Experimenten, liegt die Wirksamkeit der Demonstration darin, daß sie auf diese Weise analysiert werden kann. Solange es keine äußere Norm gibt, im Hinblick auf welche ein Wechsel der Sehweise demonstriert werden könnte, ist es nicht möglich, zu einem Schluß über alternative Wahrnehmungsmöglichkeiten zu kommen.

Bei der wissenschaftlichen Beobachtung ist die Situation jedoch genau umgekehrt. Der Wissenschaftler kann nichts heranziehen, was jenseits dessen läge, was er mit den Augen und seinen Apparaten zu erfassen vermag. Gäbe es eine höhere Autorität, die ihm bestätigen könnte, daß seine Sehweise sich verschoben hat, dann würde diese Autorität selbst zur Quelle seiner Sinnesdaten, und das Verhalten seiner Sehweise würde zu einer Quelle von Problemen (wie es das Verhalten der Versuchsperson für den Psychologen ist). Die gleichen Probleme würden sich ergeben, wenn der Wissenschaftler so wie die Versuchsperson bei den Gestaltexperimenten bald die eine, bald die andere Wahrnehmung hervorrufen könnte. Die Periode, in der das Licht »manchmal eine Welle und manchmal ein Partikel« war, war eine Krisenzeit – eine Periode, in der etwas nicht stimmte –, und sie endete erst mit der Entwicklung der Wellenmechanik und der Erkenntnis, daß das Licht eine selbständige Entität ist, unterschieden von Wellen wie von Partikeln. Wenn also in den Wissenschaften Wahrnehmungsverschiebungen die Paradigmawechsel begleiten, können wir von den Wissenschaftlern nicht erwarten, daß sie diese Veränderungen unmittelbar bezeugen. Beim Betrachten des Mondes sagt einer, der sich zum Kopernikanismus bekehrt hat, nicht: »Ich pflegte einen Planeten zu sehen, jetzt aber sehe ich einen Trabanten.« Diese Art der Formulierung würde implizieren, daß das Ptolemäische System in einem bestimmten Sinne einmal richtig war. Der zur neuen Astronomie Bekehrte sagt vielmehr: »Ich hielt einst den Mond für (oder sah den Mond als) einen Planeten, ich hatte aber unrecht.« Diese Art der Feststellung hört man oft im Gefolge wissenschaftlicher Revolutionen. Wenn sie gewöhnlich eine Verschiebung des wissenschaftlichen Sehens oder eine andere geistige Umwandlung von gleicher Wirkung verbirgt, können wir kein unmittelbares Zeugnis für diese Verschiebung erwarten. Wir müssen vielmehr nach mittelbaren und aus dem Verhalten hervorgehenden Beweisen dafür suchen, daß der Wissenschaftler mit einem neuen Paradigma anders sieht, als er vorher zu sehen pflegte.

Kehren wir also zum historischen Material zurück und fragen, welche Veränderungen in der Welt des Wissenschaftlers ein Historiker, der an solche Wechsel glaubt, entdecken kann. Sir William Herschels Entdeckung des Uranus gibt uns ein erstes Beispiel, und zwar eines, das eine enge Parallele zu dem Experiment mit den anomalen Karten bietet. Bei mindestens siebzehn verschiedenen Gelegenheiten hatten von 1690 bis 1781 mehrere Astronomen, darunter einige der hervorragendsten europäischen Beobachter, einen Fixstern in Positionen gesehen, von denen wir heute annehmen müssen, daß sie zu jener Zeit von Uranus eingenommen wurden. Einer der besten Beobachter in dieser Gruppe hatte 1769 den Stern sogar in vier aufeinanderfolgenden Nächten gesehen, ohne eine Bewegung festzustellen, die eine andere Identifizierung hätte nahelegen können. Als Herschel zwölf Jahre später das gleiche Objekt zum erstenmal beobachtete, hatte er ein stark verbessertes, selbstgebautes Teleskop. Dadurch war er in der Lage, einen scheinbaren Durchmesser der Scheibe festzustellen, die für Fixsterne zumindest ungewöhnlich war. Irgend etwas stimmte nicht, und er verschob deshalb die Identifizierung, um weitere Nachforschungen anzustellen. Durch diese Untersuchungen wurde die Bewegung des Uranus entdeckt, und Herschel verkündete daher, er habe einen neuen Kometen entdeckt! Erst einige Monate später, nach vergeblichen Versuchen, die beobachtete Bewegung in eine Kometenbahn einzupassen, kam Lexell darauf, daß die Bahn möglicherweise die eines Planeten sei.[4] Als man diese Anregung akzeptiert hatte, gab es in der Welt der Fachastronomen einige Fixsterne weniger und einen Planeten mehr. Ein Himmelskörper, der fast ein Jahrhundert lang ab und zu beobachtet worden war, wurde nach 1781 anders gesehen, da er, genau wie eine anomale Spielkarte, nicht länger in die von dem früher vorherrschenden Paradigma gelieferten Wahrnehmungskategorien (Fixstern oder Komet) eingeordnet werden konnte.

Die Verschiebung der Sehweise, die es den Astronomen möglich machte, den Planeten Uranus zu sehen, scheint aber nicht nur die Wahrnehmung des vorher bereits beobachteten Objekts berührt zu haben. Ihre Folgen reichten viel weiter. Obgleich das Beweismaterial nicht ganz eindeutig ist, darf man annehmen, daß die von Herschel erzwungene geringfügige Paradigmaveränderung dazu beigetragen hat, die Astronomen für die nach 1801 rasch erfolgende Entdeckung der zahlreichen kleineren Planeten oder Asteroiden vorzubereiten. Wegen ihrer geringen Größe zeigten sie nicht die anomalen Ausmaße, die Herschel wachsam gemacht hatten. Trotzdem waren die Astronomen, weil darauf vorbereitet, weitere Planeten zu finden, in der Lage, zwanzig in den ersten fünfzig Jahren des neunzehnten Jahrhunderts mit Standardinstrumenten zu identifizieren.[5] Die Geschichte der Astronomie bietet viele andere Beispiele für Änderungen in der wissenschaftlichen Wahrnehmung, die durch Paradigmata herbeigeführt wurden, sogar noch eindeutigere. Kann es denn beispielsweise ein Zufall sein, wenn westliche Astronomen erst in dem halben Jahrhundert, nachdem das neue Paradigma von Kopernikus aufgestellt worden war, an dem vorher unwandelbaren Himmel eine Veränderung bemerkten? Die Chinesen, deren Auffassung vom Kosmos Veränderungen am Himmel nicht ausschloß, hatten das Erscheinen vieler neuer Sterne am Firmament viel früher festgestellt. Die Chinesen hatten auch – und sogar ohne die Hilfe eines Fernrohrs – das Erscheinen von Sonnenflecken systematisch aufgezeichnet, Jahrhunderte bevor sie von Galilei und seinen Zeitgenossen gesehen worden waren.[6] Sonnenflecken und ein neuer Stern waren keineswegs die einzigen Beispiele von Veränderungen, die unmittelbar nach Kopernikus am Firmament der westlichen Astronomen auftauchten. Unter Verwendung traditioneller Geräte, manchmal nichts weiter als ein Stück Faden, entdeckten die Astronomen des späten sechzehnten Jahrhunderts wiederholt, daß Kometen nach Belieben durch das All wanderten, das früher den unwandelbaren

Planeten und Fixsternen vorbehalten war.[7] Gerade die Leichtigkeit und Schnelligkeit, mit der die Astronomen jetzt neue Dinge sahen, wenn sie mit alten Geräten alte Objekte betrachteten, läßt uns zu der Metapher greifen, daß die Astronomen nach Kopernikus in einer anderen Welt lebten. Auf jeden Fall reagierte ihre Forschung, als wäre es wirklich so.

Die vorangegangenen Beispiele wurden der Astronomie entnommen, weil die Beschreibungen von Himmelsbeobachtungen häufig in einer Form gegeben werden, deren Vokabular aus relativ reinen Beobachtungsbegriffen besteht. Nur in solchen Berichten können wir so etwas wie eine vollständige Parallelität zwischen den Beobachtungen der Wissenschaftler und denen der Versuchspersonen des Psychologen zu finden hoffen. Wir müssen aber nicht auf einer derart engen Parallelität bestehen, sondern können nur gewinnen, wenn wir unsere Norm etwas lockern. Wenn wir uns mit der alltäglichen Bedeutung des Verbs »sehen« zufrieden geben, werden wir schnell erkennen, daß wir schon vielen anderen Beispielen für die Verschiebungen in der wissenschaftlichen Wahrnehmung, die einen Paradigmawechsel begleiten, begegnet sind. Dieser erweiterte Gebrauch der Ausdrücke »Wahrnehmung« und »Sehen« wird bald eine ausdrückliche Rechtfertigung verlangen, doch soll zuerst ihre praktische Anwendung erklärt werden.

Schauen wir noch einmal kurz auf zwei unserer früheren Beispiele aus der Geschichte der Elektrizität. Während des siebzehnten Jahrhunderts, als ihre Forschung von der einen oder anderen Ausdünstungstheorie geleitet wurde, sahen die Elektriker wiederholt Spreuteilchen von elektrisch geladenen Körpern, die sie angezogen hatten, zurückschnellen oder herabfallen. Das ist zumindest das, was die Beobachter des siebzehnten Jahrhunderts gesehen zu haben behaupteten, und wir haben keinen Grund, die Berichte über ihre Wahrnehmung mehr anzuzweifeln als unsere eigenen. Vor die gleichen Apparate gestellt, würde ein moderner Beobachter elektrostatische Abstoßung sehen (und nicht mechanisches oder gravitationsbedingtes Zurückschnellen); aber im geschichtlichen Verlauf wurde, mit einer allgemein ignorierten Ausnahme, die elektrostatische Abstoßung als solche erst erkannt, nachdem Hauksbees Großapparatur ihre Wirkungen stark vergrößert hatte. Abstoßung nach einer Aufladung durch Berührung war jedoch nur eine der vielen Abstoßungswirkungen, die Hauksbee sah. Durch seine Forschungen wurde – fast wie bei einem Gestaltwandel – die

Abstoßung plötzlich *die* grundlegende Äußerung des elektrischen Zustandes, und es war nunmehr die Anziehungskraft, die eine Erklärung erforderte.[8] Die im frühen achtzehnten Jahrhundert sichtbaren elektrischen Phänomene waren sowohl feiner wie auch mannigfaltiger als die von Beobachtern im siebzehnten Jahrhundert gesehenen. Oder: nach der Rezipierung des Franklinschen Paradigmas sah der auf eine Leidener Flasche schauende Elektriker etwas anderes, als er vorher gesehen hatte. Aus dem Gerät war ein Kondensator geworden, für den weder die Flaschenform noch das Glas erforderlich war. Vielmehr traten jetzt die beiden leitfähigen Schichten – von denen eine bei dem ursprünglichen Gerät nicht vorhanden war – in den Vordergrund. Wie schriftliche Erörterungen und bildliche Darstellungen Schritt für Schritt bezeugen, waren zwei durch einen Nichtleiter getrennte Metallplatten zum Prototyp der ganzen Klasse geworden.[9] Gleichzeitig erhielten andere induktive Wirkungen neue Beschreibungen, und wieder andere wurden zum ersten Mal bemerkt.

Verschiebungen dieser Art sind nicht auf Astronomie und Elektrizitätslehre beschränkt. Wir haben schon einige ähnliche Umwandlungen der Sehweise erwähnt, die der Geschichte der Chemie entnommen werden können. Wir sagten, Lavoisier habe Sauerstoff gesehen, wo Priestley entphlogistizierte Luft und andere überhaupt nichts gesehen hatten. Während er sich daran gewöhnte, Sauerstoff zu sehen, mußte Lavoisier auch seine Anschauung von vielen anderen, vertrauteren Stoffen ändern. Er mußte beispielsweise ein zusammengesetztes Erz sehen, wo Priestley und seine Zeitgenossen eine elementare Erde gesehen hatten; und solcher Wandlungen gab es noch mehr. Zum allermindesten sah Lavoisier als Ergebnis der Entdeckung des Sauerstoffs die Natur anders. Und da er keinen Zugang zu dieser hypothetischen feststehenden Natur hatte, die er jetzt »anders sah«, zwingt uns das Prinzip der Ökonomie zu sagen, daß Lavoisier, nachdem er den Sauerstoff entdeckt hatte, in einer anderen Welt arbeitete.

Ich werde gleich die Möglichkeit untersuchen, diese seltsame Formulierung zu vermeiden, doch zuerst brauchen wir ein weiteres Beispiel für ihren Gebrauch; wir werden es aus einem der am besten bekannten Teile von Galileis Werk nehmen. Seit dem fernen Altertum haben die meisten Menschen diesen oder jenen schweren Körper an einer Schnur oder einer Kette hin und her schwingen sehen, bis er schließlich zum Stillstand kam. Für die Anhänger des

Aristoteles, die glaubten, ein schwerer Körper werde aus sich heraus von einer höheren Lage in einen Zustand der natürlichen Ruhe in einer niedrigeren Lage bewegt, war der schwingende Körper lediglich ein mit Behinderungen fallender Körper. Von der Kette gehalten, konnte er am niedrigsten Punkt nur nach einer mühsamen Bewegung und einer beträchtlichen Zeitspanne zum Stillstand kommen. Galilei aber sah beim Anblick des schwingenden Körpers ein Pendel, einen Körper, dem es fast gelang, die gleiche Bewegung immer wieder ad infinitum auszuführen. Nachdem er das gesehen hatte, beobachtete Galilei auch noch andere Eigenschaften des Pendels und konstruierte aufgrund dieser Beobachtungen viele der bedeutendsten und originellsten Teile seiner neuen Dynamik. Von den Eigenschaften des Pendels leitete Galilei beispielsweise seine einzigen vollständigen und folgerichtigen Argumente für die Unabhängigkeit von Gewicht und Fallgeschwindigkeit sowie für den Zusammenhang zwischen senkrechter Höhe und Endgeschwindigkeit der Bewegungen auf schiefen Ebenen her.[10] Alle diese Naturphänomene sah er anders, als sie vorher gesehen worden waren.

Wie kam es zu diesem Wandel des Sehens? Natürlich durch Galileis persönliches Genie. Bedenken wir aber, daß sich Genie hier nicht in genauerer oder objektiverer Beobachtung des schwingenden Körpers manifestiert. In bezug auf Beschreibung ist die aristotelische Wahrnehmung ebenso genau. Als Galilei berichtete, daß die Schwingungsdauer des Pendels bei Amplituden bis zu 90° unabhängig von der Amplitude war, brachte ihn seine Vorstellung vom Pendel dazu, weit mehr Regelmäßigkeit zu sehen, als wir heute entdecken können.[11] Worum es hier zu gehen scheint, ist vielmehr, daß ein Genie die Wahrnehmungsmöglichkeiten ausbeutete, die durch einen Paradigmawandel im Mittelalter geschaffen worden waren. Galilei war nicht ganz und gar zum Aristoteliker erzogen worden. Im Gegenteil, er war geschult, Bewegungen mittels der Impetustheorie zu analysieren, eines spätmittelalterlichen Paradigmas, das behauptete, die fortlaufende Bewegung eines schweren Körpers sei auf eine Kraft zurückzuführen, die der Werfer, der seine Bewegung auslöste, in ihn hineingelegt habe. Jean Buridan und Nicole Oresme, zwei Scholastiker des vierzehnten Jahrhunderts, welche die Impetustheorie auf ihre vollkommensten Formulierungen brachten, sind die ersten, die in Schwingungsbewegungen alles sahen, was Galilei darin sah. Buridan beschreibt die Bewegung einer schwingenden Saite so, daß zunächst der Impetus beim Anschlagen der Saite eingegeben wird; der Impetus wird dann aufgebraucht, indem die Saite gegen den Widerstand ihrer Spannung verlagert wird; die Spannung trägt die Saite zurück, wobei ein wachsender Impetus eingegeben wird, bis der Mittelpunkt der Bewegung erreicht ist; danach verlagert der Impetus die Saite in entgegengesetzter Richtung, wiederum gegen den Widerstand der Saitenspannung, und so weiter in einem symmetrischen Vorgang, der unendlich fortdauern kann. Später in diesem Jahrhundert umriß Oresme eine ähnliche Analyse des schwingenden Steins, in der wir heute die erste Diskussion eines Pendels sehen.[12] Seine Anschauung folgt ganz eng derjenigen, mit welcher Galilei sich zum ersten Mal dem Pendel zuwandte. Zumindest in Oresmes Fall, und fast mit Sicherheit auch in Galileis, war es eine Anschauung, die der Übergang vom ursprünglichen aristotelischen zum scholastischen Impetus-Paradigma für die Bewegung möglich gemacht hatte. Solange dieses scholastische Paradigma nicht gefunden war, konnten die Wissenschaftler keine Pendel, sondern nur schwingende Steine sehen. Die Pendel wurden durch etwas ins Leben gerufen, das einem durch ein Paradigma herbeigeführten Gestaltwandel sehr ähnlich war.

Müssen wir jedoch wirklich das, was Galilei von Aristoteles, oder Lavoisier von Priestley trennt, als eine Umwandlung des Sehens beschreiben? *Sahen* diese Männer tatsächlich Verschiedenes, wenn sie die gleiche Art von Objekten betrachteten? Können wir in irgendeinem vernünftigen Sinne sagen, sie hätten ihre Forschung in verschiedenen Welten durchgeführt? Diese Fragen dürfen nicht länger aufgeschoben werden, denn es gibt natürlich einen anderen und weit üblicheren Weg, alle die angeführten geschichtlichen Beispiele zu beschreiben. Viele Leser werden sicher sagen wollen, daß sich mit dem Paradigma nur die Interpretation des Wissenschaftlers ändert, während die Beobachtungen selbst ein für allemal durch die Natur der Umwelt und des Wahrnehmungssystems fixiert sind. Nach dieser Anschauung haben Priestley wie Lavoisier Sauerstoff gesehen, aber sie interpretierten ihre Beobachtungen unterschiedlich; Aristoteles wie Galilei sahen Pendel, aber ihre Interpretationen dessen, was sie gesehen hatten, wichen voneinander ab.

Ich möchte gleich sagen, daß diese sehr gängige Anschauung von dem, was geschieht, wenn Wissenschaftler ihre Ansichten über grundlegende Dinge ändern, weder ganz falsch noch ein bloßer

Irrtum sein kann. Es ist vielmehr ein wesentlicher Teil eines philosophischen Paradigmas, das von Descartes ins Leben gerufen und gleichzeitig mit der Newtonschen Dynamik entwickelt wurde. Dieses Paradigma hat der Naturwissenschaft und der Philosophie gute Dienste geleistet. Seine Ausnutzung, wie auch die der Dynamik selbst, war für ein grundlegendes Verständnis, das vielleicht auf andere Weise nicht hätte erreicht werden können, sehr fruchtbar. Wie aber das Beispiel der Newtonschen Dynamik ebenfalls zeigt, bietet selbst der eindrucksvollste Erfolg in der Vergangenheit keine Gewähr, daß eine Krise auf unbegrenzte Zeit vermieden werden kann. Heutige Forschungsarbeiten auf Teilgebieten der Philosophie, Psychologie, Linguistik und sogar der Kunstgeschichte konvergieren alle in dem Hinweis darauf, daß das traditionelle Paradigma irgendwie schief liegt. Diese mangelnde Übereinstimmung mit der Wirklichkeit wird auch durch das Studium der Wissenschaftsgeschichte, dem unsere Aufmerksamkeit hier in erster Linie gilt, immer deutlicher gemacht.

Keiner dieser krisenfördernden Bereiche hat bisher eine lebensfähige Alternative für das traditionelle erkenntnistheoretische Paradigma hervorgebracht; sie beginnen aber anzudeuten, welches einige der Eigenschaften des neuen Paradigmas sein werden. Ich bin mir beispielsweise völlig der Schwierigkeiten bewußt, die dadurch entstehen, daß ich sage: als Aristoteles und Galilei schwingende Steine betrachteten, sah der erste einen gehemmten Fall, der zweite ein Pendel. Die gleichen Schwierigkeiten werden in einer noch grundlegenderen Form durch die Einleitungssätze dieses Abschnitts beschworen: Wenn auch die Welt mit dem Wechsel eines Paradigmas nicht wechselt, so arbeitet doch der Wissenschaftler danach in einer anderen Welt. Trotzdem bin ich überzeugt, daß wir lernen müssen, Behauptungen, die diesen zumindest ähnlich sind, einen Sinn abzugewinnen. Was während einer wissenschaftlichen Revolution geschieht, kann nicht vollständig auf eine neue Interpretation einzelner und stabiler Daten zurückgeführt werden. Zunächst einmal sind die Daten nicht eindeutig stabil. Ein Pendel ist kein fallender Stein, und Sauerstoff ist keine entphlogistizierte Luft. Folglich sind die von Wissenschaftlern gesammelten Daten über diese unterschiedlichen Objekte an sich schon verschieden, wie wir bald sehen werden. Und was noch wichtiger ist, der Prozeß, in dem entweder der einzelne oder die Gemeinschaft den Übergang vom gehemmten Fall zum Pendel oder von der entphlogistizierten Luft zum Sauerstoff vollzieht, ähnelt nicht einer Interpretation. Wie könnte er auch, da es für den Wissenschaftler gar keine feststehenden Daten zu interpretieren gab! Der Wissenschaftler, der sich ein neues Paradigma zu eigen macht, ist weniger ein Interpret, als daß er einem gleicht, der Umkehrlinsen trägt. Er steht derselben Konstellation von Objekten gegenüber wie vorher, und obwohl er das weiß, findet er sie doch in vielen ihrer Einzelheiten durch und durch umgewandelt.

Keine dieser Bemerkungen soll andeuten, daß Wissenschaftler nicht etwa typischerweise Beobachtungen und Daten interpretieren. Im Gegenteil, Galilei interpretierte Beobachtungen über das Pendel, Aristoteles Beobachtungen über fallende Steine, Musschenbroek Beobachtungen über eine mit elektrischer Ladung gefüllte Flasche und Franklin Beobachtungen über einen Kondensator. Aber jede einzelne dieser Interpretationen setzte ein Paradigma voraus. Sie waren ein Teil der normalen Wissenschaft, eines Unternehmens, das – wie wir bereits gesehen haben – danach strebt, ein bereits vorhandenes Paradigma zu verfeinern, zu erweitern und zu artikulieren. Abschnitt III enthielt viele Beispiele, bei denen die Interpretation eine zentrale Rolle spielte. Diese Beispiele sind typisch für die überwältigende Mehrzahl aller Forschungsarbeiten. Bei jedem wußte der Wissenschaftler dank einem anerkannten Paradigma, was ein Datum war, welche Apparate verwendet werden konnten, um es aufzuspüren, und welche Begriffe für seine Interpretation relevant waren. Existiert ein Paradigma, so ist die Interpretation von Daten der Kernpunkt aller Tätigkeiten, die von ihm profitieren.

Aber diese Interpretationstätigkeit – das war der Hauptgedanke des vorletzten Absatzes – vermag ein Paradigma nur zu artikulieren, nicht zu korrigieren. Paradigmata können durch normale Wissenschaft überhaupt nicht korrigiert werden. Vielmehr führt die normale Wissenschaft, wie wir schon gesehen haben, letztlich nur zum Erkennen von Anomalien und zu Krisen. Und diese werden nicht durch Überlegung und Interpretation, sondern durch ein relativ plötzliches und ungegliedertes Ereignis gleich einem Gestaltwandel beendet. Die Wissenschaftler sprechen dann oft von den »Schuppen, die ihnen von den Augen fallen« oder dem »Blitzstrahl«, der ein vorher dunkles Rätsel »erhellt«, wodurch seine Bestandteile in einem neuen Licht gesehen werden können, das zum ersten Mal seine Lösung gestattet. Bei anderen Gelegenheiten kommt die betreffende Erleuchtung im Schlaf.[13] Kein üblicher Sinn des Ausdrucks »Interpretation« paßt zu diesen Eingebungsblitzen, durch die ein neues Paradigma geboren wird. Wenn solche Intuitionen auch von der Erfahrung abhängen – sowohl der anomalen wie der kongruenten –, die dank dem alten Paradigma erworben wurde, sind sie doch nicht logisch oder Punkt um Punkt mit besonderen Bestandteilen dieser Erfahrung verbunden, wie es bei einer Interpretation der Fall wäre. Sie raffen vielmehr ganze Komplexe dieser Erfahrung zusammen und verwandeln sie in das ganz unterschiedliche Bündel von Erfahrungen, das dann Punkt um Punkt mit dem neuen Paradigma und nicht mehr mit dem alten in Beziehung gesetzt wird.

Um diese Erfahrungsunterschiede noch besser kennenzulernen, kehren wir noch einmal kurz zu Aristoteles, Galilei und dem Pendel zurück. Welche Daten machte das Zusammenwirken ihrer verschiedenen Paradigmata und ihrer normalen Umwelt ihnen zugänglich? Der Anhänger des Aristoteles, der einen gehemmten Fall sah, pflegte das Gewicht des Steines, die senkrechte Höhe, zu der er angehoben wurde, und die von ihm benötigte Zeit bis zum Stillstand zu messen (oder vielmehr zu erörtern – die Aristoteliker nahmen selten Messungen vor). Zusammen mit dem Widerstand des Mediums waren dies die theoretischen Kategorien, welche die Aristotelische Wissenschaft bei der Behandlung eines fallenden Körpers anwandte.[14] Die von ihnen geleitete normale Wissenschaft hätte nicht die von Galilei entdeckten Gesetze finden können. Sie konnte nur – und auf einem anderen Wege tat sie das wirklich – zu der Reihe von Krisen führen, aus denen Galileis Anschauung vom schwingenden Stein hervorging. Als Ergebnis dieser Krisen und auch noch anderer geistiger Veränderungen sah Galilei den schwingenden Stein ganz anders. Archimedes' Beschäftigung mit schwimmenden Körpern machte das Medium unwesentlich; die Impetustheorie ließ die Bewegung symmetrisch und fortdauernd werden; und der Neuplatonismus lenkte Galileis Aufmerksamkeit auf die Kreisform der Bewegung.[15] Er maß deshalb nur Gewicht, Radius, Auslenkungswinkel und Zeit je Schwingung, und gerade das waren die Daten, die so interpretiert werden konnten, daß sie Galileis Pendel-Gesetze ergaben. Schließlich erwies sich die Interpretation fast als unnötig. Mit Galileis Paradigmata vor Augen, war ein Beobachter sehr leicht in der Lage, pendelartige Regelmäßigkeiten zu finden. Wie sonst könnten wir Galileis Entdeckung erklären, daß die Schwingungsdauer des Pendelgewichts von der Amplitude völlig unabhängig sei, eine Entdeckung, welche die von Galilei abstammende normale Wissenschaft bald ausrotten mußte und die wir heute überhaupt nicht mehr zu bestätigen vermögen. Regelmäßigkeiten, die für einen Aristoteliker nicht existiert haben konnten (und für die es auch wirklich in der Natur nirgends Beispiele gibt), folgten aus der unmittelbaren Erfahrung für den, der den schwingenden Stein mit den Augen Galileis sah.

Vielleicht ist dieses Beispiel zu wirklichkeitsfremd, da die Aristoteliker keine Diskussionen über schwingende Steine aufgezeichnet haben. Ihrem Paradigma zufolge war das ein außerordentlich komplexes Phänomen. Aber sie diskutierten einen einfacheren Fall: Steine, die ohne Behinderung fielen, und dort sind die gleichen Unterschiede des Sehens offenkundig. Bei der Betrachtung eines fallenden Steins sah Aristoteles mehr eine Veränderung des Zustands als einen Vorgang. Für ihn waren also die relevanten Messungen bei einer Bewegung die gesamte zurückgelegte Entfernung und die gesamte dabei vergangene Zeit, Parameter, welche die Größe ergeben, die wir heute nicht Geschwindigkeit, sondern Durchschnittsgeschwindigkeit nennen würden.[16] In ähnlicher Weise sah Aristoteles auch – da der Stein durch sein Wesen angetrieben wurde, seinen endgültigen Ruhepunkt zu erreichen – den relevanten Entfernungsparameter in jedem Augenblick der Bewegung als die Entfernung *zum* Endpunkt und nicht als die Entfernung *vom* Ausgangspunkt der Bewegung.[17] Diese theoretischen Parameter liegen den meisten seiner wohlbekannten »Bewegungsgesetze« zugrunde und geben ihnen ihren Sinn. Die scholastische Kritik änderte jedoch diese Anschauung von der Bewegung, zum Teil durch das Impetusparadigma und zum anderen Teil durch eine Theorie, welche als die der *latitudo formarum* bekannt ist. Ein Stein, vom Impetus bewegt, nahm auf dem Wege vom Ausgangspunkt weg immer mehr Impetus in sich auf; zum relevanten Parameter wurde deshalb die Entfernung *von* statt der Entfernung *zu*. Außerdem wurde Aristoteles' Begriff der Geschwindigkeit durch die Scholastiker in zwei Begriffe aufgespalten, die bald nach Galilei zu unserer Durchschnittsgeschwindigkeit und Momentangeschwindigkeit geworden sind. Wenn nun der fallende Stein durch das Paradigma, von welchem diese Begriffe ein Teil waren, betrachtet wird, zeigt er, genau wie das Pendel, seine beherrschenden Gesetze fast schon beim Hinsehen. Galilei war nicht einer der ersten, die behaupteten, Steine fielen in einer gleichmäßig beschleunigten Bewegung.[18] Überdies hatte er seinen Lehrsatz über diesen Gegenstand mit allen seinen Folgerungen entwickelt, bevor er mit der schiefen Ebene experimentierte. Dieser Lehrsatz war einer von vielen in einem Netz neuer Regelhaftigkeiten, die für ein Genie in einer Welt zugänglich waren, welche gemeinsam von der Natur und den Paradigmata, in denen Galilei und seine Zeitgenossen erzogen worden waren, bestimmt wurde. Da er in dieser Welt lebte, konnte Galilei, falls er es wollte, noch erklären, warum Aristoteles gesehen hatte, was er sah. Trotzdem war der unmittelbare Inhalt von Galileis Erfahrungen mit fallenden Steinen nicht der gleiche wie der von Aristoteles.

Es ist natürlich keineswegs klar, daß wir uns so sehr mit »unmittelbaren Erfahrungen« befassen müssen – d. h. mit den Wahrnehmungsmerkmalen, die ein Paradigma so stark hervorhebt, daß sie ihre Regelmäßigkeiten fast schon beim bloßen Hinsehen offenbaren. Diese Merkmale müssen sich offensichtlich mit den Bindungen des Wissenschaftlers an Paradigmata verändern, sie sind aber noch weit von dem entfernt, woran wir gewöhnlich denken, wenn wir von »nackten Daten« oder »Roherfahrungen« sprechen, von denen die wissenschaftliche Forschung ausgehen soll. Vielleicht sollte die unmittelbare Erfahrung als veränderlich unberücksichtigt bleiben, und wir sollten lieber die konkreten Operationen und Messungen diskutieren, die der Wissenschaftler in seinem Labor durchführt. Oder vielleicht sollte die Analyse noch über das unmittelbar Gegebene hinausgetrieben werden. Sie könnte beispielsweise im Rahmen einer neutralen Beobachtungssprache erfolgen, die etwa auf die Netzhauteindrücke zugeschnitten sein könnte, welche das, was der Wissenschaftler sieht, vermitteln. Nur auf solche Weise können wir hoffen, einen Bereich zurückzugewinnen, in welchem die Erfahrung wieder ein für allemal stabil ist – in welchem das Pendel und der gehemmte Fall nicht verschiedene Wahrnehmungen, sondern verschiedene Interpretationen von eindeutigen Daten sind, wie sie die Beobachtung eines schwingenden Steins liefert.

Aber ist sinnliche Erfahrung fixiert und neutral? Sind Theorien einfach menschliche Interpretationen gegebener Daten? Der erkenntnistheoretische Standpunkt, der die westliche Philosophie während dreier Jahrhunderte so oft geleitet hat, verlangt ein sofortiges und eindeutiges Ja! In Ermangelung einer ausgereiften Alternative halte ich es für unmöglich, diesen Standpunkt völlig aufzugeben. Und doch, er fungiert nicht mehr wirksam, und die Versuche, ihn durch die Einführung einer neutralen Beobachtungssprache wieder dazu zu bringen, erscheinen mir hoffnungslos.

Die Arbeiten und Messungen, die ein Wissenschaftler im Labor durchführt, sind nicht »das Gegebene« der Erfahrung, sondern eher »das mit Schwierigkeiten Gesammelte«. Sie sind nicht das, was der Wissenschaftler sieht – zumindest nicht, bevor seine Forschungsarbeit genügend fortgeschritten und seine Aufmerksamkeit auf einen bestimmten Punkt konzentriert ist. Sie sind vielmehr konkrete Hinweise auf den Inhalt elementarerer Wahrnehmungen, und als solche werden sie für das genaue Vorgehen im Rahmen der normalen Forschung ausgewählt, nur weil sie die Möglichkeit einer fruchtbaren Ausarbeitung des anerkannten Paradigmas versprechen. Weit deutlicher als die unmittelbare Erfahrung, von der sie sich teilweise herleiten, sind die Operationen und Messungen paradigmabedingt. Die Wissenschaft führt nicht alle nur möglichen Labormanipulationen durch. Sie wählt vielmehr jene aus, die für das Zusammentreffen eines Paradigmas mit der von diesem Paradigma mitbestimmten unmittelbaren Erfahrung relevant sind. Deshalb verschreiben sich Wissenschaftler mit verschiedenen Paradigmata ganz verschiedenen Laboratoriumsarbeiten. Die Messungen, die das Pendel verlangt, sind nicht diejenigen, die der gehemmte Fall erfordert. Und die für die Erläuterung der Sauerstoffeigenschaften relevanten Arbeiten sind nicht immer die gleichen wie die für die Untersuchung der Eigenschaften entphlogistizierter Luft benötigten.

Eine reine Beobachtungssprache könnte vielleicht sogar entwickelt werden. Aber drei Jahrhunderte nach Descartes gründet sich unsere Hoffnung auf eine solche Möglichkeit noch ausschließlich auf eine Theorie der Wahrnehmung und des Geistes, während die modernen psychologischen Experimente in schneller Folge Phänomene zeitigen, denen diese Theorie kaum gerecht werden kann. Das Enten-Kaninchen zeigt, daß zwei Menschen mit den gleichen Netzhauteindrücken ganz verschiedene Dinge sehen können; die Umkehrlinsen zeigen, daß zwei Menschen mit unterschiedlichen Netzhauteindrücken das gleiche sehen können. Die Psychologie liefert eine Vielzahl weiterer derartiger Beweise, und die daraus resultierenden Zweifel werden sichtlich bestärkt durch die Geschichte der Versuche, eine wirkliche Beobachtungssprache anzugeben. Keiner der laufenden Versuche in dieser Richtung ist bisher auch nur annähernd an eine allgemein annehmbare Sprache reiner Wahrnehmungen herangekommen. Und jene Versuche, die ihr am nächsten kommen, haben eine Eigenschaft gemeinsam, die mehrere Hauptthesen dieses Essays stark unterstützt. Von Anfang an setzten sie ein Paradigma voraus, das entweder einer aktuellen wissenschaftlichen Theorie oder einem Bereich der Alltagssprache entnommen wird, und dann versuchen sie, aus ihm alle nicht logischen und nicht wahrnehmungsbedingten Ausdrücke zu eliminieren. Auf einigen Gebieten sind diese Bemühungen schon weit gediehen, und zwar mit faszinierenden Ergebnissen. Es steht außer Frage, daß Bemühungen dieser Art wert sind, verfolgt zu werden. Doch was dabei herauskommt, ist eine Sprache, welche – wie die in den Naturwissenschaften verwendete – eine Fülle von Erwartungen bezüglich der Natur in sich birgt und dann in dem Augenblick versagt, da diese Erwartungen enttäuscht werden. Nelson Goodman betonte gerade diesen Punkt, als er die Absichten seines Buches *The Structure of Appearance* beschrieb: »Es ist gut, daß nicht mehr [als Phänomene, deren Existenz bekannt ist] zur Debatte steht; denn der Begriff der ›möglichen‹ Fälle, jener Fälle, die nicht existieren, aber existiert haben könnten, ist alles andere als eindeutig.«[19] Keine Sprache, die sich derart darauf beschränkt, eine Welt zu beschreiben, die im voraus völlig bekannt ist, kann rein neutrale und objektive Berichte über »das Gegebene« hervorbringen. Philosophische Untersuchungen haben bisher noch nicht einmal einen Hinweis darauf erbracht, wie eine Sprache aussehen würde, die dazu in der Lage wäre.

Unter diesen Umständen können wir zumindest vermuten, daß die Wissenschaftler im Prinzip und in der Praxis recht haben, wenn sie Sauerstoff und Pendel (und vielleicht auch Atome und Elektronen) als grundlegende Bestandteile ihrer unmittelbaren Erfahrung behandeln. Als Ergebnis der im Paradigma verkörperten Erfahrung des Menschengeschlechtes, der der betreffenden Kultur und schließlich der Fachwissenschaft ist die Welt des Wissenschaftlers mit Planeten und Pendeln, Kondensatoren und Erzverbindungen und anderen solchen Körpern bevölkert worden. Verglichen mit diesen Wahrnehmungsobjekten sind sowohl Ablesungen am Maßstab wie auch Netzhauteindrücke kunstvolle Konstruktionen, zu denen die Erfahrung nur unmittelbaren Zugang findet, wenn der Wissenschaftler es für die besonderen Zwecke seiner Forschung entsprechend arrangiert. Das soll natürlich nicht heißen, daß beispielsweise Pendel das einzige sind, was ein Wissenschaftler beim Anblick eines schwingenden Steins sieht. (Wir haben bereits erwähnt, daß Mitglieder einer anderen wissenschaftlichen Gemeinschaft darin einen gehemmten Fall sehen konnten.) Es soll jedoch bedeuten, daß der Wissenschaftler beim Anblick eines schwingenden Steins keine Erfahrung haben kann, die im Prinzip elementarer ist als das Sehen eines Pendels. Die Alternative ist nicht ein hypothetisches »feststehendes« Sehen, sondern ein Sehen durch ein anderes Paradigma, eines, das aus dem schwingenden Stein etwas anderes macht.

All das erscheint vielleicht verständlicher, wenn wir uns daran erinnern, daß weder Wissenschaftler noch Laien die Welt stückweise oder Gegenstand um Gegenstand erfassen lernen. Außer wenn alle theoretischen und verfahrensmäßigen Kategorien im voraus präpariert sind – z. B. für die Entdeckung eines weiteren transuranischen Elements oder für das Erblicken eines neuen Hauses –, sondern Wissenschaftler und Laien ganze Komplexe aus dem Strom der Erfahrung aus. Das Kind, welches das Wort »Mama« von allen menschlichen Wesen auf alle weiblichen Wesen überträgt und dann schließlich auf seine eigene Mutter, lernt nicht nur, was »Mama« bedeutet oder wer seine Mutter ist. Es lernt gleichzeitig etwas über die Unterschiede zwischen männlichen und weiblichen Wesen und auch etwas über die Art und Weise, in der sich alle weiblichen Wesen mit Ausnahme eines einzigen ihm gegenüber verhalten. Seine Reaktionen, Erwartungen und Überzeugungen – kurz, vieles in der von ihm wahrgenommenen Welt – ändern sich entsprechend. Aus dem gleichen Grund haben die Kopernikaner, die der Sonne ihren traditionellen Titel »Planet« versagten, nicht nur gelernt, was »Planet« bedeutete oder was die Sonne war. Sie änderten vielmehr die Bedeutung von »Planet«, so daß sie auch weiterhin eine brauchbare Unterscheidung machen konnte in einer Welt, wo jetzt alle Himmelskörper anders als früher gesehen wurden, nicht die Sonne allein. Die gleiche Feststellung könnte bei jedem unserer vorangegangenen Beispiele getroffen werden. Sauerstoff anstelle von entphlogistizierter Luft, den Kondensator anstelle der Leidener Flasche oder das Pendel anstelle eines gehemmten Falls zu sehen, war nur ein Teil einer systematischen Verschiebung in der Art und Weise, in welcher der Wissenschaftler eine große Zahl verwandter chemischer, elektrischer oder dynamischer Phänomene sah. Paradigmata bestimmen zugleich weite Bereiche der Erfahrung.

Erst wenn die Erfahrung in dieser Weise festgelegt worden ist, kann die Suche nach einer operativen Definition oder einer reinen Beobachtungssprache beginnen. Der Naturwissenschaftler oder Philosoph, der danach fragt, welche Messungen oder Netzhauteindrücke das Pendel zu dem machen, was es ist, muß bereits in der Lage sein, ein Pendel zu erkennen, wenn er eines sieht. Wenn er statt dessen einen gehemmten Fall sieht, könnte die Frage nicht einmal gestellt werden. Und wenn er ein Pendel sieht, jedoch in der gleichen Art, in der er eine Stimmgabel oder eine schwingende Waage sieht, könnte seine Frage nicht beantwortet werden. Sie könnte zumindest nicht in der gleichen Weise beantwortet werden, denn sie wäre nicht die gleiche Frage. Deshalb setzen Fragen über Netzhauteindrücke oder über die Konsequenzen bestimmter Laborvorgänge, auch wenn sie immer legitim und gelegentlich außergewöhnlich fruchtbar sind, eine Welt voraus, die wahrnehmungsmäßig und theoretisch bereits in bestimmter Weise unterteilt ist. In gewissem Sinne sind solche Fragen ein Teil der normalen Wissenschaft, denn sie hängen von einem Paradigma ab und werden nach einem Paradigmawechsel anders beantwortet.

Zum Schluß dieses Abschnitts wollen wir deshalb Netzhauteindrücke außer acht lassen und unsere Aufmerksamkeit wieder auf die Laborvorgänge beschränken, die den Wissenschaftler mit konkreten, wenn auch fragmentarischen Indizien über das, was er bereits gesehen hat, versorgen. Eine Art, in der sich solche Laborvorgänge mit den Paradigmata verändern, ist schon wiederholt erwähnt worden. Nach einer wissenschaftlichen Revolution werden viele alte Messungen und Manipulationen irrelevant und werden durch andere ersetzt. Man wendet nicht genau die gleichen Prüfungsmethoden auf Sauerstoff wie auf entphlogistizierte Luft an. Änderungen dieser Art sind jedoch niemals total. Was immer er dann auch sehen mag, der Wissenschaftler betrachtet nach einer Revolution noch dieselbe Welt. Außerdem sind seine Sprache und die meisten seiner Laborgeräte nach wie vor die gleichen, mag er sie vorher auch anders angewandt haben. Daher umfaßt die Wissenschaft nach einer Revolution weitgehend die gleichen Manipulationen, mit den gleichen Geräten ausgeführt und auf die gleiche Weise beschrieben, wie ihre vorrevolutionäre Vorläuferin. Wenn sich diese fortdauernden Manipulationen überhaupt geändert haben, muß die Veränderung entweder in der Beziehung zum Paradigma oder in den konkreten Ergebnissen liegen. Durch die Einführung eines letzten neuen Beispiels möchte ich jetzt zeigen, daß beide Arten der Veränderung vorkommen können. Bei der Untersuchung der Arbeit Daltons und seiner Zeitgenossen werden wir entdecken, daß derselbe Vorgang zu einem Hinweis auf einen ganz anderen Aspekt der Gesetzmäßigkeit der Natur werden kann, wenn er durch ein anderes Paradigma mit der Natur verknüpft wird. Außerdem werden wir sehen, daß die alte Manipulation in ihrer neuen Rolle gelegentlich andere konkrete Ergebnisse hervorbringt.

Während eines großen Teils des achtzehnten und noch hinein ins neunzehnte Jahrhundert glaubten die europäischen Chemiker fast allgemein, daß die elementaren Atome, aus denen alle chemischen Substanzen bestünden, durch Kräfte der gegenseitigen Affinität zusammengehalten würden. Ein Klumpen Silber wurde also durch die Kräfte der Affinität zwischen den Silberkorpuskeln zusammengehalten (bis nach Lavoisier glaubte man, diese Korpuskeln seien ihrerseits aus noch kleineren Elementarteilchen zusammengesetzt). Nach der gleichen Theorie löste sich Silber in Säure (oder Salz in Wasser) auf, weil die Säure- die Silberteilchen (oder die Wasser- die Salzteilchen) stärker anzogen, als die Teilchen dieser gelösten Substanzen sich gegenseitig anzogen. Oder: Kupfer löste sich in der Silberlösung und fällte Silber aus, weil die Affinität des Kupfers zur Säure größer war als die des Silbers. Viele andere Phänomene wurden in der gleichen Art erklärt. Im achtzehnten Jahrhundert war die Theorie der Wahlverwandtschaft ein vortreffliches chemisches Paradigma, das ausgiebig und manchmal auch erfolgreich bei Entwurf und Analyse chemischer Experimente verwendet wurde.[20]

Die Affinitätstheorie zog jedoch die Trennungslinie zwischen physikalischen Mischungen und chemischen Verbindungen in einer Weise, die seit der Einbürgerung von Daltons Arbeit fremd geworden ist. Die Chemiker des achtzehnten Jahrhunderts sahen tatsächlich zwei verschiedene Prozesse. Wenn durch das Mischen Wärme, Licht, Schaum oder etwas Ähnliches erzeugt wurde, sprach man von einer chemischen Vereinigung. Wenn aber die Teilchen in der Mischung dem Auge sichtbar oder mechanisch zu trennen waren, so war das nur eine physikalische Mischung. Bei der sehr großen Zahl der dazwischen liegenden Fälle – Salz in

Wasser, Legierungen, Glas, Sauerstoff in der Atmosphäre etc. – hatten diese groben Unterscheidungsmerkmale jedoch wenig Sinn. Von ihrem Paradigma geleitet, betrachteten die meisten Chemiker diesen gesamten Zwischenbereich als chemisch, weil die Prozesse, aus denen er bestand, alle von Kräften der gleichen Art beherrscht wurden. Salz in Wasser oder Sauerstoff in Stickstoff waren ebenso gute Beispiele für chemische Verbindungen wie die Verbindung, die durch das Oxydieren von Kupfer entsteht. Die Argumente dafür, Lösungen als Verbindungen anzusehen, waren sehr stark. Die Affinitätstheorie selbst war wohlbestätigt. Außerdem konnte die Bildung einer Verbindung auch die bei Lösungen beobachtete Homogenität erklären. Wenn beispielsweise Sauerstoff und Stickstoff in der Atmosphäre nur gemischt und nicht verbunden sind, dann müßte das schwerere Gas, der Sauerstoff, sich am Boden sammeln. Dalton, der die Atmosphäre als eine Mischung ansah, war niemals in der Lage, zufriedenstellend zu erklären, warum der Sauerstoff es nicht tat. Die Rezipierung seiner Atomtheorie schuf letztlich eine Anomalie, wo es vorher keine gegeben hatte.[21]

Man ist versucht zu sagen, daß die Chemiker, die Lösungen als Verbindungen ansahen, sich von ihren Nachfolgern nur durch eine Definition unterschieden. In gewissem Sinne mag das zutreffen. Doch dieser Sinn ist nicht jener, der Definitionen zu bloßen bequemen Konventionen macht. Im achtzehnten Jahrhundert wurden Mischungen und Verbindungen nicht eindeutig durch Labortests unterschieden, und vielleicht wäre das auch gar nicht möglich gewesen. Und wenn die Chemiker nach solchen Prüfungen gesucht hätten, hätten sie Kriterien gesucht, die eine Lösung zu einer Verbindung machten. Die Unterscheidung Mischung – Verbindung war ein Teil ihres Paradigmas, gehörte also zu der Art und Weise, in der sie ihr ganzes Forschungsgebiet betrachteten, und rangierte daher vor jedem besonderen Labortest, wenn auch nicht vor der angesammelten Erfahrung der gesamten Chemie.

Solange nun die Chemie in dieser Weise betrachtet wurde, veranschaulichten chemische Phänomene Gesetze, die anders waren als die mit der Rezipierung von Daltons neuem Paradigma auftauchenden. Solange vor allem Lösungen Verbindungen blieben, war kein noch so ausgiebiges chemisches Experimentieren in der Lage, das Gesetz der konstanten Proportionen von sich aus hervorzubringen. Am Ende des achtzehnten Jahrhunderts war es weithin bekannt, daß *einige* Verbindungen gewöhnlich ihre Bestandteile in festen Gewichtsverhältnissen enthielten. Bei einigen Arten von Reaktionen hatte der deutsche Chemiker Richter sogar die weiteren Regelmäßigkeiten festgestellt, die heute im Gesetz der chemischen Äquivalente enthalten sind.[22] Aber kein Chemiker machte von diesen Regelmäßigkeiten Gebrauch, es sei denn in Rezepten, und fast bis zum Ende des Jahrhunderts dachte niemand daran, sie zu verallgemeinern. Angesichts so offenkundiger Gegenbeispiele wie Glas oder wie Salz in Wasser war keine Verallgemeinerung möglich ohne die Aufgabe der Affinitätstheorie und eine Neubestimmung der Grenzen der gesamten Chemie. Diese Konsequenz wurde am Ende des Jahrhunderts in einer berühmten Diskussion zwischen den französischen Chemikern Proust und Berthollet deutlich. Der erste behauptete, alle chemischen Reaktionen vollzögen sich in festen Proportionen, der zweite sagte, sie täten es nicht. Jeder sammelte eindrucksvolle experimentelle Beweise für seine Anschauung. Trotzdem redeten die beiden zwangsläufig aneinander vorbei, und ihre Diskussion blieb völlig ergebnislos. Wo Berthollet eine Verbindung sah, die verschiedene Proportionen aufweisen konnte, sah Proust nur eine physikalische Mischung.[23] Für diese Streitfrage konnte weder ein Experiment noch eine Änderung der Definitionskonvention von Bedeutung sein. Die beiden Männer bewegten sich so gründlich auf verschiedenen Ebenen wie einst Galilei und Aristoteles.

So war also die Lage in den Jahren, als John Dalton die Untersuchungen vornahm, die schließlich zu seiner berühmten chemischen Atomtheorie führten. Doch bis in die allerletzten Stadien dieser Untersuchungen war Dalton weder Chemiker noch überhaupt an Chemie interessiert. Er war vielmehr Meteorologe und untersuchte die (für ihn) physikalischen Probleme der Absorption von Gasen durch Wasser und von Wasser durch die Atmosphäre. Da er seine Ausbildung in einem anderen Fachgebiet erhalten hatte und auch auf diesem Gebiet arbeitete, ging er an die Probleme mit einem Paradigma heran, das sich von dem der zeitgenössischen Chemiker unterschied. Vor allem betrachtete er die Mischung von Gasen oder Absorption eines Gases in Wasser als einen physikalischen Prozeß, in welchem Kräfte der Affinität keine Rolle spielten. Für ihn war deshalb die beobachtete Homogenität der Lösungen ein Problem, allerdings eines, das er glaubte lösen zu können, wenn es ihm gelänge, die relativen Größen und Gewichte der verschiedenen atomaren Teilchen in seinen Experimentiermischungen zu bestimmen. Und wegen der Bestimmung dieser Größen und Gewichte wandte sich Dalton schließlich der Chemie zu, da er von Anfang an vermutete, daß die Atome sich in dem beschränkten Bereich von Reaktionen, die er für chemisch hielt, nur eins-zu-eins oder in einem anderen einfachen und ganzzahligen Verhältnis verbinden könnten.[24] Diese natürliche Annahme machte es ihm tatsächlich möglich, die Größen und Gewichte der Elementarteilchen zu bestimmen, aber sie machte auch das Gesetz der konstanten Proportionen zu einer Tautologie. Für Dalton war jede Reaktion, bei der die Bestandteile nicht in festen Proportionen auftraten, *ipso facto* kein rein chemischer Prozeß. Ein Gesetz, das vor Daltons Arbeit kein Experiment hätte aufstellen können, wurde mit der Anerkennung dieser Arbeit zu einem konstitutiven Prinzip, das keine einzelne Reihe chemischer Messungen mehr hätte erschüttern können. Als Ergebnis dieses unseres vielleicht vollkommensten Beispiels einer wissenschaftlichen Revolution erlangten die gleichen chemischen Manipulationen ein Verhältnis zur chemischen Verallgemeinerung, welches von dem, das sie vorher gehabt hatten, entschieden abwich.

Es muß wohl nicht eigens betont werden, daß Daltons Schlußfolgerungen bei ihrer ersten Bekanntgabe von vielen Seiten angegriffen wurden. Besonders Berthollet ließ sich niemals überzeugen. In Anbetracht der Natur dieser Streitfrage bestand für ihn auch keine Notwendigkeit dazu. Für die meisten Chemiker aber erwies sich Daltons neues Paradigma als überzeugend, wo das von Proust es nicht gewesen war, denn es hatte Implikationen, die viel umfassender und wichtiger waren als ein neues Kriterium für die Unterscheidung zwischen Mischung und Verbindung. Wenn sich etwa Atome chemisch nur in einfachen ganzzahligen Verhältnissen verbinden konnten, dann mußte eine Neubetrachtung vorhandener chemischer Daten Beispiele für multiple wie auch für konstante Proportionen enthüllen. Die Chemiker schrieben nicht mehr, daß die beiden Oxyde etwa von Kohlenstoff 56 und 72 Gewichtsprozent Sauerstoff enthielten; sie schrieben dafür, daß sich ein Gewichtsteil Kohlenstoff entweder mit 1,3 oder mit 2,6 Gewichtsteilen Sauerstoff verbindet. Als man die Ergebnisse früherer Manipulationen auf diese Weise niederschrieb, sprang sofort ein Verhältnis von 2 : 1 ins Auge; und das geschah bei der Analyse vieler wohlbekannter Reaktionen und auch bei neuen. Außerdem machte es Daltons Paradigma möglich, Richters Arbeit zu rezipieren und ihre volle Allgemeingültigkeit zu erkennen. Es regte auch neue Experimente an, besonders jene von Gay-Lussac über die sich verbindenden Volumina, und diese wiederum erbrachten noch weitere Regelmäßigkeiten, von denen die Chemiker vorher nicht einmal geträumt hatten. Was die Chemiker durch Dalton gewannen, waren nicht neue experimentelle Gesetze, sondern eine neue Art und Weise, Chemie zu betreiben (er selbst nannte es »das neue System der chemischen Philosophie«), und diese erwies sich in so kurzer Zeit als fruchtbar, daß nur wenige der älteren Chemiker in Frankreich und Großbritannien ihr zu widerstehen in der Lage waren.[25] Somit lebten die Chemiker fortan in einer Welt, wo sich die Reaktionen ganz anders verhielten als vorher.

Während all dies geschah, trat noch eine weitere typische und sehr wichtige Veränderung ein. Hier und da begannen sogar die numerischen Daten der Chemie sich zu verändern. Als Dalton die chemische Literatur nach Daten zur Unterstützung seiner physikalischen Theorie durchforschte, fand er einige Berichte über Reaktionen, die paßten, aber er konnte es wohl kaum verhindern, auch solche zu finden, die es nicht taten. Prousts eigene Messungen bezüglich der zwei Kupferoxyde ergaben beispielsweise ein Gewichtsverhältnis für Sauerstoff von $1,47 : 1$ und nicht das von $2 : 1$, das die Atomtheorie verlangte; und Proust war eigentlich der Mann, von dem man hätte erwarten können, daß er das Daltonsche Verhältnis erzielte.[26] Er war nämlich ein ausgezeichneter Experimentator, und seine Auffassung von der Beziehung zwischen Mischungen und Verbindungen kam der von Dalton sehr nahe. Es ist aber schwer, die Natur einem Paradigma anzupassen. Deshalb sind die Rätsel der normalen Wissenschaft so herausfordernd, und deshalb auch führen ohne ein Paradigma vorgenommene Messungen so selten zu irgendwelchen Schlußfolgerungen. Die Chemiker konnten darum nicht einfach Daltons Theorie aufgrund der Daten annehmen, denn zu viele waren noch negativ. Vielmehr mußten sie sogar noch nach der Annahme der Theorie die Natur »zurechtbiegen«, ein Prozeß, der fast noch eine weitere Generation in Anspruch nahm. Als er abgeschlossen war, hatte sich sogar die prozentuale Zusammensetzung wohlbekannter Verbindungen geändert. Die Daten selbst waren andere geworden. Das ist der letzte Gesichtspunkt, unter dem wir sagen wollen, daß die Wissenschaftler nach einer Revolution in einer anderen Welt arbeiten.

XI. Die Unsichtbarkeit der Revolutionen

Wir müssen nun noch fragen, wie wissenschaftliche Revolutionen zu Ende gehen. Bevor wir das tun, scheint jedoch ein letzter Versuch angebracht, die Anschauung über ihre Existenz und ihr Wesen zu untermauern. Ich habe bisher versucht, die Revolutionen anhand von Beispielen zu erläutern, und die Beispiele könnten ad nauseam fortgeführt werden. Es ist klar, daß die meisten von ihnen, die ich bewußt ihrer Vertrautheit wegen ausgesucht habe, gewöhnlich nicht als Revolutionen, sondern als Erweiterungen wissenschaftlicher Erkenntnis angesehen wurden. Das gleiche könnte man auch von etwaigen zusätzlichen Beispielen sagen, doch diese wären wahrscheinlich untauglich. Ich bin der Meinung, daß es ausgezeichnete Gründe dafür gibt, warum sich die Revolutionen als fast unsichtbar erwiesen haben. Wissenschaftler und Laien beziehen einen großen Teil ihrer Vorstellung von schöpferischer wissenschaftlicher Tätigkeit aus einer maßgeblichen Quelle, welche systematisch die Existenz und Bedeutung wissenschaftlicher Revolutionen verschleiert – zum Teil aus wichtigen sachlichen Gründen. Nur wenn das Wesen dieser Quelle erkannt und analysiert wird, kann man hoffen, geschichtliche Beispiele voll wirksam zu machen. Außerdem wird die nun erforderliche Analyse, mag dieser Punkt auch erst im letzten Abschnitt vollständig dargelegt werden können, einen der Aspekte wissenschaftlicher Arbeit aufzuzeigen beginnen, der sie deutlich von jeder anderen schöpferischen Tätigkeit unterscheidet, ausgenommen vielleicht die Theologie.

Bei der genannten Autorität denke ich in erster Linie an wissenschaftliche Lehrbücher und die auf ihnen aufgebauten gemeinverständlichen Darstellungen und philosophischen Arbeiten. Diesen drei Kategorien – bis vor kurzem gab es keine anderen bedeutenden Informationsquellen über die Wissenschaft, es sei denn eigene Forschungstätigkeit – ist eines gemeinsam. Sie stellen sich auf einen bereits ausgeprägten Bestand an Problemen, Daten und Theorien ein, sehr oft gerade auf die besonderen Paradigmata, denen sich die wissenschaftliche Gemeinschaft zum Zeitpunkt der Abfassung jener Schriften verbunden fühlt. Die Lehrbücher sind darauf ausgerichtet, das Vokabular und die Syntax einer aktuellen wissenschaftlichen Sprache zu vermitteln. Gemeinverständliche Darstellungen versuchen, die gleichen Anwendungen in einer alltäglichen Ausdrucksweise zu beschreiben. Und die Wissenschaftstheorie, besonders die der englischsprechenden Welt, analysiert die logische Struktur desselben Bestandes an wissenschaftlicher Erkenntnis. Eine gründlichere Behandlung müßte sich zwar mit den sehr realen Unterschieden zwischen diesen drei Gattungen befassen; wir jedoch beschäftigen uns hier in erster Linie mit ihren Ähnlichkeiten. Alle drei berichten von den dauerhaften *Ergebnissen* vergangener Revolutionen und zeigen so die Grundlagen der jeweiligen normal-wissenschaftlichen Tradition auf. Zur Erfüllung ihrer Funktion brauchen sie keine authentische Information über die Art und Weise zu liefern, in der diese Grundlagen zuerst erkannt und dann von der Fachwissenschaft aufgenommen wurden. Zumindest im Falle der Lehrbücher gibt es sogar gute Gründe, warum sie in diesen Dingen oft systematisch in die Irre führen.

Wir haben in Abschnitt II festgestellt, daß ein wachsendes Vertrauen in die Lehrbücher oder gleichwertige Publikationen eine unveränderliche Begleiterscheinung des Auftauchens eines ersten Paradigmas auf allen Gebieten der Wissenschaft war. Der letzte Abschnitt dieses Essays wird zeigen, daß die Herrschaft, die solche Lehrtexte über eine reife Wissenschaft ausüben, ihr Entwicklungsschema wesentlich von dem anderer Gebiete unterscheidet. Für den Augenblick wollen wir einfach als gegeben hinnehmen, daß in einem auf anderen Gebieten nicht erreichten Ausmaß die wissenschaftliche Erkenntnis des Laien wie auch des Fachmannes auf Lehrbüchern und einigen anderen, aus diesen schöpfenden Literaturerzeugnissen basiert. Da aber Lehrbücher pädagogische Vehikel für das Fortbestehen der normalen Wissenschaft sind, müssen sie immer dann ganz oder teilweise neu geschrieben werden, wenn sich Sprache, Problemstruktur oder Normen der normalen Wissenschaft ändern. Kurz gesagt, sie müssen im Gefolge jeder wissenschaftlichen Revolution neu geschrieben werden, und wenn sie neu geschrieben sind, verschleiern sie zwangsläufig nicht nur die Rolle der Revolutionen, die sie hervorgebracht haben, sondern sogar deren Existenz. Wenn der praktizierende Wissenschaftler oder der Lehrbücher lesende Laie zu seinen Lebzeiten keine Revolution erfahren hat, erfaßt sein geschichtliches Bewußtsein nur die Ergebnisse der letzten Revolution auf dem betreffenden Gebiet.

Lehrbücher beginnen also damit, daß sie den Sinn des Wissenschaftlers für die Geschichte seiner Disziplin abstumpfen, und gehen dann daran, für das von ihnen Ausgeschaltete einen Ersatz zu liefern. Charakteristischerweise enthalten wissenschaftliche Lehrbücher nur wenig Geschichtliches, und zwar entweder in einem einführenden Kapitel oder häufiger in gelegentlichen Hinweisen auf die großen Helden eines früheren Zeitalters. Durch solche Hinweise erhalten Studierende und Fachleute das Gefühl, sie nähmen Teil an einer beständigen historischen Tradition. Und doch hat die vom Lehrbuch suggerierte Tradition, an der die Wissenschaftler teilzunehmen glauben, tatsächlich niemals existiert. Aus Gründen, die sowohl offensichtlich wie auch höchst zweckgerichtet sind, beziehen sich wissenschaftliche Lehrbücher (und viel zu viele der älteren wissenschaftsgeschichtlichen Darstellungen) nur auf den Teil der Arbeit früherer Wissenschaftler, der leicht als Beitrag zur Aufstellung und Lösung der Paradigmaprobleme des Lehrbuchs angesehen werden kann. Teils durch Auslese und teils durch Verzerrung werden die Wissenschaftler früherer Zeitalter ausdrücklich so dargestellt, als hätten sie an der gleichen Reihe fixierter Probleme und in Übereinstimmung mit der gleichen Reihe fixierter Kanons gearbeitet, welchen die letzte Revolution in der wissenschaftlichen Theorie und Methode den Stempel der Wissenschaftlichkeit aufgeprägt hat. Es ist also nicht verwunderlich, daß Lehrbücher und die von ihnen unterstellte geschichtliche Tradition nach jeder Revolution neu geschrieben werden müssen. Und es ist auch kein Wunder, daß, da sie tatsächlich neu geschrieben werden, die Wissenschaft wiederum weitgehend kumulativ erscheint.

Die Wissenschaftler sind natürlich nicht die einzige Gruppe, die dazu neigt, die Vergangenheit ihrer Disziplin sich geradlinig auf den gegenwärtigen Stand entwickeln zu sehen. Die Versuchung, die Geschichte rückwärts zu schreiben, ist allgegenwärtig und dauerhaft. Doch die Wissenschaftler sind ihr stärker ausgesetzt, zum Teil, weil die Ergebnisse wissenschaftlicher Forschung keine offensichtliche Abhängigkeit vom historischen Kontext der Forschung zeigen, und zum Teil, weil die jeweilige Position des Wissenschaftlers, außer in Zeiten der Krise und der Revolution, so gefestigt erscheint. Mehr geschichtliche Einzelheiten – mag es sich um die Gegenwart der Wissenschaft oder ihre Vergangenheit handeln – oder größere Verantwortung gegenüber den dargebotenen geschichtlichen Einzelheiten würden den menschlichen Subjektivitäten, Fehlern und Verwirrungen nur einen überhöhten Status geben. Warum sollten wir etwas auszeichnen, das auszuschalten die besten und nachhaltigsten Anstrengungen seitens der Wissenschaft möglich gemacht haben? Die Abwertung historischer Tatsachen ist tief und wahrscheinlich mit bestimmter Funktion in der Ideologie des wissenschaftlichen Berufs verwurzelt, jenes Berufes also, der den sachlichen Einzelheiten bei anderen Dingen den höchsten Wert beimißt. Whitehead erfaßte den unhistorischen Geist der wissenschaftlichen Gemeinschaft, als er schrieb: »Eine Wissenschaft, die zögert, ihre Begründer zu vergessen, ist verloren.« Und doch hatte er nicht ganz recht, denn die Wissenschaften brauchen, ebenso wie andere Berufsstände, ihre Helden und bewahren sehr wohl deren Namen. Glücklicherweise konnten aber die Wissenschaftler, anstatt diese Helden zu vergessen, ihre Arbeiten vergessen oder revidieren.

Das Ergebnis ist eine beständige Neigung, die Geschichte der Wissenschaft linear oder kumulativ erscheinen zu lassen, eine Neigung, welche die Wissenschaftler sogar dann erfaßt, wenn sie auf ihre eigene Forschungsarbeit zurückblicken. Beispielsweise erwecken alle drei einander widersprechenden Berichte Daltons über die Entwicklung seines chemischen Atomismus den Anschein, als sei er von Anfang an nur an jenen chemischen Problemen der Verbindungsgewichte interessiert gewesen, für deren Lösung er später berühmt wurde. Tatsächlich aber sind ihm diese Probleme erst bei ihrer Lösung bewußt geworden, und das auch erst dann, als seine eigene schöpferische Arbeit fast abgeschlossen war.[1] Was alle Berichte Daltons verschweigen, ist die revolutionäre Wirkung der Anwendung einer Reihe von Fragen und Begriffen auf die Chemie, die vorher auf die Physik und Meteorologie beschränkt waren. Das war Daltons Tat, und daraus ergab sich eine Neuorientierung des Fachgebiets, welche die Chemiker lehrte, neue Fragen über alte Daten zu stellen und neue Schlüsse aus ihnen zu ziehen.

Ein anderes Beispiel: Newton schrieb, Galilei habe entdeckt, daß die konstante Schwerkraft eine Ortsveränderung proportional zum Quadrat der Zeit erzeuge. Tatsächlich nimmt Galileis kinematischer Lehrsatz diese Form an, wenn er in das System von Newtons eigenen dynamischen Begriffen eingebettet wird. Galilei selbst jedoch hat nichts Entsprechendes gesagt. Seine Erörterung über fallende Körper erwähnt kaum Kräfte, geschweige denn eine gleichbleibende Schwerkraft, die den Fall von Körpern verursacht.[2] Indem er Galilei die Antwort auf eine Frage zuspricht, die Galileis Paradigmata gar nicht zuließen, verbirgt Newtons Bericht die

Wirkung einer geringfügigen, aber revolutionären Neuformulierung sowohl in den Fragen der Wissenschaftler über die Bewegung wie auch in den Antworten, die sie für zulässig hielten. Aber gerade dieser Wechsel in der Formulierung von Fragen und Antworten bezeugt viel stärker als neue empirische Entdeckungen den Übergang von der Aristotelischen zur Galileischen und der Galileischen zur Newtonschen Dynamik. Durch das Verschleiern solcher Wechsel verbirgt die Tendenz der Lehrbücher, die wissenschaftliche Entwicklung linear zu machen, einen Vorgang, der den Kern der bedeutendsten Abschnitte der Entwicklung der Wissenschaft bildet.

Die vorangegangenen Beispiele zeigen jeweils im Kontext einer einzelnen Revolution die Anfänge einer Umdeutung der Geschichte, die regelmäßig durch nachrevolutionäre wissenschaftliche Lehrbücher abgeschlossen wird. Diese Umdeutungen sind aber mehr als nur Vervielfältigungen der oben erwähnten geschichtlichen Mißdeutungen. Diese falschen Auslegungen machen die Revolution unsichtbar; die Anordnung des sichtbar bleibenden Materials in den wissenschaftlichen Lehrbüchern unterstellt einen Vorgang, der, falls es ihn tatsächlich gäbe, den Revolutionen jede Funktion absprechen würde. Da die Lehrbücher darauf abzielen, den Studierenden schnell mit dem vertraut zu machen, was die wissenschaftliche Gemeinschaft zu wissen glaubt, behandeln sie die verschiedenen Experimente, Begriffe, Gesetze und Theorien der geltenden normalen Wissenschaft so getrennt und so entwirrt wie nur möglich. Pädagogisch ist diese Technik der Darstellung unanfechtbar. Wenn sie aber mit dem im allgemeinen ungeschichtlichen Stil des wissenschaftlichen Schreibens und den gelegentlichen systematischen Mißdeutungen, von denen vorher die Rede war, verbunden wird, ergibt sich leicht folgender überwältigend starker Eindruck: Die Wissenschaft hat mit ihren gegenwärtigen Stand durch eine Reihe von Einzelentdeckungen und Einzelerfindungen erreicht, die zusammengenommen den modernen Bestand des positiven Wissens ausmachen. Das Lehrbuch stellt es so dar, daß sich die Wissenschaftler seit Beginn des wissenschaftlichen Unternehmens um genau die Ziele, die in den heutigen Paradigmata verkörpert werden, bemüht haben. Zug um Zug haben die Wissenschaftler in einem Prozeß, der oft mit dem Aufeinanderfügen von Ziegelsteinen bei einem Bau verglichen wird, ein neues Faktum, einen Begriff, ein Gesetz oder eine Theorie dem Bestand von

Informationen, den die jeweiligen wissenschaftlichen Lehrbücher liefern, hinzugefügt.

Doch das ist nicht die Art, in der sich eine Wissenschaft entwickkelt. Viele Rätsel einer normalen Wissenschaft existieren erst seit der jüngsten wissenschaftlichen Revolution. Nur ganz wenige von ihnen können bis zum geschichtlichen Beginn der Wissenschaft, in welcher sie jetzt auftreten, zurückverfolgt werden. Frühere Generationen behandelten ihre eigenen Probleme mit ihren eigenen Geräten und ihren eigenen Kanons für eine Lösung. Auch haben sich nicht nur die Probleme geändert. Vielmehr hat sich das ganze Netz von Tatsachen und Theorien, welches das Lehrbuchparadigma der Natur anpaßt, verschoben. Ist beispielsweise die Konstanz der chemischen Zusammensetzung lediglich eine Erfahrungstatsache, welche die Chemiker durch Experimente innerhalb jeder der Welten, in denen sie gearbeitet haben, entdecken konnten? Oder ist sie eher ein Element – und zwar ein nicht anzuzweifelndes – in einem neuen Gefüge aus Tatsache und Theorie, das Dalton der gesamten früheren chemischen Erfahrung anpaßte, wobei er diese Erfahrung selbst abwandelte? Ist die von einer konstanten Kraft erzeugte konstante Beschleunigung ein bloßes Faktum, das die Dynamiker immer gesucht haben, oder ist sie eher die Antwort auf eine Frage, die sich überhaupt erst innerhalb der Newtonschen Theorie ergab und von dieser Theorie anhand des Bestandes an Informationen beantwortet werden konnte, der schon vorhanden war, bevor die Frage gestellt wurde?

Diese Fragen beziehen sich auf das, was als die stückweise entdeckten Fakten einer Lehrbuchdarstellung auftritt. Offensichtlich rühren sie aber auch an das, was die Lehrbücher als Theorien anbieten. Natürlich, diese Theorien »entsprechen den Tatsachen«, aber nur dadurch, daß vorher schon greifbare Informationen in Fakten umgewandelt werden, die für das vorangegangene Paradigma überhaupt nicht existiert hatten. Und das bedeutet, daß auch Theorien nicht stückweise entstehen, um sich an Fakten anzupassen, die schon die ganze Zeit vorhanden waren. Sie entstehen vielmehr mit den Tatsachen, auf die sie passen, aus der revolutionären Neuformulierung einer wissenschaftlichen Tradition, einer Tradition, in der die durch Erkenntnis vermittelte Beziehung zwischen Wissenschaftler und Natur nicht ganz die gleiche war.

Ein letztes Beispiel soll die Bedeutung der Lehrbuchdarstellung für unser Bild der wissenschaftlichen Entwicklung klar machen.

Jedes elementare Chemielehrbuch muß den Begriff des chemischen Elements erörtern. Fast immer, wenn dieser Begriff eingeführt wird, nennt man als seinen Urheber Robert Boyle, einen Chemiker des siebzehnten Jahrhunderts, in dessen *Sceptical Chymist* der aufmerksame Leser eine Definition von »Element« finden wird, die der heutigen recht nahe kommt. Der Hinweis auf Boyle hilft dem Anfänger, sich darüber klar zu werden, daß die Chemie nicht erst mit den Sulfonamiden begann; außerdem sagt er ihm, daß eine der traditionellen Aufgaben des Wissenschaftlers die Erfindung solcher Begriffe ist. Als Teil des pädagogischen Rüstzeugs, das einen Menschen zum Wissenschaftler macht, ist die Zuschreibung höchst nützlich. Gleichwohl ist sie ein weiteres Beispiel für das Schema geschichtlicher Fehler, durch das Fachleute wie Laien über das Wesen des wissenschaftlichen Unternehmens in die Irre geführt werden.

Boyle hielt seine »Definition« eines Elements durchaus zu Recht für nicht mehr als die Umschreibung eines traditionellen chemischen Begriffs; er gab sie nur, um nachzuweisen, daß so etwas wie ein chemisches Element nicht existiert; geschichtlich gesehen ist die Lehrbuchversion von Boyles Beitrag falsch.[3] Der Fehler ist natürlich belanglos, wenn auch nicht mehr als jede andere falsche Deutung von Daten. Nicht belanglos aber ist, daß ein bestimmter Eindruck von der Wissenschaft durch derartige Fehler begünstigt wird, wenn sie erst zusammentreten und dann in die fachliche Darstellung des Lehrbuchs eingebaut werden. Wie »Zeit«, »Energie«, »Kraft« oder »Partikel« gehört der Begriff des Elements zu jenen Bestandteilen eines Lehrbuchs, die oft überhaupt nicht erfunden oder entdeckt werden. Besonders Boyles Definition kann zumindest bis zu Aristoteles zurück und über Lavoisier bis in die modernen Lehrbücher hinein verfolgt werden. Und doch bedeutet das nicht, daß die Wissenschaft den modernen Begriff des Elements seit dem Altertum besessen hätte. Verbaldefinitionen wie die Boyles haben wenig wissenschaftlichen Gehalt, wenn sie für sich allein betrachtet werden. Sie sind keine vollständigen logischen Angaben der Bedeutung (falls es solche überhaupt gibt), sondern eher pädagogische Hilfsmittel. Die wissenschaftlichen Begriffe, auf die sie hinweisen, erlangen ihre volle Bedeutung erst, wenn sie innerhalb eines Lehrbuchs oder einer anderen systematischen Darstellung zu anderen wissenschaftlichen Begriffen, zu Verfahrensweisen und Paradigma-Anwendungen in Beziehung gebracht werden. Daraus ergibt sich, daß Begriffe wie der des Elements kaum unabhängig von einem bestimmten Kontext erfunden werden können. Außerdem erfordern sie, wenn dieser Kontext gegeben ist, selten ein Erfinden, da sie bereits zur Hand sind. Boyle und Lavoisier änderten die chemische Bedeutung von »Element« in entscheidender Weise. Sie erfanden aber nicht den Begriff selbst, sie änderten nicht einmal den Wortlaut seiner Definition. Auch Einstein, wie wir sahen, mußte »Raum« und »Zeit« nicht erfinden oder ausdrücklich neu definieren, um ihnen eine neue Bedeutung im Rahmen seiner Arbeit zu geben.

Was war nun die geschichtliche Funktion jenes Teiles von Boyles Arbeit, der die berühmte »Definition« enthält? Boyle war der Führer einer wissenschaftlichen Revolution, die dadurch, daß sie die Beziehung von »Element« zu den chemischen Verfahren und zur chemischen Theorie änderte, den Begriff in ein Werkzeug umwandelte, das sich von dem, was er vorher war, stark unterschied und im weiteren Verlauf die Chemie und die Welt des Chemikers verwandelte.[4] Andere Revolutionen, einschließlich der, in deren Mittelpunkt Lavoisier steht, waren nötig, um dem Begriff seine moderne Form und Funktion zu geben. Boyle bietet aber ein typisches Beispiel für den in jedem dieser Stadien wirkenden Prozeß und zugleich für das, was einem solchen Prozeß widerfährt, wenn vorhandenes Wissen in ein Lehrbuch gefaßt wird. Mehr als jeder andere Einzelaspekt der Wissenschaft hat diese pädagogische Form unser Bild vom Wesen der Wissenschaft und von der Rolle der Entdeckung und Erfindung bei ihrem Fortschreiten geprägt.

XII. Die Lösung der Revolutionen

Die soeben besprochenen Lehrbücher entstehen erst in den Zeiten nach einer wissenschaftlichen Revolution. Sie bilden die Grundlagen für eine neue Tradition normaler Wissenschaft. Wenn wir uns mit ihrer Struktur beschäftigten, haben wir zweifellos einen Schritt ausgelassen. Durch welchen Prozeß ersetzt ein neuer Anwärter für ein Paradigma seinen Vorgänger? Jede neue Auslegung der Natur, sei es eine Entdeckung oder eine Theorie, taucht zuerst im Geiste eines oder einiger weniger Individuen auf. Sie sind die ersten, die die Wissenschaft oder die Welt anders sehen lernen, und ihre Fähigkeit, den Übergang zu finden, wird durch zwei Umstände begünstigt, die für die meisten anderen Mitglieder ihres Fachgebiets nicht beide zutreffen. Stets war ihre Aufmerksamkeit stark auf die krisenauslösenden Probleme konzentriert, und außerdem handelt es sich gewöhnlich um Männer, die so jung oder auf dem von der Krise befallenen Gebiet so neu sind, daß die Arbeit sie weniger tief als die meisten ihrer Zeitgenossen an die durch das alte Paradigma bestimmten Weltauffassungen und Regeln gebunden hat. Wie können sie nun die gesamte Fachwelt oder die betreffende Untergruppe dazu bringen, die Wissenschaft und die Welt mit ihren Augen zu sehen? Was veranlaßt die Gruppe, eine Tradition normaler Forschung zugunsten einer anderen aufzugeben?

Um die Dringlichkeit dieser Fragen zu erkennen, müssen wir uns erinnern, daß ihre Beantwortung die einzige Rekonstruktion ist, die der Philosoph, der die Prüfung, Verifikation oder Falsifikation etablierter wissenschaftlicher Theorien untersucht, vom Historiker erwarten kann. Soweit sich der Forscher mit normaler Wissenschaft befaßt, ist er ein Rätsellöser, kein Paradigmaprüfer. Wenn er auch bei der Suche nach der Lösung eines bestimmten Rätsels eine Anzahl von Alternativen ausprobieren und die ihn nicht zu einer Lösung führenden wieder fallenlassen mag, so erprobt er damit doch nicht das *Paradigma*. Er ist vielmehr einem Schachspieler vergleichbar, der, vor ein Problem gestellt und das Schachbrett physisch oder geistig vor Augen, bei der Suche nach einer Lösung verschiedene mögliche Züge ausprobiert. Diese Versuche, sei es bei einem Schachspieler oder bei einem Wissenschaftler, sollen nicht die Spielregeln auf die Probe stellen. Sie sind nur so lange möglich, wie das Paradigma als solches nicht in Frage gestellt wird. Deshalb erfolgt eine Überprüfung eines Paradigmas erst, nachdem ein fortdauerndes Unvermögen, ein bemerkenswertes Rätsel zu lösen, eine Krise hat entstehen lassen. Und auch dann erfolgt sie erst, wenn das Bewußtsein der Krise einen Alternativkandidaten für das Paradigma hervorgebracht hat. In den Naturwissenschaften besteht die Prüfung niemals wie beim Rätsellösen einfach im Vergleich eines einzelnen Paradigmas mit der Natur. Vielmehr ist sie ein Teil des Wettstreits zwischen zwei rivalisierenden Paradigmata um die Gefolgschaft der wissenschaftlichen Gemeinschaft.

Sieht man genauer hin, so zeigt diese Formulierung unerwartete und wahrscheinlich bedeutsame Parallelen zu zwei der bekanntesten derzeitigen philosophischen Theorien über die Verifikation. Nur wenige Wissenschaftstheoretiker suchen noch immer absolute Kriterien für die Verifikation wissenschaftlicher Theorien. Da sie wissen, daß keine Theorie jemals allen erdenklichen relevanten Prüfungen unterzogen werden kann, fragen sie nicht nach der Verifikation einer Theorie, sie fragen vielmehr nach ihrer Wahrscheinlichkeit im Lichte tatsächlich vorhandener Daten. Und um diese Frage zu beantworten, hält sich eine einflußreiche Schule an den Vergleich der Fähigkeit verschiedener Theorien, das vorhandene Beweismaterial zu erklären. Dieses Insistieren auf einem Vergleich von Theorien charakterisiert auch die geschichtliche Situation, in der eine neue Theorie angenommen wird. Sehr wahrscheinlich zeigt es eine der Richtungen an, in welche zukünftige Diskussionen der Verifikation gehen sollten.

In ihrer üblichsten Form jedoch stützen sich alle probabilistischen Verifikationstheorien auf die eine oder andere der reinen oder neutralen Beobachtungssprachen, die in Abschnitt X besprochen wurden. Die eine probabilistische Theorie verlangt, daß wir die gegebene wissenschaftliche Theorie mit allen jenen vergleichen, von denen man sich vorstellen kann, sie paßten zu der nämlichen Sammlung beobachteter Daten. Eine andere verlangt eine gedankliche Konstruktion aller Prüfungen, denen die gegebene wissenschaftliche Theorie denkbarerweise unterzogen werden kann.[1] Anscheinend ist eine derartige Konstruktion für die Berechnung bestimmter Wahrscheinlichkeiten, seien es unbedingte oder bedingte, notwendig; doch ist es schwer zu sehen, wie eine solche Konstruktion überhaupt möglich sein sollte. Wenn es, wie ich schon betont habe, kein wissenschaftlich oder empirisch neutrales System der Sprache oder der Begriffe geben kann, dann muß die vorgeschlagene Konstruktion verschiedener Prüfungen und Theorien aus der einen oder anderen auf einem Paradigma beruhenden Tradition heraus geschehen. Durch diese Beschränkung wären ihr nicht alle möglichen Erfahrungen oder Theorien zugänglich. Also verschleiern die probabilistischen Theorien die Verifikationssituation im gleichen Maße, wie sie sie erhellen. Obgleich diese Situation, wie sie behaupten, von dem Vergleich zwischen Theorien und mit weitgestreutem Datenmaterial bestimmt ist, sind die fraglichen Theorien und Beobachtungen immer mit bereits bestehenden eng verknüpft. Die Verifikation gleicht der natürlichen Auslese: sie wählt in einer bestimmten geschichtlichen Situation unter den gegebenen Möglichkeiten die lebensfähigste aus. Ob diese Wahl auch die beste ist, die hätte getroffen werden können, falls noch andere Alternativen vorhanden oder die Daten anders geartet gewesen wären, ist eine Frage, die nicht sinnvoll gestellt werden kann. Für eine Suche nach Antworten darauf gibt es keine Hilfsmittel.

Eine ganz andere Art, dieses Netz von Problemen anzugehen, hat Karl R. Popper entwickelt, der die Existenz irgendwelcher Verifikationsverfahren überhaupt bestreitet.[2] Er betont dafür die Bedeutung der Falsifikation, d. h. einer Prüfung, die aufgrund des negativen Ergebnisses die Ablehnung einer etablierten Theorie erforderlich macht. Zweifellos ist die der Falsifikation damit zugesprochene Rolle derjenigen sehr ähnlich, welche dieser Essay den anomalen Erfahrungen beimißt, also jenen Erfahrungen, die eine Krise hervorrufen und dadurch den Weg für eine neue Theorie bereiten. Trotzdem dürfen anomale Erfahrungen nicht mit falsifizierenden gleichgestellt werden. Ich glaube sogar, daß es letztere überhaupt nicht gibt. Wie schon wiederholt hervorgehoben worden ist, löst keine Theorie jemals alle Rätsel, mit denen sie zu einem bestimmten Zeitpunkt konfrontiert ist; auch sind die bereits erzielten Lösungen oft nicht vollkommen. Im Gegenteil, gerade die Unvollständigkeit und Unvollkommenheit der jeweiligen Übereinstimmung von Daten und Theorien definieren viele der Rätsel, welche die normale Wissenschaft charakterisieren. Wenn jede einzelne Nichtübereinstimmung ein Grund für die Ablehnung einer Theorie wäre, müßten alle Theorien allezeit abgelehnt werden. Wenn andererseits nur eine schwerwiegende Nichtübereinstimmung eine Theorieablehnung rechtfertigte, brauchten die Anhänger Poppers ein Kriterium der »Unwahrscheinlichkeit« oder des »Grades der Falsifikation«. Bei der Entwicklung eines solchen würden sie mit ziemlicher Sicherheit auf das gleiche Geflecht von Schwierigkeiten treffen, in das sich schon die Verfechter der verschiedenen probabilistischen Verifikationstheorien verstrickt haben.

Viele der bisherigen Schwierigkeiten können durch die Erkenntnis vermieden werden, daß diese beiden vorherrschenden und entgegengesetzten Anschauungen über die der wissenschaftlichen Forschung zugrundeliegende Logik versucht haben, zwei weitgehend getrennte Vorgänge in einen zu komprimieren. Poppers anomale Erfahrung ist für die Wissenschaft von Bedeutung, da sie einem vorhandenen Paradigma Konkurrenten erzeugt. Falsifikation aber, die zweifellos vorkommt, findet nicht einfach beim Auftauchen oder als Folge einer Anomalie oder eines falsifizierenden Datums statt. Sie ist vielmehr ein späterer und gesonderter Vorgang, der ebensogut Verifikation genannt werden könnte, da er den Triumph eines neuen Paradigmas über das alte darstellt. Außerdem spielt gerade in diesem vereinigten Verifikations-Falsifikations-Prozeß der Theorienvergleich der Probabilisten eine zentrale Rolle. Eine derartige Zweistufenformulierung, meine ich, hat den Vorzug einer großen Wahrheitsnähe, und sie kann uns vielleicht in die Lage versetzen, mit der Explikation der Rolle der Übereinstimmung (oder Abweichung) zwischen Faktum und Theorie im Verifikationsprozeß zu beginnen. Für den Historiker zumindest liegt nicht viel Sinn in der Feststellung, Verifikation sei die Feststellung der Übereinstimmung zwischen Tatsachen und Theorie. Alle geschichtlich bedeutsamen Theorien haben mit den Fakten übereingestimmt, aber nur bis zu einem gewissen Grade. Eine genauere Antwort gibt es nicht auf die Frage, ob und wie gut eine einzelne Theorie zu den Fakten paßt. Fragen ganz ähnlicher Art können aber gestellt werden, wenn Theorien zusammen oder auch nur paarweise betrachtet werden. Es ist durchaus sinnvoll zu fragen, welche von zwei miteinander konkurrierenden Theorien *besser* zu den Fakten paßt. Wenn auch weder Priestleys noch Lavoisiers Theorie exakt mit den vorhandenen Beobachtungen übereinstimmte, so zögerten doch nur wenige Zeitgenossen mehr als ein Jahrzehnt zu folgern, daß Lavoisiers Theorie die bessere Übereinstimmung bot.

Diese Formulierung läßt aber die Aufgabe, zwischen Paradigmata zu wählen, leichter und vertrauter aussehen, als sie es ist. Gäbe es nur eine einzige Menge wissenschaftlicher Probleme, nur eine Welt, in der man daran arbeitete, und nur ein System von Normen für ihre Lösung, dann könnte der Wettstreit der Paradigmata mehr oder weniger routinemäßig durch irgendeine Prozedur, zum Beispiel das Auszählen der von jedem gelösten Probleme, erledigt werden. Aber in Wirklichkeit sind diese Bedingungen niemals voll gegeben. Die Befürworter konkurrierender Paradigmata bewegen sich immer in gewissem Grade auf verschiedenen Ebenen. Keine Seite will alle die nichtempirischen Voraussetzungen, welche die andere für die Vertretung ihres Standpunktes braucht, zubilligen. Wie Proust und Berthollet bei ihrem Streit über die Zusammensetzung chemischer Verbindungen, müssen sie teilweise aneinander vorbeireden. Wenn auch jeder hoffen mag, den anderen dazu zu bringen, die betreffende Wissenschaft und ihre Probleme mit seinen Augen zu sehen, so kann doch keiner hoffen, seinen Standpunkt als den richtigen zu beweisen. Der Wettstreit zwischen Paradigmata kann nicht durch Beweise entschieden werden.

Wir sind schon auf mehrere Gründe gestoßen, warum den Befürwortern konkurrierender Paradigmata eine vollkommene Gegenüberstellung der gegenseitigen Standpunkte nicht gelingen kann. Zusammenfassend sind diese Gründe als die Inkommensurabilität der vor- und nachrevolutionären normal-wissenschaftlichen Traditionen beschrieben worden, und wir brauchen sie hier nur kurz zu wiederholen. In erster Linie werden die Befürworter konkurrierender Paradigmata oft nicht über die Liste der Probleme, welche jeder Paradigma-Anwärter lösen muß, übereinstimmen. Ihre Normen oder Definitionen der Wissenschaft weichen voneinander ab. Muß eine Bewegungstheorie die Ursache der Anziehungskräfte zwischen Materieteilchen erklären, oder braucht sie einfach nur das Vorhandensein solcher Kräfte festzustellen? Newtons Dynamik wurde weithin abgelehnt, weil sie, im Gegensatz zu den Theorien von Aristoteles und Descartes, die zweite Antwort auf die Frage gab. Durch die Annahme von Newtons Theorie wurde deshalb eine Frage aus der Wissenschaft verbannt, von der die allgemeine Relativitätstheorie jedoch behaupten kann, sie habe sie gelöst. Oder: als sich Lavoisiers chemische Theorie im neunzehnten Jahrhundert verbreitete, hinderte sie die Chemiker daran zu fragen, warum die Metalle einander so stark glichen; eine Frage, welche die Phlogistonchemie nicht nur gestellt, sondern auch beantwortet hatte. Der Übergang zu Lavoisiers Paradigma hatte, wie der Übergang zu dem Newtons, den Verlust sowohl einer statthaften Frage als auch einer erzielten Lösung bedeutet. Dieser Verlust war aber nicht von Dauer. Im zwanzigsten Jahrhundert haben Fragen nach den Eigenschaften chemischer Stoffe wieder in die Wissenschaft Eingang gefunden, zusammen mit einigen Antworten darauf.

Es handelt sich jedoch um mehr als nur die Inkommensurabilität von Normen. Da neue Paradigmata aus alten geboren werden, schließen sie gewöhnlich vieles vom Vokabular und der Ausrüstung ein – sowohl begrifflich wie auch verfahrensmäßig –, was vom traditionellen Paradigma vorher bereits verwendet wurde. Selten aber verwenden sie diese geborgten Elemente völlig im traditionellen Sinne. Innerhalb des neuen Paradigmas treten alte Ausdrücke, Begriffe und Experimente in ein neues Verhältnis zueinander. Daraus ergibt sich zwangsläufig etwas, was wir ein Mißverständnis zwischen den konkurrierenden Schulen nennen müssen, auch wenn der Ausdruck nicht ganz zutreffend ist. Die Laien, die Einsteins allgemeine Relativitätstheorie verspotteten, weil der Raum doch nicht »gekrümmt« sein könne, sondern eben etwas anderes sei, waren nicht einfach im Unrecht oder im Irrtum. Das waren auch die Mathematiker, Physiker und Philosophen nicht, die eine euklidische Version der Einsteinschen Theorie zu entwickeln versuchten.[3] Was vorher als Raum bezeichnet wurde, war notwendigerweise eben, homogen, isotrop und unbeeinflußt durch das Vorhandensein von Materie. Wäre es das nicht gewesen, so hätte Newtons Physik nicht funktionieren können. Um den Übergang zu Einsteins Universum zu finden, mußte das gesamte begriffliche Gewebe, dessen Fäden Raum, Zeit, Materie, Kraft usw. sind, verändert und erneut über die Natur als Ganzes gebreitet werden. Nur jene, die diese Umwandlung gemeinsam durchgemacht oder nicht durchgemacht hatten, waren in der Lage, exakt festzustellen, worüber sie sich einig oder nicht einig waren. Die Verständigung über eine revolutionäre Trennungslinie hinweg ist zwangsläufig nur teilweise möglich. Nehmen wir als ein weiteres Beispiel jene Männer, die Kopernikus verrückt nannten, weil er verkündete, daß die Erde sich bewege. Sie waren nicht ganz und gar im Unrecht. Was sie unter »Erde« verstanden, war unter anderem feste Position. Zumindest *ihre* Erde konnte sich nicht bewegen. Dementsprechend bestand Kopernikus' Neuerung nicht einfach darin, die Erde in Bewegung zu versetzen. Es war vielmehr eine völlig neue Art und Weise, die Probleme der Physik und Astronomie zu betrachten, eine Art, die notwendigerweise die Bedeutung sowohl von »Erde« wie von »Bewegung« veränderte.[4] Ohne diese Veränderungen war die Vorstellung einer sich bewegenden Erde verrückt. Andererseits konnten aber Descartes und Huygens, nachdem die Veränderungen einmal vorgenommen und verstanden waren, die Bewegung der Erde als ein Problem erkennen, das wissenschaftlich gehaltleer war.[5]

Diese Beispiele weisen auf den dritten und grundlegendsten Aspekt der Inkommensurabilität konkurrierender Paradigmata hin. In einem Sinn, den ich hier nicht weiter entwickeln kann, üben die Befürworter konkurrierender Paradigmata ihre Tätigkeit in verschiedenen Welten aus. Die eine enthält gefesselte Körper, die langsam fallen, die andere Pendel, die ihre Bewegungen fortgesetzt wiederholen. In der einen sind Lösungen Verbindungen, in der anderen Mischungen. Die eine liegt in einem ebenen, die andere in einem gekrümmten Raum. Da sie in verschiedenen Welten arbeiten, sehen die beiden Gruppen von Wissenschaftlern verschiedene Dinge, wenn sie vom gleichen Punkt aus in die gleiche Richtung schauen. Das heißt aber wiederum nicht, daß sie alles sehen können, was sie wollen. Beide betrachten sie die Welt, und was sie anschauen, hat sich nicht verändert. Aber in manchen Bereichen sehen sie verschiedene Dinge, und sie sehen sie in unterschiedlichen Beziehungen zueinander. Darum kann ein Gesetz, das einer Gruppe von Wissenschaftlern nicht einmal demonstriert werden kann, einer anderen gelegentlich intuitiv als evident erscheinen. Gleichermaßen muß darum die eine oder die andere Gruppe, ehe beide hoffen können, sich zu verständigen, die Umwandlung erleben, die wir Paradigmawechsel genannt haben. Gerade weil es ein Übergang zwischen inkommensurablen Dingen ist, kann er nicht Schritt um Schritt vor sich gehen, von Logik und neutraler Erfahrung eindeutig erwirkt. Er muß, wie der Gestaltwandel, auf einmal (wenn auch nicht notwendigerweise in einem Augenblick) geschehen oder überhaupt nicht.

Wie werden also Wissenschaftler dazu gebracht, diese Umstellung vorzunehmen? Ein Teil der Antwort ist, daß sie oft *nicht* dazu gebracht werden. Zum Kopernikanismus bekehrten sich fast ein Jahrhundert lang nach dem Tode des Kopernikus nur wenige. Newtons Arbeit wurde vor allem auf dem Kontinent mehr als ein halbes Jahrhundert lang nach dem Erscheinen der *Principia* nicht anerkannt.[6] Priestley hat nie die Sauerstofftheorie anerkannt, Lord Kelvin nie die Theorie des Elektromagnetismus, usw. Die Schwierigkeiten einer Konversion sind oft von den Wissenschaftlern selbst festgestellt worden. Darwin schrieb in einer besonders scharfsichtigen Passage am Ende von *The Origin of Species:* »Obgleich ich von der Richtigkeit der ... in diesem Werke mitgeteilten Ansichten durchaus überzeugt bin, erwarte ich keineswegs auch die Zustimmung solcher Naturforscher, deren Geist von Tatsachen erfüllt ist, die sie jahrzehntelang von einem entgegengesetzten Standpunkt aus ansahen ... [A]ber ich sehe mit großem Vertrauen in die Zukunft. Junge, aufstrebende Naturforscher werden unparteiisch die beiden Seiten der Frage prüfen können.«[7] Und Max Planck bemerkte beim Rückblick auf seine wissenschaftliche Laufbahn voll Bedauern: »Eine neue wissenschaftliche Wahrheit pflegt sich nicht in der Weise durchzusetzen, daß ihre Gegner überzeugt werden und sich als belehrt erklären, sondern vielmehr dadurch, daß die Gegner allmählich aussterben und daß die heranwachsende Generation von vornherein mit der Wahrheit vertraut gemacht ist.«[8]

Diese und andere Tatsachen sind so allgemein bekannt, daß sie keiner weiteren Betonung bedürfen. Sie bedürfen hingegen einer neuen Bewertung. In der Vergangenheit sind sie sehr oft als Hinweis darauf genommen worden, daß Wissenschaftler, da sie ja nur Menschen sind, ihre Irrtümer nicht immer zugeben können, auch nicht dann, wenn sie mit einem einwandfreien Beweis konfrontiert werden. Ich würde eher behaupten, daß es bei diesen Dingen weder um Beweis noch um Irrtum geht. Die Übertragung der Bindung von einem Paradigma auf ein anderes ist eine Konversion, die nicht erzwungen werden kann. Lebenslanger Widerstand, besonders von solchen, deren produktive Laufbahn sie einer älteren Tradition normaler Wissenschaft verpflichtet hat, ist keine Verletzung wissenschaftlicher Normen, sondern ein Hinweis auf das Wesen der wissenschaftlichen Forschung selbst. Der Ursprung des Widerstands ist die Gewißheit, daß das ältere Paradigma letztlich alle seine Probleme lösen werde, daß die Natur in die vom Paradigma gelieferte »Schublade« hineingesteckt werden könne. Zwangsläufig erscheint diese Gewißheit zu Zeiten von Revolutionen als starrköpfig und töricht, wie sie es mitunter auch wirklich wird. Aber sie ist mehr als dies. Die gleiche Gewißheit ist es, welche die normale oder rätsellösende Wissenschaft möglich macht. Und nur durch die normale Wissenschaft gelingt es der Berufsgemeinschaft von Wissenschaftlern, zunächst die potentielle Reichweite und Exaktheit des älteren Paradigmas zu erforschen und dann die Schwierigkeiten herauszuarbeiten, durch deren Studium ein neues Paradigma entstehen kann.

Und doch, daß Widerstand unvermeidlich und legitim sei, ein Paradigmawechsel nicht durch Beweise gerechtfertigt werden könne, heißt nicht, daß Argumente nicht von Bedeutung seien oder daß Wissenschaftler nicht bewogen werden könnten, ihre Meinung zu ändern. Obwohl es manchmal einer ganzen Generation bedarf, bis ein Wechsel vollzogen ist, sind wissenschaftliche Gemeinschaften doch immer wieder zu neuen Paradigmata übergegangen. Außerdem geschehen diese Konversionen nicht trotz der Tatsache, daß Wissenschaftler Menschen sind, sondern gerade weil sie es sind. Mögen auch manche Wissenschaftler, besonders die älteren und erfahreneren, immerfort Widerstand leisten, so können doch die meisten auf diesem oder jenem Wege erreicht werden. Konversionen geschehen eine um die andere, bis dann, nachdem die letzten Widerstandleistenden gestorben sind, die gesamte Fachwissenschaft wieder unter einem einzigen, allerdings nunmehr anderen Paradigma arbeitet. Wir müssen deshalb fragen, wie eine Konversion eingeleitet und wie ihr Widerstand geleistet wird.

Welche Antwort können wir auf diese Frage erwarten? Gerade weil sie nach Methoden der Überredung fragt, nach Argumenten und Gegenargumenten in einer Situation, in der es keinen Beweis geben kann, ist unsere Frage neu und verlangt eine bisher noch nie unternommene Untersuchung. Wir werden uns mit einer sehr unvollständigen und impressionistischen Überprüfung begnügen müssen. Außerdem wird das Ergebnis dieser Überprüfung, in Verbindung mit dem bisher Gesagten, zu verstehen geben, daß es auf die Frage nach dem Wesen der wissenschaftlichen Argumentation dort, wo nach der Überredungs- und nicht nach der Beweiskraft gefragt wird, keine einheitliche Antwort gibt. Einzelne Wissenschaftler verschreiben sich einem neuen Paradigma aus den verschiedensten Gründen und gewöhnlich aus mehreren gleichzeitig. Einige dieser Gründe – beispielsweise die Sonnenverehrung, die Kepler zu einem Kopernikaner machen half – liegen völlig außerhalb der Sphäre der Wissenschaft.[9] Andere müssen von den Eigenheiten des Lebenslaufes und der Persönlichkeit abhängen. Sogar die Nationalität oder der frühere Ruf des Neuerers und seiner Lehrer können manchmal eine bedeutsame Rolle spielen.[10] Wir müssen deshalb lernen, diese Frage anders zu stellen. Wir dürfen uns nicht so sehr mit den Argumenten befassen, durch welche das eine oder andere Individuum tatsächlich bekehrt wird, vielmehr mit der Art der Gemeinschaft, die sich früher oder später als Gruppe reformiert. Dieses Problem möchte ich aber bis zum letzten Abschnitt zurückstellen, um zunächst einige der Argumente zu untersuchen, die sich in den Kämpfen um einen Paradigmawechsel als besonders wirksam erweisen.

Wahrscheinlich ist die mit Abstand häufigste Behauptung der Befürworter eines neuen Paradigmas die, daß sie die Probleme, welche das alte zu einer Krise geführt haben, lösen könnten. Wenn sie zu Recht erhoben werden kann, ist sie von allen möglichen Behauptungen oft die wirksamste. Auf dem Gebiet, für das sie vorgebracht wird, ist das Paradigma bekanntermaßen in Schwierigkeiten. Diese Schwierigkeiten sind wiederholt erforscht worden, und Versuche, sie zu beheben, haben sich immer wieder als fruchtlos erwiesen. »Entscheidende Experimente« – solche, mit denen man besonders deutlich die beiden Paradigmata unterscheiden kann – sind erkannt und anerkannt worden, bevor das neue Paradigma überhaupt erfunden war. So behauptete Kopernikus, er habe das ärgerliche alte Problem der Länge des Kalenderjahres endlich gelöst; Newton, er habe die Erd- und Himmelsmechanik in Einklang gebracht, Lavoisier, er habe die Probleme der Gasidentität und der Gewichtsrelationen gelöst, und Einstein, er habe die Elektrodynamik mit einer verbesserten Bewegungswissenschaft in Einklang gebracht.

Behauptungen dieser Art scheinen besonders erfolgreich zu sein, wenn das neue Paradigma eine quantitative Exaktheit aufweist, die auffallend besser ist als die des älteren Konkurrenten. Die quantitative Überlegenheit von Keplers Rudolfinischen Tafeln gegenüber allen nach der Ptolemäischen Theorie errechneten war ein Hauptfaktor bei der Konversion der Astronomen zum Kopernikanismus. Newtons Erfolg bei der Voraussage quantitativer astronomischer Beobachtungen war wahrscheinlich der wichtigste Grund für den Triumph seiner Theorie über ihre einleuchtenderen, aber einheitlich qualitativen Konkurrenten. Und in diesem Jahrhundert hat der auffallende quantitative Erfolg des Planckschen Strahlungsgesetzes und des Bohrschen Atommodells viele Physiker schnell bewogen, sie anzunehmen, obwohl beide Beiträge, betrachtet man die Physik als ganze, viel mehr Probleme schufen, als sie lösten.[11]

Die Behauptung, die die Krise hervorrufenden Probleme gelöst zu haben, genügt allein allerdings selten. Sie kann auch nicht immer zu Recht aufgestellt werden. Tatsächlich war Kopernikus' Theorie nicht exakter als die des Ptolemäus und führte nicht unmittelbar zu einer Verbesserung des Kalenders. Und die Wellentheorie des Lichts war einige Jahre lang nach ihrer ersten Verkündung bei weitem nicht so erfolgreich wie die konkurrierende Korpuskulartheorie bezüglich der Polarisationseffekte, einer der Hauptursachen für die optische Krise. Manchmal kann die freiere Praxis, die ein Charakteristikum der außerordentlichen Forschung ist, einen Kandidaten für ein Paradigma hervorbringen, der anfänglich bei den Problemen, welche die Krise verursacht haben, überhaupt nicht hilft. Wenn das geschieht, müssen Gründe aus anderen Teilen des Fachgebiets gewonnen werden, was ohnehin oft der Fall ist. Auf diesen anderen Teilgebieten können besonders überzeugende Argumente entwickelt werden, falls das neue Paradigma die Voraussage von Phänomenen ermöglicht, die unter der Vorherrschaft des alten niemand vermutet hätte.

So sagte beispielsweise die Theorie des Kopernikus, Planeten müßten wie die Erde sein, die Venus müßte Phasen zeigen und das Universum müßte weit größer sein, als man früher angenommen hatte. Als dann sechzig Jahre nach seinem Tode das Teleskop plötzlich Gebirge auf dem Mond, die Phasen der Venus und eine riesige Zahl vorher nicht vermuteter Fixsterne zeigte, wurden durch diese Beobachtungen viele zu der neuen Theorie bekehrt, besonders unter den Nichtastronomen.[12] Im Falle der Wellentheorie war eine der Hauptursachen für die Belehrung von Fachleuten sogar noch dramatischer. Der Widerstand der Franzosen brach plötzlich und ziemlich vollständig zusammen, als es Fresnel gelang, die Existenz eines weißen Punkts im Zentrum des Schattens einer runden Scheibe zu demonstrieren. Das war ein Effekt, den sogar er selbst nicht erwartet hatte, von dem jedoch Poisson, ursprünglich einer seiner Gegner, gezeigt hatte, daß er eine notwendige, aber absurde Folge der Fresnelschen Theorie sei.[13] Wegen ihrer Schockwirkung und weil sie so offensichtlich nicht von Anfang an in die neue Theorie »eingebaut« worden sind, erweisen sich derartige Argumente als besonders überzeugend. Und manchmal kann diese zusätzliche Überzeugungskraft ausgenützt werden, obwohl das fragliche Phänomen schon lange vor der Aufstellung der Theorie, die es erklärt, beobachtet worden ist. Einstein zum Beispiel scheint nicht erwartet zu haben, daß die allgemeine Relativitätstheorie die wohlbekannte Anomalie in der Bewegung des Merkurperihels exakt erklären würde, und er erlebte einen entsprechenden Triumph, als sie es tat.[14]

Alle bisher angeführten Argumente für ein neues Paradigma beruhten auf einem Vergleich seiner Fähigkeit, Probleme zu lösen, mit derjenigen der Konkurrenten. Für Wissenschaftler sind diese Argumente gewöhnlich die bedeutungsvollsten und überzeugendsten. Die vorangegangenen Beispiele sollten keinen Zweifel an der Ursache für ihre ungeheure Anziehungskraft lassen. Aus Gründen aber, denen wir uns gleich zuwenden werden, sind sie weder einzeln noch zusammen zwingend. Glücklicherweise gibt es noch eine andere Betrachtungsweise, welche Wissenschaftler dazu bringen kann, ein altes Paradigma zugunsten eines neuen abzulehnen. Das sind die Argumente, die, wenn auch nur selten explizit, an den Sinn des einzelnen für das Passende oder das Ästhetische appellieren – die neue Theorie, so heißt es, sei »sauberer«, »besser geeignet« oder »einfacher« als die alte. Wahrscheinlich sind solche Argumente in den Naturwissenschaften weniger wirksam als in der Mathematik. Die ersten Versionen der meisten neuen Paradigmata sind roh. Bis sich ihre ästhetische Anziehungskraft voll entwickeln kann, ist die Mehrheit der Gemeinschaft mit anderen Mitteln überzeugt worden. Trotzdem kann die Bedeutung ästhetischer Erwägungen manchmal entscheidend sein. Auch wenn sie oft nur wenige Wissenschaftler zu einer neuen Theorie führen, kann deren endgültiger Triumph gerade von diesen wenigen abhängen. Hätten sie den neuen Paradigma-Anwärter nicht aus höchst individuellen Gründen ohne Zögern angenommen, so wäre er vielleicht niemals genügend weit entwickelt worden, um die Gefolgschaft der ganzen wissenschaftlichen Gemeinschaft zu gewinnen.

Um die Gründe für die Bedeutung dieser mehr subjektiven und ästhetischen Erwägungen zu erkennen, wollen wir uns daran erinnern, worum es bei einer Paradigmadiskussion geht. Wenn ein neuer Paradigma-Anwärter zum ersten Male vorgeschlagen wird, hat er meistens nur wenige der Probleme, denen er sich gegenübersieht, gelöst, und die meisten dieser Lösungen sind bei weitem noch nicht vollkommen. Bis zu Kepler verbesserte die Kopernikanische Theorie die von Ptolemäus gemachten Voraussagen der Planetenpositionen kaum. Als Lavoisier den Sauerstoff als »völlig unveränderte Luft« sah, konnte seine neue Theorie ganz und gar nicht mit den Problemen, welche die allenthalben auftauchenden neuen Gase stellten, fertig werden, worauf Priestley bei seinem Gegenangriff mit großem Erfolg hinwies. Fälle wie der weiße Punkt Fresnels sind äußerst selten. Gewöhnlich werden scheinbar entscheidende Argumente – der Foucaultsche Pendelversuch zur Demonstration der Erdrotation oder das Fizeau-Experiment, durch welches dargetan wurde, daß sich das Licht in Luft schneller als in Wasser fortbewegt – erst viel später entwickelt, erst wenn das neue Paradigma schon ausgeformt, angenommen und in Gebrauch ist. Solche Argumente hervorzubringen, ist Teil der normalen Wissenschaft, und sie spielen ihre Rolle nicht in der Paradigmadiskussion, sondern in den nachrevolutionären Lehrbüchern.

Bevor diese Lehrbücher geschrieben werden, solange also die Diskussion noch andauert, ist die Situation eine ganz andere. Gewöhnlich können die Gegner eines neuen Paradigmas mit Recht behaupten, daß es sogar im Bereich der Krise seinem traditionellen Rivalen nur wenig überlegen sei. Natürlich wird es mit manchen Problemen besser fertig und hat einige neue Regelmäßigkeiten aufgezeigt, doch das alte Paradigma kann wahrscheinlich artikuliert werden, um diesen Schwierigkeiten so wie anderen vorher zu begegnen. Das geozentrische astronomische System Tycho Brahes wie auch die späteren Versionen der Phlogistontheorie waren Antworten auf die Herausforderung durch einen neuen Paradigmakandidaten, und beide waren recht erfolgreich.[15] Außerdem können die Verteidiger traditioneller Theorien und Verfahren fast immer auf Probleme hinweisen, die der neue Rivale nicht gelöst hat, wenn sie auch nach ihrer Anschauung gar keine Probleme sind. Bis zur Entdeckung der Zusammensetzung des Wassers war die Verbrennung des Wasserstoffs ein starkes Argument zugunsten der Phlogistontheorie und gegen Lavoisiers Theorie. Und nachdem die Sauerstofftheorie gesiegt hatte, konnte sie immer noch nicht die Herstellung eines brennbaren Gases aus Kohlenstoff erklären, ein Phänomen, auf welches die Phlogistonisten als starke Stütze ihrer Anschauung hingewiesen hatten.[16] Sogar in dem Bereich der Krise kann es mitunter fast ein Gleichgewicht von Argument und Gegenargument geben. Und außerhalb dieses Bereichs begünstigt das Gleichgewicht oft die Tradition. Kopernikus zerstörte eine altehrwürdige Erklärung der Bewegung auf der Erde, ohne einen Ersatz dafür anzubieten; Newton tat das gleiche mit einer älteren Erklärung der Schwerkraft, Lavoisier mit den gemeinsamen Eigenschaften von Metallen, usw. Kurz, wenn ein neuer Paradigmakandidat von Anfang an dem Urteil praktisch-nüchterner Leute unterläge, die nur die relative Problemlösungsfähigkeit untersuchten, dann würden die Wissenschaften sehr wenige größere Revolutionen erleben; und fügen wir noch die Gegenargumente hinzu, die sich aus dem ergeben, was wir die Inkommensurabilität von Paradigmata genannt haben, so würden die Wissenschaften vielleicht überhaupt keine Revolutionen erfahren.

In Paradigmadiskussionen geht es aber nicht eigentlich um relative Problemlösungsfähigkeit, auch wenn sie sich aus gutem Grund gewöhnlich um diesen Begriff drehen. Vielmehr handelt es sich darum, welches Paradigma zukünftig die Forschung bei Problemen leiten soll, von denen viele durch keinen der Konkurrenten bisher vollständig gelöst werden konnten. Eine Entscheidung zwischen verschiedenen Möglichkeiten für die Ausübung der Wissenschaft ist erforderlich, und unter den gegebenen Umständen muß diese Entscheidung weniger auf vergangene Leistungen als auf zukünftige Aussichten gegründet werden. Derjenige, der ein neues Paradigma in einem frühen Stadium annimmt, muß das oft entgegen den durch Problemlösungen gelieferten Beweisen tun. Das heißt, er muß den Glauben haben, daß das neue Paradigma mit den vielen großen Problemen, mit denen es konfrontiert ist, fertig werden kann, wobei er nur weiß, daß das alte Paradigma bei einigen versagt hat. Eine Entscheidung dieser Art kann nur aufgrund eines Glaubens getroffen werden.

Das ist einer der Gründe, warum eine vorangegangene Krise sich als so wichtig erweist. Wissenschaftler, die niemals eine erlebt haben, werden selten auf den harten Beweis der Problemlösung verzichten und sich statt dessen auf etwas einlassen, was sich leicht als Irrlicht herausstellen kann und weithin als solches angesehen wird. Aber die Krise allein ist nicht genug. Es muß auch eine Basis des Vertrauens zu dem gewählten Kandidaten vorhanden sein, wenn sie auch nicht rational oder endgültig richtig zu sein braucht. Etwas muß wenigstens einigen Wissenschaftlern das Gefühl geben, daß der neue Gedanke auf dem richtigen Wege ist, und manchmal sind es nur persönliche und unartikulierte ästhetische Erwägungen, die das tun können. Manch einer ist durch sie zu einer Zeit bekehrt worden, da die meisten der technischen Argumente, die sich artikulieren ließen, in die andere Richtung wiesen. Bei ihrer Einführung hatten weder Kopernikus' astronomische Theorie noch De Broglies Theorie der Materie viel anderes für sich. Sogar heute noch zieht die Einsteinsche allgemeine Theorie die Menschen in erster Linie aus ästhetischen Gründen an, eine Anziehung, die nur wenige Nichtmathematiker nachempfinden können.

Damit soll nicht gesagt werden, daß neue Paradigmata letztlich durch irgendeine mystische Ästhetik triumphieren. Im Gegenteil, sehr wenige verlassen eine Tradition nur aus diesem Grunde. Oft zeigt es sich, daß derjenige, der es tut, auf dem Holzweg ist. Wenn aber ein Paradigma jemals siegen soll, muß es einige erste Befürworter gewinnen, Leute, die es so weit entwickeln, daß harte Argumente angeführt und angehäuft werden können. Und selbst diese Argumente sind, wenn sie kommen, je für sich nicht entscheidend. Da Wissenschaftler verständige Menschen sind, wird letztlich dieses oder jenes Argument viele von ihnen überzeugen. Es gibt aber kein einziges Argument, das alle überzeugen könnte oder müßte. Was geschieht, ist eine wachsende Verlagerung der fachwissenschaftlichen Bindungen und nicht die Bekehrung einer ganzen Gruppe.

Zu Beginn hat ein neuer Paradigmakandidat vielleicht nur wenige Befürworter, und gelegentlich mögen ihre Motive fragwürdig sein. Trotzdem werden sie, falls sie kompetent sind, ihn verbessern, seine Möglichkeiten erforschen und zeigen, was es hieße, zu der von ihm geleiteten Gemeinschaft zu gehören. Und dabei wird, falls das Paradigma dazu bestimmt ist, seinen Kampf zu gewinnen, die Zahl und Stärke der überzeugenden Argumente zu seinen Gunsten wachsen. Mehr und mehr Wissenschaftler werden dann bekehrt werden, und die Erforschung des neuen Paradigmas wird fortschreiten. Allmählich wird die Zahl der Experimente, Instrumente, Artikel und Bücher, die auf dem Paradigma fußen, wachsen. Überzeugt von der Fruchtbarkeit der neuen Anschauung, werden immer mehr die neue Art der Ausübung normaler Wissenschaft annehmen, bis schließlich nur einige ältere Starrköpfe übrig bleiben. Und nicht einmal von diesen läßt sich sagen, daß sie im Unrecht seien. Obwohl der Historiker immer Menschen finden kann – Priestley zum Beispiel –, die unvernünftig genug waren, derart lange Widerstand zu leisten, wird er doch keinen Punkt finden, an welchem der Widerstand unlogisch oder unwissenschaftlich wird.

Er mag sich höchstens versucht fühlen zu sagen, daß derjenige, der auch dann noch Widerstand leistet, wenn die ganze Fachwissenschaft schon konvertiert ist, *ipso facto* aufgehört habe, ein Wissenschaftler zu sein.

XIII. Fortschritt durch Revolutionen

Die vorangegangenen Seiten haben meine schematische Beschreibung der wissenschaftlichen Entwicklung so weit geführt, wie es im Rahmen dieses Essays möglich ist. Trotzdem ist das für eine Schlußfolgerung noch nicht ganz ausreichend. Falls diese Beschreibung überhaupt die wesentliche Struktur der kontinuierlichen Entwicklung einer Wissenschaft eingefangen hat, wird sie gleichzeitig ein besonderes Problem aufgeworfen haben: Warum kann das eben umrissene Unternehmen so beständig voranschreiten, wie es beispielsweise die Kunst, die politische Theorie oder die Philosophie nicht tun? Warum ist der Fortschritt ein fast ausschließliches Vorrecht jener Tätigkeiten, die wir Wissenschaft nennen? Die üblichsten Antworten auf diese Frage sind in diesem Essay bestritten worden. Wir müssen zum Schluß untersuchen, ob Ersatz für sie gefunden werden kann.

Man wird sofort feststellen, daß ein Teil der Frage rein semantisch ist. In sehr hohem Grad wird der Ausdruck »Wissenschaft« den Gebieten vorbehalten, die in offensichtlicher Weise Fortschritte machen. Nirgendwo wird das deutlicher als in den immer wieder auftauchenden Diskussionen darüber, ob die eine oder andere der derzeitigen Sozialwissenschaften wirklich eine Wissenschaft sei. Diese Diskussionen haben in den Vorparadigma-Perioden jener Fachgebiete Parallelen, die heute ohne Zögern als Wissenschaft bezeichnet werden. Der angebliche Streitpunkt ist immer wieder eine Definition dieses heiklen Ausdrucks. Man sagt etwa, die Psychologie sei eine Wissenschaft, da sie bestimmte Eigenschaften besitze. Andere entgegnen, diese Eigenschaften seien entweder unnötig oder nicht ausreichend, um ein Fachgebiet zur Wissenschaft zu machen. Oft wird große Energie investiert, starke Leidenschaft wachgerufen, und der Außenstehende weiß überhaupt nicht wofür. Kann denn so viel von einer *Definition* des Ausdrucks »Wissenschaft« abhängen? Kann eine Definition einem Menschen denn sagen, ob er ein Wissenschaftler ist oder nicht? Wenn ja, warum kümmern sich dann Naturwissenschaftler oder Künstler nicht um die Definition dieses Ausdrucks? Zwangsläufig taucht der Verdacht auf, das Problem könnte viel tiefer liegen. Wahrscheinlich werden in Wirklichkeit Fragen wie die folgenden gestellt: Warum schreitet mein Fachgebiet nicht so voran, wie es, sagen wir, die Physik tut? Welche Veränderungen in der Technik oder der Methode oder der Ideologie würden es dazu in die Lage versetzen? Das sind jedoch keine Fragen, in denen eine Einigung über die Definition weiterhelfen könnte. Außerdem – falls Präzedenzfälle aus den Naturwissenschaften hier dienlich sind – werden sie nicht aufhören, eine Quelle der Unruhe zu sein, wenn eine Definition gefunden ist, sondern erst, wenn die derzeit ihren eigenen Status anzweifelnden Gruppen eine Übereinstimmung bezüglich ihrer vergangenen und gegenwärtigen Leistungen erzielt haben werden. So könnte es bezeichnend sein, daß die Ökonomen weniger als die Vertreter anderer Sozialwissenschaften über die Fage debattieren, ob ihre Disziplin eine Wissenschaft sei. Kommt das daher, daß die Ökonomen wissen, was Wissenschaft ist? Oder vielmehr daher, daß sie sich über die Ökonomie einig sind?

Dieser Punkt hat eine Kehrseite, die vielleicht, wenn sie auch nicht mehr rein semantisch ist, dabei helfen kann, die unentwirrbaren Verknüpfungen zwischen unseren Vorstellungen von Wissenschaft und von Fortschritt zu beleuchten. Viele Jahrhunderte lang, sowohl im Altertum wie auch in der Frühzeit des modernen Europa, wurde die Malerei als *die* kumulative Disziplin angesehen. In jenen Zeiten galt die Darstellung als das Ziel des Künstlers. Kritiker und Historiker wie Plinius und Vasari berichteten damals voll Bewunderung über eine Reihe von Erfindungen, von der perspektivischen Verkürzung bis zum *chiaroscuro,* die nach und nach eine immer vollkommenere Darstellung der Natur möglich gemacht hatten.[1] Es sind aber auch die Jahre, besonders während der Renaissance, da zwischen den Naturwissenschaften und den Künsten wenig von einer Spaltung gespürt wurde. Leonardo war nur einer von vielen, die unbehindert zwischen Gebieten hin und her wechselten, die erst später kategorisch unterschieden wurden.[2] Und selbst nachdem dieser ständige Austausch aufgehört hatte, wurde der Ausdruck »Kunst« noch ebenso auf Technik und Handwerk, die auch als fortschreitend galten, wie auf Malerei und Bildhauerei angewandt. Erst als die letzteren eindeutig der Darstellung als ihrem Ziel entsagten und sich wieder primitiven Vorbildern zuwandten, begann die Spaltung, die wir heute als selbstverständlich ansehen, allmählich ihre heutige Tiefe anzunehmen. Und sogar heute, um das Gebiet noch einmal zu wechseln, dürfte ein Teil unserer Schwierigkeiten, die grundlegenden Unterschiede zwischen Wissenschaft und Technologie zu erkennen, von der Tatsache herrühren, daß der Fortschritt ein offensichtliches Attribut beider Gebiete ist.

Es kann jedoch unsere gegenwärtige Schwierigkeit nur klären, nicht auflösen, wenn wir uns unserer Tendenz bewußt werden, jedes durch Fortschritte gekennzeichnete Gebiet als Wissenschaft anzusehen. Es bleibt das Problem, zu verstehen, warum der Fortschritt ein so bemerkenswertes Charakteristikum eines Unternehmens sein sollte, das mit den in diesem Essay beschriebenen Methoden und Zielen durchgeführt wird. Diese Frage erweist sich als ein ganzes Bündel von Fragen, von denen wir jede gesondert betrachten müssen. In allen Fällen, mit Ausnahme des letzten, wird jedoch ihre Lösung zum Teil von einer Umkehrung unserer normalen Vorstellung von der Beziehung zwischen wissenschaftlicher Tätigkeit und der sie ausübenden Gemeinschaft abhängen. Wir müssen als Ursache erkennen lernen, was gewöhnlich als Wirkung angesehen wurde. Wenn wir das können, werden die Formulierungen »wissenschaftlicher Fortschritt« und sogar »wissenschaftliche Objektivität« vielleicht zum Teil überflüssig erscheinen. Tatsächlich ist ein Aspekt dieser Überflüssigkeit soeben aufgezeigt worden. Macht ein Fachgebiet Fortschritte, weil es eine Wissenschaft ist, oder ist es eine Wissenschaft, weil es Fortschritte macht?

Fragen wir nun, warum ein Unternehmen wie das der normalen Wissenschaft voranschreitet, und beginnen wir damit, uns einiger seiner hervorstechendsten Eigenschaften zu erinnern. Normalerweise gehen die Mitglieder einer reifen wissenschaftlichen Gemeinschaft bei ihrer Arbeit von einem einzelnen Paradigma oder einer Reihe eng verwandter Paradigmata aus. Sehr selten untersuchen verschiedene wissenschaftliche Gemeinschaften die gleichen Probleme. In solchen Ausnahmefällen haben die Gruppen mehrere Hauptparadigmata gemeinsam. Von jeder einzelnen Gemeinschaft her gesehen, seien es Wissenschaftler oder Nichtwissenschaftler, bedeutet das Ergebnis erfolgreicher schöpferischer Arbeit tatsächlich Fortschritt. Wie könnte es anders sein? Wir haben zum Beispiel erwähnt, daß Kritiker und Historiker zu jener Zeit, als die Künstler die Darstellung als ihr Ziel anstrebten, den Fortschritt der offenbar vereinigten Gruppe aufzeichneten. Andere kreative Gebiete können einen ähnlichen Fortschritt vorweisen. Der Theologe, der ein Dogma auslegt, oder der Philosoph, der die Kantschen

Imperative ausfeilt, trägt zum Fortschritt bei, wenn auch nur zu dem jener Gruppe, die seine Prämissen teilt. Keine kreative Schule wird Arbeiten anerkennen, die einerseits zwar etwas Schöpferisches sind, andererseits aber keine Bereicherung der kollektiven Leistung der Gruppe darstellen. Wenn wir, wie viele es tun, bezweifeln wollen, daß nichtwissenschaftliche Gebiete Fortschritte machen, so können wir es nicht deshalb tun, weil die einzelnen Schulen keinen aufzuweisen hätten, sondern höchstens aus dem Grund, daß es immer konkurrierende Schulen gibt, von denen jede konstant die Grundlagen der anderen in Frage stellt. Wer beispielsweise behauptet, die Philosophie habe keinen Fortschritt gemacht, will hervorheben, daß es immer noch Aristoteliker gibt, nicht aber, daß der Aristotelismus keinen Fortschritt erfuhr.

Diese Zweifel am Fortschritt tauchen jedoch auch bei den Wissenschaften auf. In der ganzen Vorparadigma-Periode, wenn es eine Vielzahl konkurrierender Schulen gibt, läßt sich ein Fortschritt kaum nachweisen, es sei denn innerhalb der Schulen. Das ist die in Abschnitt II beschriebene Periode, in der einzelne Wissenschaft treiben, die Ergebnisse ihres Unterfangens aber keine Wissenschaft in unserem Sinne ergeben. Auch in den Zeiten einer Revolution, wenn die fundamentalen Lehrsätze eines Fachgebiets plötzlich wieder strittig sind, werden wiederholt Zweifel an der bloßen Möglichkeit eines weiteren Fortschritts geäußert, falls das eine oder andere der entgegengesetzten Paradigmata angenommen werden sollte. Diejenigen, die den Newtonismus ablehnten, verkündeten, seine Heranziehung innewohnender Kräfte werde die Wissenschaft in das finstere Mittelalter zurückführen. Die Gegner Lavoisiers behaupteten, die Ablehnung chemischer »Prinzipien« zugunsten der Laborelemente bedeute die Ablehnung der erzielten chemischen Erklärungen durch Leute, die bei einem bloßen Namen Zuflucht suchten. Ein ähnliches, wenn auch gemäßigter ausgedrücktes Empfinden scheint der Opposition Einsteins, Bohrs und anderer gegenüber der vorherrschenden probabilistischen Auslegung der Quantenmechanik zugrunde zu liegen. Kurz, Fortschritt scheint nur in Zeiten normaler Wissenschaft offenkundig und gesichert zu sein. Während dieser Perioden aber könnte die wissenschaftliche Gemeinschaft die Früchte ihrer Arbeit in keiner anderen Weise betrachten.

Was die normale Wissenschaft betrifft, so liegt demnach ein Teil der Antwort auf das Problem des Fortschritts einfach im Auge des

Beobachters. Wissenschaftlicher Fortschritt unterscheidet sich im Wesen nicht von Fortschritt auf anderen Gebieten, aber da hier konkurrierende Schulen, von denen jede der anderen Ziele und Normen in Frage stellt, meistens fehlen, ist es viel leichter, den Fortschritt einer normal-wissenschaftlichen Gemeinschaft zu erkennen als den anderer Gruppen. Das ist allerdings nur ein Teil der Antwort und bei weitem nicht der wichtigste. Wir haben ja bereits festgestellt, daß, wenn die Annahme eines gemeinsamen Paradigmas die wissenschaftliche Gemeinschaft erst einmal von dem Zwang befreit hat, ihre Grundprinzipien fortgesetzt zu überprüfen, die Mitglieder dieser Gemeinschaft sich ausschließlich auf die subtilsten und esoterischsten der sie beschäftigenden Phänomene konzentrieren können. Zwangsläufig steigert das die Wirksamkeit und die Leistungsfähigkeit, mit der die Gruppe als ganze neue Probleme löst. Andere Aspekte des Berufslebens der Wissenschaftler verstärken diese ganz besondere Leistungsfähigkeit noch mehr.

Einige davon sind Folgen der beispiellosen Absonderung reifer wissenschaftlicher Gemeinschaften von den Forderungen der Laienwelt und des alltäglichen Lebens. Diese Absonderung war natürlich niemals vollständig – wir verstehen sie hier relativ. Trotzdem gibt es keine anderen Berufsgemeinschaften, in welchen die kreative Arbeit eines einzelnen so ausschließlich an andere Mitglieder der Gruppe gerichtet ist und von diesen bewertet wird. Der esoterischste Dichter oder der abstrakteste Theologe ist weit mehr als der Wissenschaftler um die Anerkennung seiner Arbeit durch den Laien besorgt, mag ihn auch Anerkennung allgemein weniger berühren. Dieser Unterschied ist folgenreich. Gerade weil er nur für einen Kreis von Kollegen arbeitet, also für ein Publikum, das seine Werte und Überzeugungen teilt, kann der Wissenschaftler ein einziges System von Normen als gegeben annehmen. Er braucht sich nicht um die Ansicht irgendeiner anderen Gruppe oder Schule zu kümmern und kann deshalb ein Problem schneller fallenlassen und sich dem nächsten zuwenden als jene, die für eine heterodoxere Gruppe arbeiten. Noch wichtiger ist, daß die Absonderung der wissenschaftlichen Gemeinschaft von der Gesellschaft es dem einzelnen Wissenschaftler erlaubt, seine Aufmerksamkeit auf Probleme zu konzentrieren, von denen er begründet annehmen darf, daß er sie lösen kann. Im Gegensatz zum Ingenieur, zu vielen Ärzten und den meisten Theologen braucht der Wissenschaftler nicht Probleme zu wählen, weil sie dringend einer

Lösung bedürfen, ohne Rücksicht auf die für die Lösung zur Verfügung stehenden Hilfsmittel. Auch in dieser Hinsicht erweist sich der Gegensatz zwischen den Naturwissenschaftlern und vielen Sozialwissenschaftlern als instruktiv. Die letzteren neigen oft dazu (was die ersteren fast niemals tun), die Wahl eines Forschungsproblems – zum Beispiel die Auswirkungen der Rassendiskriminierung oder die Ursachen der Konjunkturzyklen – hauptsächlich mit dem Argument der sozialen Bedeutung einer erzielten Lösung zu rechtfertigen. Von welcher Gruppe darf man also eine schnellere Lösung ihrer Probleme erwarten?

Die Auswirkungen der Absonderung von der größeren Gesellschaft werden durch eine weitere Eigenschaft der wissenschaftlichen Gemeinschaft intensiviert: der Natur ihres Ausbildungsganges. In der Musik, der bildenden Kunst und der Literatur erhält der Anfänger seine Ausbildung durch die Begegnung mit Werken anderer Künstler, vor allem älterer. Lehrbücher, mit Ausnahme von Kompendien oder Handbüchern über Originalwerke, spielen nur eine untergeordnete Rolle. In der Geschichtswissenschaft, der Philosophie und den Sozialwissenschaften ist die Lehrbuchliteratur von größerer Bedeutung. Aber selbst auf diesen Gebieten laufen neben der Einführungsvorlesung Übungen über Quellentexte einher, teils »Klassiker« des Fachgebiets, teils zeitgenössische Forschungsberichte, welche die Fachleute füreinander schreiben. Daraus ergibt sich, daß der Studierende jeder dieser Disziplinen ständig mit der immensen Vielfalt von Problemen vertraut gemacht wird, welche die Mitglieder seiner zukünftigen Gruppe im Laufe der Zeit zu lösen versucht haben. Noch wichtiger ist, daß er ständig eine Anzahl von konkurrierenden und inkommensurablen Lösungen dieser Probleme vor Augen hat, Lösungen, die letztlich er selbst bewerten muß.

Stellen wir diese Situation jener gegenüber, die jedenfalls heute bei den Naturwissenschaften vorherrscht. Auf diesen Fachgebieten verläßt sich der Studierende hauptsächlich auf Lehrbücher, bis er, im dritten oder vierten Jahr seines Fortgeschrittenenstudiums, mit eigenen Forschungen beginnt. Viele naturwissenschaftliche Lehrpläne verlangen noch nicht einmal von Fortgeschrittenen, daß sie in Werken lesen, die nicht ausdrücklich für Studenten geschrieben sind. Die wenigen, die zusätzliche Lektüre von Forschungsberichten und Monographien vorsehen, beschränken diese Studien auf die am weitesten fortgeschrittenen Semester und auf Material, das mehr oder weniger dort fortfährt, wo die verfügbaren Lehrbücher aufhören. Bis auf das allerletzte Stadium der Ausbildung eines Naturwissenschaftlers treten Lehrbücher systematisch an die Stelle kreativer wissenschaftlicher Werke, die jene erst ermöglicht haben. Bei ihrem Vertrauen zu den Paradigmata, das dieses Ausbildungsverfahren möglich macht, wünschen nur wenige Wissenschaftler eine Änderung. Warum auch sollte der Student der Physik beispielsweise die Werke von Newton, Faraday, Einstein oder Schrödinger lesen, wenn alles, was er über diese Arbeiten wissen muß, in weit kürzerer, genauerer und systematischerer Form in einer Anzahl moderner Lehrbücher rekapituliert wird?

Ohne die übermäßige Länge verteidigen zu wollen, zu der diese Art der Ausbildung gelegentlich ausgedehnt worden ist, muß man doch feststellen, daß sie im allgemeinen sehr wirksam war. Gewiß, es ist eine enge und starre Ausbildung, wahrscheinlich mehr als jede andere, ausgenommen vielleicht die der orthodoxen Theologie. Aber für normal-wissenschaftliche Arbeit, für das Rätsellösen innerhalb der durch die Lehrbücher definierten Tradition, wird der Wissenschaftler fast vollkommen ausgerüstet. Außerdem wird er auch noch für eine andere Aufgabe ausgerüstet – die Erzeugung gewichtiger Krisen durch die normale Wissenschaft. Wenn diese Krisen dann eintreten, ist der Wissenschaftler natürlich nicht gleichermaßen gut vorbereitet. Zwar werden sich zeitlich ausgedehnte Krisen wahrscheinlich in einer weniger starren Ausbildungspraxis widerspiegeln, aber das wissenschaftliche Training als solches ist nicht darauf zugeschnitten, den Menschen hervorzubringen, der leicht einen neuen Weg entdeckt. Solange es aber noch jemanden gibt, der mit einem neuen Paradigmakandidaten auftritt – gewöhnlich ein junger Mensch oder einer, der auf dem betreffenden Gebiet noch neu ist –, berührt der durch jene Starrheit verschuldete Verlust nur den einzelnen. Wenn in einer Generation der Wechsel vollzogen werden muß, ist individuelle Starrheit durchaus mit einer Gemeinschaft vereinbar, die nicht zögert, von einem Paradigma zum anderen überzuwechseln, wenn die Umstände es verlangen. Sie ist besonders dann mit ihr vereinbar, wenn gerade diese Starrheit der Gemeinschaft als empfindlicher Indikator dient, der anzeigt, daß etwas falsch gelaufen ist.

In ihrem normalen Zustand ist also eine wissenschaftliche Gemeinschaft ein immens wirksames Instrument für die Lösung der Probleme und Rätsel, die ihr Paradigma definiert. Außerdem muß das Ergebnis der Lösung dieser Probleme zwangsläufig Fortschritt bedeuten. Hier gibt es also kein Problem. Damit wird aber der zweite Hauptteil der Frage nach dem Fortschritt in den Naturwissenschaften nur um so dringlicher. Wir wollen uns deshalb ihm zuwenden und nach dem Fortschritt durch außerordentliche Wissenschaft fragen. Inwiefern ist Fortschritt auch die anscheinend universelle Begleiterscheinung wissenschaftlicher Revolutionen? Wiederum kommt man weiter, wenn man fragt, was das Ergebnis einer Revolution sonst sein könnte. Revolutionen enden mit einem vollkommenen Sieg eines der beiden gegnerischen Lager. Würde diese Gruppe jemals sagen, das Ergebnis ihres Sieges sei etwas geringeres als Fortschritt? Das käme dem Zugeständnis gleich, daß sie unrecht und ihr Gegner recht hätte. Für sie zumindest muß der Ausgang der Revolution ein Fortschritt sein, und sie kann sehr gut dafür sorgen, daß zukünftige Mitglieder der Gemeinschaft die vergangene Geschichte in der gleichen Weise einschätzen werden. Abschnitt XI beschrieb im einzelnen die Methoden, durch die das erreicht wird, und wir haben soeben einen eng damit verwandten Aspekt des wissenschaftlichen Berufslebens erwähnt. Wenn eine wissenschaftliche Gemeinschaft ein veraltetes Paradigma abstößt, so verwirft sie auch gleichzeitig, als passenden Gegenstand fachwissenschaftlicher Prüfung, die meisten Bücher und Artikel, in denen dieses Paradigma Gestalt gewonnen hatte. Die wissenschaftliche Ausbildung kennt kein Äquivalent des Kunstmuseums oder der Klassikerbibliothek, und daraus ergibt sich eine manchmal drastische Verzerrung in der Auffassung des Wissenschaftlers von der Vergangenheit seiner Disziplin. Mehr als die Vertreter anderer kreativer Gebiete sieht er sie so, als führte sie in gerader Linie zum gegenwärtigen Stand der Disziplin. Kurz, er sieht sie als Fortschritt. Solange er diesem Fachgebiet treu bleibt, hat er gar keine andere Wahl.

Ohne Zweifel werden diese Bemerkungen den Eindruck erwekken, als sei das Mitglied einer reifen wissenschaftlichen Gemeinschaft, wie die Hauptfigur in Orwells » 1984«, das Opfer einer von den derzeitigen Machthabern neu geschriebenen Geschichte. Und dieser Eindruck ist keineswegs ganz unangemessen. Bei wissenschaftlichen Revolutionen gibt es Verlust und Gewinn, und Wissenschaftler neigen dazu, gegenüber dem Verlust besonders blind zu sein.[3] Andererseits darf keine Erörterung des Fortschritts durch Revolutionen an diesem Punkt stehen bleiben. Das könnte als stillschweigendes Eingeständnis aufgefaßt werden, daß in den Wissenschaften Macht Recht schaffe, eine Formulierung, die wiederum nicht völlig falsch wäre, wenn sie nicht das Wesen des Prozesses und der Autorität, durch welche die Wahl zwischen Paradigmata entschieden wird, unterschlagen würde. Wäre allein die Autorität, und besonders die nichtfachliche Autorität, der Schiedsrichter bei Paradigmadiskussionen, so wäre der Ausgang dieser Diskussionen vielleicht noch immer Revolution, aber keine *wissenschaftliche* Revolution. Die bloße Existenz der Wissenschaft hängt davon ab, daß die Vollmacht, zwischen Paradigmata zu wählen, den Mitgliedern einer besonderen Gemeinschaft übertragen ist. Von welch besonderer Art diese Gemeinschaft sein muß, wenn die Wissenschaft überleben und wachsen soll, erhellt daraus, daß der Einfluß der Menschheit auf das wissenschaftliche Unternehmen äußerst gering ist. Jede Zivilisation, von der wir Zeugnis haben, besaß eine Technik, eine Kunst, eine Religion, ein politisches System, Gesetze usw. In vielen Fällen waren diese Aspekte der Zivilisation genau so entwickelt wie unsere eigenen. Aber nur die von den Griechen abstammenden Zivilisationen haben mehr als eine ganz rudimentäre Wissenschaft entwickelt. Der größte Teil der wissenschaftlichen Erkenntnis ist ein europäisches Produkt der letzten vier Jahrhunderte. An keinem anderen Ort und zu keiner anderen Zeit gab es jene ganz besonderen Gemeinschaften, von denen die wissenschaftliche Produktivität ausgeht.

Was sind die wesentlichen Eigenschaften dieser Gemeinschaften? Offensichtlich verlangen sie ein weit gründlicheres Studium. Auf diesem Gebiet sind nur die vorsichtigsten Verallgemeinerungen möglich. Trotzdem sollte eine Reihe von Voraussetzungen für die Mitgliedschaft in einer fachwissenschaftlichen Gruppe schon deutlich geworden sein. Der Wissenschaftler muß sich beispielsweise um die Lösung von Problemen bemühen, die das Verhalten der Natur betreffen. Außerdem müssen die Probleme, an denen er arbeitet, auch wenn sein Interesse für die Natur ein umfassendes ist, Detailprobleme sein. Noch wichtiger ist, daß die ihn zufriedenstellenden Lösungen nicht nur persönliche sein dürfen, sondern von vielen als Lösungen anerkannt werden müssen. Die Gruppe, mit der er sie teilt, darf jedoch nicht wahllos aus der Gesellschaft als ganzer ausgewählt sein, sie ist vielmehr die wohldefinierte Gemeinschaft der Fachgenossen des Wissenschaftlers. Eine der stärksten, wenn auch noch ungeschriebenen Regeln des wissenschaftlichen Lebens ist das Verbot von Appellen an Staatsoberhäupter oder an die ganze Bevölkerung in Angelegenheiten der Wissenschaft. Die Anerkennung der Existenz einer allein kompetenten professionellen Gruppe und ihrer Rolle als des ausschließlichen Schiedsrichters in Fragen fachwissenschaftlicher Leistungen hat weitere Implikationen. Die einzelnen Mitglieder der Gruppe müssen aufgrund ihrer gemeinsamen Ausbildung und Erfahrung als die alleinigen Kenner der Spielregeln oder einer gleichwertigen Basis für unzweideutige Urteile angesehen werden. Eine solche ihnen gemeinsame Grundlage für Bewertungen anzuzweifeln würde bedeuten, die Existenz unvereinbarer Normen der wissenschaftlichen Leistung einzuräumen, und das würde zwangsläufig die Frage aufwerfen, ob es in den Wissenschaften eine einzige Wahrheit geben kann.

Diese kleine Liste von Eigenschaften, welche die wissenschaftlichen Gemeinschaften gemeinsam haben, wurde ausschließlich aus der Praxis der normalen Wissenschaft abgeleitet, wie es anders gar nicht sein kann. Das ist die Tätigkeit, für die der Wissenschaftler gewöhnlich ausgebildet wird. Beachten wir aber, daß diese Liste trotz ihrer geringen Länge schon ausreicht, um jene Gemeinschaften von allen anderen Berufsgruppen zu unterscheiden. Und beachten wir außerdem, daß die Liste trotz ihrer Ableitung aus der normalen Wissenschaft vielen besonderen Zügen in der Reaktion der Gruppe während einer Revolution und vor allem während einer Paradigmadiskussion Rechnung trägt. Wir haben schon festgestellt, daß eine solche Gruppe einen Paradigmawechsel als Fortschritt sehen muß. Jetzt können wir erkennen, daß diese Wahrnehmung in mancher Hinsicht eine Selbsterfüllung ist. Die wissenschaftliche Gemeinschaft ist ein überaus wirksames Instrument zur Maximierung der Anzahl und der Präzision der Probleme, die durch einen Paradigmawechsel gelöst werden.

Da die Einheit der wissenschaftlichen Leistung das gelöste Problem ist und weil die Gruppe genau weiß, welche Probleme bereits gelöst worden sind, lassen sich nur wenige Wissenschaftler leicht dafür gewinnen, einen Standpunkt einzunehmen, der viele früher schon gelöste Probleme wieder neuen Fragen aussetzt. Die Natur selbst muß erst die fachliche Sicherheit erschüttern, indem sie frühere Leistungen problematisch erscheinen läßt. Außerdem werden die Wissenschaftler selbst dann, wenn das geschehen und ein neuer Paradigma-Anwärter gefunden ist, noch zögern, ihn anzunehmen, solange sie nicht überzeugt sind, daß zwei Bedingungen von grundlegender Bedeutung erfüllt sind. Erstens muß der neue Anwärter einige hervorragende und allgemein anerkannte Probleme lösen können, die auf keine andere Weise zu bewältigen sind. Zweitens muß das neue Paradigma die Erhaltung eines relativ großen Teils der konkreten Problemlösungsfähigkeit versprechen, die sich in der Wissenschaft von seinen Vorgängern her angesammelt hat. Neuheit um ihrer selbst willen ist in der Wissenschaft kein Desideratum, wie in so vielen anderen kreativen Bereichen. Daraus ergibt sich, daß neue Paradigmata, auch wenn sie selten oder niemals alle Fähigkeiten ihrer Vorgänger besitzen, gewöhnlich doch eine große Zahl der konkretesten Bestandteile vergangener Leistungen bewahren und immer zusätzliche konkrete Problemlösungen gestatten.

Das bisher Gesagte soll jedoch nicht bedeuten, daß die Fähigkeit, Probleme zu lösen, die einzige oder eine unzweideutige Grundlage für die Paradigmawahl darstelle. Wir haben bereits viele Gründe genannt, warum es ein solches Kriterium nicht geben kann. Es bedeutet aber doch, daß eine Gemeinschaft wissenschaftlicher Spezialisten alles in ihrer Macht Stehende tun wird, ein beständiges Anwachsen der zusammengetragenen Daten zu sichern, die sie mit Exaktheit und im Detail behandeln kann. Dabei muß die Gemeinschaft auch Verluste hinnehmen. Immer wieder müssen alte Probleme verbannt werden. Außerdem schränkt die Revolution häufig den Bereich des fachlichen Interesses der Gemeinschaft ein, erweitert das Ausmaß ihrer Spezialisierung und schwächt die Verbindung mit anderen Gruppen – wissenschaftlichen wie Laiengruppen. Zwar wächst die Wissenschaft sicherlich in die Tiefe, aber vielleicht nicht auch in die Breite. Wenn sie es aber tut, wird diese Breite sich hauptsächlich in der Vermehrung wissenschaftlicher Spezialgebiete und nicht bloß im Anwendungsbereich einzelner Spezialgebiete ausdrücken. Aber trotz dieser und anderer Verluste für die einzelnen Gemeinschaften bietet das Wesen solcher Gemeinschaften fast eine Garantie dafür, daß sowohl die Anzahl der von der Wissenschaft gelösten Probleme wie auch die Exaktheit der einzelnen Problemlösungen immer weiter wachsen werden. Jedenfalls ist es das Wesen der Gemeinschaft, das, wenn überhaupt irgend etwas, eine solche Garantie bietet. Welches Kriterium könnte besser sein als die Entscheidung der wissenschaftlichen Gruppe?

Die letzten Absätze zeigen die Richtung an, in der, wie ich glaube, eine verfeinerte Lösung des Fortschrittsproblems in den Wissenschaften gesucht werden muß. Vielleicht deuten sie darauf hin, daß der wissenschaftliche Fortschritt nicht ganz dem entspricht, wofür wir ihn gehalten haben. Sie zeigen aber gleichzeitig, daß eine gewisse Art Fortschritt zwangsläufig das wissenschaftliche Unternehmen charakterisieren wird, solange ein solches Unternehmen existiert. In den Wissenschaften braucht es keine andere Art des Fortschritts zu geben. Um es genauer zu sagen: wir müssen vielleicht die – ausdrückliche oder unausdrückliche – Vorstellung aufgeben, daß der Wechsel der Paradigmata die Wissenschaftler und die von ihnen Lernenden näher und näher an die Wahrheit heranführt.

Es ist jetzt an der Zeit festzustellen, daß bis auf die letzten wenigen Seiten der Ausdruck »Wahrheit« nur in einem Zitat von Francis Bacon in diesen Essay Eingang gefunden hat. Und selbst auf diesen Seiten taucht er nur als Quelle für die Überzeugung des Wissenschaftlers auf, daß unvereinbare Regeln für die Ausübung einer Wissenschaft nicht koexistieren können, es sei denn in Zeiten der Revolution, wenn es die Hauptaufgabe einer Fachwissenschaft ist, alle Regelsysteme bis auf eines auszuschalten. Der in diesem Essay beschriebene Entwicklungsprozeß geht von primitiven Anfängen *aus* – ein Prozeß, dessen aufeinander folgende Stadien durch ein zunehmend detailliertes und verfeinertes Verstehen der Natur charakterisiert sind. Aber nichts von dem, was gesagt worden ist und noch gesagt werden kann, macht ihn zu einem Prozeß der Entwicklung auf etwas *hin*. Zweifellos wird diese Lücke viele Leser gestört haben. Wir sind alle fest daran gewöhnt, die Wissenschaft als das Unternehmen zu sehen, das unausgesetzt einem von der Natur gesteckten Ziel näherkommt.

Aber muß es denn ein solches Ziel geben? Können wir nicht sowohl die Existenz der Wissenschaft wie auch ihren Erfolg im Sinne einer Entwicklung erklären, die vom Erkenntnisstand der Gemeinschaft zu irgendeinem Zeitpunkt ausgeht? Ist es wirklich eine Hilfe, wenn man sich vorstellt, daß es eine vollständige, objektive, richtige Erklärung der Natur gibt und daß das richtige Maß einer wissenschaftlichen Leistung der Grad ist, in dem sie uns diesem endgültigen Ziel näherbringt? Wenn wir lernen könnten, die Entwicklung-von-dem-aus-was-wir-wissen an die Stelle der Entwicklung-auf-das-hin-was-wir-wissen-möchten zu setzen, würde vielleicht eine Anzahl lästiger Probleme verschwinden. Irgendwo in diesem Irrgarten muß zum Beispiel das Problem der Induktion liegen.

Ich kann die Folgen dieser anderen Anschauung des wissenschaftlichen Fortschritts noch nicht im einzelnen angeben. Sie hilft uns aber zu erkennen, daß die hier empfohlene theoretische Umstellung derjenigen sehr nahe kommt, die der Westen erst vor einem Jahrhundert unternommen hat. Sie hilft uns besonders deshalb, weil in beiden Fällen das Haupthindernis für die Umstellung das gleiche ist. Als Darwin seine Theorie der Evolution durch natürliche Auslese 1859 zum ersten Male veröffentlichte, war das, was viele Fachleute am meisten störte, weder die Vorstellung der Artveränderung noch die mögliche Abstammung des Menschen vom Affen. Das auf die Evolution, auch auf die Evolution des Menschen hindeutende Beweismaterial hatte sich durch Jahrzehnte hin angesammelt, und die Idee der Evolution war vorher schon vorgelegt und weit verbreitet worden. Die Evolution als solche stieß zwar auf Widerstand, vor allem seitens einiger religiöser Gruppen, aber das war keineswegs die größte Schwierigkeit, der sich die Darwinianer gegenübersahen. Das Hauptärgernis war eine Idee, die in weit höherem Maß von Darwin selbst stammte. Alle die wohlbekannten evolutionären Theorien vor Darwin – von Lamarck, Chambers, Spencer und den deutschen Naturphilosophen – hatten die Evolution als einen zielgeleiteten Vorgang angesehen. Die »Idee« des Menschen und der derzeitigen Flora und Fauna, so glaubte man, war präsent seit der Erschaffung des Lebens, vielleicht im Geiste Gottes. Diese Idee, dieser Plan hatte die Richtung gewiesen und die leitende Kraft gestellt für den gesamten evolutionären Prozeß. Jedes neue Stadium der evolutionären Entwicklung war eine vollkommenere Realisierung des Plans, der von Anfang an vorhanden war.[4]

Für viele Menschen war die Verabschiedung dieser teleologischen Form der Evolution das Bedeutungsvollste und am wenigsten Angenehme an Darwins Anregungen.[5] Sein Buch *The Origin of Species* erkannte weder ein von Gott noch ein von der Natur gestecktes Ziel an. Dafür war die natürliche Auslese, die in einer bestimmten Umgebung und unter den tatsächlich existierenden Organismen wirkte, für das allmähliche, aber stetige Auftauchen von komplizierteren, weiter artikulierten und weitaus spezialisierteren Organismen verantwortlich. Sogar solch wunderbar angepaßte Organe wie das Auge oder die Hand des Menschen – Organe, deren Struktur und Funktion früher mächtige Argumente für die Existenz eines allerhöchsten Schöpfers und eines Entwicklungsplanes geliefert hatten – waren Ergebnisse eines Prozesses, der sich zwar stetig von primitiven Anfängen *fort,* aber nicht auf ein Ziel *hin* bewegte. Der Glaube, daß natürliche Auslese, die aus einem bloßen Kampf der Organismen um das Überleben resultierte, den Menschen zusammen mit den höheren Tieren und Pflanzen hervorgebracht haben könnte, war der schwierigste und beunruhigendste Aspekt der Darwinschen Theorie. Was konnten »Evolution«, »Entwicklung« und »Fortschritt« beim Fehlen eines angebbaren Ziels bedeuten? Für viele Menschen schienen solche Ausdrücke sich plötzlich selbst zu widersprechen.

Die Analogie zwischen der Evolution von Organismen und der Evolution wissenschaftlicher Ideen kann leicht zu weit getrieben werden. Doch im Hinblick auf die Fragen dieses Schlußabschnitts ist sie fast vollkommen. Der Prozeß, der in Abschnitt XII als die Lösung von Revolutionen beschrieben wurde, ist die durch einen Konflikt innerhalb der wissenschaftlichen Gemeinschaft herbeigeführte Selektion des geeignetsten Weges, die zukünftige Wissenschaft zu betreiben. Das Ergebnis einer Folge solcher revolutionären Selektionen, die mit Perioden normaler Forschung abwechselten, ist das wunderbar geeignete System von Werkzeugen, das wir moderne wissenschaftliche Erkenntnis nennen. Die aufeinanderfolgenden Stadien dieses Entwicklungsprozesses sind durch eine Steigerung der Artikulation und Spezialisierung markiert. Und der ganze Prozeß kann so vor sich gegangen sein, wie wir es heute von der biologischen Evolution annehmen, ohne den Vorteil eines wohlbestimmten Ziels, einer überzeitlichen, feststehenden wissenschaftlichen Wahrheit, von der jedes neue Stadium der Entwicklung wissenschaftlicher Erkenntnis ein besseres Abbild ist.

Jeder, der meiner Argumentation bis hierher gefolgt ist, wird sich trotzdem genötigt fühlen zu fragen, warum der evolutionäre Prozeß denn funktioniere. Wie muß die Natur, und damit auch der Mensch, beschaffen sein, damit Wissenschaft überhaupt möglich ist? Warum sollten wissenschaftliche Gemeinschaften in der Lage sein, eine feste Übereinstimmung zu erzielen, die auf anderen Gebieten nicht erreichbar ist? Warum sollte die Übereinstimmung einen Paradigmawechsel nach dem anderen überdauern? Und warum sollte ein Paradigmawechsel ausnahmslos ein in irgendeinem Sinne vollkommeneres Instrument als die vorher bekannten hervorbringen? Von einem Standpunkt aus sind diese Fragen, außer der ersten, schon beantwortet worden. Aber von einem anderen her gesehen sind sie noch genauso offen wie am Anfang dieses Essays. Nicht nur die wissenschaftliche Gemeinschaft muß von besonderer Art sein. Die Welt, von der diese Gemeinschaft ein Teil ist, muß ebenfalls ganz besondere Eigenschaften haben, und wir wissen noch nicht mehr über sie als zu Beginn. Das Problem – Wie muß die Welt beschaffen sein, damit der Mensch sie erkennen kann? – wurde jedoch nicht erst durch diesen Essay gestellt. Im Gegenteil, es ist so alt wie die Wissenschaft selbst, und es bleibt unbeantwortet. Es muß an dieser Stelle auch nicht beantwortet werden. Jede Auffassung von der Natur, die mit dem Wachstum der Wissenschaft durch Beweis vereinbar ist, ist auch mit der hier entwickelten evolutionären Anschauung von der Wissenschaft vereinbar. Da nun diese Anschauung auch mit einer genauen Beobachtung des wissenschaftlichen Lebens vereinbar ist, gibt es starke Argumente für ihre Verwendung bei dem Versuch, die Fülle der noch offen gebliebenen Probleme zu lösen.

Postskriptum – 1969

Es ist jetzt beinahe sieben Jahre her, seit die erste Auflage dieses Buches erschien.[1] In der Zwischenzeit hat sowohl die Reaktion der Kritiker als auch meine eigene weitere Arbeit mein Verständnis für eine Anzahl der darin gestellten Probleme erweitert. Im Grundsätzlichen sind meine Ansichten weitgehend unverändert, aber ich erkenne jetzt Aspekte in der ursprünglichen Fassung, die grundlose Schwierigkeiten und Mißverständnisse schaffen. Da einige dieser Mißverständnisse bei mir selbst lagen, gibt mir ihre Ausschaltung die Möglichkeit, den Boden vorzubereiten, der schließlich die Basis für eine Neufassung bilden soll.[2] Inzwischen nehme ich gern die Gelegenheit wahr, notwendige Revisionen zu skizzieren, einige Kommentare zu immer wiederkehrender Kritik zu geben und die Richtungen anzudeuten, in die mein eigenes Denken sich gegenwärtig bewegt.[3]

Mehrere Hauptschwierigkeiten der ursprünglichen Fassung gruppieren sich um den Begriff des Paradigmas, und meine Diskussion beginnt mit ihnen.[4] In dem Abschnitt, der gleich folgt, schlage ich vor, diesen Begriff von dem der wissenschaftlichen Gemeinschaft zu trennen, deute an, wie das geschehen kann und diskutiere einige bedeutende Konsequenzen der daraus resultierenden analytischen Trennung. Dann untersuche ich, was geschieht, wenn man Paradigmata dadurch sucht, daß man das Verhalten der Mitglieder einer *vorher bestimmten* wissenschaftlichen Gemeinschaft untersucht. Dieses Vorgehen zeigt schnell, daß in einem großen Teil des Buches der Ausdruck »Paradigma« in zwei verschiedenen Bedeutungen gebraucht wird. Einerseits steht er für die ganze Konstellation von Meinungen, Werten, Methoden usw., die von den Mitgliedern einer gegebenen Gemeinschaft geteilt werden. Andererseits bezeichnet er ein Element in dieser Konstellation, die konkreten Problemlösungen, die, als Vorbilder oder Beispiele gebraucht, explizite Regeln als Basis für die Lösung der übrigen Probleme der ›normalen Wissenschaft‹ ersetzen können. Die erste Bedeutung des Ausdrucks – sie sei die soziologische genannt – ist Thema des Abschnitts 2 unten; Abschnitt 3 ist Paradigmata als exemplarischen früheren Leistungen gewidmet.

Philosophisch wenigstens ist die zweite Bedeutung von »Paradigma« die tiefere, und die Behauptungen, die ich in ihrem Namen aufgestellt habe, sind die Hauptursachen der Kontroversen und Mißverständnisse, die das Buch hervorgerufen hat, besonders auch des Vorwurfs, ich machte aus der Wissenschaft ein subjektives und irrationales Unternehmen. Diese Probleme werden in den Abschnitten 4 und 5 behandelt. Der erstere versucht zu zeigen, daß Begriffe wie »subjektiv« und »intuitiv« nicht angemessen auf die Komponenten des Wissens angewendet werden können, von denen ich behauptet habe, sie seien stillschweigend in allgemein anerkannte Beispiele eingebettet. Obwohl solches Wissen nicht ohne wesentliche Veränderung in Form von Regeln und Kriterien ausgedrückt werden kann, ist es doch systematisch, in langer Zeit geprüft und in gewissem Sinne korrigierbar. Abschnitt 5 wendet dieses Argument auf das Problem der Wahl zwischen zwei unvereinbaren Theorien an und legt in einer kurzen Schlußfolgerung nahe, Menschen, die inkommensurable Standpunkte einnehmen, als Mitglieder verschiedener Sprachgemeinschaften zu sehen und ihre Kommunikationsprobleme als Übersetzungsprobleme zu analysieren. Drei verbleibende Probleme werden in den letzten Abschnitten 6 und 7 behandelt. Der erste erwägt den Vorwurf, in diesem Buch würde eine durch und durch relativistische Auffassung von der Wissenschaft entwickelt. Der zweite beginnt mit der Frage, ob meine Darstellung, wie behauptet wurde, wirklich an einer Verwechslung von deskriptiven und normativen Modi leidet; er schließt mit kurzen Bemerkungen zu einem Thema, das eine eigene Abhandlung verdient: das Ausmaß, in dem die Hauptthesen des Buches legitim auf andere Bereiche als die Wissenschaft angewendet werden können.

1. Paradigmata und Struktur der Gemeinschaft

Der Ausdruck »Paradigma« tritt früh auf den vorangegangenen Seiten auf, und die Art seines Auftretens ist wesentlich zirkulär. Ein Paradigma ist das, was den Mitgliedern einer wissenschaftlichen Gemeinschaft gemeinsam ist, und, umgekehrt besteht eine wissenschaftliche Gemeinschaft aus Menschen, die ein Paradigma teilen. Nicht alle Kreise sind Zirkularitäten im schlechten Sinne (ich verteidige weiter unten in diesem Postskript ein Argument mit ähnlicher Struktur), dieser aber bringt wirkliche Schwierigkeiten hervor. Wissenschaftliche Gemeinschaften können und sollten ohne vorherigen Rückgriff auf Paradigmata isoliert werden. Letztere können dann durch die Untersuchung des Verhaltens der Mitglieder einer gegebenen Gemeinschaft herausgefunden werden. Eine Neufassung dieses Buches würde deshalb mit einer Diskussion der Struktur der Gemeinschaften in der Wissenschaft beginnen, ein Gegenstand, der in jüngster Zeit ein bedeutendes Thema der soziologischen Forschung geworden ist, und den auch Wissenschaftshistoriker jetzt allmählich ernst nehmen. Vorläufige Resultate, von denen viele noch nicht publiziert sind, lassen annehmen, daß die empirischen Methoden zu ihrer Erforschung keineswegs trivial sind, aber manche stehen zur Verfügung und andere werden sicherlich entwickelt.[5] Die meisten Wissenschaftler reagieren sofort auf Fragen zu ihren Gemeinschaftsbindungen und halten es für selbstverständlich, daß die Verantwortung für die verschiedenen gegenwärtigen Spezialgebiete auf Gruppen mit zumindest grob bestimmter Mitgliederschaft verteilt ist. Ich nehme hier deshalb an, daß systematischere Mittel zu ihrer Identifikation gefunden werden.

Statt vorläufige Forschungsergebnisse darzustellen, möchte ich kurz auf den intuitiven Begriff der Gemeinschaft zu sprechen kommen, der einem großen Teil der ersten Kapitel dieses Buches zugrunde liegt. Es ist ein Begriff, der jetzt von vielen Naturwissenschaftlern, Soziologen und einer Anzahl von Wissenschaftshistorikern angewandt wird.

Eine wissenschaftliche Gemeinschaft besteht so gesehen aus den Fachleuten eines wissenschaftlichen Spezialgebiets. In einem auf den meisten anderen Gebieten nicht vorhandenen Ausmaß sind sie einer gleichartigen Ausbildung und beruflichen Initiation unterworfen gewesen. Dabei haben sie dieselbe Fachliteratur gelesen und vielfach dasselbe daraus gelernt. Im allgemeinen bezeichnen die Grenzen dieser Standardliteratur die Grenzen eines wissenschaftlichen Gegenstandsgebietes, und jede Gemeinschaft hat gewöhnlich ihr eigenes Gegenstandsgebiet.[6] Es gibt Schulen innerhalb der Wissenschaften, Gemeinschaften, die denselben Gegenstand von miteinander unvereinbaren Standpunkten aus angehen. Doch sie sind dort viel seltener als in anderen Gebieten; sie liegen immer in Konkurrenz miteinander, und ihre Konkurrenz endet gewöhnlich schnell. Folglich stellen die Mitglieder einer wissenschaftlichen Gemeinschaft für sich und andere diejenigen dar, die als einzige für die Verfolgung einer Reihe von gemeinsamen Zielen einschließlich der Ausbildung ihrer Nachfolger verantwortlich sind. Innerhalb solcher Gruppen gibt es eine relativ starke Kommunikation, und die fachlichen Urteile sind relativ einheitlich. Da die Aufmerksamkeit verschiedener wissenschaftlicher Gemeinschaften andererseits auf verschiedene Inhalte konzentriert ist, ist die Kommunikation zwischen den Gruppen manchmal mühsam, führt oft zu Mißverständnissen und kann, wenn sie weitergetrieben wird, bedeutende und vorher unvermutete Meinungsverschiedenheiten hervorrufen.

Solche Gemeinschaften bestehen natürlich auf zahlreichen Ebenen. Die umfassendste ist die Gemeinschaft aller Naturwissenschaftler. Auf einer nur wenig tieferen Ebene sind die Gemeinschaften die hauptsächlichen wissenschaftlichen Berufsgruppen: Physiker, Chemiker, Astronomen, Zoologen usw. Für diese größeren Gruppierungen ist die Mitgliedschaft, außer an den Rändern, leicht entscheidbar. Die Fachrichtung des höchsten akademischen Grades, die Mitgliedschaft in Fachgesellschaften und die gelesenen Zeitschriften sind gewöhnlich mehr als hinreichend. Ähnliche Methoden gliedern auch größere Untergruppen aus: organische, und vielleicht unter diesen Eiweißchemiker, Festkörper- und Hochenergiephysiker, Radioastronomen usw. Erst auf der nächsttieferen Ebene entstehen empirische Probleme. Wie hätte man, um ein zeitgenössisches Beispiel zu nehmen, die PHAGE-Gruppe vor ihrem Bekanntwerden in der Öffentlichkeit identifiziert? Zu diesem Zweck muß man auf Indikatoren zurückgreifen wie den Besuch von Fachkonferenzen, die Verteilung von Rohmanuskripten oder Fahnenabzügen vor der Publikation und vor allem auf formelle und informelle Kommunikationsnetze einschließlich derjenigen, die sich aus dem Briefwechsel und aus gegenseitigem Zitieren ergeben. Ich nehme an, daß diese Arbeit wenigstens für die Gegenwart und die jüngere Vergangenheit geleistet werden kann und werden wird. Es dürften sich Gemeinschaften von etwa einhundert, manchmal bedeutend weniger Mitgliedern ergeben. Gewöhnlich werden die einzelnen Wissenschaftler, besonders die fähigsten, gleichzeitig oder nacheinander zu mehreren solchen Gruppen gehören.

Gemeinschaften dieser Art sind die Einheiten, die dieses Buch als Erzeuger und Prüfer wissenschaftlicher Erkenntnisse dargestellt hat. Paradigmata sind etwas, das den Mitgliedern solcher Gruppen gemeinsam ist. Ohne Bezug auf die Art dieser gemeinsamen Elemente können viele Aspekte der Wissenschaft, die auf den vorangegangenen Seiten beschrieben wurden, kaum verstanden werden; wohl aber andere Aspekte, obgleich sie in meinem ursprünglichen Text nicht unabhängig dargestellt sind. Deshalb ist es angebracht, bevor man sich den Paradigmata direkt zuwendet, auf eine Reihe von Problemen hinzuweisen, die nur mit der Struktur der Gemeinschaften zu tun haben.

Der wohl eindrucksvollste Fall ist das, was ich oben (in Abschnitt II) als den Übergang von der vor- zur nachparadigmatischen Periode in der Entwicklung eines wissenschaftlichen Gebietes skizziert habe. Bevor er stattfindet, streiten mehrere Schulen um die Herrschaft über ein bestimmtes Gebiet. Im Gefolge von bemerkenswerten wissenschaftlichen Leistungen reduziert sich die Anzahl der Schulen stark, gewöhnlich bis auf eine, und es beginnt eine wirkungsvollere wissenschaftliche Praxis. Letztere ist gewöhnlich esoterisch und auf Rätsellösen hin orientiert, und das kann die Arbeit einer Gruppe nur dann sein, wenn ihre Mitglieder die Grundlagen ihres Gebietes als selbstverständlich gegeben annehmen.

Die Art dieses Übergangs zur Reife verdient, genauer als es in diesem Buch geschah, besonders aber von denen erörtert zu werden, die sich mit der Entwicklung der zeitgenössischen Sozialwissenschaften befassen. Dabei kann der Hinweis darauf hilfreich sein, daß der Übergang nicht mit der ersten Übernahme eines Paradigmas gleichgesetzt werden muß (noch sollte, wie ich heute glaube). Die Mitglieder aller wissenschaftlichen Gemeinschaften einschließlich der Schulen der »präparadigmatischen« Periode haben die Elemente gemeinsam, die ich zusammenfassend als ein ›Paradigma‹ bezeichnet habe. Mit dem Übergang zur Reife ändert sich nicht das Vorhandensein eines Paradigmas, sondern vielmehr seine Natur. Erst nach der Veränderung ist normale rätsellösende Forschung möglich. Viele Attribute einer entwickelten Wissenschaft, die ich oben mit dem Erwerb eines Paradigmas in Verbindung gebracht habe, möchte ich jetzt deshalb als Konsequenzen des Erwerbs einer Art von Paradigma erörtern, das schwierige Rätsel identifiziert, Anhaltspunkte zu ihrer Lösung und Garantien liefert, daß ein wirklich tüchtiger Fachmann Erfolg hat. Nur jene, die durch die Beobachtung, daß ihr eigenes Gebiet (oder ihre Schule) Paradigmata besitzt, ermutigt sind, können wohl das Gefühl haben, daß durch den Wandel etwas Wichtiges geopfert wird.

Ein zweites, wenigstens für Historiker wichtigeres Problem betrifft die in diesem Buch stillschweigend vorgenommene Identifikation je einer wissenschaftlichen Gemeinschaft mit je einem wissenschaftlichen Gegenstandsgebiet. Ich bin verschiedentlich so verfahren, als müßten beispielsweise »physikalische Optik«, »Elektrizitätslehre« und »Wärmelehre« wissenschaftliche Gemeinschaften benennen, weil sie Forschungsgebiete benennen. Die einzige Alternative, die mein Text zuzulassen scheint, ist, daß alle diese Gebiete zur Gemeinschaft der Physiker gehören. Solche Identifikationen werden aber gewöhnlich der Prüfung nicht standhalten, wie meine Kollegen aus der Geschichtswissenschaft wiederholt erklärt haben. Es gab beispielsweise vor der Mitte des 19. Jahrhunderts keine Gemeinschaft der Physiker; sie wurde dann durch die Verschmelzung von Teilen zweier vorher getrennter Gemeinschaften, Mathematik und Naturphilosophie (physique expérimentale), gebildet. Was heute der Gegenstandsbereich einer einzigen großen Gemeinschaft ist, war in der Vergangenheit unterschiedlich auf verschiedene Gemeinschaften verteilt. Andere enger gefaßte Bereiche, beispielsweise die Wärmelehre und die Theorie der Materie, haben lange bestanden, ohne der spezielle Bereich einer einzelnen wissenschaftlichen Gemeinschaft zu werden. Sowohl die ›normale‹ Wissenschaft als auch Revolutionen sind aber gemeinschaftsbezogene Tätigkeiten. Um sie aufzuspüren und zu analysieren, muß man zuerst die sich wandelnde Gemeinschaftsstruktur der Wissenschaften entwirren. Ein Paradigma regiert zunächst nicht einen Gegenstandsbereich, sondern eine Gruppe von Fachleuten. Jede Untersuchung paradigma-gelenkter oder paradigma-zerstörender Forschung muß mit der Lokalisierung der verantwortlichen Gruppe oder Gruppen beginnen.

Geht man die Analyse der wissenschaftlichen Entwicklung so an, dann werden wohl verschiedene Schwierigkeiten gelöst, die bisher im Mittelpunkt kritischer Aufmerksamkeit standen. Mehrere Kommentatoren haben beispielsweise die Theorie der Materie herangezogen, um darauf hinzuweisen, daß ich die Einmütigkeit der Wissenschaftler in ihrer Bindung an ein Paradigma stark überschätze. Bis vor vergleichsweise kurzer Zeit waren nach ihrer Aussage diese Theorien Gegenstand dauernder Meinungsverschiedenheiten und Auseinandersetzungen. Ich stimme mit der Beschreibung überein, halte sie aber nicht für ein Gegenbeispiel. Materietheorien waren wenigstens bis 1920 nicht das Spezialgebiet oder der Gegenstandsbereich irgendeiner wissenschaftlichen Gemeinschaft. Sie waren vielmehr die Instrumente vieler Spezialistengruppen. Die Mitglieder verschiedener Gemeinschaften wählten manchmal verschiedene Instrumente und kritisierten die Wahl der anderen. Wichtiger ist noch, daß eine Materietheorie nicht zu den Gegenständen gehört, über die Mitglieder selbst einer Gemeinschaft notwendig einer Meinung sein müssen. Die Notwendigkeit der Übereinstimmung hängt davon ab, was die Gemeinschaft tut. Die Chemie in der ersten Hälfte des neunzehnten Jahrhunderts ist ein passendes Beispiel. Obwohl mehrere der grundlegenden Instrumente der Gemeinschaft – konstante Proportionen, multiple Proportionen und Verbindungsgewichte – im Gefolge von Daltons Atomtheorie Gemeingut geworden waren, konnten Chemiker hinterher ihre Arbeit auf diese Instrumente stützen und doch über die Existenz von Atomen manchmal sehr verschiedener Meinung sein.

Einige andere Schwierigkeiten und Mißverständnisse werden meines Erachtens genauso ausgeräumt werden. Teils aufgrund der von mir gewählten Beispiele und teils aufgrund meiner Unbestimmtheit bezüglich der Art und Größe der betreffenden Gemeinschaften haben einige Leser dieses Buches geschlossen, ich beschäftigte mich vorwiegend oder ausschließlich mit größeren Revolutionen wie denen, die mit Kopernikus, Newton, Darwin oder Einstein verbunden sind. Eine klarere Darstellung der Gemeinschaftsstruktur sollte aber den ganz anderen Eindruck verstärken, den ich zu erwecken versucht habe. Eine Revolution ist für mich eine Veränderung besonderer Art, die eine besondere Umbildung von Gruppenpositionen beinhaltet. Es muß aber keine große Veränderung sein, noch braucht sie denen revolutionär zu erscheinen, die außerhalb einer vielleicht aus weniger als fünfundzwanzig Personen bestehenden einzelnen Gemeinschaft stehen. Und eben weil dieser Veränderungstyp, der in der Wissenschaftstheorie so wenig beachtet und diskutiert wird, in diesem kleineren Maßstab so regelmäßig vorkommt, muß die revolutionäre Veränderung im Gegensatz zur kumulativen so dringend geklärt werden.

Eine letzte Abänderung, die mit der vorigen in engem Zusammenhang steht, kann diese Klärung womöglich erleichtern. Mehrere Kritiker haben bezweifelt, daß die Krise, das allgemeine Bewußtsein, daß etwas nicht in Ordnung sei, den Revolutionen so unabänderlich vorausgeht, wie ich im ursprünglichen Text unterstellt habe. Für meine Argumentation ist aber die Frage nicht wichtig, ob Krisen eine unabdingbare Voraussetzung der Revolutionen sind. Sie brauchen nur das gewöhnliche Vorspiel zu sein, das einen Mechanismus der Selbstkorrektur bereitstellt, der die Rigidität der ›normalen‹ Wissenschaft nicht für alle Zukunft unangefochten läßt. Revolutionen können auch auf andere Weise herbeigeführt werden, obwohl das meines Erachtens selten geschieht. Außerdem möchte ich jetzt auf etwas hinweisen, was das Fehlen einer angemessenen Diskussion der Gemeinschaftsstruktur unklar gelassen hat: Krisen müssen nicht durch die Arbeit der Gemeinschaft hervorgebracht werden, die sie erfährt und daher manchmal revolutioniert wird. Neue Instrumente wie das Elektronenmikroskop oder neue Gesetze wie die Maxwellschen können sich in einem Spezialgebiet entwickeln und in einem anderen durch ihre Verwendung eine Krise hervorrufen.

2. Paradigmata als Konstellationen von Gruppenpositionen

Wenden wir uns nun den Paradigmata zu und fragen wir, was sie überhaupt sein können. Dies ist das wichtigste und am wenigsten geklärte Problem der ersten Fassung des Buches. Ein wohlwollender Leser, der meine Überzeugung teilt, daß »Paradigma« die zentralen philosophischen Elemente des Buches bezeichnet, stellte für einige Stichwörter ein analytisches Verzeichnis auf und fand, daß jener Ausdruck auf wenigstens zweiundzwanzig verschiedene Arten gebraucht wird.[7] Die meisten dieser Unterschiede gehen nach meiner heutigen Überzeugung auf stilistische Unstimmigkeiten zurück (z. B. sind Newtons Gesetze manchmal ein Paradigma, manchmal Teile eines Paradigmas und manchmal paradigmatisch) und können relativ leicht eliminiert werden. Aber auch nach dieser redaktionellen Arbeit würde der Ausdruck auf zwei ganz verschiedene Arten gebraucht, die auseinandergehalten werden müssen. Der allgemeinere Gebrauch ist das Thema dieses Abschnitts; der andere wird im nächsten besprochen.

Hat man eine besondere Spezialistengemeinschaft mit Methoden wie den eben diskutierten identifiziert, so kann man nützlicherweise fragen: auf welche Gemeinsamkeiten gründet sich der verhältnismäßig große Umfang ihrer fachlichen Kommunikation und

die relative Einmütigkeit ihrer Fachurteile? Auf diese Frage erlaubt
mein ursprünglicher Text die Antwort: auf ein Paradigma oder
eine Reihe von Paradigmata. Aber in diesem Sinne wird, anders als
in dem Fall, der weiter unten besprochen wird, der Ausdruck unangemessen gebraucht. Wissenschaftler selbst würden sagen, sie
hätten eine Theorie oder eine Reihe von Theorien gemeinsam, und
es würde mich freuen, wenn dieser Ausdruck einmal in jenem
Sinne gebraucht werden könnte. Doch in der Wissenschaftstheorie
bezeichnet der Ausdruck »Theorie« heute eine der Art und dem
Umfang nach viel beschränktere Struktur, als hier in Frage kommt.
Bis der Ausdruck von seinen geläufigen Implikationen befreit ist,
wird durch den Gebrauch eines anderen Verwirrung vermieden.
Für die jetzigen Zwecke schlage ich »disziplinäres System« vor:
»disziplinär«, weil auf den gemeinsamen Besitz der Fachleute einer
bestimmten Disziplin hingewiesen wird; »System«, weil es aus
verschiedenartigen geordneten Elementen zusammengesetzt ist,
die alle genauer angegeben werden müssen. Alle oder die meisten
der Gruppenpositionen, die mein ursprünglicher Text als Teile von
Paradigmata oder als paradigmatisch bezeichnet, sind Bestandteile
des disziplinären Systems und bilden als solche ein Ganzes mit gemeinsamer Funktion. Sie können aber nicht mehr als einheitlich
dargestellt werden. Ich versuche hier keine erschöpfende Liste zu
geben, aber die Aufzählung der Hauptbestandteile eines disziplinären Systems soll mein augenblickliches Vorgehen erklären und
gleichzeitig meinen nächsten Hauptpunkt vorbereiten.

Einen wichtigen Bestandteil nenne ich »symbolische Verallgemeinerungen« und meine damit die Formeln, die problemlos von
allen Gruppenmitgliedern gebraucht werden und ohne weiteres
z. B. auf die logische Form $(x)\,(y)\,(z)\,\Phi\,(x, y, z)$ gebracht werden
können. Sie sind die formalen oder leicht formalisierbaren Bestandteile des disziplinären Systems. Manchmal finden sie sich
schon in symbolischer Form: $k = mb$ oder $I = U/R$. Andere werden
normalerweise in Worten ausgedrückt: »Elemente verbinden sich
in konstanten Gewichtsverhältnissen« oder »actio gleich reactio«.
Würden nicht solche Formeln allgemein akzeptiert, dann könnten
die Gruppenmitglieder bei ihrem Rätsellösen nirgendwo mit den
leistungsfähigen Methoden der Logik und Mathematik ansetzen.
Obwohl das Beispiel der Taxonomie zu zeigen scheint, daß die
›normale‹ Wissenschaft mit wenigen derartigen Formeln arbeiten
kann, scheint die Leistungsfähigkeit einer Wissenschaft ganz all-

gemein mit der Anzahl symbolischer Verallgemeinerungen zu wachsen, die den Fachleuten zur Verfügung stehen.

Diese Verallgemeinerungen ähneln Naturgesetzen, doch für Gruppenmitglieder haben sie selten nur diese eine Funktion allein. Manchmal ist es der Fall: beispielsweise beim Joule-Lenzschen Gesetz $H = RI^2$. Als dieses Gesetz entdeckt wurde, wußten die Gemeinschaftsmitglieder schon, was H, R und I bezeichneten, und diese Verallgemeinerung sagte ihnen nur etwas über das Verhalten von Wärme, Strom und Widerstand, das sie bisher nicht gewußt hatten. Öfter aber, wie die Diskussion weiter oben gezeigt hat, haben symbolische Verallgemeinerungen gleichzeitig eine zweite Funktion, die von den Wissenschaftstheoretikern analytisch gewöhnlich scharf getrennt behandelt wird. Wie $k = mb$ oder $I = U/R$ fungieren sie teilweise als Gesetze, teils aber auch als Definitionen einiger Symbole, die sie gebrauchen. Darüber hinaus ändert sich die Balance zwischen ihrer untrennbaren Gesetzes- und Definitionsfunktion mit der Zeit. In anderem Zusammenhang würde dies eine genaue Analyse lohnen, denn die Art der Bindung an ein Gesetz unterscheidet sich erheblich von der Bindung an eine Definition. Gesetze sind oft Stück um Stück korrigierbar, was für Definitionen, da sie Tautologien sind, nicht gilt. So mußten beispielsweise, ehe das Ohmsche Gesetz angenommen werden konnte, »Strom« und »Widerstand« neu definiert werden; hätten diese Begriffe ihre frühere Bedeutung behalten, so hätte das Ohmsche Gesetz nicht stimmen können. Deshalb war es im Gegensatz z. B. zum Joule-Lenzschen Gesetz so heftig umstritten. Wahrscheinlich ist diese Situation typisch.[8] Ich vermute gegenwärtig, daß alle Revolutionen u. a. mit der Aufgabe von Verallgemeinerungen verbunden sind, die vorher in gewisser Hinsicht die Rolle von Tautologien gespielt hatten. Zeigte Einstein, daß Gleichzeitigkeit relativ war, oder änderte er den Begriff der Gleichzeitigkeit selbst? Hatten die einfach unrecht, die in dem Ausdruck »Relativität der Gleichzeitigkeit« eine Paradoxie sahen?

Betrachten wir weiter einen zweiten Bestandteil des disziplinären Systems, über den im ursprünglichen Text unter Rubriken wie »metaphysische Paradigmata« oder »die metaphysischen Teile von Paradigmata« viel gesagt worden ist. Ich denke an die gemeinsame Bindung an Auffassungen wie: Wärme ist die kinetische Energie der Grundbestandteile von Körpern; alle wahrnehmbaren Phänomene gehen auf die Interaktion qualitativ neutraler Atome im leeren Raum zurück, oder: auf Materie und Kraft, oder auf Felder. In einer Neufassung des Buches würde ich solche Bindungen als Vertrauen auf bestimmte Modelle bezeichnen und die Kategorie der Modelle so weit ausdehnen, daß sie auch die relativ heuristische Spielart mit umfaßt: der Stromkreis kann als ein stationäres hydrodynamisches System angesehen werden; die Moleküle eines Gases verhalten sich wie winzige elastische Billardbälle in zufälliger Bewegung. Obwohl die Stärke der Gruppenpositionen mit nicht unerheblichen Folgen auf dem Spektrum von heuristischen bis zu ontologischen Modellen variiert, haben alle Modelle ähnliche Funktionen. Unter anderem liefern sie der Gruppe bevorzugte oder zulässige Analogien und Metaphern. Dadurch erleichtern sie die Entscheidung, was als eine Erklärung und als eine Rätsellösung anerkannt werden kann; umgekehrt erleichtern sie die Aufstellung der Liste ungelöster Probleme und die Bewertung der Wichtigkeit eines jeden einzelnen von ihnen. Es sei aber darauf hingewiesen, daß den Mitgliedern wissenschaftlicher Gemeinschaften nicht einmal heuristische Modelle gemeinsam sein müssen, obgleich sie es gewöhnlich sind. Ich habe schon erwähnt, daß die Mitgliedschaft in der Gemeinschaft der Chemiker während der ersten Hälfte des neunzehnten Jahrhunderts den Glauben an Atome nicht erforderte.

Ein drittes Element des disziplinären Systems beschreibe ich hier als Werte. Gewöhnlich werden sie in verschiedenen Gemeinschaften allgemeiner akzeptiert als symbolische Verallgemeinerungen oder Modelle; und sie tragen viel zur Bildung eines Gemeinschaftsgefühls bei den Naturwissenschaftlern insgesamt bei. Obgleich sie immer wirksam sind, werden sie besonders wichtig, wenn die Mitglieder einer bestimmten Gemeinschaft eine Krise erkennen oder sich später zwischen unvereinbaren Möglichkeiten des Betreibens ihres Faches entscheiden müssen. Die Werte, an denen wohl am stärksten festgehalten wird, betreffen Voraussagen: sie sollten genau sein; quantitative Voraussagen sind qualitativen vorzuziehen; wie groß auch die zulässige Fehlerbreite sei, sie sollte innerhalb eines gegebenen Bereichs gleichbleibend eingehalten werden; usw. Es gibt aber auch Werte, die bei der Beurteilung ganzer Theorien gebraucht werden: diese müssen zuerst und vor allem die Formulierung und Lösung von Rätselaufgaben erlauben; wenn möglich, sollten sie einfach, folgerichtig, plausibel und mit anderen gegenwärtig angewandten Theorien vereinbar sein. (Ich halte es heute für eine Schwäche der ersten Fassung, daß Werte wie innere und äußere Widerspruchsfreiheit bei der Betrachtung von Krisenquellen und Faktoren bei der Theoriewahl so wenig Beachtung gefunden haben.) Es existieren auch andere Werte – z. B.: Wissenschaft sollte (oder muß nicht) gesellschaftlich nützlich sein – aber die oben genannten sollten deutlich machen, was ich meine.

Ein Aspekt gemeinsamer Werte sollte aber besonders erwähnt werden. Werte können in einem größeren Ausmaß als andere Bestandteile des disziplinären Systems von Wissenschaftlern geteilt werden, die sich jedoch in deren Anwendung unterscheiden. Urteile über Genauigkeit sind von einem Zeitpunkt zum anderen und von einem Gruppenmitglied zum anderen einigermaßen, wenngleich nicht völlig unveränderlich. Aber Urteile über Einfachheit, Verträglichkeit, Plausibilität usw. variieren oft stark zwischen den einzelnen Gruppenmitgliedern. Was für Einstein ein unerträglicher Widerspruch in der alten Quantentheorie war, der die ›normale‹ Wissenschaft unmöglich machte, war für Bohr und andere eine Schwierigkeit, von der man erwarten konnte, daß sie sich selbst mit normalen Mitteln lösen würde. Wichtiger ist noch, daß in Situationen, wo Werte angewendet werden müssen, verschiedene Werte allein genommen oft zu verschiedenen Entscheidungen führen würden. Die eine Theorie kann genauer, aber weniger widerspruchsfrei oder plausibel als eine andere sein; wieder liefert die alte Quantentheorie ein Beispiel. Kurz, obgleich gemeinsame Werte von Wissenschaftlern weithin akzeptiert werden und die Bindung an sie tief und ein wesentlicher Bestandteil der Wissenschaft ist, wird die Anwendung von Werten manchmal beträchtlich durch die unterschiedlichen persönlichen und biographischen Züge der Gruppenmitglieder beeinflußt.

Vielen Lesern der vorangegangenen Kapitel scheint diese Eigenschaft der Wirkung gemeinsamer Werte eine Hauptschwäche meiner Position zu sein. Da ich bei meiner Meinung bleibe, daß die Gemeinsamkeiten der Wissenschaftler nicht ausreichen, um in Fragen wie der Wahl zwischen konkurrierenden Theorien oder der Unterscheidung zwischen einer normalen Anomalie und einer solchen, die eine Krisis hervorbringt, Einstimmigkeit unter ihnen herzustellen, wirft man mir gelegentlich vor, ich glorifizierte die Subjektivität oder gar die Irrationalität.[9] Diese Reaktion übersieht aber zwei Charakteristika der Werturteile innerhalb eines jeden Gebietes. Erstens können gemeinsame Werte wichtige Determinanten des Gruppenverhaltens sein, selbst wenn die Gruppenmitglieder sie nicht auf dieselbe Weise anwenden. (Wäre das anders, so gäbe es keine *speziellen* philosophischen Probleme der Werttheorie oder der Ästhetik.) Nicht alle Maler haben in der Periode, als Darstellung der primäre Wert war, gleich gemalt, aber in der Entwicklung der bildenden Künste trat eine starke Veränderung ein, als dieser Wert aufgegeben wurde.[10] Man stelle sich vor, was in den Wissenschaften geschähe, wenn Widerspruchsfreiheit kein hervorragender Wert mehr wäre. Zweitens kann die individuelle Verschiedenheit in der Anwendung gemeinsamer Werte wichtige wissenschaftliche Funktionen haben. Werte müssen an Punkten angewendet werden, wo man immer auch ein Risiko eingehen muß. Den meisten Anomalien kommt man mit den üblichen Mitteln bei; die meisten Vorschläge neuer Theorien erweisen sich als falsch. Würden die Mitglieder einer Gemeinschaft jede Anomalie für die Ursache einer Krise halten oder jede neue Theorie eines Kollegen annehmen, so käme die Wissenschaft zum Erliegen. Wenn aber andererseits niemand das große Risiko eingingе, auf Anomalien oder neue Theorien einzugehen, so gäbe es nur wenige oder gar keine Revolutionen. In solchen Dingen kann die Berufung auf gemeinsame Werte statt auf gemeinsame Regeln, die die individuelle Wahl bestimmen, der Gemeinschaft die Möglichkeit bieten, das Risiko zu verteilen und den langfristigen Erfolg zu sichern.

Wir wenden uns einem vierten Element des disziplinären Systems zu; es ist nicht das einzige weitere, aber das letzte, das hier besprochen werden soll. Die völlig angemessene Bezeichnung dafür wäre sowohl philologisch als auch autobiographisch der Ausdruck »Paradigma«; das ist die Komponente der gemeinsamen Positionen einer Gruppe, die mich zuerst zur Wahl dieses Wortes führte. Da das Wort aber ein Eigenleben angenommen hat, werde ich hier »Musterbeispiele« (»exemplars«) sagen. Ich meine damit ursprünglich die konkreten Problemlösungen, denen die Studenten von Anfang ihrer wissenschaftlichen Ausbildung an begegnen, ob in Laboratorien, in Prüfungen oder am Ende von Kapiteln wissenschaftlicher Lehrbücher. Diesen gemeinsamen Beispielen sollte man aber wenigstens einige technische Problemlösungen anfügen, wie sie Wissenschaftlern nach ihrer Ausbildung während ihrer Forscherlaufbahn in den Zeitschriften begegnen und ebenfalls beispielhafte Arbeitsanleitungen geben. Mehr als andere Bestandteile des disziplinären Systems stellen die Unterschiede zwischen Mengen von Musterbeispielen die Feinstruktur der wissenschaftlichen Gemeinschaft dar. Alle Physiker fangen beispielsweise mit dem Studium derselben Beispiele an: Probleme wie die schiefe Ebene, das konische Pendel, die Keplerschen Planetenbahnen; Instrumente wie der Nonius, das Kalorimeter und die Wheatstonesche Brücke. Mit dem Fortgang ihrer Ausbildung werden die symbolischen Verallgemeinerungen, die sie gemeinsam haben, jedoch zunehmend durch verschiedene Musterbeispiele veranschaulicht. Obwohl sowohl Festkörper- wie Feldphysiker die Schrödingersche Gleichung akzeptieren, sind nur die elementareren Anwendungen beiden Gruppen gemeinsam.

3. Paradigmata als gemeinsame Beispiele

Das Paradigma als gemeinsames Beispiel ist das zentrale Element des, wie ich jetzt sehe, neuartigsten und am wenigsten verstandenen Aspekts dieses Buches. Musterbeispiele werden daher mehr Aufmerksamkeit erfordern als die anderen Bestandteile des disziplinären Systems. Gewöhnlich haben die Wissenschaftstheoretiker die Probleme, denen ein Student in Laboratorien oder in wissenschaftlichen Lehrbüchern begegnet, nicht diskutiert, denn man glaubt, sie dienten nur zur Übung in der Anwendung dessen, was der Student schon weiß. Man sagt, er könne überhaupt keine Probleme lösen, wenn er nicht vorher die Theorie und einige Regeln zu ihrer Anwendung gelernt habe. Wissenschaftliche Erkenntnisse seien in Theorien und Regeln eingebettet; Aufgaben dienten der Einübung ihrer Anwendung. Ich habe aber zu zeigen versucht, daß diese Lokalisierung des Erkenntnisgehalts der Wissenschaft falsch ist. Nachdem der Student viele Aufgaben gelöst hat, kann er durch weitere Lösungen nur größere Gewandtheit erwerben. Zu Anfang aber und einige Zeit später noch eignet er sich durch Aufgabenlösen belangvolle Kenntnisse über die Natur an. Fehlten solche Musterbeispiele, dann hätten die früher gelernten Gesetze und Theorien wenig empirischen Gehalt.

Um zu zeigen, was ich meine, kehre ich kurz zu den symbolischen Verallgemeinerungen zurück. Ein weithin akzeptiertes Beispiel ist Newtons zweites Bewegungsgesetz, das im allgemeinen $k = mb$ geschrieben wird. Der Soziologe oder der Linguist, der feststellt, daß der entsprechende Ausdruck von den Mitgliedern einer gegebenen

Gemeinschaft unproblematisch geäußert und aufgenommen wird, hat ohne umfangreiche weitere Nachforschungen nicht viel darüber erfahren, was die Formel oder die Begriffe darin bedeuten und wie die Wissenschaftler der Gemeinschaft die Formel auf die Natur anwenden. Die Tatsache, daß sie sie fraglos akzeptieren und als Ausgangspunkt logischer und mathematischer Operationen betrachten, impliziert noch nicht, daß sie sich z. B. über Bedeutung oder Anwendung im geringsten einig sein müßten. Natürlich sind sie sich weitgehend einig, sonst würde das Gegenteil sehr schnell aus ihrer folgenden Unterhaltung hervorgehen. Die Frage bleibt aber, wo und wodurch sie dazu gekommen sind. Wie haben sie angesichts einer gegebenen experimentellen Situation gelernt, die relevanten Kräfte, Massen und Beschleunigungen herauszufinden?

In der Praxis – und dieser Aspekt der Situation wird selten oder nie beachtet – ist das, was der Student lernen muß, noch komplexer. Die logischen und mathematischen Operationen werden nämlich nicht unbedingt direkt auf die Formel k = mb angewendet. Dieser Ausdruck erweist sich bei näherer Prüfung als Skizze oder Schema eines Gesetzes. Geht der Student oder der Wissenschaftler von einer Problemsituation zu einer anderen über, so ändert sich die symbolische Verallgemeinerung, auf die diese Operationen anzuwenden sind. Für den freien Fall wird k = mb zu

$mg = m \dfrac{d^2s}{dt^2}$; für das einfache Pendel wird es umgeformt zu

$mg \sin \vartheta = -ml \dfrac{d^2\vartheta}{dt^2}$; für ein Paar gekoppelter harmonischer Oszillatoren werden daraus zwei Gleichungen, von denen

sich die erste als $m_1 \dfrac{d^2s_1}{dt^2} + k_1 \; s_1 = k_2 \; (s_2 - s_1 + d)$

schreiben läßt, und für noch kompliziertere Fälle wie den Kreisel nimmt es noch andere Formen an, deren Familienähnlichkeit mit k = mb noch schwerer zu entdecken ist. Doch während der Student die Identifikation von Kräften, Massen und Beschleunigungen in einer Vielfalt von physikalischen Situationen erlernt, die ihm vorher nicht begegnet sind, hat er auch gelernt, die richtige Version von k = mb zu konstruieren, durch die er sie zueinander in Beziehung setzen kann; es ist oft eine Version, zu der ihm vorher noch kein genaues Äquivalent begegnet ist. Wie hat er das gelernt?

Ein Phänomen, das Studenten der Naturwissenschaft und Wissenschaftshistorikern vertraut ist, gibt einen Anhaltspunkt. Erstere berichten regelmäßig, daß sie ein Kapitel eines Buches durchgearbeitet und völlig verstanden haben, dennoch aber Schwierigkeiten bei der Lösung einer Reihe von Aufgaben am Ende des Kapitels hatten. Gewöhnlich lösen sich solche Schwierigkeiten auf die gleiche Weise auf. Der Student entdeckt mit oder ohne die Hilfe eines Lehrers eine Möglichkeit, die Aufgabe *so zu sehen wie* eine Aufgabe, vor die er schon gestellt war. Nachdem er die Ähnlichkeit gesehen und die Analogie zwischen zwei oder mehr Aufgaben erfaßt hat, kann er Symbole zueinander in Beziehung setzen und sie so auf die Natur anwenden, wie es sich schon früher als effektiv erwiesen hat. Die Gesetzesskizze, beispielsweise k = mb, hat als ein Instrument funktioniert, das den Studenten über die zu suchenden Ähnlichkeiten informiert und die Gestalt anzeigt, unter der er die Situation sehen muß. Die resultierende Fähigkeit, eine Vielfalt von Situationen als einander ähnlich zu sehen, als Anwendungsfall von k = mb oder einer anderen symbolischen Verallgemeinerung, ist meines Erachtens der größte Gewinn des Studenten bei der Lösung exemplarischer Aufgaben, ob er mit Bleistift und Papier oder in einem gut angelegten Laboratorium arbeitet. Nachdem er eine bestimmte Anzahl erledigt hat, die sich bei den einzelnen Personen sehr unterscheiden kann, sieht er die Situationen, denen er gegenübersteht, unter derselben Gestalt wie die anderen Mitglieder seiner Spezialistengruppe. Sie sind für ihn nicht mehr dieselben Situationen, die er zu Anfang seiner Ausbildung antraf. Er hat inzwischen eine langbewährte und von der Gruppe anerkannte Sichtweise angenommen.

Die Rolle von erlernten Ähnlichkeitsbeziehungen zeigt sich auch klar in der Geschichte der Wissenschaft. Wissenschaftler lösen Probleme dadurch, daß sie sie auf die Form früherer Problemlösungen bringen und dabei oft nur in ganz geringem Maße auf symbolische Verallgemeinerungen zurückgehen. Galilei fand, daß eine Kugel, die eine schiefe Ebene herunterrollt, gerade schnell genug wird, um dieselbe Höhe auf einer zweiten schiefen Ebene beliebiger Neigung zu erreichen, und er lernte, diese experimentelle Situation zu sehen wie das Pendel mit einer Punktmasse als Gewicht. Huygens löste dann das Problem des Schwingungszentrums eines physikalischen Pendels durch die Vorstellung, daß der ausgedehnte Körper des letzteren sich aus Galileischen Punktpendeln zusammensetze, deren Verbindungen an jedem Punkt der Schwingung gelöst werden können. Nach Auflösung der Verbindungen würde das einzelne Punktpendel frei schwingen, aber ihr gemeinsamer Schwerpunkt würde, wenn jedes seinen höchsten Punkt erreicht, wie Galileis Pendel nur die Höhe erreichen, von der aus der Schwerpunkt des ausgedehnten Pendels zu fallen angefangen hatte. Schließlich entdeckte Daniel Bernoulli, wie man den Wasserstrom aus einer Öffnung dem Huygenschen Pendel ähnlich machen konnte. Man bestimmt die Senkung des Schwerpunkts des Wassers in Behälter und Strahl während einer sehr kurzen Zeitspanne. Dann stellt man sich vor, daß sich jedes Wasserteilchen anschließend für sich zur maximalen Höhe aufwärts bewegt, die mit der in dieser Zeitspanne erlangten Geschwindigkeit erreichbar ist. Der Anstieg des Schwerpunkts der einzelnen Teilchen muß dann der Senkung des Schwerpunkts des Wassers in Behälter und Strahl gleich sein. Aus dieser Sicht des Problems ergab sich sofort die lange gesuchte Ausströmgeschwindigkeit.[11]

Dieses Beispiel sollte die Klärung dessen einleiten, was ich damit meine, daß man aus Aufgaben lernt, Situationen als einander ähnlich und als Gegenstand für die Anwendung desselben Gesetzes oder derselben Gesetzesskizze zu sehen. Gleichzeitig sollte es zeigen, warum ich von der inhaltsreichen Naturerkenntnis spreche, die erworben wird, während man die Ähnlichkeitsbeziehung erlernt, und die später in einer Betrachtungsweise physikalischer Situationen statt in Regeln und Gesetzen verkörpert ist. Die drei Probleme des Beispiels sind alle Musterbeispiele im Rahmen der Mechanik des achtzehnten Jahrhunderts und wenden nur ein einziges Naturgesetz an. Bekannt als das Prinzip der *vis viva* wurde es gewöhnlich so formuliert: »Der tatsächliche Abstieg ist gleich dem möglichen Aufstieg.« Bernoullis Anwendung des Gesetzes dürfte zeigen, wie folgenreich es war. Doch die verbale Formulierung des Gesetzes ist für sich genommen eigentlich wirkungslos. Man gebe sie einem heutigen Physikstudenten, der die Worte kennt und all diese Probleme lösen kann, jetzt aber andere Hilfsmittel verwendet. Dann stelle man sich vor, was die Worte, obwohl sie alle bekannt sind, jemandem sagen könnten, der nicht einmal die Probleme kannte. Für ihn könnte die Verallgemeinerung erst eine Funktion haben, wenn er gelernt hätte, »tatsächliche Abstiege« und »mögliche Aufstiege« als Bestandteile der Natur zu erkennen; und das bedeutet, noch vor dem Gesetz etwas über mögliche und nicht mögliche Naturzustände zu lernen. Dieses Lernen geht nicht mit ausschließlich verbalen Mitteln vor sich, sondern im Zusammenspiel von gegebenen Formulierungen und konkreten Beispielen für ihren Gebrauch; Natur und Worte werden gemeinsam gelernt. Um es mit Michael Polanyis hilfreicher Formulierung zu sagen: das Ergebnis dieses Prozesses ist »stillschweigendes Wissen«, das durch die wissenschaftliche Betätigung und nicht durch Aneignung von Regeln dafür erworben wird.

4. Stillschweigendes Wissen und Intuition

Dieser Hinweis auf stillschweigendes Wissen und die damit einhergehende Zurückweisung von Regeln verweist auf ein weiteres Problem, das viele meiner Kritiker gestört hat und eine Grundlage für den Vorwurf der Subjektivität und Irrationalität zu liefern schien. Einige Leser hatten den Eindruck, ich versuchte die Wissenschaft auf nicht analysierbare individuelle Intuitionen statt auf Logik und Gesetz zu gründen. Aber diese Interpretation geht in zwei wesentlichen Punkten fehl. Erstens sind, wenn ich überhaupt von Intuitionen spreche, diese nicht individuell. Sie sind vielmehr geprüfter und gemeinsamer Besitz der Mitglieder einer erfolgreichen Gruppe, und der Anfänger erwirbt sie durch Ausbildung, die einen Teil seiner Vorbereitung auf die Gruppenmitgliedschaft darstellt. Zweitens sind sie nicht prinzipiell unanalysierbar. Im Gegenteil, ich experimentiere gegenwärtig mit einem Datenverarbeitungsprogramm, das darauf angelegt ist, ihre Eigenschaften auf einer elementaren Ebene zu erforschen.

Über dieses Programm soll hier nichts gesagt werden[12], doch seine bloße Erwähnung weist auf meinen Hauptpunkt hin. Wenn ich von Wissen spreche, das in gemeinsame Musterbeispiele eingebettet ist, dann spreche ich nicht von einer Art des Wissens, die weniger systematisch oder weniger analysierbar wäre als dasjenige, das in Regeln, Gesetze oder Identifikationskriterien eingebettet ist. Statt dessen denke ich an eine Wissensweise, die man mißversteht, wenn man sie in Form von Regeln rekonstruiert, die zunächst aus Musterbeispielen abstrahiert werden und dann deren Funktion übernehmen. Um es anders zu formulieren: wenn ich davon spreche, daß durch Musterbeispiele die Fähigkeit erworben wird, eine vorliegende Situation als manchen bekannten Situationen ähnliche und anderen unähnliche zu erkennen, dann ist damit nicht ein Prozeß gemeint, der in Form von Mechanismen des Zentralnervensystems nicht völlig erklärbar wäre. Ich behaupte vielmehr, daß die Erklärung ihrer Natur nach nicht auf die Frage antwortet: »Ähnlich im Hinblick auf was?« Dies ist die Frage nach einer Regel, in diesem Fall nach den Kriterien, durch die bestimmte Situationen nach Ähnlichkeiten gruppiert werden; ich meine, daß man in diesem Fall der Versuchung widerstehen sollte, nach Kriterien zu suchen, jedenfalls nach vollständigen. Es ist nicht das System überhaupt, sondern ein bestimmtes System, das ich ablehne.

Um diesen Punkt näher zu erläutern, muß ich kurz abschweifen. Das Folgende scheint mir jetzt klar zu sein, aber die ständige Verwendung von Formulierungen wie »die Welt verändert sich« in meinem ursprünglichen Text deutet an, daß es nicht immer so war. Wenn zwei Menschen an derselben Stelle stehen und in dieselbe Richtung schauen, muß man, will man nicht des Solipsismus geziehen werden, annehmen, daß sie annähernd dieselben Reize aufnehmen. (Wenn beide ihre Augen an dieselbe Stelle versetzen könnten, wären die Reize identisch.) Aber Menschen sehen nicht Reize; unser Wissen über diese ist sehr theoretisch und abstrakt. Vielmehr haben sie Empfindungen, und wir sind nicht gezwungen, anzunehmen, die Empfindungen unserer zwei Menschen seien dieselben. (Skeptiker mögen sich daran erinnern, daß Farbenblindheit erst mit ihrer Beschreibung durch John Dalton im Jahre 1794 bemerkt wurde.) Im Gegenteil, zwischen dem Empfang eines Reizes und dem Gewahrwerden dieser Empfindung finden viele Prozesse im Nervensystem statt. Zu den wenigen Dingen, die wir mit Sicherheit darüber wissen, gehört: sehr verschiedene Reize können dieselben Empfindungen hervorrufen; derselbe Reiz kann sehr verschiedene Empfindungen hervorrufen; und der Übergang von Reiz zu Empfindung ist teilweise durch die Erziehung bestimmt. Individuen, die in verschiedenen Gesellschaften aufgewachsen sind, verhalten sich in manchen Fällen, als sähen sie verschiedene Dinge. Wären wir nicht versucht, Reize eindeutig mit Empfindungen zu identifizieren, so könnten wir erkennen, daß sie tatsächlich Verschiedenes sehen.

Halten wir nun fest, daß zwei Gruppen, deren Mitglieder systematisch verschiedene Empfindungen beim Empfang derselben Reize haben, *in gewissem Sinne* tatsächlich in verschiedenen Welten leben. Wir setzen die Existenz von Reizen voraus, um unsere Wahrnehmungen von der Welt zu erklären, und wir setzen ihre Unveränderlichkeit voraus, um individuellem und sozialem Solipsismus zu entgehen. Ich habe gegen keine der beiden Voraussetzungen auch nur den geringsten Vorbehalt. Aber die Welt ist zunächst einmal nicht mit Reizen, sondern mit den Objekten unserer Empfindungen angefüllt, und sie brauchen von Individuum zu Individuum oder von Gruppe zu Gruppe nicht dieselben zu sein. In dem Ausmaß allerdings, in dem Individuen zur selben Gruppe gehören und deshalb gemeinsame Erziehung, Sprache, Erfahrung und Kultur haben, können wir sehr wohl annehmen, daß ihre Empfindungen dieselben sind. Wie sonst könnte man den Reichtum ihrer Kommunikation und die Gemeinsamkeit ihrer Reaktionen auf die Umwelt verstehen? Sie müssen Dinge auf ganz ähnliche Weise sehen und Reize auf ganz ähnliche Weise verarbeiten. Wo aber die Differenzierung und Spezialisierung von Gruppen anfängt, gibt es keinen ähnlichen Beweis für die Unveränderlichkeit von Empfindungen. Ich vermute, daß bloße Engstirnigkeit uns annehmen läßt, der Übergang vom Reiz zur Empfindung sei für alle Mitglieder aller Gruppen derselbe.

Ich komme zurück auf Musterbeispiele und Regeln. Worauf ich in wie vorläufiger Form auch immer hinweisen wollte, ist dies. Eine der grundlegenden Methoden, durch die die Gruppenmitglieder – eine ganze Kultur oder eine kleinere Gemeinschaft von Spezialisten innerhalb dieser – lernen, dieselben Dinge zu sehen, wenn sie auf dieselben Reize stoßen, ist das Zeigen von Situationsbeispielen, die die älteren Gruppenmitglieder schon als einander ähnlich und als von anderen Situationen verschieden zu sehen gelernt haben. Diese ähnlichen Situationen können aufeinander folgende sinnliche Wahrnehmungen derselben Person sein, beispielsweise der Mutter, die schließlich mit einem Blick identifiziert und als von Vater oder Schwester unterschieden gesehen wird. Es können Wahrnehmungen von Gattungsmitgliedern sein, beispielsweise einerseits Schwäne und andererseits Gänse. Oder es können für die Mitglieder stärker spezialisierter Gruppen Beispiele der Newtonschen Situation sein, Situationen also, deren Ähnlichkeit darin besteht, Gegenstand für eine Version der Formel $k = mb$ zu sein, und die sich von den Situationen unterscheiden, für die etwa die Gesetzesskizzen der Optik zutreffen.

Nehmen wir einmal an, daß so etwas tatsächlich vorkommt. Müssen wir sagen, man lerne durch Musterbeispiele Regeln und die Fähigkeit, sie anzuwenden? Diese Beschreibung ist verlockend, denn wenn wir in einer Situation eine Ähnlichkeit mit anderen sehen, denen wir früher begegnet sind, so muß das ja das Ergebnis von Nervenvorgängen sein, die völlig von physikalischen und chemischen Gesetzen gesteuert sind. In diesem Sinne muß das Erkennen von Ähnlichkeiten, wenn wir diese Tätigkeit erst einmal erlernt haben, ebenso systematisch sein wie unser Herzschlag. Aber gerade diese Parallele deutet an, daß Erkennen auch unwillkürlich vor sich gehen kann, ein Prozeß, über den wir keine Kontrolle haben. Wenn das der Fall ist, dürfen wir ihn nicht als etwas auffassen, das wir durch Anwendung von Regeln und Kriterien zustande bringen. Spricht man so davon, dann heißt das, es müsse auch andere Möglichkeiten geben, etwa daß wir eine Regel mißachtet, ein Kriterium falsch angewendet oder mit einer anderen Sehweise experimentiert haben könnten.[13] Gerade das, glaube ich, kann man nicht.

Genauer, das kann man nicht, ehe man eine Empfindung gehabt, etwas wahrgenommen hat. Danach suchen wir oft nach Kriterien und wenden sie an. Wir können dann eine Interpretation unternehmen: ein willentlicher Vorgang, in dem wir zwischen Alternativen wählen, wie wir es bei der Wahrnehmung selbst nicht tun. Vielleicht ist zum Beispiel etwas ungewöhnlich an dem, was wir gesehen haben (man erinnere sich an die ungewöhnlichen Spielkarten). Wir kommen um eine Ecke und sehen Mutter in der Stadt zu einer Zeit einen Laden betreten, zu der wir dachten, sie sei zu Hause. Wir bedenken, was wir gesehen haben, und rufen plötzlich aus: »Das war nicht Mutter, denn sie hat rotes Haar!« Wir betreten den Laden, sehen die Frau wieder und können nicht verstehen, wie wir sie für Mutter hatten halten können. Oder wir sehen die Schwanzfedern eines Wasservogels, der auf dem Grund eines flachen Teiches Nahrung sucht. Ist es ein Schwan oder eine Gans? Wir bedenken, was wir gesehen haben, und vergleichen im Geiste die Schwanzfedern mit denen von Schwänen und Gänsen, die wir früher gesehen haben. Oder wir sind kleine Wissenschaftler und wollen einfach ein allgemeines Charakteristikum (die weiße Farbe der Schwäne beispielsweise) der Mitglieder einer natürlichen Gattung kennen, die wir schon leicht erkennen können. Wieder denken wir an das, was wir schon früher wahrgenommen haben, und suchen nach den Gemeinsamkeiten der Mitglieder einer gegebenen Gattung.

Dies sind alles bewußte Vorgänge, und in ihnen suchen und entwickeln wir Kriterien und Regeln. Wir versuchen, schon vorhandene Empfindungen zu interpretieren, zu analysieren, was für uns das Gegebene ist. Wie wir es aber auch tun, die beteiligten Prozesse müssen letztlich Nervenprozesse sein und sind deshalb von denselben physikalisch-chemischen Gesetzen gesteuert, die die Wahrnehmung einerseits und unseren Herzschlag andererseits steuern. Aber die Tatsache, daß das System in allen drei Fällen denselben Gesetzen gehorcht, ist kein Grund zu der Annahme, daß unser Nervensystem so programmiert ist, daß es auf dieselbe Weise bei der Interpretation wie bei der Wahrnehmung oder bei beiden wie bei unserem Herzschlag arbeitet. Wogegen ich mich in diesem Buch wende, ist der erst seit Descartes traditionelle Versuch, die Wahrnehmung als einen Interpretationsvorgang zu analysieren, als eine unbewußte Version dessen, was wir nach der Wahrnehmung tun.

Der Grund, warum die Integrität der Wahrnehmung hervorgehoben werden soll, ist natürlich, daß so viel vergangene Erfahrung im Nervensystem gespeichert ist, das Reize in Empfindungen transformiert. Ein zweckmäßig programmierter Wahrnehmungsmechanismus hat arterhaltenden Wert. Die Behauptung, die Mitglieder verschiedener Gruppen könnten verschiedene Wahrnehmungen haben, wenn sie mit denselben Reizen konfrontiert werden, bedeutet nicht, daß sie überhaupt irgendwelche Wahrnehmungen haben. In vielen Umwelten könnte eine Gruppe, die Wölfe nicht von Hunden unterscheiden kann, nicht existieren. Auch eine Gruppe von Kernphysikern könnte heute als Wissenschaftler nicht überleben, wenn sie unfähig wäre, die Bahnen von Alphateilchen und Elektronen zu erkennen. Und weil so wenige Sehweisen genügen, sind diejenigen, die die Prüfung durch den Gruppengebrauch bestanden haben, es wert, von Generation zu Generation weitergegeben zu werden. Ebenso müssen wir, da sie aufgrund ihres Erfolges über einen geschichtlichen Zeitraum hinweg ausgewählt wurden, davon sprechen, daß Erfahrung und Wissen über die Natur in den Übergang von Reiz zur Empfindung eingebaut sind.

Vielleicht ist »Wissen« das falsche Wort, aber es gibt Gründe für seinen Gebrauch. Was der Nervenprozeß, der Reize zu Empfindungen umformt, mit enthält, hat folgende Merkmale: es ist durch Erziehung vermittelt worden; es hat sich durch Versuch in der gegenwärtigen Umwelt einer Gruppe als effektiver herausgestellt als seine historischen Konkurrenten; drittens ist es der Veränderung durch weitere Erziehung und durch die Entdeckung von Unangepaßtheit an die Umwelt unterworfen. Dies sind die Merkmale von Wissen, und sie erklären, warum ich den Begriff verwende. Dennoch ist der Sprachgebrauch merkwürdig, denn ein weiteres Merkmal fehlt. Wir haben keinen direkten Zugang zum Inhalt unseres Wissens, keine Regeln oder Verallgemeinerungen, mit denen sich dieses Wissen ausdrücken ließe. Regeln, die diesen Zugang ermöglichen könnten, würden sich auf Reize, nicht auf Empfindungen beziehen, und Reize werden uns nur durch eine komplizierte Theorie bekannt. Fehlt sie, dann bleibt das in den Übergang von Reiz zu Empfindung eingebettete Wissen ein stillschweigendes.

Obgleich die obigen Ausführungen zu den Empfindungen offensichtlich vorläufig sind und nicht in allen Einzelheiten richtig sein müssen, sind sie doch wörtlich gemeint. Zumindest sind sie eine Hypothese über das Sehen, die experimentell untersucht (wenn auch wohl nicht direkt geprüft) werden sollte. Aber solche Rede von Sehen und Empfinden hat hier wie im Hauptteil des Buches auch metaphorische Funktionen. Tatsächlich *sehen* wir nicht Elektronen, sondern ihre Bahnen oder Dampfblasen in einer Blasenkammer. Wir *sehen* nicht elektrische Ströme, sondern die Nadeln von Amperemeter und Galvanometer. Dennoch bin ich im Buch, besonders in Abschnitt X, wiederholt so verfahren, als nähmen wir theoretische Gegenstände wie Ströme, Elektronen und Felder wahr, als lernten wir dies durch die Untersuchung von Musterbeispielen, und als wäre es auch in diesen Fällen falsch, von Kriterien und Interpretation statt von Sehen zu sprechen. Die Metapher, die »Sehen« in solche Kontexte überträgt, ist kaum eine ausreichende Basis für solche Behauptungen. Auf lange Sicht wird man sie wohl zugunsten einer weniger metaphorischen Ausdrucksweise ausscheiden müssen.

Das Datenverarbeitungsprogramm, von dem ich oben sprach, deutet Möglichkeiten an, wie das geschehen könnte, aber weder der verfügbare Raum noch mein gegenwärtiges Wissen erlauben mir, hier auf die Metapher zu verzichten.[14] Statt dessen will ich versuchen, sie kurz zu untermauern. Sieht man Wassertröpfchen oder eine Nadel vor einer Zahlenskala, so ist das eine elementare Wahrnehmung für jemanden, der mit Blasenkammern und Amperemetern nicht vertraut ist. Es erfordert also Nachdenken, Analyse und Interpretation (oder die Intervention einer äußeren Autorität), bevor man zu Schlüssen über Elektronen oder Ströme gelangt. Der Standpunkt desjenigen aber, der den Umgang mit diesen Instrumenten gelernt und exemplarische Erfahrungen mit ihnen hat, ist ein ganz anderer; entsprechend unterschiedlich verarbeitet er die Reize, die ihn von ihnen erreichen. Wenn er an einem kalten Winternachmittag seinen Atem betrachtet, mag er dieselbe Empfindung haben wie ein Laie, wenn er aber eine Blasenkammer betrachtet, sieht er (hier buchstäblich) nicht Tropfen, sondern die Spuren von Elektronen, Alphateilchen usw. Diese Spuren sind, wenn man will, Kriterien, die er als Anzeichen der Anwesenheit der entsprechenden Teilchen interpretiert, aber dieser Weg ist kürzer und auch verschieden von dem, den derjenige einschlägt, der Tröpfchen interpretiert.

Oder nehmen wir den Wissenschaftler, der auf ein Amperemeter schaut, um festzustellen, bei welcher Zahl die Nadel stehengeblieben ist. Seine Empfindung ist wahrscheinlich dieselbe wie die des Laien, besonders, wenn dieser schon früher andere Meßgeräte abgelesen hat. Er hat aber das Meßgerät (wieder oft buchstäblich) im Zusammenhang mit einem ganzen Stromkreis gesehen und weiß etwas über seinen inneren Aufbau. Für ihn ist die Stellung der Nadel ein Kriterium nur für den *Wert* des Stroms. Um sie zu interpretieren, braucht er nur zu entscheiden, auf welcher Skala das Meßgerät abgelesen werden soll. Für den Laien andererseits ist die Stellung der Nadel kein Kriterium für irgend etwas anderes. Um sie zu interpretieren, muß er die ganze innere und äußere Verdrahtung untersuchen, mit Batterien und Magneten experimentieren u. a. m. Im metaphorischen wie im buchstäblichen Sinne von »Sehen« fängt die Interpretation dort an, wo die Wahrnehmung endet. Die zwei Vorgänge sind nicht identisch; und was die Wahrnehmung der Interpretation zur Vervollständigung überläßt, hängt sehr von Art und Ausmaß früherer Erfahrung und Ausbildung ab.

5. Musterbeispiele, Inkommensurabilität und Revolutionen

Das eben Gesagte bildet eine Grundlage für die Klärung eines weiteren Aspekts des Buches: meine Bemerkungen über die Inkommensurabilität und ihre Konsequenzen für Wissenschaftler, die die Wahl zwischen aufeinander folgenden Theorien diskutieren.[15] In den Abschnitten X und XII habe ich behauptet, daß die Parteien in solchen Diskussionen bestimmte experimentelle oder Beobachtungssituationen, auf die sich beide berufen, notwendig verschieden sehen. Da die Vokabulare, in denen sie solche Diskussionen führen, vorwiegend aber aus denselben Ausdrücken bestehen, müssen sie einige dieser Ausdrücke verschieden auf die Natur anwenden, so daß sie notwendigerweise keine vollständige Verständigung erzielen. Folglich ist die Überlegenheit einer Theorie über eine andere in der Diskussion nicht nachzuweisen. Statt dessen, so habe ich betont, muß jede Partei die andere zu überreden versuchen. Nur Philosophen haben die Absicht dieser Teile meiner Argumentation ernstlich mißverstanden. Einige von ihnen haben folgendes als meine Meinung dargestellt:[16] Die Verfechter inkommensurabler Theorien sind überhaupt nicht in der Lage, sich zu verständigen; folglich kann es in einer Diskussion über die Wahl von Theorien keine Berufung auf *gute* Gründe geben; Theorien müssen vielmehr aus letztlich persönlichen und subjektiven Gründen gewählt werden; eine Art mystische Wahrnehmung ist für die tatsächlich getroffene Entscheidung verantwortlich. Die Passagen, auf denen diese Mißdeutungen beruhen, sind mehr als irgendein anderer Teil des Buches Ursache für die Vorwürfe des Irrationalismus gewesen.

Zunächst zu meinen Bemerkungen über den Beweis. Was ich habe klarmachen wollen, ist einfach und der Wissenschaftstheorie längst vertraut. Diskussionen über Theoriewahl können nicht genau in der Form logischer oder mathematischer Beweise stattfinden. In letzteren sind Prämissen und Schlußregeln von vornherein festgelegt. Gibt es über Ergebnisse Unstimmigkeiten, dann können die Parteien in der diesbezüglichen Diskussion ihre Denkschritte nachvollziehen und jeden anhand früherer Voraussetzungen kontrollieren. Schließlich muß einer zugeben, daß er einen Fehler gemacht, gegen eine anerkannte Regel verstoßen hat. Hat er das zugegeben, dann hat er keinen Ausweg mehr, und der Beweis seines Gegners ist schlüssig. Wenn aber beide statt dessen entdecken, daß sie über die Bedeutung oder Anwendung vereinbarter Regeln verschiedener Meinung sind, daß ihre frühere Übereinstimmung keine ausreichende Basis für einen Beweis ist, dann nimmt die Diskussion einen Fortgang, wie er während wissenschaftlicher Revolutionen unvermeidlich ist. Diese Diskussion geht um Prämissen; in ihr bedient man sich der Überredung als Vorspiel zur Möglichkeit des Beweises.

Nichts an dieser relativ bekannten These impliziert, daß es entweder keine guten Gründe geben könnte, sich überzeugen zu lassen, oder daß diese Gründe für die Gruppe nicht letztlich entscheidend seien. Noch impliziert sie, daß die Gründe der Wahl sich von denen unterscheiden, die die Wissenschaftstheoretiker gewöhnlich anführen: Genauigkeit, Einfachheit, Fruchtbarkeit und ähnliches. Sie sollte aber besagen, daß solche Gründe als Werte fungieren und daher von Leuten, die sie gleichermaßen achten, individuell oder kollektiv verschieden angewendet werden können. Wenn zwei Personen beispielsweise über die relative Fruchtbarkeit ihrer Theorien verschiedener Meinung sind, oder wenn sie in diesem Punkt übereinstimmen, nicht aber über die relative Bedeutung der Fruchtbarkeit und z. B. der Anwendungsbreite für die Entscheidung zwischen Theorien, dann kann keinem ein Fehler nachgewiesen werden, noch verhält sich einer der beiden unwissenschaftlich. Es gibt keinen neutralen Algorithmus für die Theoriewahl, kein systematisches Entscheidungsverfahren, das bei richtiger Anwendung jeden einzelnen in der Gruppe zu derselben Entscheidung führen müßte. In diesem Sinne trifft die Gemeinschaft der Fachleute und nicht ihre einzelnen Mitglieder die eigentliche Entscheidung. Um die Entwicklung der Wissenschaft zu verstehen, braucht man nicht die Details der Biographie und Persönlichkeit zu entwirren, die jedes Individuum zu einer besonderen Wahl führen, obgleich das sehr faszinierend sein kann. Man muß vielmehr verstehen, wie ein bestimmtes System gemeinsamer Werte mit den bestimmten gemeinsamen Erfahrungen einer Fachgemeinschaft in Wechselwirkung steht und dazu führt, daß die meisten Gruppenmitglieder letztlich eine Reihe von Argumenten eher für entscheidend halten als eine andere.

Das ist Überredung, die aber ein tieferes Problem stellt. Zwei Personen, die dieselbe Situation verschieden sehen, aber dennoch dasselbe Vokabular bei ihrer Diskussion gebrauchen, müssen ihre Wörter unterschiedlich verwenden. Sie sprechen von, wie ich es genannt habe, inkommensurablen Standpunkten aus. Wie können sie überhaupt miteinander sprechen oder gar überzeugen? Selbst eine vorläufige Antwort auf diese Frage erfordert eine genauere Beschreibung der Schwierigkeit.

Ich nehme an, daß sie wenigstens teilweise wie folgt aussieht. Die Praxis der ›normalen‹ Wissenschaft hängt von der durch Musterbeispiele erworbenen Fähigkeit ab, Gegenstände und Situationen in ›Ähnlichkeitsgruppen‹ zusammenzufassen, die unanalysierbar in dem Sinne sind, daß die Gruppierung ohne die Antwort auf die Frage »Ähnlich im Hinblick auf was?« geschieht. Ein zentraler Aspekt jeder Revolution ist also die Veränderung eines Teils der Ähnlichkeitsbeziehungen. Gegenstände, die vorher in derselben Gruppe zusammengefaßt waren, sind nachher in verschiedenen enthalten und umgekehrt. Man denke an Sonne, Mond, Mars und Erde vor und nach Kopernikus; an den freien Fall, die Pendel- und die Planetenbewegung vor und nach Galilei; an Salze, Legierungen und ein Gemisch aus Schwefel und Eisenfeilspänen vor und nach Dalton. Da die meisten Gegenstände auch in den veränderten Gruppen weiterhin gemeinsam gruppiert werden, werden die Namen der Gruppen gewöhnlich beibehalten. Trotzdem ist die Neuanordnung einer Untergruppe gewöhnlich Teil einer entscheidenden Veränderung im Geflecht der Beziehungen zwischen ihnen. Die Übertragung der Metalle aus der Gruppe der Verbindungen in die Gruppe der Elemente spielte eine wesentliche Rolle bei der Herausbildung einer neuen Theorie der Verbrennung, der Säuren und der physikalischen Mischung und chemischen Verbindung. In kurzer Zeit hatten sich diese Veränderungen über die gesamte Chemie ausgebreitet. Es ist daher nicht überraschend, daß nach solchen Neuaufteilungen zwei Personen, die sich früher anscheinend völlig verstanden, plötzlich auf denselben Reiz mit unvereinbaren Beschreibungen und Verallgemeinerungen reagieren. Diese Schwierigkeiten werden nicht einmal in allen Bereichen ihrer wissenschaftlichen Äußerungen spürbar, aber sie entstehen und häufen sich am stärksten bei den Phänomenen, von denen die Theoriewahl am entscheidendsten abhängt.

Solche Probleme sind, obgleich sie zuerst in der Kommunikation deutlich werden, nicht bloß sprachlicher Natur und können nicht einfach dadurch gelöst werden, daß man für problematische Ausdrücke Definitionen angibt. Da die Wörter, bei denen sich die Schwierigkeiten häufen, teilweise in der direkten Anwendung auf Musterbeispiele gelernt wurden, können die an der Kommunikationsstörung Beteiligten nicht sagen: »Ich gebrauche das Wort ›Element‹ (oder ›Mischung‹ oder ›Planet‹ oder ›freie Bewegung‹) so, wie die folgenden Kriterien angeben.« Sie können nicht bei einer neutralen Sprache Zuflucht nehmen, die beide in gleicher Weise verwenden und die für die Formulierung beider Theorien oder auch nur ihrer empirischen Folgerungen brauchbar wäre. Ein Teil des Unterschiedes geht der Anwendung der Sprachen voraus, in denen er sich dennoch zeigt.

Die von solchen Kommunikationsstörungen betroffenen Personen müssen aber eine Zuflucht haben. Die Reize, die auf sie einwirken, sind dieselben. Ebenso die allgemeinen Züge ihres Nervensystems, so verschieden es auch programmiert sein mag. Weiter muß außer in einem kleinen, wenn auch entscheidenden Erfahrungsbereich selbst die Programmierung ihrer Nerven beinahe identisch sein, weil sie außer der jüngsten Vergangenheit eine gemeinsame Geschichte haben. Folglich sind ihre Alltags- und der größte Teil ihrer Wissenschaftswelt und -sprache gemeinsam. Bei soviel Gemeinsamkeiten sollten sie in der Lage sein, einen großen Teil der Differenzen zu klären. Die erforderlichen Methoden sind jedoch weder einfach noch bequem noch in der gewöhnlichen Ausrüstung eines Wissenschaftlers enthalten. Die Wissenschaftler erkennen sie selten ganz als das, was sie sind, und gebrauchen sie selten länger, als nötig ist, um festzustellen, ob sie sich einer neuen Theorie anschließen oder nicht.

Was die von einer Kommunikationsstörung Betroffenen tun können, ist, kurz gesagt, einander als Mitglieder verschiedener Sprachgemeinschaften erkennen und Übersetzer werden.[17] Wenn sie die Unterschiede ihrer eigenen Intra- und Intergruppengespräche zum Forschungsgegenstand machen, können sie zunächst versuchen, die Ausdrücke und Redeweisen zu finden, die innerhalb jeder Gemeinschaft problemlos gebraucht werden und dennoch Mittelpunkte der Schwierigkeit bei Diskussionen zwischen verschiedenen Gruppen sind. (Ausdrücke, die keine derartigen Schwierigkeiten bieten, können bei der Übersetzung unverändert bleiben.) Haben sie solche Schwierigkeitsbereiche wissenschaftlicher Kommunikation isoliert, so können sie auf ihren gemeinsamen Alltagswortschatz zurückgehen und damit versuchen, ihre Schwierigkeiten weiter zu klären. Das heißt, jeder kann versuchen herauszufinden, was der andere sehen und sagen würde angesichts eines Reizes, auf den man selber sprachlich anders reagieren würde. Wenn sie darauf verzichten, abnormes Verhalten zu rasch als Folge von Irrtum oder Verrücktheit zu erklären, so werden sie vielleicht mit der Zeit das gegenseitige Verhalten sehr gut voraussagen können. Jeder wird gelernt haben, die Theorie des anderen und ihre Konsequenzen in seine eigene Sprache zu übersetzen und gleichzeitig in seiner Sprache die Welt zu beschreiben, auf die sich diese Theorie bezieht. Das ist das, was der Wissenschaftshistoriker regelmäßig tut (oder tun sollte), wenn er veraltete wissenschaftliche Theorien behandelt.

Da eine fortgesetzte Übersetzung den von einer Kommunikationsstörung Betroffenen die Möglichkeit gibt, auch etwas über die Stärken und Schwächen des anderen Standpunkts zu erfahren, ist sie ein starkes Mittel der Überzeugung und Bekehrung. Aber selbst die Überzeugung braucht nicht zu gelingen, und wenn sie dennoch gelingt, braucht ihr die Bekehrung nicht zu folgen. Die zwei Erfahrungen sind nicht identisch; dies ist ein wichtiger Unterschied, den ich erst kürzlich ganz erkannt habe.

Jemanden überzeugen heißt wohl, ihm klarzumachen, daß die eigene Ansicht richtiger ist und deshalb die andere ersetzen sollte. Das wird gelegentlich schon ohne den Rückgriff auf eine Übersetzung erreicht. Gelingt nicht einmal diese, so werden viele der von den Mitgliedern einer wissenschaftlichen Gruppe vertretenen Erklärungen und Problemstellungen für die andere Gruppe unverständlich bleiben. Aber jede Sprachgemeinschaft kann gewöhnlich von Anbeginn einige konkrete Forschungsergebnisse vorlegen, die zwar in Sätzen beschreibbar sind, die von beiden Gruppen gleich verstanden werden, die aber von der anderen Gemeinschaft mit ihren eigenen Begriffen nicht erklärt werden können. Wenn der neue Gesichtspunkt eine Zeitlang beibehalten wird und weiterhin fruchtbar ist, dann gewinnt man wahrscheinlich immer mehr Forschungsergebnisse, die sich so ausdrücken lassen. Für einige Personen werden nur solche Ergebnisse maßgebend sein. Sie können sagen: ich weiß nicht, wie die Verfechter des neuen Standpunktes zu ihrem Erfolg kommen, aber ich muß lernen; was sie tun, ist offenbar richtig. So reagieren besonders leicht Personen, die gerade einen Beruf anfangen, denn sie haben das besondere Vokabular und die Bindungen jeder der beiden Gruppen noch nicht erworben.

Argumente, die sich in dem von beiden Gruppen gleich gebrauchten Vokabular ausdrücken lassen, sind aber gewöhnlich nicht entscheidend, wenigstens nicht, bevor ein sehr spätes Stadium in der Entwicklung der entgegengesetzten Standpunkte erreicht ist. Von denen, die der Berufsgruppe schon angehören, werden wohl nur wenige ohne den Rückgriff auf ausgedehntere Vergleiche überzeugt, die die Übersetzung ermöglicht. Obwohl dafür oft mit sehr langen und komplizierten Sätzen bezahlt wird (man denke an die

Proust-Berthollet-Kontroverse, die ohne Benutzung des Ausdrucks »Element« geführt wurde), können viele zusätzliche Forschungsergebnisse aus einer Gruppensprache in die andere *übersetzt* werden. Mit fortschreitender Übersetzung können auch einige Mitglieder jeder Gemeinschaft beginnen, einfühlend zu verstehen, wie eine früher schwer verständliche Aussage für die Mitglieder der anderen Gruppe eine Erklärung sein konnte. Das Vorhandensein solcher Methoden garantiert natürlich nicht die Überzeugung. Für die meisten Menschen ist das Übersetzen etwas Bedrohliches, und es ist der ›normalen‹ Wissenschaft völlig fremd. Es gibt immer Gegenargumente und keine Regeln, die sagen, wie man entscheiden soll. Wenn aber ein Argument zum anderen kommt und ein Angriff nach dem anderen erfolgreich abgewehrt wird, dann ist fortgesetzter Widerstand nur mit blinder Hartnäckigkeit zu erklären.

Damit gewinnt ein zweiter Aspekt der Übersetzung, der Historikern und Linguisten längst bekannt ist, entscheidende Bedeutung. Übersetzt man eine Theorie oder eine Weltanschauung in die eigene Sprache, dann macht man sie sich noch nicht zu eigen. Dazu muß man einheimisch werden, entdecken, daß man in einer Sprache, die früher fremd war, denkt und arbeitet und nicht nur aus ihr übersetzt. Diesen Übergang kann der einzelne aber nicht willentlich vollziehen oder unterlassen, aus wie guten Gründen er es auch wünschen mag. Statt dessen stellt er irgendwann einmal, während er übersetzen lernt, fest, daß der Übergang stattgefunden hat, daß er ohne vorherigen Entschluß in die neue Sprache übergegangen ist. Oder er sieht sich wie viele, die in mittleren Jahren zum erstenmal der Relativitäts- oder Quantentheorie gegenüberstanden, von dem neuen Standpunkt völlig überzeugt und ist dennoch unfähig, ihn zu internalisieren und in der entsprechenden Welt sich heimisch zu fühlen. Intellektuell hat diese Person ihre Wahl getroffen, aber die Konversion, die notwendig wäre, um die Wahl wirksam zu machen, gelingt ihr nicht. Trotzdem kann sie die neue Theorie verwenden; sie tut das aber als Fremder in einer fremden Umgebung, und diese Möglichkeit hat sie nur deshalb, weil es dort schon Einheimische gibt. Ihre Arbeit ist dort parasitär, denn ihr fehlt die Konstellation geistiger Strukturen (mental sets), die zukünftige Gemeinschaftsmitglieder durch Ausbildung erwerben.

Die Konversionserfahrung, die ich mit einem Gestaltwandel verglichen habe, bleibt daher im Zentrum des revolutionären Prozesses. Gute Gründe für die Wahl liefern Motive für die Konversion und ein Klima, in dem sie leichter vonstatten geht. Übersetzung kann zusätzlich Ansatzpunkte für eine Nervenneuprogrammierung schaffen, die, so unergründlich sie heute noch ist, der Veränderung zugrunde liegen muß. Aber weder gute Gründe noch Übersetzung machen die Konversion aus; doch diese müssen wir klären, um eine wesentliche Art wissenschaftlicher Veränderung zu verstehen.

6. *Revolutionen und Relativismus*

Eine Konsequenz der gerade dargestellten Position hat mehrere meiner Kritiker besonders gestört.[18] Sie halten meinen Standpunkt besonders in der Entwicklung im letzten Abschnitt dieses Buches für relativistisch. Meine Bemerkungen zur Übersetzung erhellen die Gründe des Vorwurfs. Die Verfechter unterschiedlicher Theorien ähneln den Mitgliedern verschiedener Sprach- und Kulturgemeinschaften. Die Anerkennung dieser Parallelität läßt vermuten, daß in gewissem Sinne beide Gruppen recht haben können. Auf die Kultur und ihre Entwicklung angewendet ist diese Position relativistisch.

Aber auf die Wissenschaft angewendet braucht sie es nicht zu sein, und sie ist jedenfalls weit von *bloßem* Relativismus entfernt in einer Hinsicht, die ihre Kritiker übersehen haben. Als Gruppe oder in Gruppen sind die Vertreter der entwickelten Wissenschaften, wie ich behauptet habe, im Grunde Rätsellöser. Obgleich die Werte, die sie bei der Theoriewahl anwenden, sich auch aus anderen Aspekten ihrer Arbeit herleiten, ist die nachgewiesene Fähigkeit, auf die Natur bezügliche Rätselaufgaben zu stellen und zu lösen, im Falle des Wertkonflikts das beherrschende Kriterium für die meisten Mitglieder einer wissenschaftlichen Gruppe. Wie jeder andere Wert erweist sich die Fähigkeit, Probleme zu lösen, in der Anwendung als zweideutig. Zwei Personen, die sie gleichermaßen besitzen, können sich trotzdem in den Urteilen voneinander unterscheiden, zu denen sie durch ihre Anwendung gelangen. Aber das Verhalten einer Gruppe, die sie zur hervorragenden Eigenschaft macht, wird sich sehr vom Verhalten einer Gruppe unterscheiden, die das nicht tut. In den Naturwissenschaften, glaube ich, hat der hohe Wert, den man der Fähigkeit, Probleme zu lösen, zumißt, folgende Konséquenzen.

Man stelle sich einen Stammbaum vor, der die Entwicklung der modernen wissenschaftlichen Spezialgebiete aus ihren gemeinsamen Ursprüngen etwa in der primitiven Naturphilosophie und dem Handwerk darstellt. Eine Aufwärtslinie an diesem Baum, die nirgends wieder zurückläuft und vom Stamm bis zum Ende eines Astes reicht, würde eine Folge von Theorien darstellen, die durch Abstammung miteinander verwandt sind. Betrachtet man zwei solche Theorien an Punkten, die ihrem Ursprung nicht zu nahe sind, dann müßte es einfach sein, eine Liste von Kriterien zu erstellen, die es einem unvoreingenommenen Beobachter ermöglichen, die frühere von der späteren Theorie zuverlässig zu unterscheiden. Zu den nützlichsten Kriterien würden gehören: Genauigkeit der Voraussage, besonders der quantitativen Voraussage, das Verhältnis zwischen esoterischen und alltäglichen Gegenstandsbereichen und die Anzahl der verschiedenen gelösten Probleme. Zu diesem Zweck weniger nützliche, aber auch wichtige Determinanten wissenschaftlichen Lebens wären Werte wie Einfachheit, Anwendungsbreite und Verträglichkeit mit anderen Spezialgebieten. Diese Listen sind noch nicht die richtigen, sie können aber zweifellos vervollständigt werden. Wenn dem so ist, dann ist die wissenschaftliche Entwicklung wie die biologische ein eindeutig gerichteter und nicht umkehrbarer Vorgang. Spätere wissenschaftliche Theorien sind besser als frühere geeignet, Probleme in den oft ganz unterschiedlichen Umwelten, auf die sie angewendet werden, zu lösen. Dies ist keine relativistische Position, und in diesem Sinne bin ich fest überzeugt vom wissenschaftlichen Fortschritt.

Verglichen mit dem Begriff des Fortschritts, wie er bei Wissenschaftstheoretikern und Laien vorherrscht, fehlt dieser Position ein wesentliches Element. Eine wissenschaftliche Theorie wird gewöhnlich für besser als ihre Vorläufer gehalten, und zwar nicht nur im Sinne eines besseren Instruments für die Entdeckung und Lösung von Problemen, sondern auch, weil sie in gewisser Weise eine bessere Darstellung dessen sei, was die Natur wirklich ist. Man hört oft, daß aufeinander folgende Theorien sich der Wahrheit immer mehr annäherten. Anscheinend beziehen sich solche Verallgemeinerungen nicht auf die Problemlösungen und die konkreten Voraussagen, die aus einer Theorie abgeleitet werden, sondern auf ihre Ontologie, d. h. auf die Übereinstimmung zwischen den Entitäten, mit denen die Theorie die Natur besiedelt, und dem, was »wirklich vorhanden« ist.

Vielleicht gibt es eine andere Möglichkeit, den Begriff der »Wahrheit« für die Anwendung auf ganze Theorien zu retten, dieser aber dürfte kaum ausreichen. Meines Erachtens gibt es keine von Theorien unabhängige Möglichkeit, Ausdrücke wie »wirklich vorhanden« zu rekonstruieren; die Vorstellung von einer Übereinstimmung zwischen der Ontologie einer Theorie und ihrem »realen« Gegenstück in der Natur scheint mir jetzt prinzipiell trügerisch zu sein. Als Historiker finde ich außerdem diese Ansicht sehr wenig einleuchtend. Ich bezweifle beispielsweise nicht, daß die Newtonsche Mechanik die Aristotelische und die Einsteinsche Mechanik die Newtonsche als ein Instrument der Problemlösung verbessert. Ich kann aber in ihrer Abfolge keine einheitliche Richtung einer ontologischen Entwicklung sehen. Im Gegenteil, in manchem wichtigen Punkt, wenn auch keineswegs in jedem, ist Einsteins allgemeine Relativitätstheorie Aristoteles näher; Newton scheint da beiden ferner zu sein. Obgleich die Versuchung verständlich ist, diesen Standpunkt als relativistisch zu beschreiben, scheint mir die Beschreibung falsch zu sein. Wenn dagegen dieser Standpunkt relativistisch sein soll, dann kann ich nicht erkennen, daß der Relativist etwas verlöre, das zur Erklärung der Eigenart und der Entwicklung der Wissenschaften erforderlich ist.

7. Die Natur der Wissenschaft

Ich schließe mit einer kurzen Behandlung zweier häufiger Reaktionen auf die ursprüngliche Fassung meines Buches. Die erste ist kritisch, die zweite zustimmend; keine von beiden scheint mir ganz richtig zu sein. Obwohl beide sich weder auf das bisher Gesagte noch aufeinander beziehen, sind sie doch so häufig, daß sie eine Antwort erfordern.

Einige Leser haben festgestellt, daß ich wiederholt zwischen deskriptiver und normativer Darstellung wechsle, ein Übergang, der in gelegentlichen Passagen, die mit »Aber das tun die Wissenschaftler nicht« beginnen und mit der Forderung schließen, daß die Wissenschaftler das nicht tun sollten, besonders deutlich wird. Einige Kritiker behaupten, ich bringe Deskription und Präskription durcheinander und verletze damit den altehrwürdigen philosophischen Satz: Aus dem Sein kann kein Sollen folgen.[19]

Dieser Satz ist in der Praxis zur Phrase geworden und wird durchaus nicht mehr überall hochgehalten. Eine Reihe zeitgenössischer Philosophen haben bedeutende Zusammenhänge entdeckt, in denen Normatives und Deskriptives untrennbar miteinander verbunden sind.[20] ›Ist‹ und ›sollte sein‹ sind keineswegs immer so sauber getrennt, wie es schien. Es bedarf aber nicht der Feinheiten der zeitgenössischen linguistischen Philosophie, um die scheinbare Verwirrung dieses Aspekts meines Standpunkts zu klären. Die obigen Darlegungen stellen einen Standpunkt oder eine Theorie über die Natur der Wissenschaft dar, und wie andere Wissenschaftstheorien enthält sie Konsequenzen für die Verhaltensweisen von Wissenschaftlern, wenn sie erfolgreich sein wollen. Obgleich sie nicht richtiger zu sein braucht als andere Theorien, liefert sie doch die legitime Basis für die wiederholte Verwendung von Ausdrücken wie »sollte sein«. Umgekehrt ist ein Bündel von Gründen dafür, die Theorie ernst zu nehmen, die Tatsache, daß die Wissenschaftler, deren Methoden aufgrund ihres Erfolges entwickelt und ausgewählt sind, sich tatsächlich so verhalten, wie die Theorie es vorschreibt. Meine deskriptiven Verallgemeinerungen sprechen gerade deshalb für die Theorie, weil sie auch aus ihr abgeleitet werden können, während sie bei anderen Anschauungen über die Natur der Wissenschaft anomales Verhalten bilden.

Dieses Argument ist zirkulär, aber meiner Ansicht nach kein schlechter Zirkel. Die Konsequenzen der besprochenen Anschauung sind mit den Beobachtungen, auf denen sie zu Anfang aufgebaut war, nicht erschöpft. Schon vor der Publikation des Buches hatte ich gefunden, daß Teile der darin dargestellten Theorie ein nützliches Werkzeug für die Erforschung wissenschaftlichen Verhaltens und wissenschaftlicher Entwicklung sind.

Der Vergleich dieses Postkripts mit den Darlegungen des Haupttexts dürfte zeigen, daß sie weiterhin diese Rolle spielt. Ein bloß zirkulärer Standpunkt kann eine solche Orientierung nicht leisten.

Auf eine letzte Reaktion auf dieses Buch muß ich anders antworten. Manche freuten sich weniger deshalb an ihm, weil es die Wissenschaft beleuchtet, sondern weil sie seine Hauptthesen auch auf vielen anderen Gebieten für anwendbar halten. Ich verstehe sie und möchte sie in ihren Versuchen, den Standpunkt auszuweiten, nicht entmutigen; dennoch hat mich ihre Reaktion verwirrt. In dem

Maße, wie das Buch die wissenschaftliche Entwicklung als eine Folge traditionsgebundener Perioden darstellt, zwischen denen nicht-kumulative Umbrüche liegen, sind seine Thesen zweifellos weithin anwendbar. Kein Wunder, denn sie sind aus anderen Bereichen zusammengetragen. Die Geschichtsschreibung der Literatur, Musik, bildenden Kunst, Politik und vieler anderer menschlicher Tätigkeiten beschreibt ihren Gegenstand seit langem auf diese Weise. Periodisierung durch revolutionäre Umbrüche von Stil, Geschmack und institutioneller Struktur gehören zu ihren Standardwerkzeugen. Wenn ich hinsichtlich solcher Vorstellungen originell war, dann hauptsächlich durch ihre Anwendung auf die Naturwissenschaften, auf Gebiete also, von denen man allgemein dachte, sie entwickelten sich anders. Es ist denkbar, daß der Begriff des Paradigmas als eines konkreten Ergebnisses, eines Musterbeispiels, ein zweiter Beitrag ist. Ich vermute beispielsweise, daß einige der bekannten Schwierigkeiten des Stilbegriffs in der Kunst sich lösen, wenn man erkennt, daß Bilder mit anderen Bildern als Vorbild und nicht gemäß davon abstrahierten Stilprinzipien gemalt werden.[21]

Die Absicht des Buches war es auch, auf einen anderen Punkt hinzuweisen, der vielen Lesern weniger klar geworden ist. Obgleich die wissenschaftliche Entwicklung derjenigen anderer Gebiete vielleicht ähnlicher ist, als oft angenommen wird, unterscheidet sie sich doch auch auffallend von ihr. Die Behauptung, der Fortschritt der Wissenschaften sei wenigstens von einem bestimmten Punkt ihrer Entwicklung an anders als der anderer Gebiete, kann nicht ganz falsch gewesen sein, was immer Fortschritt auch sei. Ein Gegenstand des Buches waren die Untersuchung solcher Unterschiede und Ansätze zu ihrer Erklärung.

Man denke beispielsweise an die obige wiederholte Betonung des Fehlens oder besser der relativen Seltenheit konkurrierender Schulen in den entwickelten Wissenschaften oder an meine Bemerkungen über das Ausmaß, in dem die Mitglieder einer gegebenen wissenschaftlichen Gemeinschaft das alleinige Publikum und die alleinigen Richter der Arbeit der Gemeinschaft sind. Oder man denke weiter an die besondere Eigenart der wissenschaftlichen Ausbildung, an Problemlösung als ein Ziel und an das Wertsystem, das die wissenschaftliche Gruppe in Krisen- und Entscheidungsphasen verwendet. Das Buch stellt weitere ähnliche Merkmale heraus, keins ist notwendig spezifisch für die Wissenschaft, aber miteinander verbunden zeichnen sie die wissenschaftliche Tätigkeit als eine besondere aus.

Über all diese Merkmale der Wissenschaft muß noch viel mehr in Erfahrung gebracht werden. Ich habe dieses Postskript mit der Betonung der Notwendigkeit begonnen, die Gemeinschaftsstruktur der Wissenschaft zu studieren. Ich schließe es mit der Unterstreichung der Notwendigkeit ähnlicher, vor allem vergleichender Studien der entsprechenden Gemeinschaften auf anderen Gebieten. Wie wählt man, und wie wird man zum Mitglied einer bestimmten wissenschaftlichen oder nichtwissenschaftlichen Gemeinschaft gewählt? Worin bestehen der Prozeß und die Stadien der Sozialisation in der Gruppe? Was sieht die Gruppe kollektiv als ihre Ziele an? Welche individuellen oder kollektiven Abweichungen wird sie tolerieren? Und wie wird sie mit unzulässigen Abweichungen fertig? Ein besseres Verständnis der Wissenschaft wird auch von Antworten auf andere Fragen abhängen, aber es gibt kein anderes Gebiet, auf dem weitere Arbeit so dringend nötig wäre. Wissenschaftliche Kenntnisse sind wie die Sprache wesentlich das Gemeineigentum einer Gruppe, oder es gibt sie nicht. Um sie zu verstehen, werden wir die besonderen Charakteristika der Gruppen kennen müssen, die sie hervorbringen und gebrauchen.

Anmerkungen

Vorwort

1 Besonders einflußreich waren Alexandre Koyré, *Etudes Galiléennes* (3 Bde., Paris 1939); Emile Meyerson, *Identität und Wirklichkeit*, dt. von Kurt Grelling (Leipzig 1930); Hélène Metzger, *Les doctrines chimiques en France du début du XVIIᵉ à la fin du XVIIIᵉ siècle* (Paris 1923) und *Newton, Stahl, Boerhaave et la doctrine chimique* (Paris 1930); sowie Anneliese Maier, *Die Vorläufer Galileis im 14. Jahrhundert* (»Studien zur Naturphilosophie der Spätscholastik«, Rom 1949).

2 Wegen der dort dargelegten Konzeptionen und Prozesse, die sich auch unmittelbar aus der Geschichte der Wissenschaft ergeben, erwiesen sich zwei von Piagets Untersuchungen als besonders wichtig: *The Child's Conception of Causality,* Übers. Marjorie Gabain (London 1930) und *Les notions de mouvement et de vitesse chez l'enfant* (Paris 1946).

3 Whorfs Abhandlungen wurden seitdem von John B. Carroll gesammelt: *Language, Thought, and Reality – Selected Writings of Benjamin Lee Whorf* (New York 1956). Quine legte seine Ansichten in »Two Dogmas of Empiricism« dar. Nachdruck in *From a Logical Point of View* (Cambridge, Mass., 1953), S. 20–46.

4 Diese Faktoren werden diskutiert in: T. S. Kuhn, *The Copernican Revolution: Planetary Astronomy in the Development of Western Thought* (Cambridge, Mass., 1957), S. 122–32, 270–71. Andere Wirkungen von äußeren geistigen und ökonomischen Bedingungen auf die reale wissenschaftliche Entwicklung werden in meinen folgenden Arbeiten dargestellt: »Conservation of Energy as an Example of Simultaneous Discovery«, *Critical Problems in the History of Science,* Herausg. Marshall Clagett (Madison, Wis., 1959), S. 321–56; »Engineering Precedent for the Work of Sadi Carnot«, *Archives internationales d'histoire des sciences,* XIII (1960), S. 247–51; und »Sadi Carnot and the Cagnard Engine«, *Isis,* LII (1961), S. 567–74. Ich nehme also nur im Hinblick auf die in diesem Essay diskutierten Probleme an, daß die Rolle der äußeren Faktoren gering ist.

II. Der Weg zur normalen Wissenschaft

1 Joseph Priestley, *The History and Present State of Discoveries Relating to Vision, Light, and Colours* (London 1727), S. 385–90.

2 Vasco Ronchi, *Histoire de la lumière,* Übers. Jean Taton (Paris 1956), Kap. I–IV.

3 Duane Roller und Duane H. D. Roller, *The Development of the Concept of Electric Charge: Electricity from the Greeks to Coulomb* (Harvard Case Histories in Experimental Science, Case 8; Cambridge, Mass., 1954); und I. B. Cohen, *Franklin and Newton: An Inquiry into Speculative Newtonian Experimental Science and Franklin's Work in Electricity as an Example Thereof* (Philadelphia 1956), Kap. VII–XII. Einige analytische Einzelheiten in dem nächsten Absatz des Textes konnte ich einer noch nicht veröffentlichten Arbeit meines Schülers John Heilbron entnehmen. Bis zu ihrer Veröffentlichung ist ein etwas ausführlicherer und genauerer Bericht über das Auftauchen des Franklinschen Paradigmas enthalten in T. S. Kuhn, »The Function of Dogma in Scientific Research«, in A. C. Crombie (Herausg.), *Scientific Change, Symposium on the History of Science,* University of Oxford, 9. bis 15. Juli 1961 (London 1963), S. 347–69.

4 Vgl. den Entwurf für eine Naturgeschichte der Wärme in Bacons *Novum Organum,* Bd. VIII in *The Works of Francis Bacon,* Herausg. J. Spedding, R. L. Ellis und D. D. Heath (New York 1869), S. 179–203.

5 Roller und Roller, *op. cit.,* S. 14, 22, 28, 43. Erst nach dem hier an letzter Stelle (S. 43) genannten Werk werden Abstoßungseffekte allgemein als unzweideutig elektrisch anerkannt.

6 Bacon, *op. cit.,* S. 235, 337, sagt: »Geringfügig erwärmtes Wasser gefriert leichter als ganz kaltes.« Für einen Teilbericht über die frühere Geschichte dieser seltsamen Beobachtung siehe Marshall Clagett, *Giovanni Marliani and Late Medieval Physics* (New York 1941) Kap. IV.

7 Roller und Roller, *op. cit.,* S. 51–54.

8 Der schwierige Fall war die gegenseitige Abstoßung negativ geladener Körper, siehe hierzu Cohen, *op. cit.,* S. 491–94, 531–43.

9 Es ist zu beachten, daß die Annahme der Franklinschen Theorie nicht jede Diskussion restlos beendete. 1759 schlug Robert Symmer eine Zweiflüssigkeitsversion jener Theorie vor, und noch viele Jahre danach waren die Elektriker geteilter Meinung darüber, ob die Elektrizität eine einzige Flüssigkeit sei oder zwei. Die Diskussionen über dieses Thema bestätigen aber nur das, was über die Art und Weise, in der eine allgemein anerkannte Leistung die Fachwissenschaft einigt, gesagt wurde. Die Elektriker, obwohl weiter geteilter Meinung über diesen Punkt, kamen schnell zu dem Schluß, daß keine experimentellen Untersuchungen die zwei Versionen der Theorie unterscheiden konnten und daß sie deshalb äquivalent waren. Danach konnten beide Schulen – und taten dies auch – alle Vorteile der Franklinschen Theorie ausschöpfen (*ibid.,* S. 543–46, 548–54).

10 Bacon, *op. cit.,* S. 210.

11 Die Geschichte der Elektrizitätslehre liefert ein ausgezeichnetes Beispiel, für das es in der Laufbahn von Priestley, Kelvin und anderen Parallelen gibt. Franklin berichtet, daß Nollet, der in der Mitte des Jahr-

hunderts der einflußreichste Elektriker des Kontinents war, »noch erlebte, daß er der letzte Vertreter seiner Sekte war, ausgenommen Mr. B.
– seinen Eleven und unmittelbaren Jünger« (Max Farrand [Herausg.],
Benjamin Franklin's Memoirs, Berkeley, Calif., 1949, S. 384–86). Interessanter ist jedoch die Ausdauer ganzer Schulen bei wachsender Isolierung von der Fachwissenschaft. Denken wir zum Beispiel an den Fall
der Astrologie, die einmal ein integrierender Teil der Astronomie war.
Oder denken wir an die Fortsetzung einer früher respektierten Tradition am Ausgang des achtzehnten und Anfang des neunzehnten Jahrhunderts, der »romantischen« Chemie. Diese Tradition behandelt
Charles C. Gillispie in »The *Encyclopédie* and the Jacobin Philosophy
of Science: A Study in Ideas and Consequences«, *Critical Problems in
the History of Science,* Herausg. Marshall Clagett (Madison, Wis.,
1959), S. 255–89; und »The Formation of Lamarck's Evolutionary
Theory«, *Archives internationales d'histoire des sciences,* XXXVII
(1956), S. 323–38.

12 Die Entwicklungen nach Franklin umfassen eine immense Steigerung
der Empfindlichkeit von Ladungsdetektoren, die ersten zuverlässigen
und allgemein verbreiteten Verfahren zum Messen einer Ladung, die
Entwicklung des Begriffs der Kapazität und seiner Beziehung zu einem
neu verfeinerten Begriff der elektrischen Spannung sowie die Quan-
tifizierung der elektrostatischen Kraft. Zu alledem siehe Roller und
Roller,. *op. cit.,* S. 66–81; W. C. Walker, »The Detection and Estima-
tion of Electric Charges in the Eighteenth Century«, *Annals of Science,*
I (1936), S. 66–100; und Edmund Hoppe, *Geschichte der Elektrizität*
(Leipzig 1884), Teil I, Kap. III–IV.

III. Das Wesen der normalen Wissenschaft

1 Bernard Barber, »Resistance by Scientists to Scientific Discovery«,
Science, CXXXIV (1961), S. 596–602. Dt. in P. Weingart (Herausg.),
Wissenschaftssoziologie I, Frankfurt 1972, S. 205ff.
2 Der einzige solche »Zugang«, der noch immer allgemein anerkannt
wird, ist die Präzession des Periheliums des Merkur. Die Rotverschie-
bung im Lichtspektrum ferner Sterne läßt sich aus Betrachtungen herleiten, die elementarer sind als die allgemeine Relativitätstheorie; das
gilt vielleicht auch für die Krümmung des Lichts um die Sonne, worüber zur Zeit gestritten wird. In jedem Fall bleiben Messungen des
letztgenannten Phänomens zweideutig. Ein weiterer Zugang ist vor
ganz kurzer Zeit aufgezeigt worden: die Gravitationsverschiebung der
Mössbauerstrahlung. Vielleicht gibt es bald noch andere auf diesem
jetzt aktiven Gebiet, das vorher lange geruht hatte. Eine aktuelle Zusammenfassung über das Problem gibt L. I. Schiff, »A Report on the

NASA Conference on Experimental Tests of Theories of Relativity«, *Physics Today*, XIV (1961), S. 42–48.

3 Für Angaben über zwei Parallax-Teleskope siehe Abraham Wolf, *A History of Science, Technology, and Philosophy in the Eighteenth Century* (2. Aufl., London 1952), S. 103–5. Über Atwoods Fallmaschine siehe N. R. Hanson, *Patterns of Discovery* (Cambridge 1958), S. 100–102, 207–8. Über die beiden letzten Spezialgeräte siehe M. L. Foucault, »Méthode générale pour mesurer la vitesse de la lumière dans l'air et les milieux transparants. Vitesses relatives de la lumière dans l'air et dans l'eau …«, *Comptes rendus … de l'Académie des sciences,* XXX (1850), S. 551–60; und C. L. Cowan, Jr., et al., »Detection of the Free Neutrino: A Confirmation«, *Science,* CXXIV (1956), S. 103–4.

4 J. H. P[oynting] bespricht etwa zwei Dutzend Messungen der Gravitationskonstante zwischen 1741 und 1901 in »Gravitation Constant and Mean Density of the Earth«, *Encyclopaedia Britannica* (11. Ausg.; Cambridge 1910–11), XII, S. 385–89.

5 Über die vollständige Übertragung hydrostatischer Begriffe auf die Pneumatik siehe »The Physical Treatises of Pascal«, Übers. I. H. B. Spiers und A. G. H. Spiers, mit einer Einführung und Anmerkungen von F. Barry (New York 1937). Torricellis Einführung der Parallelität (»Wir leben untergetaucht auf dem Grunde eines Ozeans aus dem Element Luft«) findet sich auf Seite 164. Ihre schnelle Entwicklung wird von den beiden Hauptabhandlungen dargestellt.

6 Duane Roller und Duane H. D. Roller, *The Development of the Concept of Electric Charge: Electricity from the Greeks to Coulomb* (Harvard Case Histories in Experimental Science, Case 8; Cambridge, Mass., 1954), S. 66–80.

7 Beispiele bei T. S. Kuhn, »The Function of Measurement in Modern Physical Science«, *Isis,* LII (1961), S. 161–93.

8 T. S. Kuhn, »The Caloric Theory of Adiabatic Compression«, *Isis,* XLIX (1958), S. 132–40.

8a C. Truesdell, »A Program toward Rediscovering the Rational Mechanics of the Age of Reason«, *Archive for History of the Exact Sciences,* 1 (1960), S. 3–36, und »Reactions of Late Baroque Mechanics to Success, Conjecture, Error, and Failure of Newton's *Principia*«, *Texas Quarterly,* 10 (1967), S. 281–297. T. L. Hankins, »The Reception of Newton's Second Law of Motion in the Eighteenth Century«, *Archives internationales d'histoire des sciences,* 20 (1967), S. 42–65.

9 Wolf, *op. cit.,* S. 75–81, 96–101; und William Whewell, *History of the Inductive Sciences* (rev. Ausg., London 1847), II, S. 213–71.

10 René Dugas, *Histoire de la mécanique* (Neuchâtel 1950), Bücher IV–V.

1 Die durch den Konflikt zwischen der Rolle des einzelnen und dem Gesamtschema der wissenschaftlichen Entwicklung herbeigeführten Enttäuschungen können jedoch gelegentlich recht ernsthaft sein. Darüber siehe Lawrence S. Kubie, »Some Unsolved Problems of the Scientific Career«, *American Scientist*, XLI (1953), S. 596–613, und XLII (1954), S. 104–12.

2 Als einen kurzen Bericht über die Entwicklung dieser Experimente siehe Seite 4 in C. J. Davissons Vorlesung in *Les prix Nobel en 1937* (Stockholm 1938).

3 W. Whewell, *History of the Inductive Sciences* (rev. Ausg., London 1847), II, S. 101–5, 220–22.

4 Für diese Frage bin ich W. O. Hagstrom zu Dank verpflichtet, dessen Arbeit über die Soziologie der Wissenschaft sich mit der meinen manchmal überschneidet.

5 Über diese Aspekte des Newtonismus siehe I. B. Cohen, *Franklin and Newton: An Inquiry into Speculative Newtonian Experimental Science and Franklin's Work in Electricity as an Example Thereof* (Philadelphia 1956), Kap. VII, bes. S. 255–57, 275–77.

6 Dieses Beispiel wird ausführlich am Ende von Abschnitt X behandelt werden.

7 Hélène Metzger, *Les doctrines chimiques en France du début du XVIIᵉ à la fin du XVIIIᵉ siècle* (Paris 1923), S. 359–61; Marie Boas, *Robert Boyle and Seventeenth-Century Chemistry* (Cambridge 1958), S. 112–15.

8 Leo Königsberger, *Hermann von Helmholtz*, 3 Bde. (Braunschweig 1902-3); Übers. Francis A. Welby (Oxford 1906), S. 65–66.

9 James E. Meinhard, »Chromatography: A Perspective«, *Science*, CX (1949), S. 387–92.

10 Über die allgemeine Korpuskulartheorie siehe Marie Boas, »The Establishment of the Mechanical Philosophy«, *Osiris*, X (1952), S. 412–51. Zu ihrer Wirkung auf die Boylesche Chemie siehe T. S. Kuhn, »Robert Boyle and Structural Chemistry in the Seventeenth Century«, *Isis*, XLIII (1952), S. 12–36.

V. Die Priorität der Paradigmata

1 Michael Polanyi hat ein ganz ähnliches Thema in brillanter Weise entwickelt, indem er argumentierte, daß der Erfolg eines Wissenschaftlers weitgehend von »stillen Kenntnissen« abhänge, d. h. von Kenntnissen, die durch praktische Arbeit erworben werden und nicht ausdrücklich formuliert werden können. Siehe sein Buch *Personal Knowledge* (Chicago 1958), bes. Kap. V und VI.

2 Ludwig Wittgenstein, »Philosophische Untersuchungen«, in *Schriften I* (Frankfurt/M. 1963), S. 324–31. Wittgenstein sagt jedoch fast nichts über die Art der Welt, die nötig wäre, um das von ihm umrissene Benennungsverfahren zu stützen. Ein Teil der folgenden Argumentation kann ihm deshalb nicht zugeschrieben werden.

3 Für die Chemie siehe H. Metzger, *Les doctrines chimiques en France du début du XVIIe à la fin du XVIIIe siècle* (Paris 1923), S. 24–27, 146–149; und Marie Boas, *Robert Boyle and Seventeenth-Century Chemistry* (Cambridge 1958), Kap. II. Für Geologie siehe Walter F. Cannon, »The Uniformitarian-Catastrophist Debate«, *Isis*, LI (1960), S. 38–55; und C. C. Gillispie, *Genesis and Geology* (Cambridge, Mass., 1951), Kap. IV–V.

4 Zu Kontroversen über die Quantenmechanik siehe Jean Ullmo, *La crise de la physique quantique* (Paris 1950), Kap. II.

5 Über die statistische Mechanik siehe René Dugas, *La théorie physique au sens de Boltzmann et ses prolongements modernes* (Neuchâtel 1959), S. 158–84, 206–19. Für die Aufnahme der Maxwellschen Arbeit siehe Max Planck, »Maxwell's Influence in Germany«, in *James Clerk Maxwell: A Commemoration Volume, 1831–1931* (Cambridge 1931), S. 45–65, bes. S. 58–63; und Silvanus P. Thompson, *The Life of William Thomson Baron Kelvin of Largs* (London 1910), II, S. 1021–27.

6 Für ein Beispiel des Streites mit den Anhängern von Aristoteles siehe A. Koyré, »A Documentary History of the Problem of Fall from Kepler to Newton«, *Transactions of the American Philosophical Society*, XLV (1955), S. 329–95. Über die Diskussionen mit den Cartesianern und Leibnizianern siehe Pierre Brunet, *L'introduction des théories de Newton en France au XVIIIe siècle* (Paris 1931); und A. Koyré, *From the Closed World to the Infinite Universe* (Baltimore 1957), Kap. XI (deutsch: *Von der geschlossenen Welt zum unendlichen Universum*, Frankfurt/M. 1967).

7 Der Frager war James K. Senior, dem ich für einen mündlichen Bericht Dank schulde. Einige verwandte Streitfragen behandelt er in seiner Abhandlung »The Vernacular of the Laboratory«, *Philosophy of Science*, XXV (1958), S. 163–68.

VI. Anomalien und das Auftauchen
wissenschaftlicher Entdeckungen

1 Die immer noch klassische Diskussion der Entdeckung des Sauerstoffs ist A. N. Meldrum, *The Eighteenth-Century Revolution in Science – the First Phase* (Kalkutta 1930), Kap. V. Eine unentbehrliche neuere Übersicht, einschließlich eines Berichts über die Kontroverse bezüglich der Priorität, bietet Maurice Daumas, *Lavoisier, théoricien et expéri-*

mentateur (Paris 1955), Kap. II–III. Für einen vollständigeren Bericht mit Bibliographie siehe auch T. S. Kuhn, »The Historical Structure of Scientific Discovery«, *Science*, CXXXVI (1. Juni 1962), S. 760–64.

2 Siehe jedoch Udo Bocklund, »A Lost Letter from Scheele to Lavoisier«, *Lychnos*, 1957–58, S. 39–62, wo die Rolle Scheeles anders bewertet wird.

3 J. B. Conant, *The Overthrow of the Phlogiston Theory: The Chemical Revolution of 1775–1779* (Harvard Case Histories in Experimental Science, Case 2; Cambridge, Mass., 1950), S. 23. Diese sehr nützliche Schrift gibt viele der einschlägigen Dokumente wieder.

4 H. Metzger, *La philosophie de la matière chez Lavoisier* (Paris 1935) und Daumas, *op. cit.*, Kap. VII.

5 Der glaubwürdigste Bericht über den Ursprung von Lavoisiers Unbehagen findet sich bei Henry Guerlac, *Lavoisier – the Crucial Year; The Background and Origin of His First Experiments on Combustion in 1772* (Ithaca, N. Y., 1961).

6 L. W. Taylor, *Physics, the Pioneer Science* (Boston 1941), S. 790–94; und T. W. Chalmers, *Historic Researches* (London 1949), S. 218–19.

7 E. T. Whittaker, *A History of the Theories of Aether and Electricity*, I (2. Aufl., London 1951), S. 358 Anm. 1. Sir George Thomson hat mich von einer zweiten knapp verpaßten Gelegenheit unterrichtet: Alarmiert durch in unerklärlicher Weise getrübte photographische Platten war auch Sir William Crookes auf der Spur der Entdeckung.

8 Silvanus P. Thompson, *The Life of Sir William Thomson Baron Kelvin of Largs* (London 1910), II, S. 1125.

9 Conant, *op. cit.*, S. 18–20.

10 K. K. Darrow, »Nuclear Fission«, *Bell System Technical Journal*, XIX (1940), S. 267–89. Krypton, eines der beiden Hauptspaltprodukte, scheint durch chemische Mittel erst identifiziert worden zu sein, nachdem die Reaktion voll verstanden wurde. Barium, das andere Produkt, wurde in einem späten Stadium der Untersuchung fast chemisch identifiziert, da dieses Element zufällig zu der radioaktiven Lösung hinzugegeben werden mußte, um das schwere Element, nach welchem die Kernchemiker suchten, auszufällen. Die Trennung dieses hinzugefügten Bariums von dem radioaktiven Produkt mißlang; nachdem die Reaktion fast fünf Jahre lang wiederholt untersucht worden war, entstand folgender Bericht: »Als Chemiker müßten wir aus den kurz dargelegten Versuchen das oben gebrachte Schema eigentlich umbenennen und statt Ra, Ac, Th die Symbole Ba, La, Ce einsetzen. Als der Physik in gewisser Weise nahestehende ›Kernchemiker‹ können wir uns zu diesem, allen bisherigen Erfahrungen der Kernphysik widersprechenden Sprung noch nicht entschließen. Es könnte doch noch vielleicht eine Reihe seltsamer Zufälle unsere Ergebnisse vorgetäuscht haben.« (Otto Hahn und

Fritz Strassmann, »Über den Nachweis und das Verhalten der bei der Bestrahlung des Urans mittels Neutronen entstehenden Erdalkalimetalle«, *Die Naturwissenschaften,* XXVII [1939], S. 15.)

11 Über die verschiedenen Stadien der Entwicklung der Leidener Flasche siehe I. B. Cohen, *Franklin and Newton: An Inquiry into Speculative Newtonian Experimental Science and Franklin's Work in Electricity as an Example Thereof* (Philadelphia 1956), S. 385–86, 400–406, 452–67, 506–507. Das Endstadium wird bei Whittaker beschrieben, *op. cit.,* S. 50–52.

12 J. S. Bruner and Leo Postman, »On the Perception of Incongruity: A Paradigm«, *Journal of Personality,* XVIII (1949), S. 206–23.

13 *Ibid.,* S. 218. Mein Kollege Postman erzählt mir, er habe das Betrachten der widersinnigen Karten als akut unbehaglich empfunden, obwohl er doch die gesamte Apparatur und die Darbietung vorher kannte.

VII. Krisen und das Auftauchen
wissenschaftlicher Theorien

1 A. R. Hall, *The Scientific Revolution, 1500–1800* (London 1954), S. 16.

2 Marshall Clagett, *The Science of Mechanics in the Middle Ages* (Madison, Wis., 1959), Teil II–III. A. Koyré erläutert eine Anzahl mittelalterlicher Elemente in Galileis Gedanken in *Etudes Galiléennes* (Paris 1939), bes. Bd. I.

3 Über Newton siehe T. S. Kuhn, »Newton's Optical Papers« in *Isaac Newton's Papers and Letters in Natural Philosophy,* Herausg. I. B. Cohen (Cambridge, Mass., 1958), S. 27–45. Über das Vorstadium der Wellentheorie siehe E. T. Whittaker, *A History of the Theories of Aether and Electricity,* I (2. Aufl., London 1951), S. 94–109; and W. Whewell, *History of the Inductive Sciences* (rev. Ausg., London 1847), II, S. 396–466.

4 Zur Thermodynamik siehe Silvanus P. Thompson, *Life of William Thomson Baron Kelvin of Largs* (London 1910), I, S. 266–81. Zur Quantentheorie siehe Fritz Reiche, *Die Quantentheorie, ihr Ursprung und ihre Entwicklung* (Berlin 1921), Kap. I–II.

5 J. L. E. Dreyer, *A History of Astronomy from Thales to Kepler* (2. Aufl., New York 1953), Kap. XI–XII.

6 T. S. Kuhn, *The Copernican Revolution* (Cambridge, Mass., 1957), S. 135–143.

7 J. R. Partington, *A Short History of Chemistry* (2. Aufl., London 1951), S. 48–51, 73–85, 90–120.

8 Obwohl in erster Linie mit einer etwas späteren Periode beschäftigt, ist doch viel relevantes Material zu finden bei J. R. Partington und Doug-

las McKie, »Historical Studies on the Phlogiston Theory«, *Annals of Science,* II (1937), S. 361–404; III (1938), S. 1–58, 337–71; und IV (1939), S. 337–71.

9 H. Guerlac, *Lavoisier – the Crucial Year* (Ithaca, N. Y., 1961). Das ganze Buch dokumentiert die Entwicklung und erste Erkenntnis einer Krise. Eine klare Darlegung der Situation in bezug auf Lavoisier findet sich auf S. 35.

10 Max Jammer, *Concepts of Space: The History of Theories of Space in Physics* (Cambridge, Mass., 1954), S. 114–24.

11 Joseph Larmor, *Aether and Matter … Including a Discussion of the Influence of the Earth's Motion on Optical Phenomena* (Cambridge 1900), S. 6–20, 320–22.

12 R. T. Glazebrook, *James Clerk Maxwell and Modern Physics* (London 1896), Kap. IX. Über Maxwells endgültige Einstellung siehe sein eigenes Buch, *A Treatise on Electricity and Magnetism* (3. Aufl., Oxford 1892), S. 470.

13 Über die Rolle der Astronomie in der Entwicklung der Mechanik siehe Kuhn, *op. cit.,* Kap. VII.

14 Whittaker, *op. cit.,* I, S. 386–410; und II (London 1953), S. 27–40.

15 Über Aristarchos siehe T. L. Heath, *Aristarchos of Samos: The Ancient Copernicus* (Oxford 1913), Teil II. Die traditionelle Einstellung zur Mißachtung der Leistung des Aristarchos wird in extremer Form geäußert von Arthur Koestler, *The Sleepwalkers: A History of Man's Changing Vision of the Universe* (London 1959), S. 50.

16 Partington, *op. cit.,* S. 78–85.

VIII. Die Reaktion auf die Krise

1 Siehe besonders die Erörterung bei N. R. Hanson, *Patterns of Discovery* (Cambridge 1958), S. 99–105.

2 T. S. Kuhn, »The Essential Tension: Tradition and Innovation in Scientific Research«, in *The Third (1959) University of Utah Research Conference on the Identification of Creative Scientific Talent,* Herausg. Calvin W. Taylor (Salt Lake City 1959), S. 162–77. Über das vergleichbare Phänomen bei Künstlern siehe Frank Barron, »The Psychology of Imagination«, *Scientific American,* CXCIX (September 1958), S. 151–66, bes. 160.

3 W. Whewell, *History of the Inductive Sciences* (rev. Ausg., London 1847), II, S. 220–21.

4 Zur Schallgeschwindigkeit siehe T. S. Kuhn, »The Caloric Theory of Adiabatic Compression«, *Isis,* XLIV (1958), S. 136–37. Zur Säkularverschiebung des Merkurperihels siehe E. T. Whittaker, *A History of the Theories of Aether and Electricity,* II (London 1953), S. 151, 179.

5 N. Kopernikus, *Über die Kreisbewegungen der Weltkörper*, Herausg. Georg Klaus (Berlin 1959), S. 9–10.

6 Albert Einstein, »Autobiographisches«, in *Albert Einstein: Philosopher-Scientist*, Herausg. P. A. Schilpp (Evanston, Ill., 1949), S. 44.

7 Ralph Kronig, »The Turning Point« in *Theoretical Physics in the Twentieth Century: A Memorial Volume to Wolfgang Pauli*, Herausg. M. Fierz und V. F. Weißkopf (New York 1960), S. 22, 25–26. Ein großer Teil dieses Artikels beschreibt die Krise in der Quantenmechanik in den Jahren unmittelbar vor 1925.

8 Herbert Butterfield, *The Origins of Modern Science, 1300–1800* (London 1949), S. 1–7.

9 Hanson, *op. cit.*, Kap. I.

10 Für einen Bericht über Keplers Beschäftigung mit dem Mars siehe J. L. E. Dreyer, *A History of Astronomy from Thales to Kepler* (2. Aufl., New York 1953), S. 380–93. Trotz gelegentlicher Ungenauigkeiten liefert Dreyers Zusammenfassung das hier benötigte Material. Über Priestley siehe seine eigenen Arbeiten, bes. *Experiments and Observations on Different Kinds of Air* (London 1774–75).

11 Über den philosophischen Kontrapunkt, der die Mechanik des siebzehnten Jahrhunderts begleitet hat, siehe René Dugas, *La mécanique au XVIIᵉ siècle* (Neuchâtel 1954), bes. Kap. XI. Über die ähnliche Episode des neunzehnten Jahrhunderts siehe das frühere Buch desselben Autors, *Histoire de la mécanique* (Neuchâtel 1950), S. 419–43.

12 T. S. Kuhn, »A Function for Thought Experiments«, *Mélanges Alexandre Koyré*, Herausg. R. Taton und I. B. Cohen (Paris 1963).

13 Über neue optische Entdeckungen im allgemeinen siehe V. Ronchi, *Histoire de la lumière* (Paris 1956), Kap. VII. Über die frühere Erklärung eines dieser Effekte siehe J. Priestley, *The History and Present State of Discoveries Relating to Vision, Light and Colours* (London 1772), S. 498–520.

14 Einstein, *loc. cit.*

15 Diese Verallgemeinerung über die Rolle der Jugend in der wissenschaftlichen Grundlagenforschung ist so weit verbreitet, daß sie schon ein Klischee ist. Außerdem gibt ein Blick auf fast jede Liste grundlegenden Beiträge zur wissenschaftlichen Theorie eine beeindruckende Bestätigung. Trotzdem bedarf die Verallgemeinerung dringend einer systematischen Untersuchung. Harvey C. Lehman (*Age and Achievement* [Princeton 1953]) gibt viele brauchbare Daten; seine Studien machen aber nicht den Versuch, Beiträge herauszustellen, die grundlegende Neukonzeptionen mit sich brachten. Sie stellen auch keine Nachforschungen über die besonderen Umstände an – falls solche da sind –, die eine relativ späte Produktivität in den Naturwissenschaften begleiten mögen.

IX. Das Wesen und die Notwendigkeit
wissenschaftlicher Revolutionen

1 Silvanus P. Thompson, *Life of William Thomson Baron Kelvin of Largs* (London 1910), I, S. 266–81.

2 Siehe z. B. die Bemerkungen von P. P. Wiener in *Philosophy of Science*, XXV (1958), S. 298.

3 James B. Conant, *Overthrow of the Phlogiston Theory* (Cambridge 1950), S. 13–16; sowie J. R. Partington, *A Short History of Chemistry* (2. Aufl., London 1951), S. 85–88. Der vollständigste und verständnisvollste Bericht über die Leistungen der Phlogistontheorie steht bei H. Metzger, *Newton, Stahl, Boerhaave et la doctrine chimique* (Paris 1930), Teil II.

4 Vgl. die Schlußfolgerungen, die durch eine ganz andere Art der Analyse erreicht wurden, bei R. B. Braithewaite, *Scientific Explanation* (Cambridge 1953), S. 50–87, bes. S. 76.

5 Über die allgemeine Korpuskulartheorie siehe Marie Boas, »The Establishment of the Mechanical Philosophy«, *Osiris*, X (1952), S. 412–541. Zur Wirkung der Teilchenform auf den Geschmack siehe *ibid.*, S. 483.

6 R. Dugas, *La mécanique au XVIIe siècle* (Neuchâtel 1954), S. 177–85, 284–98, 345–56.

7 I. B. Cohen, *Franklin and Newton: An Inquiry into Speculative Newtonian Experimental Science and Franklin's Work in Electricity as an Example Thereof* (Philadelphia 1956), Kap. VI–VII.

8 Zur Elektrizitätslehre siehe *ibid.*, Kap. VIII–IX. Zur Chemie siehe Metzger, *op. cit.*, Teil I.

9 E. Meyerson, *Identität und Wirklichkeit* (Leipzig 1930), Kap. X.

10 E. T. Whittaker, *A History of the Theories of Aether and Electricity*, II (London 1953), S. 28–30.

11 Einen brillanten und völlig modernen Versuch, die wissenschaftliche Entwicklung in dieses Prokrustesbett zu bringen, unternimmt C. C. Gillispie, *The Edge of Objectivity: An Essay in the History of Scientific Ideas* (Princeton 1960).

X. Revolutionen als Wandlungen des Weltbildes

1 Die ersten Experimente unternahm George M. Stratton, »Vision without Inversion of the Retinal Image«, *Psychological Review*, IV (1897), S. 341–60, 463–81. Eine neuere Besprechung gibt Harvey A. Carr, *An Introduction to Space Perception* (New York 1935), S. 18–57.

2 Beispiele hierfür siehe bei Albert H. Hastorf, »The Influence of Suggestion on the Relationship Between Stimulus Size and Perceived Distan-

ce«, *Journal of Psychology,* XXIX (1950), S. 195–217; und Jerome S. Bruner, Leo Postman und John Rodrigues, »Expectations and the Perception of Colour«, *American Journal of Psychology,* LXIV (1951), S. 216–27.

3 N. R. Hanson, *Patterns of Discovery* (Cambridge 1958), Kap. I.

4 Peter Doig, *A Concise History of Astronomy* (London 1950), S. 115–16.

5 Rudolph Wolf, *Geschichte der Astronomie* (München 1877), S. 513–15, 683–93. Es ist besonders bemerkenswert, wie schwierig es der Bericht von Wolf macht, diese Entdeckungen als eine Folge des Bodeschen Gesetzes zu erklären.

6 Joseph Needham, *Science and Civilization in China,* III (Cambridge 1959), S. 423–29, 434–36.

7 T. S. Kuhn, *The Copernican Revolution* (Cambridge, Mass., 1957), S. 206–209.

8 Duane Roller und Duane H. D. Roller, *The Development of the Concept of Electric Charge* (Cambridge, Mass., 1954), S. 21–29.

9 Siehe die Diskussion in Abschnitt VII und die dort in Anm. 9 zitierte Literatur.

10 Galileo Galilei, *Dialogues Concerning Two New Sciences,* Übers. H. Crew und A. de Salvio (Evanston, Ill., 1946), S. 80-81, 162–66.

11 *Ibid.,* S. 91–94, 244.

12 M. Clagett, *The Science of Mechanics in the Middle Ages* (Madison, Wis., 1959), S. 537–38, 570.

13 [Jacques] Hadamard, *Subconscient, intuition, et logique dans la recherche scientifique* (Conférence faite au Palais de la Découverte le 8 décembre 1945 [Alençon, o. J.]), S. 7–8. Ein weit vollständigerer Bericht, wenn auch ausschließlich über mathematische Neuerungen, stammt vom selben Autor, *The Psychology of Invention in the Mathematical Field* (Princeton 1949).

14 T. S. Kuhn, »A Function for Thought Experiments«, in *Mélanges Alexandre Koyré;* Herausg. R. Taton und I. B. Cohen (Paris 1963).

15 A. Koyré, *Etudes Galiléennes* (Paris 1939), I, S. 46–51; und »Galileo and Plato«, *Journal of the History of Ideas,* IV (1943), S. 400–28.

16 Kuhn, »A Function for Thought Experiments«, in *Mélanges Alexandre Koyré* (Paris 1963).

17 Koyré, *Etudes …,* II, S. 7–11.

18 Clagett, *op. cit.,* Kap. IV, VI und IX.

19 N. Goodman, *The Structure of Appearance* (Cambridge, Mass., 1951), S. 4–5. Die Textstelle ist es wert, etwas ausführlicher zitiert zu werden: »Wenn einzig und allein jene Einwohner Wilmingtons des Jahres 1947 mit einem Körpergewicht von 175–180 Pfund rotes Haar haben, dann können ›rothaarige Einwohner Wilmingtons von 1947‹ und ›Einwohner Wilmingtons von 1947 mit einem Gewicht von 175–180 Pfund‹ in

einer konstruktiven Definition vereinigt werden ... Die Frage, ob es jemanden ›gegeben haben könnte‹, auf den das eine, aber nicht das andere Prädikat zutreffen würde, ist ohne Bedeutung ..., wenn wir festgestellt haben, daß es keine derartige Person gibt. ... Es ist gut, daß nicht mehr zur Debatte steht; denn der Begriff der ›möglichen‹ Fälle ... ist alles andere als eindeutig.«

20 H. Metzger, *Newton, Stahl, Boerhaave et la doctrine chimique* (Paris 1930), S. 34–68.

21 *Ibid.*, S. 124–29, 139–48. Über Dalton siehe Leonard K. Nash, *The Atomic-Molecular Theory* (»Harvard Case Histories in Experimental Science«, Case 4; Cambridge, Mass., 1950), S. 14–21.

22 J. R. Partington, *A Short History of Chemistry* (2. Aufl., London 1951), S. 161–63.

23 A. N. Meldrum, »The Development of the Atomic Theory: (1) Berthollet's Doctrine of Variable Proportions«, *Manchester Memoirs,* LIV (1910), S. 1–16.

24 L. K. Nash, »The Origin of Dalton's Chemical Atomic Theory«, *Isis,* XLVII (1956), S. 101–16.

25 A. N. Meldrum, »The Development of the Atomic Theory: (6) The Reception Accorded to the Theory Advocated by Dalton«, *Manchester Memoirs,* LV (1911), S. 1–10.

26 Über Proust siehe Meldrum, »Berthollet's Doctrine of Variable Proportions«, *Manchester Memoirs,* LIV (1910), S. 8. Die genaue Geschichte der allmählichen Veränderungen bei Messungen chemischer Zusammensetzung und der Atomgewichte muß noch geschrieben werden, doch Partington, *op. cit.,* bietet viele nützliche Hinweise.

XI. Die Unsichtbarkeit der Revolutionen

1 L. K. Nash, »The Origins of Dalton's Chemical Atomic Theory«, *Isis,* XLVII (1956), S. 101–16.

2 Wegen Newtons Bemerkung siehe Florian Cajori (Herausg.), *Sir Isaac Newton's Mathematical Principles of Natural Philosophy and His System of the World* (Berkeley, Calif., 1946), S. 21. Die Textstelle sollte mit Galileis eigener Diskussion in seinen *Dialogues Concerning Two New Sciences,* Übers. H. Crew und A. de Salvio (Evanston, Ill., 1946), S. 154–76, verglichen werden.

3 T. S. Kuhn, »Robert Boyle and Structural Chemistry in the Seventeenth Century«, *Isis,* XLIII (1952), S. 26–29.

4 Marie Boas behandelt in ihrem Buch *Robert Boyle and Seventeenth-Century Chemistry* (Cambridge 1958) Boyles positiven Beitrag zur Entwicklung des Begriffs des chemischen Elements.

XII. Die Lösung der Revolutionen

1 Für einen kurzen Abriß der wichtigsten Wege zu probabilistischen Verifikationstheorien siehe Ernest Nagel, *Principles of the Theory of Probability*, Bd. I, Nr. 6, der *International Encyclopedia of Unified Science*, S. 60–75.

2 K. R. Popper, *The Logic of Scientific Discovery* (New York 1959), bes. Kap. I–IV. Dt.: *Logik der Forschung*, Tübingen 1966, 1971.

3 Zu den Reaktionen von Laien auf die Vorstellung eines gekrümmten Raumes siehe Philipp Frank, *Einstein, His Life and Times*, Übers. und Herausg. G. Rosen und S. Kusaka (New York 1947), S. 142–46. Über einige Versuche, den Gewinn aus der allgemeinen Relativitätstheorie innerhalb eines euklidischen Raumes zu bewahren, siehe C. Nordmann, *Einstein und das Weltall* (Stuttgart 1922), Kap. IX.

4 T. S. Kuhn, *The Copernican Revolution* (Cambridge, Mass., 1957), Kap. III, IV und VII. Das Ausmaß, in dem die heliozentrische Lehre mehr als ein rein astronomisches Problem war, ist ein Leitthema des ganzen Buches.

5 Max Jammer, *Concepts of Space* (Cambridge, Mass., 1954), S. 118–24.

6 I. B. Cohen, *Franklin and Newton: An Inquiry into Speculative Newtonian Experimental Science and Franklin's Work in Electricity as an Example Thereof* (Philadelphia 1956), S. 93–94.

7 Charles Darwin, *Die Entstehung der Arten* (Übers. v. Carl W. Neumann, Stuttgart 1963), S. 668.

8 Max Planck, *Wissenschaftliche Autobiographie*, Leipzig 1928, S. 22.

9 Über die Rolle der Sonnenverehrung in Keplers Gedankenwelt siehe E. A. Burtt, *The Metaphysical Foundations of Modern Physical Science* (verb. Ausg., New York 1932), S. 44–49.

10 Ein Beispiel für die Bedeutung der Reputation: Lord Rayleigh reichte zu einer Zeit, da sein guter Ruf begründet war, bei der British Association eine Abhandlung über einige Paradoxa in der Elektrodynamik ein. Versehentlich war sein Name bei der ersten Einsendung weggelassen worden, und die Schrift wurde zunächst als die Arbeit eines »Paradoxisten« abgelehnt. Kurze Zeit danach, als der Name des Autors darauf stand, wurde die Abhandlung mit weitschweifigen Entschuldigungen angenommen. (R. J. Strutt, IV. Baron Rayleigh, *John William Strutt, Third Baron Rayleigh*, [New York 1924], S. 228.)

11 Über die durch die Quantentheorie hervorgerufenen Probleme siehe F. Reiche, *op. cit.*, Kap. II, VI–IX. Wegen der anderen Beispiele siehe die früheren Hinweise in diesem Abschnitt.

12 Kuhn, *op. cit.*, S. 219–25.

13 E. T. Whittaker, *A History of the Theories of Aether and Electricity*, I (2. Aufl., London 1951), S. 108.

14 Siehe *ibid.*, II (1953), S. 151–80, über die Entwicklung der allgemeinen

Relativitätstheorie. Für Einsteins Reaktion auf die exakte Übereinstimmung der Theorie mit der beobachteten Bewegung des Perihelions des Merkur siehe den zitierten Brief bei P. A. Schilpp (Herausg.), *Albert Einstein, Philosopher-Scientist* (Evanston, Ill., 1949), S. 101.

15 Über Brahes System, das geometrisch dem von Kopernikus völlig äquivalent war, siehe J. L. E. Dreyer, *A History of Astronomy from Thales to Kepler* (2. Aufl., New York 1953), S. 359–71. Über die letzten Versionen der Phlogistontheorie und ihren Erfolg siehe J. R. Partington und D. McKie,»Historical Studies of the Phlogiston Theory«, *Annals of Science*, IV (1939), S. 113–49.

16 Über die durch den Wasserstoff aufgeworfenen Probleme siehe J. R. Partington, *A Short History of Chemistry* (2. Aufl., London 1951), S. 134. Zum Kohlenmonoxyd siehe H. Kopp, *Geschichte der Chemie*, III (Braunschweig 1845), S. 294–96.

XIII. Fortschritt durch Revolutionen

1 E. H. Gombrich, *Art and Illusion: A Study in the Psychology of Pictorial Representation* (New York 1960), S. 11–12.

2 *Ibid.*, S. 97; und Giorgio de Santillana, »The Role of Art in the Scientific Renaissance«, in *Critical Problems in the History of Science*, Herausg. M. Clagett (Madison, Wis., 1959), S. 33–65.

3 Wissenschaftshistoriker begegnen dieser Blindheit oft in besonders auffallender Form. Die Gruppe der Studenten, die von den Naturwissenschaften zu ihnen kommt, ist oft die dankbarste Gruppe, die sie unterrichten. Sie ist aber auch zu Anfang gewöhnlich die enttäuschendste. Da Studenten der Naturwissenschaften »die richtigen Antworten schon wissen«, ist es besonders schwierig, sie eine ältere Wissenschaft mit deren eigenen Begriffen analysieren zu lassen.

4 Loren Eiseley, *Darwin's Century: Evolution and the Man Who Discovered It* (New York 1958), Kap. II, IV–V.

5 Ein besonders scharfsichtiger Bericht über den Kampf eines hervorragenden Darwinianers mit diesem Problem findet sich bei A. Hunter Dupree, *Asa Gray 1810–1888* (Cambridge, Mass., 1959), S. 295–306, 355–83.

Postskriptum – 1969

1 Dieses Postskript wurde zuerst auf Anregung meines ehemaligen Studenten und langjährigen Freundes Dr. Shigeru Nakayama von der Universität Tokio für seine japanische Übersetzung des Buches geschrieben. Ich danke ihm für die Anregung, für seine Geduld und für die Erlaubnis, das Ergebnis in die englische Ausgabe aufzunehmen.

2 Ich habe diese Auflage nicht systematisch überarbeitet, sondern die Änderungen auf wenige *typographische* Fehler und zwei Passagen beschränkt, die Irrtümer enthielten. Die eine ist die Beschreibung der Rolle, die Newtons *Principia* in der Entwicklung der Mechanik im achtzehnten Jahrhundert spielte. Die andere betrifft die Reaktion auf Krisen (S. 45 ff., S. 97 ff.).

3 Weitere Andeutungen finden sich in zwei neuen Essays von mir: »Reflection on My Critics« in Imre Lakatos und Alan Musgrave (Herausg.), *Criticism and the Growth of Knowledge* (Cambridge, 1970); und »Second Thoughts on Paradigms« in Frederick Suppes (Herausg.), *The Structure of Scientific Theories* (Urbana, Ill., 1970 oder 1971). Ich zitiere den ersten Essay als »Reflections« und das Buch, in dem er erscheint, als *Growth of Knowledge*. Den zweiten zitiere ich als »Second Thoughts«.

4 Besonders überzeugende Kritik an meiner ursprünglichen Darstellung des Paradigmas findet sich in: Margaret Masterman, »The Nature of Paradigm« in *Growth of Knowledge*, sowie bei Dudley Shapere, »The Structure of Scientific Revolutions«, *Philosophical Review* LXXIII (1964), S. 383–94.

5 W. O. Hagstrom, *The Scientific Community* (New York, 1965), Kap. IV und V; D. J. Price und D. de B. Beaver, »Collaboration in an Invisible College«, *American Psychologist,* XXI (1966), S. 1011–18; Diana Crane, »Social Structure in a Group of Scientists: A Test of the ›Invisible College‹ Hypothesis«, *American Sociological Review*, XXXIV (1969), S. 335–52; N. C. Mullins, *Social Networks among Biological Scientists* (Ph. D. Diss., Harvard University, 1966), und »The Micro-Structure of an Invisible College: The Phage Group« (Referat auf der Jahrestagung der American Sociological Association, Boston 1968).

6 Eugene Garfield, *The Use of Citation Data in the History of Science* (Philadelphia: Institute of Scientific Information, 1964); M. M. Kessler, »Comparison of the Results of Bibliographic Coupling and Analytic Subject Indexing«, *American Documentation*, XVI (1965), S. 223–33; D. J. Price, »Networks of Scientific Papers«, *Science*, CIL (1965), S. 510–15.

7 Masterman, *op. cit.*

8 Bedeutende Teile dieser Episode in: T. M. Brown, »The Electric Current in Early Nineteenth-Century French Physics«, *Historical Studies in the Physical Sciences*, I (1969), S. 61–103, und Morton Schagrin, »Resistance to Ohm's Law«, *American Journal of Physics*, XXI (1963), S. 536–47.

9 Siehe besonders: Dudley Shapere, »Meaning and Scientific Change«, in *Mind and Cosmos: Essays in Contemporary Science and Philosophy*, The University of Pittsburgh Series in the Philosophy of Science, III (Pittsburgh 1966), S. 41–85; Israel Scheffler, *Science und Subjectivity* (New

York 1967); und die Essays von Sir Karl Popper und Imre Lakatos in *Growth of Knowledge*.

10 Siehe die Diskussion zu Beginn von Abschnitt XIII.

11 Das Beispiel gibt: René Dugas, *A History of Mechanics*, übers. J. R. Maddox (Neuchâtel 1955), S. 135–36, 186–93, und Daniel Bernoulli, *Hydrodynamica, sive de viribus et motibus fluidorum, commentarii opus academicum* (Strasbourg 1738), Abschnitt III. Das Ausmaß, in dem die Mechanik in der ersten Hälfte des achtzehnten Jahrhunderts durch Angleichung von Problemsituationen Fortschritte machte, beschreibt Clifford Truesdell, »Reactions of Late Baroque Mechanics to Success, Conjecture, Error and Failure in Newton's Principia«, *Texas Quarterly*, X (1967), S. 238–58.

12 Auskunft zu diesem Thema findet sich in »Second Thoughts«.

13 Darauf hätte nicht hingewiesen werden müssen, wenn alle Gesetze den Newtonschen Gesetzen gleich wären und alle Regeln den Zehn Geboten. In dem Fall wäre der Ausdruck »ein Gesetz brechen« unsinnig, und eine Ablehnung von Regeln schiene nicht einen Prozeß zu implizieren, der nicht von einem Gesetz bestimmt ist. Unglücklicherweise können Verkehrsregeln und ähnliche Produkte der Gesetzgebung gebrochen werden, was die Verwechslung begünstigt.

14 Der Leser der »Second Thoughts« mag sich von den folgenden sonst kaum verständlichen Bemerkungen leiten lassen. Die Möglichkeit, die Mitglieder einer natürlichen Gattung sofort zu erkennen, beruht auf der Existenz von Wahrnehmungslücken – nach der Verarbeitung durch das Nervensystem – zwischen den zu unterscheidenden Gattungen. Gäbe es beispielsweise ein Wahrnehmungskontinuum bei den Wasservögeln von Gänsen zu Schwänen, dann müßten wir ein besonderes Unterscheidungskriterium einführen. Ähnliches läßt sich von nicht beobachtbaren Gegenständen sagen. Wenn eine physikalische Theorie neben dem elektrischen Strom nichts Ähnliches zuläßt, dann reichen wenige Kriterien, die von Fall zu Fall beträchtlich variieren können, aus, um Ströme zu identifizieren, selbst wenn es keine Regeln gibt, die die notwendigen und hinreichenden Bedingungen der Identifikation angeben. Das deutet auf eine plausible Folgerung hin, die wichtiger sein könnte. Sind notwendige und hinreichende Bedingungen zur Identifikation einer theoretischen Entität gegeben, dann kann diese Entität durch Substitution aus der Ontologie einer Theorie eliminiert werden. Fehlen solche Regeln aber, dann sind diese Entitäten nicht eliminierbar; die Theorie fordert dann ihre Existenz.

15 Die folgenden Punkte sind genauer in »Reflections«, Abschnitt V und VI behandelt.

16 Siehe die oben in Anmerkung 9 zitierten Arbeiten und den Essay von Stephen Toulmin in *Growth of Knowledge*.

17 Die schon klassische Quelle für die meisten relevanten Aspekte der

Übersetzung ist W. V. O. Quine, *Word and Object* (Cambridge, Mass., und New York, 1960), Kapitel I und II. Aber Quine scheint anzunehmen, daß zwei Personen, die denselben Reiz empfangen, dieselbe Empfindung haben müssen, und sagt daher wenig über das Ausmaß, in dem ein Übersetzer fähig sein muß, die Welt zu *beschreiben,* auf die die Sprache, die übersetzt wird, sich bezieht. Zum letzten Punkt siehe E. A. Nida, »Linguistics and Ethnology in Translation Problems«, in Dell Hymes (ed.), *Language and Culture in Society* (New York 1964), S. 90–97.

18 Shapere, »Structure of Scientific Revolutions«, sowie Popper in *Growth of Knowledge*.

19 Eins von vielen Beispielen siehe in P. K. Feyerabends Essay in *Growth of Knowledge*.

20 Stanley Cavell, *Must We Mean What We Say?* (New York 1969), Kapitel I.

21 Zu diesem Punkt sowie wegen einer ausführlicheren Behandlung der Besonderheit der Wissenschaften siehe T. S. Kuhn, »Comment on the Relations of Science and Art«, *Comparative Studies in Society and History*, XI (1969), S. 403–12.

Thomas S. Kuhn
Die Entstehung des Neuen

Studien zur Struktur der Wissenschaftsgeschichte
Herausgegeben von Lorenz Krüger
Übersetzt von Hermann Vetter

Thomas S. Kuhns Buch *Die Struktur wissenschaftlicher Revolutionen*, 1962 im Original, 1967 zum ersten Mal in deutscher Sprache, hat eine Wende der Wissenschaftstheorie gebracht: Unter dem Eindruck der Fortschritte der Logik und der Meta-Mathematik seit Anfang dieses Jahrhunderts war die Theorie der empirischen Wissenschaften vornehmlich unter dem Gesichtspunkt der logischen Analyse wissenschaftlicher Aussagen sowie deren Beziehung zur Erfahrung angetreten. Daß hinter den Aussagesystemen ein in der Geschichte der Gesellschaft verankerter Forschungsprozeß steht, fand dabei nur vergleichsweise geringe Beachtung. Diese Ausblendung der historischen Dimension und ihre Gründe hat Kuhn in seinem Buch mit Scharfblick aufgedeckt und zugleich die zur Anreicherung der allgemeinen Wissenschaftstheorie mit konkreter Wirklichkeit notwendige Brücke zwischen Wissenschaftstheorie und Wissenschaftsgeschichte geschlagen.

Im vorliegenden Band sind zum ersten Mal Aufsätze Kuhns zusammengestellt, die einen Eindruck vermitteln, wie seine Aufsehen erregenden Thesen aus der konkreten historischen Forschung hervorgewachsen sind und wie die Grundgedanken des Buches über die wissenschaftlichen Revolutionen kritisch weitergebildet wurden: Reflexionen über die Natur der Wissenschaftsgeschichte und ihr Verhältnis zur Wissenschaftsphilosophie. Wer ein vertieftes Verständnis der Kuhnschen Wissenschaftstheorie sucht und an deren Weiterentwicklung und Anwendung interessiert ist, wird die hier vorgelegte Sammlung von Essays nicht entbehren wollen. Einige der Aufsätze erscheinen überdies zum ersten Mal im Druck.

Hans Blumenberg
Die Genesis der kopernikanischen Welt

804 Seiten

Ein Jahrzehnt Astronautik hat eine ›vorkopernikanische‹ Überraschung gebracht: die Erde ist eine kosmische Ausnahme. Das Universum scheint voller Wüsten zu sein. Die photographische Fernaufklärung im Planetensystem hat nichts als narbige Kraterwelten, stickige Gluthöllen, alle Arten von ausgeklügelten Lebenswidrigkeiten enthüllt. Inmitten dieser enttäuschenden Himmelswelt ist die Erde nicht nur ›auch ein Stern‹, sondern der einzige, der diesen Namen zu verdienen scheint.

Es ist die irritierende Umkehrung von Erwartungen der Aufklärung. Sie glaubte sich in einem Universum bewohnbarer Welten und vernünftiger Wesen. Es entsprach der kopernikanischen Konsequenz, daß die irdischen Bedingungen der Vernunft keine bevorzugten, eher provinzielle sein konnten. Der Rückstand gegenüber dem kosmischen Standard sollte durch Fortschritt aufgehoben, die Mitgliedschaft in der sternenweiten Kommunität durch Würdigkeit erworben werden. Die Vernunft durfte nicht einsam, nicht den faktischen Bedingungen ihrer irdischen Geschichte ausgeliefert sein.

Es schien, als könne niemals eine Erfahrung diesen Mythos der kosmischen Intersubjektivität zerstören. Aber es ist ein adäquater Schritt des Kopernikanismus als des großen Überwinders menschheitlicher Selbsttäuschungen, seine eigenen frühen Illusionen mit den Mitteln zu überwinden, die er in eine Welt gebracht hat, deren Homogenität und Durchquerbarkeit in seiner Konsequenz lag. Auch nüchterne Köpfe, die von der Rückseite des Mondes nicht viel Neues erwartet hatten, empfanden noch die Enttäuschung alter Erwartungen, als die automatischen Kundschafter aus dem Weltall nicht einmal ein wenig Grün, keine Anzeichen von niedrigstem Leben auf den bewunderten Sternen der Kindheit zu vermuten übrigließen.

Immer wieder in den Jahrhunderten nach Kopernikus entdeckte man, nach der Formel des Astronomen Lambert, daß man ›noch lange nicht genug kopernikanisch‹ geworden sei. Die kopernikanische Welt ist eine unvollendete: immer wieder sieht es so aus, als könne die Stellung des Menschen im Universum nun nicht exzentrischer mehr ge-

dacht werden. Immer wieder ist es ihre Illusion, bei der
Zerstörung der letzten ihrer Illusionen angekommen zu
sein. Immer noch wissen wir nicht bis zur Neige, was das
Wort Goethes in seinem letzten Lebensjahr zum Kanzler
Müller bedeutete, dieses sei »die größte, erhabenste, folgen-
reichste Entdeckung, die je der Mensch gemacht hat; in
meinen Augen wichtiger als die ganze Bibel«.

Eine »Genesis der kopernikanischen Welt« kann kein isoliertes Stück Wissenschaftsgeschichte sein. Sie nimmt ein
wissenschaftliches als ein anthropologisches Ereignis. Sie
muß davon sprechen, wie ein peripheres Bewußtsein sich
selbst auf die Spur dessen kommt, dies zu sein. Das ist die
Zweideutigkeit des Himmels: er vernichtet unsere Wichtigkeit durch seine Größe, aber er zwingt uns auch durch
seine Leere, nicht anderes wichtiger zu nehmen als uns
selbst. Die Paradoxie einerseits jener Vernichtung, von der
Kant gesprochen hat, und andererseits dieses Selbstbewußt-
seins, von dem er gleichfalls gesprochen hat, spannt die
kopernikanische Welt zum Zerreißen an. Kann im Konver-
genzpunkt ihrer Prozesse eine neue Eindeutigkeit stehen?
Der bestürzende Verdacht, daß alles nur Wüste sei mit
der einzigen Ausnahme dieser tellurischen Oase, könnte
alle Intentionen auf die Erde verweisen als auf das Zentrum aller möglichen Vernunftinteressen, das selbst die
Fluchtlinien der Astronautik zu sich zurückzwingt und sie
zur Episode der Menschheitsgeschichte macht.

Der Betrachter des Himmels ist gepackt von der Unwahrscheinlichkeit seiner eigenen Daseinsbedingungen, ausgenommen zu sein von den Schrecknissen der kosmischen
Strahlungen und Teilchenschauer.

In der Genesis der kopernikanischen Welt ist dem Menschen keine neue ›Stellung im Kosmos‹ definiert worden;
aber sie macht es ihm dringend, eine solche zu definieren.

Die »Frankfurter Rundschau« schrieb zu diesem Werk u. a.:
»Die kopernikanische Welt scheint geplatzt. In der para-
doxen, ptolemäischen Konsequenz der kopernikanischen
Kosmologie, die die Erde zum Stern unter Sternen machte,
bekommt die Erde eine neue Sonderstellung. ›Die kosmische Oase, auf der der Mensch lebt, dieses Wunder von
Ausnahme, der blaue Eigenplanet inmitten der enttäuschenden Himmelswüste, ist nicht mehr ›auch ein Stern‹, sondern der einzige, der diesen Namen zu verdienen scheint‹
(S. 793). Das ist Blumenbergs Resultat aus Kopernikanismus und seiner letzten Folgeerscheinung, der Astronautik.

Das Buch von der Genesis der kopernikanischen Welt zeigt
auch ihr Ende an. Blumenbergs Kadenz der Frage nach
dem Verhältnis von Mensch und Kosmos scheint voltairisch:
›Il faut cultiver notre jardin.‹ Aber in einer solch brillanten Weise auf die Sonderstellung des Menschen in der
Welt, die unter Verzicht auf seine alte, kosmologisch definierte Würde neu begründet werden muß, hingewiesen zu
haben, ist ein wissenschaftsgeschichtliches Ereignis.«

Hans Blumenberg
Die Legitimität der Neuzeit

Erweiterte Neuausgabe. Drei Bände in Kassette.
Band 1: Säkularisierung und Selbstbehauptung,
stw 79.
Band 2: Der Prozeß der theoretischen Neugierde,
stw 24.
Band 3: Aspekte der Epochenschwelle, stw 174

Die Bände dieser Kassette versammeln Blumenbergs Arbeiten zur Herkunft und Konstitution des Zeitalters, das
sich zur ›Neuzeit‹ erklärte. Die in den Jahren 1973–76
zunächst getrennt wieder vorgelegten Teile der 1966 er-
schienenen »Legitimität der Neuzeit« sind in dieser durch-
gehend erneuerten und erweiterten Ausgabe zusammengefaßt. Sie dokumentieren damit zugleich den Stand des in
einem Jahrzehnt unter Widerspruch und Zustimmung weiter vorangetriebenen Versuchs zu einer phänomenologischen
Historik, die erfassen will, in welchen Prozeßformen und
-intensitäten, in welchen Grundmustern von Rationalität
Geschichte sich formiert.
Unter der übergreifenden Fragestellung nach der ›Legitimität‹ analysieren die einzelnen Teile in sich geschlossene
Themenkomplexe zur Konstitution der Neuzeit anhand
einer Kritik des Grundbegriffs der ›Säkularisierung‹, mit
dem sich das Selbstverständnis der Moderne sowohl frei-
setzen als auch seiner rückwärtigen Bindungen versichern
wollte, wird nach den Bedingungen für die Herauslösung
einer Epoche aus ihren Vorgegebenheiten gefragt. Es ist,
für das Verhältnis von Mittelalter und Neuzeit, der Prozeß der humanen Selbstbehauptung gegen einen theolo-
gischen Absolutismus (*»Säkularisierung und Selbstbehauptung«*). In diesen Vorgang gibt einen detaillierten Einblick

die Darstellung des Wertungswandels der theoretisch-wissenschaftlichen Neugierde. Der Rahmen ist dabei weit gespannt, von der Antike bis zur Psychoanalyse, von Sokrates bis zu Feuerbach und Freud (*»Der Prozeß der theoretischen Neugierde«*). Der letzte Teil verschärft noch einmal den Zugriff auf die Logik des Epochenwandels durch die Wahl des Doppelaspekts der Systeme von Welt- und Menschenansicht des Nikolaus von Cues und des Giordano Bruno: die Sorge um das Vergehende und der Triumph über das Anbrechende entfalten ihre elementare Differenz auf dem Boden der noch gemeinsamen metaphysischen Großfragen (*»Aspekte der Epochenschwelle«*). Das Ganze des Werks sucht die sich formierende Neuzeit aus den Antrieben zu erfassen, die aus dem Zusammenbruch des Mittelalters herkamen und zu einem seinen Erwartungen strikt entgegengesetzten Konzept führten. Das obligate Thema des Gesamtwerks ist das Verhältnis von Vernunft und Geschichte. Nachdem die europäische Aufklärung wiederholt überrascht und betroffen vor dem Scheitern ihrer vermeintlich letzten Anstrengungen gestanden hat, muß sie sich statt der Zuflucht in sanfte und unsanfte Romantizismen die Analyse ihrer offenen und heimlichen Voraussetzungen, also Aufklärung über die Aufklärung, verschaffen. Seit Kant wissen wir – um es immer wieder zu vergessen –, daß die Kritik der Vernunft nicht nur eine *durch* Vernunft, sondern auch eine *an* der Vernunft ist und bleiben wird.

Bernhard Groethuysen
Die Entstehung der bürgerlichen Welt- und
Lebensanschauung in Frankreich

Band 1: Das Bürgertum und die katholische
Weltanschauung
Band 2: Die Soziallehren der katholischen Kirche
und das Bürgertum
stw 256. 368 und 320 Seiten

Groethuysens ausgreifendes Unternehmen ist als Untersuchung der Entstehung einer spezifisch bürgerlichen Sen-
sibilität, einer Welt- und Lebensanschauung zumal, konzipiert, wie sie sich im Frankreich des 17. und 18. Jahrhunderts herauszubilden begann. Die Arbeit erschien zuerst in den Jahren 1927 und 1930. Sie reiht sich der Inten-
tion nach den Studien von Dilthey und Simmel zur Entstehung des »modernen« Geistes an, greift aber tiefer ins
soziale Gestein der Epoche, so daß sie einerseits mit Franz
Borkenaus materialistischer Ideologiegeschichtsschreibung
(*Vom feudalen zum bürgerlichen Weltbild*), andererseits
mit Norbert Elias' historisch-soziologischen Analysen (*Über*
den Prozeß der Zivilisation) verglichen werden kann.
Groethuysens Werk ist also eine »geistesgeschichtliche«
Untersuchung besonderer Art. Es thematisiert nicht die
großen philosophischen Lehren, die eine reflektierte Form
bürgerlicher Ideologie zum Ausdruck bringen, sondern gerade die alltäglichen und anonymen, sozusagen vorreflexiven
Gestalten bürgerlichen Denkens und Handelns. Der Autor
geht in phänomenologischer Manier aus »vom Leben selbst«,
von den Selbstverständlichkeiten des bürgerlichen Lebens-
zusammenhangs, der sich im 17. und 18. Jahrhundert allmählich von den religiösen Bindungen des Katholizismus
emanzipierte. Man kann sagen, daß es sich hier wie bei
Walter Benjamins Trauerspielbuch um eine Art »anonyme
Geistesgeschichte« des Bürgertums insofern handelt, als
nicht seine »anerkannten« Ideologen, sondern seine »popu-
lären« Vertreter zu Wort kommen.
Anhand zahlreicher Quellen — etwa von Predigten und
pädagogischen Abhandlungen — zeigt Groethuysen, wie sich
die Einstellungen des Bürgers sukzessive profanisieren, wie
sich seine Anschauungen über Gott, Tod und Sünde, über
reich und arm immer mehr von den kirchlichen Lehren lösen und zu einer eigenen Physiognomie in Lebens- und

Weltanschauung führen: »So bildet sich das bürgerliche Klassenbewußtsein. Der neue Wirtschaftstyp, wie er sich in den alten Lebensformen nicht entwickeln konnte, erhält seine geistige Bedeutung und Umgrenzung; er wird zu dem Vertreter einer besonderen, in sich charakterisierten und immer wieder im Gegensatz zu anderen, religiös bedingten Vorstellungsweisen erlebten Einstellung gegenüber Welt und Leben, einer selbständigen bürgerlichen Ideologie, für deren Gestaltung und Ausbildung das Verhältnis des Bürgertums zur Kirche von entscheidender Bedeutung gewesen ist.« Der vielzitierte und -gelästerte Typus des Bourgeois wird von Groethuysen »urgeschichtlich« (Benjamin) bzw. »archäologisch« (Foucault) erforscht.

Bernhard Groethuysen wurde 1880 in Berlin geboren. Er studierte Philosophie, Psychologie, Kunstgeschichte und Wirtschaftspolitik. Unter dem Einfluß Simmels und Diltheys stehend (dessen Gesamtwerk er mitherausgab), beschäftigte er sich gleichermaßen mit psychologischen, anthropologischen und historischen Fragen. In den zwanziger Jahren pendelte er zwischen Paris, wo er im Kreis des Verlags Gallimard die Funktion eines intellektuellen Mentors ausübte, und Berlin, wo er als Privatdozent lehrte, hin und her. Im Jahre 1933 legte er aus Protest gegen die Nationalsozialisten seinen Berliner Lehrauftrag nieder und blieb in Frankreich, wo er fortan als freier Schriftsteller lebte. Er starb 1946 in Luxemburg. Werke: *Das Mitgefühl* (1904); *Philosophische Anthropologie* (1931); *J.-J. Rousseau* (1949); *Philosophie der Französischen Revolution* (1956).

Reinhart Koselleck
Kritik und Krise

Eine Studie zur Pathogenese der bürgerlichen Welt
stw 36. 252 Seiten

Es gab manche Mißverständnisse im Hinblick darauf, was
mit dieser Arbeit eigentlich intendiert sei. Ihr die Gegen-
wartsbezogenheit vorzuwerfen, ist vordergründig, da es
sich grundsätzlich gleichbleibt, an welchem Punkt man in
den hermeneutischen Zirkel einer historischen Untersuchung
einsteigt. Die methodisch entscheidende Frage ist, ob sich
die eingebrachten Prämissen durch den historischen Quellen-
befund verifizieren lassen. Ist das der Fall, kann die Aktua-
lität einer geschichtlichen Frage dem Ergebnis nur zugute
kommen. Damit ist nicht gesagt, daß die folgenden Analysen einer naiven Beispielhaftigkeit der Historie, wie sie
bis in das achtzehnte Jahrhundert hinein üblich war, erneut
zum Leben verhelfen wollen. Geschichtliche Lehren lassen
sich heute nicht mehr unmittelbar aus der Historie ableiten, sondern nur über eine Theorie möglicher Geschichten
vermitteln. So bewegt sich die Arbeit auf einem bestimmten
Niveau der Abstraktion; sie beabsichtigt, langfristige Vorgänge der »Frühen Neuzeit« herauszuarbeiten.
Sobald es gelungen ist, Strukturen einer geschichtlichen
Epoche in ihrer anthropologischen Verfaßtheit aufzuzeigen,
die sich aus den konkreten Einzelfällen ableiten läßt, können die Ergebnisse exemplarische Befunde sichtbar machen,
die auch auf unsere Gegenwart beziehbar sind. Denn un-
erachtet ihrer Einmaligkeit kann eine vergangene Epoche
– auf ihre Struktur hin befragt – Momente der Dauer enthalten, die noch in unsere Gegenwart hineinreichen.
Die folgende Untersuchung richtet sich auf solche Strukturen, besonders auf den ihnen immanenten zeitlichen Ablauf, der von den Religionskriegen bis zur Französischen
Revolution verfolgt wird.
Vor allem wird gefragt nach der Problematik der modernen
Aufklärung und der aus ihr folgenden Emanzipation. Deren
Problematik besteht darin, an eine Grenze zu kommen,
die als politische Grenze erkannt sein will, wenn sie sinnvoll überschritten werden soll. Wo die Grenze als politische
verkannt wird, gerinnt die Aufklärung zu einer Utopie,
die, indem sie scheinbar beflügelt, Gegenbewegungen provo-
ziert, welche sich der Verfügung der Aufklärung entziehen,

sobald sie sich der Einsicht in die Heterogonie der Zwecke begeben hat. Die Heterogonie der Zwecke ist nämlich eine zeitliche Bestimmung des Politischen, die von keiner Utopie überholt werden kann. Vielmehr werden die Zielsetzungen einer Aufklärung gerade dann verfehlt, wenn sie die Dialektik eines politischen Prozesses nicht prognostisch einfangen kann. Die Dialektik der Aufklärung entspringt – mit anderen Worten – nicht nur ihr selbst, sondern mehr noch der geschichtlichen Situation, in der sie sich entfaltet. Jede Aufklärung gerät früher oder später in Konfliktlagen, die rational aufzuschlüsseln eine Umsetzung der bloßen Kritik in politische Verhaltensweisen erfordert.

Die außenpolitische Lage auf unserem Globus hat sich durch den Aufstieg Chinas und die Emanzipation der dritten Welt im letzten Jahrzehnt verschoben. Dadurch hat sich die Ausgangsfrage der vorliegenden Untersuchung insofern nicht verändert, als sie von vornherein hinter die antithetischen Zwänge zurückfragen wollte. Freilich hat sich die Einmaligkeit unserer Lage immer mehr verdeutlicht. Während zur Zeit der absolutistischen und nationalstaatlichen Politik der Krieg immer noch als Entlastungsvorgang für drohende Bürgerkriege verstanden und auch bemüht werden mochte, stehen wir heute vor einer fatalen Umkehr dieses Vorgangs. Unter der Drohung gegenseitiger atomarer Vernichtung haben die Weltmächte Randzonen ihrer Interessengebiete herausgeschnitten, innerhalb deren die Bürgerkriege – mit dem Schein gegenseitiger Entlastung – umgrenzt werden und so legitimiert werden sollen. Ein ständig sich verschiebender Ring von Elend, Blut und Schrecken hat sich um den Globus gelegt. Nicht mehr der alte Staat ist die Gegenposition zu diesem Bürgerkrieg, sondern zunächst der ganze Globus, dessen neue Geschichten sich erst in der Zukunft abzeichnen.

Daß der Untertitel einer Pathogenese unserer Moderne seine Evidenz nicht aus der biologischen Metaphorik bezieht, sondern aus dem Leiden, das zu diagnostizieren neue Kategorien fordert, bedarf keiner weiteren Erläuterung. (Aus dem Vorwort zur Taschenbuchausgabe.)

Joseph Needham
Wissenschaftlicher Universalismus

Über Bedeutung und Besonderheit der chinesischen
Wissenschaft
Herausgegeben, eingeleitet und übersetzt
von Tilman Spengler
stw 264. 416 Seiten

Die in diesem Band vereinigten Arbeiten Joseph Needhams
stehen in enger thematischer Beziehung zu seinem Haupt-
werk *Science and Civilization in China,* der ersten maßgeblichen Gesamtdarstellung des chinesischen Beitrags zur
Universalgeschichte von Wissenschaft und Technik. Needham begreift das Zustandekommen der neuzeitlichen Wissenschaft als einen universalen Vorgang, zu dessen Entstehen Beiträge aus vielen Zivilisationen zusammenkommen
mußten, der aber erst durch die Entdeckungen und sozio-
kulturellen Neuausrichtungen im Europa der Renaissance
die für ihn bestimmende Dynamik erhielt. »Wissenschaftlicher Universalismus« als konkretes Forschungsprogramm
zielt demnach ebenso auf die Beschreibung einzelner Komponenten wie auf eine Kennzeichnung des Milieus, innerhalb dessen eine Kombination der Einzelteile das Unternehmen »moderne Wissenschaft« in Gang setzte.
Wenn der Durchbruch zur modernen Wissenschaft allein in
Europa gelang, in anderen Kulturen dazu aber die kognitiven Voraussetzungen genauso vorhanden waren, dann
müssen, folgert Needham, sozio-kulturelle Unterschiede die
entscheidenden Hemm- bzw. Beschleunigungsfaktoren bezeichnen.
Der Aufsatz »Wissenschaft und Gesellschaft in Ost und
West« geht auf einige dieser Unterschiede ein. »Die Einheit der Wissenschaft, Asiens unentbehrlicher Beitrag«, der
zweite Aufsatz der Auswahl, liefert eine faktische Erhär-
tung der These von der Universalität des Vorgangs, an
dessen Ende die neuzeitliche Wissenschaft stand. Daß es
sich bei diesen Beiträgen um mehr als nur die ständig zitierten Beispiele des Schießpulvers, der Druckkunst und
des magnetischen Kompasses handelt, wird dabei ebenso
deutlich wie die zentrale Rolle des arabischen Kultur-
raums für die Übermittlung der Erfindungen und Erkenntnisse. »Der chinesische Beitrag zu Wissenschaft und Technik« greift das Thema aus chinesischer Perspektive auf.

Needham beschränkt sich hier nicht auf die Aufzählung vieler Einzelfälle, er schildert auch die chinesische Einstellung zu Fragen der sozialen Verfügbarkeit von Wissenschaft und Technik.

Als Beispiele für Needhams Geschick, Problemzusammenhänge global und gleichzeitig detailgetreu in den Griff zu bekommen, dienen die Aufsätze »Der Zeitbegriff im Orient« und »Das fehlende Glied in der Entwicklung des Uhrenbaus: ein chinesischer Beitrag«.

Zunächst räumt Needham mit dem vulgär-philosophischen Klischee des »zeitlosen Orients« auf und zeigt sehr genau, wie konkret sich die Chinesen der Realität zeitlicher Abläufe in der Geschichte bewußt waren. Und zum Nachweis, daß sich derlei Gedanken nicht nur auf den mageren Weiden der Spekulation bewegten, zeigt Needham in seiner Geschichte des chinesischen Uhrenbaus gleichsam das handwerkliche Komplement: mehr noch, die Unruh, die zentrale Vorrichtung der mechanischen Zeitmessung, ist eine chinesische Erfindung.

Die traditionelle chinesische Medizin steht seit einigen Jahren im Brennpunkt nicht nur medizin-historischen Interesses. Das rührt zum einen aus sozio-politischen Begleitumständen ihrer Wiedergeburt im sozialistischen China her, zum anderen aus dem erklärten Unvermögen westlicher Mediziner, gewisse therapeutische Effekte dieser Medizin in den Begriffen ihrer eigenen Deutungssysteme nachzuvollziehen. In »Medizin und chinesische Kultur« klärt Needham zunächst die Entstehungs- und Entwicklungsbedingungen der traditionellen Medizin Chinas, die wie keine andere wissenschaftliche Disziplin von der sie umlagernden Kultur geprägt wurde, und schlägt dann einige Interpretationen zu ihrer Wirkungsweise vor.

Wolf Lepenies
Das Ende der Naturgeschichte

Wandel kultureller Selbstverständlichkeiten in den
Wissenschaften des 18. und 19. Jahrhunderts
stw 227. 288 Seiten

Thema des Buches von Wolf Lepenies ist der Übergang vom naturhistorischen zum entwicklungsgeschichtlichen Denken: an der Wende zum 19. Jahrhundert gelangen die Wissenschaften unter einen Erfahrungsdruck, der zur Aufgabe der alten, räumlich orientierten Klassifikationsverfahren führt und jene Phase der Verzeitlichung ankündigt, die mit der Darwinschen Evolutionstheorie ihren Höhepunkt erreicht. Das entwicklungsgeschichtliche Denken setzt sich dabei in den einzelnen Disziplinen in unterschiedlicher Weise durch – doch zeigen sich genügend Ähnlichkeiten in Botanik und Zoologie, Medizin, Chemie und Geologie, Astronomie, Rechts- und Kunstgeschichte, um der Epoche von 1775 bis 1825 ein unverwechselbares Gepräge zu geben. Die »Emanzipation« von der Naturgeschichte gelingt aber nur unvollkommen, insbesondere in der Historie selbst lassen sich von Michelet bis Jakob Burckhardt Spuren naturgeschichtlichen Denkens ausmachen, die mehr sind als bloß Überreste. Es gehört zu den Eigentümlichkeiten ihres Nachruhms, daß die so geschmähte Naturgeschichte in der Literatur überlebt. Der Entwicklungsgang der Naturgeschichte kehrt sich von Balzac bis Proust um: gegenüber der Menagerie der *Comédie humaine* erscheint Prousts Romanwerk als Herbarium. Kennzeichnend ist auch der Bedeutungswechsel, den der Normalitätsbegriff vom 18. zum 19. Jahrhundert durchmacht, sowie die Veralltäglichung des Außerordentlichen. Während im 18. Jahrhundert das Wunderbare und das Außerordentliche Bestandteil des Wissenschaftsprozesses selbst sind, ist die moderne Wissenschaft durch sensationsfreies Alltagshandeln gekennzeichnet.

Edgar Zilsel
Die sozialen Ursprünge der neuzeitlichen
Wissenschaft

Herausgegeben und übersetzt von Wolfgang Krohn
Mit einer biobibliographischen Notiz
von Jörn Behrmann
stw 152. 288 Seiten

Edgar Zilsel (1891–1944) hat in Wien Mathematik, Physik
und Philosophie studiert. Mit Otto Neurath gehörte er zum
linken Flügel des Wiener Kreises. Einer Universitäts-
karriere zog er die Arbeit an der Wiener Volkshochschule
vor. 1934 Haft. 1938 Ausreise nach England, 1939 in die
USA. Dort dank eines Stipendiums Forschungsarbeiten;
lehrte zunächst am Hunter College der City University of
New York, dann am Mills College in Oakland.

Jörn Behrmann und Wolfgang Krohn sind Mitarbeiter des
Max-Planck-Institutes zur Erforschung der Lebensbedin-
gungen der wissenschaftlich-technischen Welt in Starnberg.

Edgar Zilsel hat im amerikanischen Exil eine zusammen-
hängende Studie über die Entstehung der Naturwissenschaften begonnen, deren Ergebnisse (wegen seines Todes
im Jahre 1944) nur fragmentiert als Aufsatzveröffent-
lichungen vorliegen. Diese Aufsätze folgen aber einer
inneren Systematik, die ihre gemeinsame Veröffentlichung
nahelegt.

Die allgemeine These Zilsels: zwischen 1 300 und 600 existieren drei Schichten von Intellektuellen, die institutionell
und ideologisch voneinander getrennt waren: die Gelehrten, die literarischen Humanisten und die Künstler-Ingenieure. Während die letzte Gruppe Experiment, Sektion
und das wissenschaftlich-technische Instrumentarium entwickelt, bleiben die sozialen Vorurteile der Gelehrten und
Humanisten gegen Handarbeit und experimentelle Verfahren in der Wissenschaft bis ins 16. Jahrhundert stabil.
Erst mit der Generation Bacon, Galilei, Gilbert wird das
kausale Denken der plebejischen Künstler-Ingenieure mit
dem theoretischen Denken der Naturphilosophie verknüpft.

Das Vorwort des Herausgebers rekonstruiert den theoretischen Zusammenhang der Aufsätze und geht auf die
empirischen und begrifflichen Probleme ein, die sich einer
Soziologie der Wissenschaftsgeschichte in der heutigen Forschung stellen.

Alphabetisches Verzeichnis der suhrkamp taschenbücher wissenschaft

Spreewald

Teilkarten
1 Unterspreewald
2 Lübben - Nord
3 Oberspreewald
Autobahnen
Bundesstraßen
Verbindungsstraßen
Hauptstrecken der Deutschen Bundesbahn
Campingplätze

Goyatz- Guhlen

320

168

Butzener See

Neu Zauche

Straupitz

Byhlener See

Byhlen

Byhleguhrer See

Mühlendorf

97

Byhleguhre

Peitz

Spree

Kolonie Burg

Cottbus

87

Neumanns Landschaftsführer

Spreewald

Von Helmut Jentsch
und Wolfgang Klaeber

Neumann
Verlag
Radebeul

Bildquellen
Fotos:
Helmut Jentsch, Lübbenau: Seite 13, 16, 26, 29, 31, 32, 35, 36, 46, 49, 51, 53, 54, 59,
   61, 63, 64, 67, 72, 74, 119
Wolfgang Klaeber, Berlin: Seite 11, 18, 20, 22, 25, 37, 39, 66, 68, 76, 78, 79, 82, 84,
   86, 88, 91, 92, 94, 97, 98, 99, 100, 103, 105, 106, 109, 110, 111, 113, 115, 116,
   118, 119
Rainer Weisflog, Cottbus: Seite 2, 8, 42, 47, 58

Karten und Pläne:
Lutz E. Müller, Leipzig

Die Deutsche Bibliothek – CIP-Einheitsaufnahme

Jentsch, Helmut:
Spreewald / von Helmut Jentsch und Wolfgang Klaeber, –
Radebeul: Neumann, 1992
   (Neumanns Landschaftsführer)
   ISBN 3-7402-0111-8
NE: Klaeber, Wolfgang:

© 1992 Neumann Verlag GmbH
Dr.-Schmincke-Allee 19, O–8122 Radebeul 1
Printed in Germany
Lektorat: Carola Fischer und Dr. Hermann Thomas
Einbandentwurf: Matthias Dittmann, Leipzig
Gestaltung: Heide Siegemund
Reproduktionen der Karten und Pläne:
Color Reproduktion Heidenau
Satz, Reproduktionen der Farbabbildungen, Druck und Verarbeitung:
Verlag und Druckerei Fortschritt Erfurt GmbH

Inhalt

● Kennenlern-Touren für nur kurzzeitigen Spreewaldaufenthalt

3 Tage im Spreewald

Einige **Ratschläge** für den eiligen Gast, der zum Kennenlernen des Spreewaldes nur **3 Tage** Zeit hat

1. Programm für motorisierte Touristen

1. Tag:
Anreise nach Lübbenau → Tour 1
Kahnfahrt nach Wofschofska mit Museumsbesuch in Lehde → Tour 2, 3b
kleiner Stadtrundgang, Kirche → Tour 1
Spaziergang durch den Schloßpark → Tour 1

2. Tag:
Fahrt nach Burg
Wanderung durch die Streusiedlung → Tour 8
Bismarck-Turm → Tour 8
Besichtigung von Straupitz, Kirche → Tour 11
Wanderung zur Byttna (Rieseneichen) → Tour 11, 12
Blick vom Neuzaucher Weinberg → Tour 11, 13

3. Tag:
Fahrt nach Schlepzig
Besichtigung: Ort mit Kirche → Tour 37
Besichtigung: Bauernmuseum → Tour 37
Kahnfahrt durch den Buchenhain → Tour 25
in Lübben Stadtbesichtigung → Tour 23
in Lübben Schloßturm → Tour 23

2. Programm bei Benutzung öffentlicher Verkehrsmittel

1. Tag:
Anreise nach Lübbenau → Tour 1
Kahnfahrt Wotschofska mit Museumsbesuch Lehde → Tour 2, 36
kleiner Stadtrundgang mit Nikolai-Kirche → Tour 1
Spaziergang durch den Schloßpark → Tour 1
Übernachtung in Lübbenau

2. Tag:
Wanderung durch den Spreewald nach Lübben → Tour 6
Stadtrundgang, Schloßturm → Tour 23
Spaziergang durch den Hain → Tour 23
Übernachtung in Lübben

3. Tag:
Wanderung durch das Teichgebiet bei Petkansberg nach Schlepzig → Tour 27
Ortsbesichtigung, Kirche → Tour 37
Bauernmuseum → Tour 37
Kahnfahrt durch den Buchenhain → Tour 25

Urlauber an der Schleuse

8

Der Spreewald

Einführung

Unterhalb von Cottbus beendet die vom Lausitzer Granitgebirge kommende Spree ihren überwiegend zügigen Lauf und verästelt sich in einer Beckenlandschaft zu zahlreichen, träge dahinfließenden Wasseradern – zum Spreewald! Auf einer Fläche von fast 500 km^2 erstreckt sich Europas größtes natürliches Erlenauwaldgebiet. Sein vernetztes Fließsystem hat eine Gesamtlänge von 1000 km, ein brandenburgisches „Nildelta" im Herzen Europas!

Die heutige Spreewaldlandschaft ist aber nicht allein ein Resultat nacheiszeitlicher Naturgewalten. Das anmutige Mosaik von Niederungswäldern, Weidengebüsch, Wiesen, Hochstaudenfluren, Äckern und baumbestandenen Fließen und Gräben läßt überall das Wirken des Menschen erkennen. Die Spreeniederung wurde im Laufe einer langen historischen Entwicklung von ihren Bewohnern genutzt, gestaltet und geprägt. Es ist eine Kulturlandschaft, die nur durch den tätigen Menschen erhalten und geschützt werden kann.

Der extensiven Bewirtschaftung vergangener Jahrhunderte verdanken wir die große Vielfalt in Flora und Fauna. Doch die immer intensiveren Formen der Landnutzung während der letzten hundert Jahre, insbesondere die starken Veränderungen des Wasserregimes, Fernfolgen des Bergbaus und großflächig vorgenommene Meliorationen führten zu gewaltigen Veränderungen des Naturraumes und die bisher intakten Lebensgemeinschaften erlitten vielerorts große Einbußen an Tier- und Pflanzenarten.

Andererseits gibt es aber auch seit langer Zeit Bestrebungen, die einzigartige Landschaft zu erhalten, sie reichen bis ins 18. Jahrhundert zurück. Die umfassendste Maßnahme ist die 1990 erfolgte Erklärung des Spreewaldes zum Biospärenreservat und seine Aufnahme in die Liste der UNESCO. Dieses Biospärenreservat umfaßt 47 580 ha im Ober- und Unterspreewald. Davon werden 53 % landwirtschaftlich genutzt, der Wald nimmt 24 % ein, Ortslagen, Fließe und Verkehrswege bilden die restlichen 23 %. Im Biosphärenreservat sollen Natur und Mensch harmonisch miteinander leben. Die in der Vergangenheit geschädigten Landschaftsteile, deren Anteil an der Gesamtfläche derzeit 37 % beträgt, werden schrittweise durch ökologische und ökotechnische Maßnahmen wieder in spreewaldtypische Gebiete zurückgewandelt.

Die einmalige Landschaft geriet schon Ende des 18. Jahrhunderts durch die Naturschilderungen von Professor Bernoulli, Pfarrer C. G. Schmidt und F. Chr. Franz in das Vorfeld touristischer Betrachtung. Die Postkutsche setzte aber zunächst der Besucherzahl Grenzen. Erst die 1866 fertiggestellte Görlitzer Bahnlinie ließ den Touristenstrom anschwellen. Der spätere Ehrenbürger von Lübbenau, Lehrer Fahlisch, sorgte mit seinem Werbe- und Organisationstalent für ständig steigende Besucherziffern zu Wasser und zu Lande. Seit 1970 überschreitet im Spreewald die Zahl der Gäste die Millionengrenze. Gegenwärtig unternehmen jährlich von vielen Orten der Region mehrere Millionen Besucher Kahnfahrten, Wanderungen und Bootstouren. In den letzten Jah-

ren ist das Angebot an Übernachtungsplätzen stark angestiegen und immer mehr Gäste bleiben jetzt einige Tage oder sogar Wochen im Spreewald. Verstärkt werden Kutschfahrten und Reittouristik angeboten, auch Fahrräder sind bei den Urlaubern beliebt und können vielerorts ausgeliehen werden.

Der Fremdenverkehr ist für die Region ein lebenswichtiger Wirtschaftszweig geworden. Derzeit gilt der Spreewald als Brandenburgs bedeutendstes Erholungsgebiet. Damit das auch in Zukunft so bleibt, müssen Schutz und Pflege der Kulturlandschaft Vorrang vor der touristischen Inanspruchnahme haben. Das erfordert Verständnis und Veranwortungsbewußtsein sowohl von den hier Beheimateten als auch von jedem Besucher.

Damit ist die Grundregel für das Verhalten im Biosphärenreservat formuliert. In den Schutzzonen 1 und 2 dürfen die freigegebenen Wege und Wasserstraßen nicht verlassen werden, und der Gast muß diese Gebiete vor Einbruch der Dunkelheit verlassen haben. Im gesamten Reservat dürfen mit Kraftfahrzeugen nur öffentliche Straßen aber keine Wirtschaftswege befahren werden, Motorbootverkehr ist gänzlich untersagt, zelten darf man nur auf Campingplätzen.

Daher unserer Appell: Werden Sie „sanfter" Spreewaldtourist. Denn gerade die Erträge aus dem Tourismus sollen die Einheimischen vom Weg des groben Raubbaues an der Natur fernhalten. Die Landschaft des Spreewaldes soll gepflegt und nicht verschleudert werden. Tourismus und gezielte Subventionen könnten es möglich machen, diese einzigartige Flußlandschaft zu erhalten.

Klima, Niederschläge und Hochwassergefahr

Mit Durchschnittswerten über 18 °C im Juli, −0,5 bis −1°C im Januar und 540 mm Jahresniederschlag gibt sich der Spreewald ostdeutsch-binnenländisch. Aber erst die Nahsicht vermittelt dem Touristen bemerkenswerte Unterschiede im Jahresklima. Zwischen dem Talsandgebiet um Lübben (513 mm Niederschlag), im Regenschatten der Endmoräne gelegen, und Cottbus (589 mm) besteht ein recht kontinuierlicher Anstieg der Niederschläge. Die Kernlandschaft des Spreewaldes neigt ferner zu vermehrter Bildung von Nebel, Frost und Gewittern. Eine rauhe Klimainsel also, in der auch die Temperaturwerte einige Zehntel unter denen der Randlagen liegen. Somit bildet der zentrale Spreewald einen eigenen Unterbezirk „Spreewaldklima".

Bei reichlichem Wasserangebot aus dem Oberlauf der Spree saugt sich das Niederungsgebiet wie ein Schwamm mit Wasser voll und induziert über die „Pumpe" der Verdunstung immer neue Niederschläge. In Zeiten mit Wassermangel verwandelt sich das Land durch rapiden Grundwasserabfall dagegen schnell in eine dürstende Steppe. Dann tritt auch die wolken- und niederschlagsabschirmende Wirkung des höhergelegenen Umlandes in Aktion. Hydrologisch gesehen gehört der Spreewald sogar zu den „Wassergläubigern", denn mehr Wasser verdunstet als durch Niederschläge hinzukommt.

Wasser war im Spreewald Reichtum und Not zugleich. Unzählige Hochwasserkatastrophen gingen über die geplagten Bewohner hinweg. Zwischen 1896 und 1933 verliefen nur 5 Ernten normal. Der Rest ertrank oder verdörrte. Die Landschaft avancierte somit zum kostenlosen

Spreelandschaft bei Leipsch

Hochwasserspeicher für die im Flußunter-
lauf liegenden Kreise Beeskow bis Berlin,
die davon verschont blieben. Sie hätten in
eine Hochwasserkasse zahlen müssen.
Und doch setzten seit Anfang dieses Jahrhunderts – zunächst recht zögerlich –
gebietsregionale Ausbauten zwecks
schnellerer Wasserableitung ein. Das letzte
und schrecklichste Hochwasser 1926/27
mit einem Schaden von 8 Millionen RM
setzte weitere Gegenmaßnahmen in Gang.
Grundtenor aller Veränderungen war aber
bis dato die möglichst schnelle Ableitung
des Wassers und die Begrenzung des
Schadens. Kanalbauten, Sohlenvertiefung
und Deiche contra Hochwasser. Das funk-
tionierte einerseits, hatte jedoch schwere
Nebenfolgen. Die Äcker, Wiesen und Weiden des Spreewaldrandbauern bekamen
„trockene Füße" und die Flächen verhager-
ten zusätzlich an Nährstoffen. Viele Wiesen

mußten aufgegeben werden und tragen
heute eintönigen Schlängelschmielen-Kie-
fernwald. In einzelnen Routen werden wir
darauf eingehen. Das so schnell abgelei-
tete Wasser fehlte ferner in niederschlags-
armen Jahren oder Jahreszeiten. Es
herrschte dann Dürre. Heute faßt man den
Regelkreis Wasser größer und damit stabiler. Die seit 1960 gebauten Talsperren im
Oberlauf der Spree, der Industriewasser-
bedarf, die allerdings jetzt zurückgehende
Grubenwassereinspeisung und das kom-
binierte Stau- und Entwässerungssystem
im Spreewald besitzen Pufferwirkung und
bewirken gleichmäßigen Grundwasserstand. Gezielte Überstauung im Interesse
des Naturschutzes wird angestrebt. Das
Deichsystem birgt dabei zusätzliche
Sicherheit.

Kulturgeschichte

„Solitudines paludesque". Eine Einschätzung des Bischofs von Merseburg über den Spreewald um 1000 n. Chr. Lateinkundige wissen was das heißt: Verlassenheit und Sümpfe. Doch der Spreewald war schon lange nicht mehr verlassen oder menschenleer. Bereits im 6. Jahrhundert wanderte hier das westslawische Volk der Sorben (Lusizi) ein. Erste menschliche Besiedlungsspuren finden sich bereits in der Jungsteinzeit der damaligen Jäger und Fischer. Zum Fischen und Jagen war das Gebiet ja auch ideal. Unter sorbischer Regie entstanden bald zahlreiche Siedlungen, zu vielen von ihnen haben Fluchtburgen gehört. Wertet man die Siedlungen vegetationskundlich, so wurden sie alle im Bereich des Edellaubholz- oder Stieleichen-Birkenwaldes angelegt. Hier bestand relative Sicherheit vor Hochwasser und die Niederung blieb doch greifbar nahe. Dazu der gute Baugrund. Bereits im 12. Jahrhundert begann die schicksalhafte deutschstämmige Ostexpansion. Nach erfolgreicher Militärexpansion folgte auch die wirtschaftliche Unterwerfung. Das Gebiet wurde deutschen Siedlern geöffnet. Langfristig zielte alles auf Germanisierung. Deutsch galt bald als Amts- und Schriftsprache. Sorbisch als Umgangssprache konnte aber nie völlig verdrängt werden. Die im 18. Jahrhundert hier siedelnden Sachsen, Böhmen und Schlesier haben sogar Sprache und Bräuche von den Sorben übernommen. Erst im dritten Reich packte man sorbische Sprache und Gebräuche „endlösend" an. 1941 wurde auch in der letzten Gemeinde die Kirchenpredigt in sorbisch verboten. Dazu auch konsequente Verdeutschung aller geografischen Namen. Aus Byhlen zauberte man z. B. das hölzerne Wortungetüm Waldseedorf und aus Byhleguhrer-See entstand Gehroburger-See. Nach 1945 konnte

sich die sorbische Minderheit wieder entfalten.

Seit dem ausgehenden Mittelalter bis 1815 bestanden übrigens geteilte Herrschaftsansprüche. Der Südteil einschließlich Lübben war sächsisch. Das nördliche Restgebiet preußisch. Dazu eine preußische Exklave um Cottbus, Peitz und Burg. Trotz oder gerade wegen dieser Schwierigkeiten blieben über Jahrhunderte Kultur und Lebensweise der Sorben bewahrt. Die Sagen sind ihr Spiegelbild. Verknüpfen sie doch uralte Vorstellungen mit gegenwärtigen Sehnsüchten, die im Bereich Gesundheit, Freiheit und Reichtum lagen. Das alles auf dem Boden einer urwüchsigen Naturlandschaft. Die Mittagsfrau, der Schlangenkönig, die zwergenhaften Lutkis, der Nachtjäger und der Wassermann. Wer Näheres erfahren möchte besorge sich entsprechende Literatur aus der Leihbibliothek. „Das Haus ist meine Burg", diese so deutsche Lebensphilosophie ist auch den Sorben nicht fremd. Keinem Bauherrn würde heute einfallen mit Erlen- oder Pappelholz zu bauen. Die Spreewälder taten es. Und was dabei herauskam? Beispiele sorbischer Architektur findet der Leser im Freilandmuseum Lehde. Das Geheimnis: das künftige Bauholz wurde lange Zeit unter Wasser gelagert. Daraus resultiert Festigkeit und dunkle Färbung. Die Dachabdeckung erfolgte mit Schilf, erst später mit Ziegeln. Insgesamt Häuser von großer Stabilität, so daß sie bei Bedarf auf Rollen fortbewegt werden konnten. Sehr nützlich, zieht man die Tücken dieser Sumpf- und Wasserlandschaft in Betracht. Nicht wenige Häusle- und Bungalowbauer versuchen heute diesen Stil nachzuahmen. In den Spreewaldrandgemeinden dagegen orientiert man sich in der Vergangenheit dagegen mehr auf das lehmstabilisierte Fachwerkhaus. Es verschlang nicht soviel Holz, und Lehm war gebietsweise im Untergrund reichlich vorhanden. Das Entzücken jedes Touristen stellen jedoch die sorbischen Trachten dar. Weil

Lübbenauer Kahnfährfrauen

sie gebietsweise sehr variieren, verzichten wir hier auf detaillierte Beschreibungen. Früher diente die Tracht darum auch als Erkennungsmerkmal der geografischen Herkunft.

Ursprünglich gab es sogar Arbeits- und Festtagstrachten für Frauen und Männer. Die Frauen- und Mädchentrachten ließen auch die soziale Stellung der Trägerin erkennen und waren von Kirchspiel zu Kirchspiel unterschiedlich. Während wertvolle Tuche und Seidenstoffe gekauft wurden, fertigte die Trägerin alles weitere,

wie die kunstvollen Stickereien, selbst. In der ersten Hälfte dieses Jahrhunderts drohte die Tracht zu verschwinden, sie galt als pauersch (bäuerlich). Dank des Traditionsbewußtseins der Spreewälder findet die schöne Tracht seit den 50er Jahren wieder mehr und mehr Beachtung. Sie wird heute bei Festlichkeiten in der Familie und im Dorf getragen. Der Gast sieht sie dadurch nicht mehr nur im Museum, er kann sie im Februar beim Zapust (Fastnacht) und im Sommer bei Erntefesten, gelegentlich auch beim sonntägli-

chen Kirchgang bewundern. Höhepunkte sind alljährlich im September die Spreewaldfeste in Lübben, Lübbenau und Burg. Übrigens wendet die Spreewälderin für eine Tracht mehr als 1000 DM auf, nicht gerechnet ihre Eigenleistungen.

Eine Eigenheit der Spreewaldsorben war früher die straffe Haltung, auch älterer Leute, während doch sonst alte Bauern recht krumm zu gehen pflegten. Das lebenslange Kahnstaken fördert wohl diese regionale Eigenart. Das gebretterte Wasserauto war in Vergangenheit absolut lebenswichtig. Wegen der Leberegelgefahr für das Weidevieh gab es im Kerngebiet keine Weidewirtschaft. Alles lief früher über Mähwirtschaft und Stallhaltung. Gras, Heu und alle sonstigen Erträge mußten per Kahn befördert werden. Seine Herstellung aus Eichen- oder Pappelholz war eine wahre Kunst der Augen und Hände, die heute keiner mehr beherrscht. Der Kahn der Gegenwart ist aus Metall oder Kiefernholz. Durch Hinwendung zum Landverkehr – Folgen des Straßenbaues – gewinnt der Kahn zunehmend nostalgische Züge, während ihn vor einigen Jahrzehnten „Bilderstürmer" ganz aus dem Spreewald verbannen wollten. „Los vom Kahn" war ihre kurzsichtige Losung.

Erdgeschichte

Sucht man nach den erdgeschichtlichen Ereignissen und Strukturen zur Erklärung der Spreewaldlandschaft, dann müssen in einem Atemzuge die Gesteinsablagerungen der Eiszeit in Form von Grund- und Endmoränen sowie das Baruther Urstromtal genannt werden. In vielen Staffeln hatten Gletschervorstöße in Tausenden von Jahren Gesteinsmaterial aus dem Norden nach Süden transportiert und am Eisrand

als Endmöränen, unter dem Eis als Grundmoränen abgelagert.

So baute sich vor etwa 130 000 Jahren am saalekaltzeitlichen Gletscherrand die Hügelkette auf, die heute die Spreewaldlandschaft nach Süden auf natürliche Art und Weise begrenzt.

In relativ junger Zeit – nämlich erst vor etwa 20 000 Jahren – schoben die Gletscher der Weichselkaltzeit das Material vor sich her, das heute als Lieberoser Hochfläche mit den benachbarten Erhebungen die natürliche Abgrenzung des Oberspreewaldes nach Norden bildet.

Dazwischen strömten im Baruther Urstromtal von Cottbus über Baruth, Brandenburg und Havelberg mindestens tausend Jahre lang die Schmelzwässer des Gletscherrandes des Brandenburger Stadiums der Weichselkaltzeit nach NW ab, zusätzlich verstärkt durch die Fluten der aus dem Süden herbeiströmenden, am Eisrand jedoch aufgehaltenen Flüsse.

Dabei ist das Baruther Urstromtal eine viel ältere eiszeitliche Bildung, als es die zutage tretenden jungen Ablagerungen vermuten lassen, denn unter diesen jüngeren Schottern und Kiesen der Weichselkaltzeit liegen die viel mächtigeren Ablagerungen eines schon nach der Elsterkaltzeit entstandenen Abflußtals eiszeitlicher Schmelzwässer.

Es wundert also nicht, wenn die Urspree schon mindestens seit der letzten Warmzeit ebenfalls dieses naturgegebene Tal als Flußbett in ihrem Unterlauf benutzte, und es – sich darin verzweigend – ausfüllte.

So findet die Existenz des Oberspreewaldes ihre Erklärung. Nur paßt der Unterspreewald nicht in dieses Schema, denn er liegt gerade dort, wo die Moränenzüge der Weichselkaltzeit die Begrenzung des Urstromtales nach Norden bildeten.

Mit dem weiteren Zurückweichen der Gletscherränder nach Norden verlor das Baruther Urstromtal jedoch seine Funktion und stattdessen flossen die Schmelzwäs-

ser später im Berliner Urstromtal, das sich zwischen Frankfurt, Berlin und Havelberg erstreckte, ab. Bis sich dieses Flußsystem jedoch stabilisierte, folgten die Gletscherwässer samt Urspree dem zurückweichenden Eis auf dem Gebiet des Unterspreewaldes in einer schmalen Niederung, die eine kräftige Gletscherzunge vom Köthener See her ausgeschürft hatte. Damit läßt sich die Genese der reizvollen Spreelandschaft in den folgenden 4 Abschnitten rekonstruieren:

1. Die Urspree brachte vom Oberlauf große Mengen Sand mit, den sie als ausgedehnten Schwemmsandfächer nördlich vom heutigen Cottbus in das Baruther Urstromtal schüttete. Darüber verzweigte sich der Fluß wie in einem Flußdelta, füllte die Breite des Urstromtals aus und bildete die Grundlage des heutigen Oberspreewaldes.

2. Die Urspree verließ das Urstromtal im erwähnten Becken einer Gletscherzunge über den Köthener See in die Dahme.
Das sicherte schnellen Abfluß und Vertiefung des Stroms in der Art eines „richtigen" Flusses.

3. Der Abfluß zur Dahme wurde jedoch durch Anwehen von Dünenzügen verschüttet und die Spree dadurch zu einem großen Umweg über den Schwielochsee in Richtung Beeskow gezwungen. Die lange Abflußstrecke bewirkte einen Wasserrückstau mit geringer Fließgeschwindigkeit und erhielt dadurch vor allem dem Oberspreewald sein charakteristisches Bild des von vielen Wasserardern ausgefüllten Spreewaldtales.

4. Der Mensch des Mittelalters legte zusätzlich Mühlenstaue an und förderte damit das weitere Überstauen und Versumpfen der Landschaft.

In diesem großen und groben Rahmen erdgeschichtlichen Geschehens ist weiterhin manche Einzelbildung von Interesse:

- Als Klockboden bezeichnet, tritt gebietsweise eine Bodenmischung aus Flachmoor, Talsand und schlickigem Ton auf. Wir sprechen hier von einer Aulehmvorstufe und begegnen ihr auf Tour 37.

- In der Niederung des Spreewaldes entstanden gebietsweise Ablagerungen von Raseneisenstein ($Fe_2O_3 \times 2\,Fe\,[OH]_3$). Bei Bauarbeiten und beim Tiefpflügen wird diese Bildung gelegentlich ans Tageslicht gefördert → Touren 32 und 38. Es wurde früher verhüttet, heute dient Raseneisenerz zur Gasreinigung.

- Im Raseneisen ist Vivianit in erbsengroßen Kugeln eingeschlossen. Er färbt sich an der Luft leuchtend blau und diente früher als Farbstoff.

- Die Oberflächenform der talsandunterlagerten Flachmoore macht die eigentliche grundwasserbeeinflußte Spreewaldlandschaft aus. Torfmoore konnten sich nur in den Randgebieten im Bereich nährstoffarmer Seen entwickeln. Aber auch Kesselmoore in den reliefstarken Endmoränen. Wir wollen sie als oligotrophe Moore ansprechen, denn wachsende Hochmoore fehlen der regenarmen und lufttrockenen Mark Brandenburg völlig → Tour 34.

- Vor den Endmoränen setzte das abschmelzende Eis unfruchtbare Sandmassen ab. Diese Sander dachen allmählich zum Baruther Urstromtal ab und die Schmelzwasser benutzten sie als Sammelbahn in Richtung WNW. Noch heute ist ein solcher eiszeitlicher Sander sichtbar → Tour 30

- Umfangreiche Dünen und Dünenfelder finden wir verschiedentlich im Unterspreewald. Sie können eine imposante Höhe erreichen. Pfaffenberg, Frauenberg, Spielberg, Schusterberg und Teile des Lübbener Stadtforstes sind solche Dünengebiete → Tour 27 u. a.

- Ebenfalls nur indirekte Abkömmlinge der Eiszeit sind die Flugsandflächen. Ihre

herb-ärmliche Ausstrahlung stellt einen eigenartigen Kontrast zur üppigen Auenlandschaft des Spreewaldes dar. Sie entstanden während der Nacheiszeit, als die noch vegetationsarme Landschaft schutzlos dem Wind ausgesetzt war. Der aufgewirbelte Feinstaub lagerte sich in den Windleegebieten des Spreewaldes ab. Es übersandeten aber auch die ebenen Grundmoränenplatten, wie beispielsweise die Leuthener Sandplatte → Tour 36

• Grundmoränenreste früherer Eiszeiten überragen die Talaue im Siedlungsraum Burg und in Leipe. Sie bieten sich geradezu als Siedlungsflächen an → Touren 8 und 14.

Geologische Ereignisse der Voreiszeiten sind unter den eiszeitlichen Ablagerungen zwar vorhanden, beeinflussen die Oberfläche jedoch nicht. Dabei stehen über den Gesteinen des Erdmittelalters vor allem mehrere Schichten Braunkohle an, deren oberste von den Randgebieten her (z. B. Senftenberg) abgebaut wurden.

Das Oberflöz erreichte im Senftenberger Raum eine Mächtigkeit von 20 m, ist aber seit langem ausgekohlt. Das Unterflöz, von tonigen und sandigen Zwischenlagen durchsetzt, erreicht nur noch 10 bis 16 m Stärke. Die tiefer gelegenen weiteren Flöze III bis V wurden noch nicht erreicht und besitzen wohl auch keine Abbauwürdigkeit.

Pflanzenwelt

Klima, Boden und Wasser bestimmen das natürliche Pflanzenkleid auch im Spreewald. Nässe und reichlich vorhandene Nährstoffe haben einer konkurrenzstarken, üppigen, vorwiegend mitteleuropäischen Flora den Weg geebnet. Seltenheiten fehlen dem Kerngebiet darum weitestgehend.

Sumpfschwertlilie

Schüchterne Versuche von Gewächsen anderer Provenienz wurden erfolgreich abgewehrt. Im Sieb blieben allerdings einige Seltenheiten mit gleichfalls hohen Nährstoffansprüchen. Hierzu gehören z. B. die Neubürger (Neophyten) Sommer-Knotenblume (Südeuropa), Asterarten, Goldruten, der Schlitzblättrige Sonnenhut (jeweils Amerika) und die Zwergwasserlinse.

Die Gewässer bieten vielfältige Pflanzengesellschaften an: Fluthahnenfluß-Gesellschaft, Seerosen-Gesellschaft, Froschbiß-Krebsscheren-Gesellschaft, Wasserfeder-Gesellschaft. Dazu noch Pfeilkraut-Röhricht, Igelkolben-Bachröhricht und Schilf-Röhricht.

Wälder nehmen heute im Kerngebiet noch über 2200 ha ein. 97 % (Oberspreewald) und 58 % (Unterspreewald) werden auf organischen Naßböden variationsreich von der Erle beherrscht. Läßt die Nässe nach und treten anorganische Bodenanteile hinzu variiert er letztlich zum Erlen-Eschen-

Wald (mit Himbeere, Echtem Springkraut und Scharbockskraut). Wechselfeuchter Mineralboden bietet Entwicklungsmöglichkeiten für den Stieleichen-Hainbuchen-Wald. Die kalkreiche Variante enthält viele Frühjahrsblüher, darunter auch regionale Seltenheiten wie Gelbes Windröschen, Wald-Sanikel, Leberblümchen und Frühlings-Platterbse. Luftfeuchte Stellen lassen bei abwesender Staunässe auf kleinen Flächen (44 ha) des Unterspreewaldes einen Rotbuchen-Stieleichen-Wald gedeihen. Maiglöckchen, Waldmeister und Sauerklee grenzen ihn ab. Trockener und nährstoffärmer – denn es fehlt bereits das anreichernde Grundwasser – gestaltet sich der talsandig verbreitete Stieleichen-Birken-Wald. Heute vornehmlich Kiefernforst. Hier sind einige subatlantische Arten wie Königsfarn und Wald-Geißblatt anzutreffen. Überaus typisch ist das Auftreten von Wiesen-Wachtelweizen, in der ärmeren Ausbildung auch von Pfeifengras und Adlerfarn. Auf Dünen bei Buchenhain findet sich Kiefernmischwald (Rotbuche, Birke, Eberesche, Stieleiche, dazu Schattenblume und Heidelbeere). Traubeneichen, Kiefern (Endmoräne) und Stieleiche-Birke (Leuthener Sandplatte) dazu Kiefernmischwälder auf Dünen beherrschten einst das Bild in den Randgebieten. Heute ist nur die Kiefer vorherrschend. In den Krausnicker Bergen und um den Briesener See stehen Eichenaufforstungen und Buchenunterbau an.

Fast ein kulturhistorisches Denkmal stellen die ehemaligen Bauernwälder der Spreewaldrandgebiete dar. Übermäßige Holznutzung, Streuentnahme und Schafdurchtrieb degradierten den Wald. Bizarre Krüppelkiefern wetteifern hier mit Calluna, Moos und Flechten im Unterwuchs. Als gestörter Wald bringt er jedoch reichen Pilzsegen hervor. Die Pilze bieten das Gegengewicht zu den fehlenden Kräutern. Heute sind diese Bauernwälder durch Nährstoffanreicherung aus der Luft und Unterbrechung einstiger Nutzungsweise gefährdet. Der Pilzreichtum wandelt sich und zunehmend gewinnen Gräser an Bedeutung.

Nach Rodung des Waldes und Nutzung als Mähwiese ohne Zusatzdüngung wären folgende Halbkulturgesellschaften in analoger Reihenfolge zu erwarten: Schlankseggenwiese, Rohrglanzgras-Wasserschwaden-Wiese, Rasenschmielenwiese, Pfeifengraswiese, Rotschwingelwiese, Honiggraswiese und letztlich Borstgrasrasen. Bei mäßiger Düngung und zweimaligem Schnitt treffen wir als Form einer Feuchtwiese die Kohldistelwiese und als Frischwiese eine Glatthaferwiese an. Von den genannten Wiesengesellschaften sind die ersten drei und die letzten zwei noch verbreitet anzutreffen. Die übrigen nur noch gebietsweise und vereinzelt. Stromtalpflanzen bilden einen Sektor für sich. Hierzu zählen Knoblauch-Gamander, Sumpf-Platterbse, Kanten-Lauch und Langblättriger Ehrenpreis.

Nordisch verbreitete Pflanzenarten bevorzugen Schmelzwasserrinnen und Kessellagen der Moränen (Sonnentau, Sumpf-Weichwurz, Bärlappe und Wintergrünarten). Pflanzen östlicher Herkunft (sarmatisch) siedeln auf ehemaligen Weinbergen, auf Dünen, entlang alter Fahrwegränder und in ehemaligen Kiesgruben als eine buntblumige Mischung von Büschel-Gipskraut, Grünlichem Leimkraut, Berg-Haarstrang, Sand-Tragant und Wiesen-Kuhschelle. Gewächse südlicher Herkunft fehlen. Westliche Arten gedeihen auf ausgelaugten, grundwassernahen Sanden. Die früher weit verbreitete Schafzucht führte hier zu Silbergrasfluren, Calluna- und Borstgrasheiden.

Tierleben

Während in der Pflanzenwelt Seltenheiten vornehmlich auf die Randgebiete beschränkt sind, sieht es im Bereich der Tierwelt ganz anders aus. Eine Reihe an Kulturflüchtern, aber auch Arealgrenzler (nach Westen zu), die den Spreewald in den letzten Jahren bevölkerungsweit bekannt machten, lassen das Herz des Naturfreundes höher schlagen. Von den in Ostdeutschland vom Aussterben bedrohten 29 Arten besiedeln allein 11 Arten den Spreewald: Fischotter, Schwarzstorch, Seeadler, Fischadler, Kornweihe, Kranich, Großtrappe (ehem. Grubengelände), Steinkauz, Blauracke (ob noch 1991, ?), Wiede-hopf und Seggenrohrsänger. Besonders Blauracke und Wiedehopf sind Arealgrenzler. Während der Wiedehopfbestand (1991) günstig tendierte, sieht es für die Blauracke in der ganzen Niederlausitz sehr ernst aus. Die im Spreewald ausgestorbenen Tiere gleichen hingegen einer Schußstrecke für Jäger. Fast immer auch Ursache des Aussterbens: Birkhuhn († 1936), Auerhuhn, Elch († 1746), Bär († 1650), Wolf († 1844) und Wildkatze († Ende des 18. Jahrhunderts). Einzig der Elch klopfte nach 1945 mehrmals an die Pforte des Spreewaldes. Es waren nur Stippvisiten.

Besonders artenstark sind die Wasser- und Röhrichtsbewohner vertreten. Vögel: Graureiher, Höckerschwan, Wasserläufer,

Herbst-Mosaikjungfer

Kormoran, Möwenarten, Entenarten, Zwergtaucher, Teichhuhn, Wasserralle, Teich-, Drossel- und Schilfrohrsänger, Sperbergrasmücke und Eisvogel. Der Schwarzstorch erscheint neuerdings wieder durch den seit 1991 ausufernden Tourismus gefährdet. Brütende Paare mußten passen. Die Weißstorchbestände sollen durch gezielte Maßnahmen wieder angehoben werden. Der Eisvogel ist im Oberspreewald etwas durch die warmen Kraftwerkabwässer (Lübbenau, Vetschau) begünstigt. Die großflächig weniger zufrierenden Fließgewässer senken die langfristigen Winterverluste etwas.

Libellen und Stechmücken – zwei Glieder einer Nahrungskette – besitzen im Spreewald Superbedingungen. Letztere leider! Dennoch gilt heute das Prinzip des Gewährenlassens. Die Mücke gehört eben zum Spreewald. Ohnehin hat sich ihre Herrschaft durch ausbleibende Hochwasserabdeckung vermindert. In den sechziger Jahren attackierte man die musikalischen Pieker mit der chemischen Keule. Der Erfolg? Es traf ihre ärgsten Feinde – die Libellen – viel härter.

Libellen gibt es hier etwa 48 Arten. Im Fließbereich findet vor allem die Gebänderte Prachtlibelle wegen ihrer düsteren Farbenpracht, gemächlichen Lebensweise und Häufigkeit Beachtung. Außer den im Land Brandenburg häufigen Arten noch: Grüne Mosaikjungfer, Königslibelle, Keilflecklibelle, Grüne und Asiatische Keiljungfer, Glänzende Smaragdlibelle, sowie Kleine Mosaikjungfer.

Beträchtlich ist noch immer der Fischreichtum. Der Angeltourist sei vorinformiert: er kann auf operativ-schnelle Art einen Angelschein, selbst für einen Teil der Fischteiche, erstehen (örtliche Hinweise beachten). Hecht, Schlei, Barsch, Zander, Aland, Plötze, Aal, Döbel, Karpfen und Wels tummeln sich im Wasser. Wer keinen Erfolg mit dem Selbstangeln hat: überall gibt es Direktverkauf.

Die lichtoffene Aulandschaft beherbergt Kiebitz, Bekassine, Wachtelkönig, Blau- und Braunkehlchen, Wiesenpieper, Schafstelze, Rebhuhn und Fasan. Flächenstillegungen sind die große Gefahr für diese Gruppe. Durch ABM-Maßnahmen (Mahd) und finanzielle Zielprämien für Flächenutzer soll das Extensivgrünland erhalten bleiben. Baum- und Strauchüberschirmung lieben: Ziegenmelker, Haubenmeise, Heidelerche, Brach- und Baumpieper, vier Spechtarten, Fitis, Buchfink, Ringel- und Turteltaube, Pirol, Kolkrabe, Waldschnepfe und Misteldrossel. Die reich strukturierte Landschaft bietet ferner Abgrenzungsmöglichkeiten für eine vielfältige Greifvogelpalette. Darunter: Mäuse- und Wespenbussard, Rot- und Schwarzmilan, Habicht, Turm- und Baumfalke, Rohrweihe, Waldkauz und Waldohreule.

Die üppige Flora ist ein Dorado für Schmetterlinge. Spreewald-typisch, jedoch nicht häufig, der prächtige Schwalbenschwanz. Die Raupe frißt an Sumpf-Haarstrang (feucht), Wilde Möhre (wechselfeucht) oder an Berg-Haarstrang (trocken). Waldalleen befliegen Trauermantel und Zitronenfalter. Brauner Perlmutterfalter und Hüpferling sind häufige Moorfalter der Randgebiete, Schönbär und Ordensband Arten des Laubmischwaldes. Wolfsmilchschwärmer und Kleines Nachtpfauenauge lieben es trockenwarm.

Die Biotopvielfalt zwischen feucht und trockenwarm sagt einer artenreichen Lurch- und Kriechtierfauna zu. Leider sinkt durch negative Umweltentwicklung die Anzahl der Einzelfunde ständig. 16 Arten siedeln gegenwärtig im Landschaftsbereich. Waldeidechse, Zauneidechse, Ringelnatter, Blindschleiche, Glattnatter (sehr selten), Kammolch, Teichmolch, Knoblauchkröte, Erdkröte, Kreuzkröte, Wechselkröte, Rotbauchunke, Grasfrosch, Moorfrosch, Teichfrosch und Seefrosch. Laubfrosch und Smaragdeidechse kommen bereits außerhalb des Wandergebie-

männlicher Fasan

tes vor. Die Kreuzotter scheint heute zu fehlen. Auch früher fand man sie nur in den Randgebieten.

Unter den Wirbellosen hat sich in den letzten Jahren die südeuropäische Zebra-Wespenspinne auf Wiesen und Trockenrasen ausgebreitet, neuerdings sogar auf Brachfeldern. An Großkäfern siedeln Eremit, Walker, Hirschkäfer und Heldbock. Gelbrand und Schilfkäfer sind Käfer des Wassers bzw. Röhrichts. Im Hochsommer geht von jungen Erlenbeständen ein strenger Geruch aus. Hier hat massenhaft der blau gefärbte Erlenblattkäfer gewütet. Seine Ausscheidungen und die skelettierten, vielfach absterbenden Blätter liefern diesen Geruch. Rosenkäfer besetzten schließlich die Blüten von Mädesüß, Wasserdost und Gelber Wiesenraute.

Verhalten in Reservaten und Naturschutzgebieten

Verhaltensweisen im Biosphärenreservat: vornehmlich bei Einreise mit Kraftfahrzeugen oder dem Fahrrad in das Tourengebiet werden wir totsicher die am Straßenrand aufgestellten gelben Schilder mit der Eule drauf und der Aufschrift „Biosphärenreservat" erkennen. Sie umgrenzen ein Landschaftsgebiet mit 476 km^2 Flächeninhalt → Vorstellung des Wandergebietes S. 9). Die Grenzen reichen bis Alt Schadow (Norden), Schlepzig-Fehrow (Osten), Vetschau (Süden), Lübbenau (Südwesten) und Lübben-Köthen (Westen). Um den strengen internationalen Regeln, die für solche Gebiete gelten, Rechnung zu tragen, werden darum auch dem Feriengast gewisse Verhaltensnormen der Landschaft gegenüber abverlangt. Diese hängen von der Schutzzoneneinstufung der jeweiligen Teilgebiete ab:

Schutzzone I (Kernzone) betrifft Flächen mit Totalreservatcharakter. Sie dienen dem ungestörten Ablauf der Naturprozesse. Der Mensch und seine Tätigkeiten haben hier nichts zu suchen. Jegliches unbefugtes Betreten hat zu unterbleiben.

Schutzzone II (Pflege- und Entwicklungszone) entspricht dem üblichen Status eines Naturschutzgebietes. Durch extensive Pflegemaßnahmen (Mahd, Beweidung oder ständige Auslichtung) soll der Organismenreichtum erhalten oder gefördert werden. Unbefugtes Betreten außerhalb der Wege ist nicht gestattet.

Schutzzone III (Zone der harmonischen Kulturlandschaft). In ihrer Wertigkeit gleicht sie dem in Ostdeutschland bisher verwendetem Begriff „Landschaftsschutzgebiet".

Schutzzone IV (Regenerierungszone). Durch maßlose Intensivierung geschädigte Landschaft. Eine Extensivierung von Land- und Forstwirtschaft in Verbindung mit optimaler Flurgestaltung soll den landeskulturellen Wert wieder herstellen.

Darüberhinaus gelten noch folgende Verbote im Detail für sämtliche Schutzzonen:
– Wildlebende Tiere aller Art zu beunruhigen
– motorgetriebene Wasserfahrzeuge zu benutzen
– Wassersport außerhalb der dafür freigegebenen Flächen zu betreiben
– Das Starten und Landen von Flugkörpern
– außerhalb der dafür freigegebenen Flächen zu nächtigen
– außerhalb der dafür ausgewiesenen Wege zu reiten.

Für die Schutzzonen I und II ist zusätzlich noch verboten:
– Wege und Wasserwege zu verlassen
– außerhalb der gekennzeichneten Stellen zu baden
– Kraftfahrzeuge aller Art zu benutzen
– Fahrräder außerhalb der dafür freigegebenen Wege zu benutzen
– Pflanzen zu beschädigen oder zu entnehmen (gilt auch für Pilze und Beeren!)
– Tiere auszusetzen oder zu fangen
– zu angeln
– die Landschaft zu verunreinigen
– Hunde frei laufen zu lassen
– zu lärmen
– Feuer zu entzünden
– nicht genehmigte (von der Reservatsleitung zu genehmigen) Veranstaltungen durchzuführen.

Sagen Sie also nicht, Sie hätten es nicht gewußt. Unkenntnis schützt nicht vor Strafe.

Oberspreewald
(→ Karte S. 44/45)

Burg-Lübbener Kanal bei Kauper

Einführung Oberhalb des Talsandriegels → Einführung Unterspreewald bildet die heute eigentlich doch recht abflußarme Spree ein ausgesprochen hochstaplerisch weites Talbecken aus, bekannt als Oberspreewald.

Auf 20 000 ha breitet sie hier eine fließvernetzte (etwa 300 Fließarme!) Natur- (Erlenauwald), Halbkultur- (Parklandschaft) und Kulturlandschaft (Wiesen und Äcker unterschiedlicher Nutzungsintensität) in oftmals idealer Abstufung. Eben deshalb läßt sich aber der Oberspreewald landschaftsmäßig noch weiter unterteilen.

Im zentralen Westteil liegt der Lübbener Spreewald. Im eigentlichen Sinne nahezu waldfrei, bietet er aber im Westteil eine hainartige Landschaftsstruktur. Nach Osten zu überwiegt die ehemalige hyperintensiv genutzte Weidesperrzone. Übermäßige Schäden sollen hier durch geeignete Wirtschaftsmaßnahmen wieder begradigt werden.

Östlich davon liegt der Neu Zaucher Spreewald: ein fast geschlossener, gebietsweise sehr nasser Erlenhochwald. Für den Touristen bedeutsam ist der wege- und versorgungsmäßig etwas erschlossene Saumbereich.

Der Straupitzer Spreewald liegt im äußersten Nordosten. Parkähnliche Landschaft wechselt hier mit überwiegenden Laubwäldern. Markant umgreifen zungenförmig hereinragende Höhenzüge die Tallandschaft → Erdgeschichte. Viele urige Eichen und einige Teiche bezeugen die landeskulturellen Einflüsse der früheren Schloßherrschaft in Straupitz.

Zum Lübbenauer Spreewald gehören die Spreewaldanlauforte Lehde und Leipe, umgeben von nassen Niederungswäldern, hainartig gestalteten Mähwiesen und zeitweilig nicht genutzten Großseggen- und Reitgrassümpfen. Der Gegensatz zwischen stärkster Touristenkonzentration um die beiden Ortschaften und der komplett geschützten Zone (Naturschutzgebiet und

Totalreservat) des restlichen Landschaftssektors mußte in Kanalisation der Touristenströme auf wenige Wanderwege münden. Straßen fehlen dem Gebiet.

Der Burger Spreewald ist der eigentliche Siedlungsspreewald mit dem heutigen Großort Burg. Er bildet hier eine äußerst anmutige Durchdringung von Siedlungsraum und Wirtschaftsraum. Den besten Eindruck dieser parkähnlichen Siedlungsstruktur gewinnt der Reisende bei einem Blick vom Bismarckturm nördlich von Burg → Tour 8. Die Straßenerschließung ist in diesem Sektor optimal.

Den eigentlichen Wirtschaftsraum bildete in der ehemaligen DDR die Nordpolderlandschaft zwischen Lübben und Straupitz, sowie die Südpolderlandschaft ab Boblitz südostwärts. Hier tobte sich der Eigenversorgungswille der damaligen Wirtschaftsführung aus. Und dennoch bietet die Landschaft immer noch mehr postive Blickpunkte als manch andere vollmeliorierte Luchgebiete Nordostdeutschlands. Eine schonende Nutzung soll jedoch den einstigen Zustand wiederherstellen.

Touristische Entwicklungsgeschichte im Oberspreewald → Einführung Gesamtgebiet S. 9). Wie überall in Touristikgebieten sind Touristenkonzentrationen nur gebietsweise anzutreffen. Den zahlenmäßigen Vorreiter macht hier Lübbenau mit mehr als 1 Million Gästen pro Jahr. Diese Welle schwappt zum Teil auch auf die wie ein Lübbenauer Vorort wirkende Gemeinde Lehde über. Ein etwas mageres Parkplatzangebot – und dazu noch außerhalb des Ortes gelegen – bewirkt hingegen bei Leipe etwas weniger Ausflügler. Burg gilt als Südosteinfahrtsschneise und ist oft schon Zielpunkt für Speewaldreisende. Dementsprechend hoch sind auch die Besucherzahlen. Die Weite des Streusiedlungsraumes verdünnt aber die Heerscharen in wirkungsvoller Weise. Letztendlich sei noch Straupitz einbezogen. Es gilt als

Tor aus Richtung Nordost. Doch fehlen hier Kahnfahrmöglichkeiten.

Kulturgeschichte: Wir verweisen auf → Kulturgeschichte Gesamtgebiet S. 12. Das dort Beschriebene gilt überwiegend speziell für den Oberspreewald. Es bleibt nur zusammenfassend zu sagen: das sorbische Kulturelement ist im Oberspreewald am intensivsten zu erleben.

Erdgeschichte: → Erdgeschichte Gesamtgebiet S. 14. Die Geologie des Oberspreewaldes gestaltet sich zwar in den Grundzügen analog zum Unterspreewald. Die Dimensionen sind aber andere und die Gletscherrandlagen – auf den Eisrückgang bezogen – intervallartiger angelegt. So ist zwar am westlichen Oberspreewaldnordrand die Abfolge von Haupteisrandlage (Endmoräne) und vorgelagerter Sanderzone am Briesener-See → Tour 30 und bei Camminchen charakteristisch ausgebildet. Diese Regelmäßigkeit ist aber weiter östlich bei Laasow und Straupitz nicht erkennbar. Hier geht die Endmoränenstufe fast unmittelbar in die Talstufe über. Dafür richtete das Eis zwei Haltestationen (Rückzugstaffel) im Rückland ein. Offentsichlich verlief sich hier der ausstrudelnde Sand sehr vielseitig.

Sehr schön prägt sich zwischen Briesensee und Neu Zauche eine südöstlich verlaufende Sanderkante (grundwasserfern) zur Talsandzone (grundwassernah) des Spreewaldbeckens aus. Einst war diese Differenz vegetationskundlich faßbar, heute wegen des Grundwasserverfalls nicht mehr.

Ferner sollte man bei den Oberspreewaldtouren auf den oft noch sehr reichen Mineralanteil des sonst schwarzen Flachmoortorfes (Maulwurfshaufen) achten. Zunächst belegt er, daß die Kernlandschaft in der Nacheiszeit keinen See darstellte, wie früher mitunter vermutet wurde. Aber auch der Cottbuser Schwemmsandfächer, so-

wie der Ferntransporter „Spree" dürfte daran beteiligt gewesen sein.

Pflanzenwelt: Pflanzenwelt Gesamtgebiet S. 16. Darüberhinaus bestehen folgende Differenzen zum Unterspreewald, soweit nicht bereits dort erwähnt. Der Kernlandschaft fehlen Dünen. Somit besitzt auch die Kiefer keine natürlichen Möglichkeiten. Einst dominierte hier die Erle. Doch lassen teilweise Grundwasserabsenkungen mehr und mehr den Typus des Erlen-Eschen-Waldes oder des Edellaubholzwaldes gedeihen. Zunächst bemächtigten sich aber die entsprechenden Kräuter des gewandelten Standortes. Besonders Gundermann, Gefleckte Taubnessel, Scharbockskraut und Busch-Windröschen, bei mäßigem Kalkgehalt auch Gelbes Windröschen.

Bemerkenswerte Forstgesellschaften gibt es im Dreieck Straupitz – Byhleguhre – Byhlen. Hier haben sich im Bereich der beginnenden Moräne schöne Stieleichenmischwälder, oftmals als Variante mit Wiesen-Wachtelweizen, erhalten. Statt Stieleiche setzte aber die Forstwirtschaft vielfach auf Rot-Eiche. Das Ergebnis sollte man sich im Herbst → Tour 12 ansehen. Durch Selbstansaat wurde ihr sogar das Dauerheimatrecht verliehen.

Tierleben: Tierleben Gesamtgebiet S. 18.

Vor dem „Fröhlichen Hecht" in Lehde

24

Tour 1

Stadtbesichtigung Lübbenau

Anfahrt

Bahn: Der Ort liegt an der Hauptstrecke Berlin–Görlitz, ferner endet hier die Strecke 221 von Dresden

Bus Direkte Busverbindung zum Bahnhof besteht von Cottbus, Senftenberg und Lübben, Busse aus Leipzig und Luckau halten in der Neustadt, Weiterfahrt mit der Stadtlinie möglich.

PKW Mit Kraftfahrzeugen wird die Stadt über die A 15, Abfahrt Lübbenau-West und die A 13, Abfahrt Kittlitz erreicht, Parkplätze → Stadtplan.

Wanderstrecke 4 km / 2 Stunden
Orientierung Stadtplan S. 27

Lübbenau gilt als wichtigstes Eingangstor zum Spreewald, in der Saison beginnt hier täglich für etwa 5000 Besucher die traditionelle Kahnfahrt. In der Altstadt befinden sich der Kahnfährhafen, der Schloßbezirk, das Spreewaldmuseum, ein Landschaftspark, ein Campingplatz und 4 Ausleihstationen für Paddelboote. Die Saison

beginnt im April und endet im Oktober. Während dieser Zeit sind alle Einrichtungen täglich geöffnet. Das Museum in Lübbenau kann von Mai bis Oktober täglich außer dienstags besucht werden, im Freilandmuseum Lehde ist Montag Schließtag. Bei günstigem Wetter finden auch in der Vor- und Nachsaison Kahnfahrten statt. Weitere Informationen erhalten Sie über das Fremdenverkehrsamt → S. 124.

Stadtführung
zu den Sehenswürdigkeiten

1 **Bahnhof** Personen- und Güterbahnhof mit Bahnbetriebswerk zur Unterhaltung der Triebfahrzeuge, täglich werden u. a. 60 Personenzüge abgefertigt.

2 **Straße des Aufbaus** Als erste Maßnahme zur Stadterweiterung wurden hier im Jahre 1957 13 Wohnblöcke mit 255 Wohnungen fertiggestellt.

3 **Spreewaldhafen** Seit jeher wichtigster Anlegeplatz der Stadt, bis 1930 diente er außerdem als Handelsplatz, vor allem für Gurken und Meerrettich; die derzeitigen Anlagen für den Fremdenverkehr entstanden 1970–73, etwa 250 Kahnfährleute befördern von hier aus in jeder Saison bis zu 1 Million Gäste.

4 **Schloßbezirk** Das Eingangstor aus Schmiedeeisen von 1936 zeigt Symbole des Gräflich-Lynar'schen Wappens: Schlangenkönig, Turm und Leinblüten. Die ehemalige Kanzlei, 1745–48 erbaut, beherbergt das Spreewaldmuseum. Es zeigt die historische Entwicklung der Region von den Anfängen bis zur Gegenwart. Im Nebengebäude finden Sie eine Spreewaldbahn und eine Ausstellung zur Verkehrsgeschichte.

5 **Schloß** Das Schloß wurde 1816–20 im klassizistischen Stil erbaut und 1839 verändert, die Türme haben romantische Formen, die Rekonstruktion erfolgte 1971–75.
Seit 1990 repräsentatives Spreewaldhotel „Schloß Lübbenau". Die Orangerie, deren Vorderfront dorische Säulen schmücken, entstand um 1820, heute Ausstellungshalle des Museums.

6 **Schloßpark** Ein 9 ha großer Landschaftspark, um 1820 von Freschke, einem Schüler Pücklers, angelegt. Zu den bemerkenswerten Gehölzen gehören Sumpfzypressen, Tulpenbäume, Sumpfeichen und stattliche Buchengruppen.

7 **Schloßmühle** Seit dem 13. Jahrhundert bedeutende Wassermühle, zuletzt 10 t Tagesleistung, im Jahre 1943 abgebrannt. Der ehem. Mühle gegenüber „Mertens Gäßchen", solche Anlegestellen für Kähne hatten einst die meisten Gehöfte der Stadt. In Mertens Gäßchen wurde bis 1929 alles Vieh

Am Markt in Lübbenau

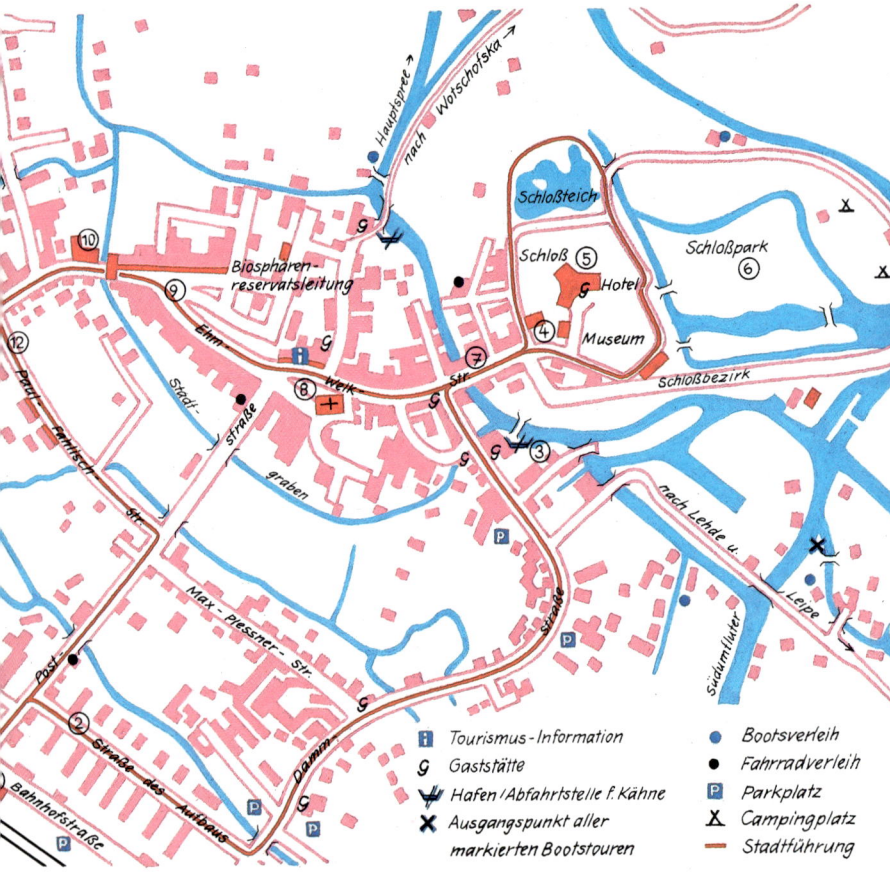

der Lehder Bauern vom Kahn auf die Wagen der Fleischer umgeladen.

8 Markt Am Marktplatz überwiegend zweigeschossige Bürgerhäuser aus dem 18./19. Jahrhundert. Bedeutendstes Baudenkmal der Stadt ist die 1741 geweihte, barocke Pfarrkirche St. Nikolai, deren 57 m hoher Turm 1777/78 entstand. Die Kirche, außen schlicht gestaltet, besitzt innen noch die prächtige Ausstattung aus der Bauzeit, enthält u. a. den Grabstein für Jacob v. d. Schulenburg aus dem 16. Jh., den Sarkophag für Moritz, Graf zu Lynar (1701 bis 1768) von Knöffler und das Grabkreuz für Wilhelm Friedrich, Graf zu Lynar, der als Beteiligter am mißglückten Attentat vom 20. Juli 1944 gegen Hitler hingerichtet wurde.

Nördlich der Kirche steht eine kursächsische Postmeilensäule von 1740, in der Ehm-Welk-Straße 17 ein wertvolles Fachwerkhaus (an seiner Schmalseite Durchgang zum Rathaus), das 1910 aus einem Lagerhaus entstand.

9 **Topfmarkt** Besondere Aufmerksamkeit verdienen das Haus Nr. 7 aus dem 18. Jh., das etwas jüngere Haus Nr. 10 und das den Topfmarkt abschließende Torhaus aus Backstein, es wurde 1850 als Rathaus errichtet und dient seit 1910 dem Kreisgericht. Im Torbogen als Kuriosität der Unterkiefer eines Wals.

10 **ehem. Druckerei** In dem schmukken Gebäude wurde bis 1945 das Lübbenauer Tageblatt gedruckt.

11 **Bäckerei Radnitz** Seit 1713 nunmehr in der 12. Generation geführter Familienbetrieb, 1968/69 gründlich rekonstruiert.

12 **Paul-Fahlisch-Straße** Die Straße erinnert an einen Lübbenauer Lehrer, der 1877 eine Chronik der Stadt veröffentlichte und um 1882 den Spreewaldtourismus begründete.

Im Schloßbezirk wird ein Spaziergang auf dem Lehrpfad empfohlen, er beginnt am Eingangstor, ist mit grünem Diagonalstrich markiert und 1,7 km lang. Zahlreiche Tafeln enthalten wichtige Informationen.

Kulturgeschichte Ausgangspunkt für die Besiedlung war der Ort des heutigen Schlosses, wo sich bereits vor 3000 Jahren Menschen niedergelassen hatten. Um 800 u. Z. bestand hier eine slawische Wallburg, zu der eine Siedlung gehörte. Im Zuge der feudalen Ostexpansion wurde auf dem Schloßhügel im 10. Jh. eine deutsche Wehranlage, ein Wasserschloß im frühgotischen Stil, errichtet. Südwestlich davon gab es eine dörfliche Siedlung, aus der sich die 1315 erstmalig urkundlich erwähnte Stadt Lübbenau entwickelte. Bis in die jüngste Vergangenheit blieb der Ort ein kleines Ackerbürgerstädtchen. Um 1450 waren 45 % der Bewohner Sorben, bis 1864 ist in der Stadtkirche deutsch und sorbisch gepredigt worden.

Die Stadt liegt auf einem Schwemmsandfächer, der während und nach der Eiszeit von der aus Richtung SW kommenden Dobra ins Urstromtal der Spree geschüttet wurde.

Lübbenau hat heute über 20 000 Einwohner; Gemüseverarbeitung, Fremdenverkehr sowie Kohle- und Energiewirtschaft sind die wichtigsten Erwerbsquellen. Wichtigste Erwerbsquellen waren Gemüsebau und Leineweberei. Seit dem 15. Jahrhundert werden Zwiebeln, seit dem 16. Jahrhundert Gurken angebaut. Die Spreewaldgurke hat bis heute ihren guten Ruf bewahrt. Infolge umfangreichen Flachsanbaus standen im 18. Jahrhundert in den meisten Bürgerhäusern Webstühle, wirtschaftliche Bedeutung hatten ferner Bierbrauerei und Hopfenhandel. Großen Aufschwung nahm die Wirtschaft nach Eröffnung der Bahnlinie Berlin–Görlitz im Jahre 1866. Bereits 1909 verließen u. a. 20 000 t Gurken und 5 000 t Merrettich die Bahnstation Lübbenau. 1882 begann der Spreewaldtourismus, die Gästezahl erreichte 1975 die Millionengrenze. Umfangreiche Braunkohlenvorkommen führten ab 1957 zum Bau der Großkraftwerke Lübbenau und Vetschau und zum Bau der Neustadt von Lübbenau, hier entstanden über 6000 Wohnungen und entsprechende Nachfolgeeinrichtungen.

Tour 2

Nach Lehde und zum Freilandmuseum des Dorfes

Anfahrt → Tour 1, Ausgangspunkt ist der Hafen von Lübbenau

Wanderstrecke 4 km / 2 Stunden

Orientierung → Karte S. 44/45

Wegemarkierung Der Weg ist mit grünem Strich markiert, als Lehrpfad gestaltet und nicht zu verfehlen.

Rast und Einkehr 5 Gaststätten in Lehde

150 m südlich vom Kahnfährhafen steht der erste Wegweiser, der Lehrpfad informiert auf etwa 40 Tafeln in Wort und Bild über den Siedlungsraum Lübbenau, den vorwiegend für die Erhohlung genutzten Teil des inneren Spreewaldes. Zunächst geht man auf dem Fußweg in Richtung Leipe (→ Tour 7), biegt aber nach 1,5 km links nach Lehde ab. Im Dorf befindet sich das Freilandmuseum, es informiert umfassend über Kultur und Lebensweise der deutschen und sorbischen Spreewaldbewohner, und enthält eine naturkundliche Ausstellung. Im gepflegten Bauerngarten findet man alte Kulturpflanzen wie Lein, Buchweizen und Emmer; ebenso spezielle Gewürze und Blumen dieses Gebietes.

Weitere Eindrücke von der einzigartigen Dorfanlage mit ihren zahlreichen Blockhäusern bieten Spaziergänge zu den Gaststätten „Oppott", Café „Venedig" und „Hirsewinkel". Die gesamte Siedlung steht unter Denkmalschutz. Unter hohen Bäumen und an Spreewaldwiesen vorüber gelangt man nach Lübbenau zurück.

Der Rückweg führt am Schloßpark von Lübbenau vorüber. Ein Spaziergang auf dem dort befindlichen Lehrpfad ist sehr zu empfehlen, er ist 1,7 km lang und informiert über Pflanzen und Tiere sowie die Geschichte des Parks, zum Spreewaldmuseum → Tour 1.

Die Wanderung nach Lehde ist auch im Spätherbst, Winter und Vorfrühling sehr eindrucksvoll. Wiesenflächen sind überschwemmt, in aller Stille kann man die verzauberte Landschaft genießen und Eindrücke gewinnen vom Alltag der Dorfbewohner. Bei Frostwetter sieht man besonders an den Wochenenden viele Schlittschuhläufer auf den Lehder Wiesen.

Kulturgeschichte Das 1315 erstmalig urkundlich erwähnte Lehde war bis 1929 nur mit dem Kahn erreichbar, die überwiegend noch aus Blockhäusern bestehenden Gehöfte der etwa 150 Bewohner liegen malerisch auf kleinen Inseln, jedes hat seinen eigenen Hafen, das sogenannte „Gäßchen", Feldgemüsebau und Rinderhaltung ernähren seit jeher die Bauern, Fischfang war immer Nebenerwerb. Um seinen Lebensunterhalt zu bestreiten, muß der Spreewaldbauer heute außerdem als Kahnfährmann tätig sein und Landschaftspflegearbeiten im Biosphärenreservat übernehmen. Lehde birgt viel stille Schönheit, früher weilten Maler hier, heute finden Fotografen ihre Motive. In den Hausgärten prangt üppige Blütenpracht, der Betrachter findet viele alte Formen von Zierpflanzen wie Goldlack, Goldknöpfchen und Bandgras, Hortensien und Straußfarn, die hier besonders gut gedeihen. Das Gemüse wird seit jeher auf „Horstäckern" außerhalb des Dorfes gezogen.

Seit dem 18. Jahrhundert wurde schrittweise der Wald zwischen Lübbenau und Lehde vollständig in Wiese und Ackerland umgewandelt. Die Erlenbestände und Weidengebüsche, die der Besucher heute vorfindet, sind nach dem Aufgeben landwirtschaftlicher Nutzflächen wieder herangewachsen.

Pflanzenwelt Schon Anfang April erblühen an Grabenrändern und auf nas-

Farbenfrohe Gärten in Lehde

sem Grünland Sumpfdotterblumen, die die Lehder Wiesen mit unzähligen gelben Farbtupfern übersäen. Sie wechseln jeden Monat die Farbe. Das Silber der blühenden Gräser wird vom Gelb des Hahnenfußes und dem Rot der Kuckuckslichtnelke abgelöst. Später blüht der Klappertopf und der Blutweiderich zeigt seine tiefroten Blütenkerzen. Nicht selten verwildern die aus Gärten bekannten Herbstastern und schmücken Wiesenrand und Ufergebüsch bis zum November. Oft zeigt sich dort auch das Drüsige Springkraut, es wird 2 m hoch und hat rote, gesporte Blüten. In Lehde wächst am Feuerwehrdepot der höchste Baum des Spreewaldes, eine Pappel von 40 m Höhe.

Tierleben An den ersten warmen Vorfrühlingstagen regen sich im Graben am Wanderweg die Moorfrösche, der Spaziergänger vernimmt ein leises Glucksen, das entfernt an das Bellen eines kleinen Hundes erinnert. Die Männchen tragen zu dieser Zeit ihr blaues Hochzeitskleid.Während das eindrucksvolle Geschehen nur wenige Tage andauert, sind die Stimmen der gefiederten Sänger bis zum Spätsommer zu hören. Häufig singen Zilpzalp und Fitis, Nachtigall und Mönchsgrasmücke, ebenso der winzige Zaunkönig, dem der Besucher die kräftige Stimme kaum zutraut; nicht zu überhören ist der Pirol. Im Juli und August tummeln sich auf allen Blüten unzählige Schmetterlinge. Tagpfauenauge, Schekkenfalter und einige Bläulinge und Weißlinge sind immer dabei. Auf dem Feuerwehrdepot in Lehde brütet der Weißstorch, vom März bis August sieht man ihn auf Wiesen und Feldern bei der Nahrungssuche. Wichtig für seine Ernährung sind nicht allein Frösche, in den ersten Wochen nach seiner Rückkehr aus dem Süden braucht er ausreichend Würmer, die er auf frisch gepflügten Äckern findet. Da Hochspannungsleitungen oft zum Stromtod von Großvögeln führten, werden die Masten

der Freileitungen mit Schutzvorrichtungen, Sitzbalken oder Plasthauben, versehen.

Tour 3

Kahnfahrten von Lübbenau

Anfahrt → Tour 1

Tour 3a

Lehde-Rundfahrt

Fahrstrecke Hafen – Lehde – Ortsrundfahrt – Museum – Lübbenau 2,5 bis 3 Stunden
Orientierung → Karte S. 44/45
Rast und Einkehr in Lehde, um das Freilandmuseum und/oder eine der 5 Gaststätten zu besuchen.

Auf stillen Fließen gleitet der Kahn unter schattigen Bäumen und an Wiesen und Feldern vorüber in das Lagunendorf Lehde, das man bei der Ortsrundfahrt gründlich kennenlernt, Hinweise → Tour 2.

Tour 3b

Rundfahrt nach Wotschofska

Fahrstrecke Lübbenau – Lehde – Wotschofska – Lehde – Lübbenau 4 bis 5 Stunden
Orientierung → Karte S. 44/45
Rast in Wotschofska 1 Std. Pause

Die Tour bietet über das Erlebnis des einzigartigen Dorfes Lehde hinaus den länge-

ren Genuß des Wald- und Wasserparadieses, zu Wotschofska → Tour 4.

Tour 3c

Rundfahrt nach Leipe

Fahrstrecke Lübbenau – Lehde – Wotschofska – Leipe – Hauptspree – Lübbenau 6 bis 7 Stunden
Orientierung → Karte S. 44/45
Rast Wotschofska (Frühstück), Leipe (Mittag), auf Wunsch Kaffee in Lehde

Bei dieser Tour lernt man den Oberspreewald mit all seinen landschaftlichen Reizen gründlich kennen, → Tour 7.

Bei allen Touren informiert der kundige Fährmann über die Eigenheiten des Spreewaldes und über seine Probleme. Bei Vertragsfahrten (ab 23 Personen) kann auf Wunsch eine Kahnfährfrau in Original-Spreewaldtracht bestellt werden, ebenso gastronomische Betreuung. Zum Sonderangebot gehört ebenfalls eine Hochwaldfahrt: Lübbenau – Lehde – Wotschofska – Schützenhaus – Hotel „Eiche" (Mittagessen) – Leipe – Lehde – Lübbenau; Dauer 8 Stunden.

Tour 4

Spreewaldwanderung zur Wotschofska und nach Altzauche

Anfahrt → Tour 1, Ausgangspunkt ist der Marktplatz in Lübbenau
Wanderstrecke Der Weg bis Wotschofska ist 3,4 km lang = 1 Stunde, die Rückkehr von hier nach Lübbenau ist

Kurze Pause zwischen zwei Kahntouren

z. Zt. nur auf dem gleichen Wege möglich. Bis nach Altzauche sind insgesamt 11 km zu gehen = 4 Stunden. Die Tour ist für Radfahrer besonders zu empfehlen, sie nehmen den Rückweg über Buckoitza und den Barzlin (→ Tour 6), dabei beträgt die Gesamtstrecke 21 km = 4 Stunden
Orientierung → Karte S. 44/45
Rast und Einkehr Gaststätten in Wotschofska, Altzauche und Buckoitza, am Barzlin befindet sich ein Rastplatz.
Bis Wotschofska ist der Weg beschildert, markiert und als Lehrpfad gestaltet, die weitere Strecke nach Altzauche ist bisher nur provisorisch markiert.

Der Weg bis Wotschofska ist nicht zu verfehlen. Unmittelbar vor der Gaststätte Wotschofska gehen Sie links nach Altzauche weiter, überqueren eine Brücke und

Vorsaison in der bekannten Spreewaldgaststätte Wotschofska

erreichen eine Plattenstraße, die nordwärts führt. Nach 2 km ist der Hochwald erreicht. Dort gehen Sie links weiter und überqueren nach 1,5 km die Mutnitza. Ein trockener Feldweg führt zu einer Asphaltstraße, über die Sie rechts im Bogen Altzauche erreichen. Im Ort besteht Busverbindung nach Lübben und Cottbus. Radfahrer verlassen das Dorf an seinem Südwestrand und gelangen zum Gasthaus Buckoitza. Hier geht es auf einer Asphaltstraße südwärts und an Stallanlagen vorüber bis zum Deich, wo man rechts auf der Plattenstraße 1,5 km weiterfahren und dann den Damm überqueren kann. Hier beginnt die rote Markierung eines Wanderweges (→ Tour 6), der nach Lübbenau zurückführt.

Besondere Hinweise Zwischen Lübbenau und Wotschofska sind 5 Spreewaldbrücken, über die das Rad ohne besonders Anstrengung getragen werden kann, alle weiteren Wege sind gut befestigt, nur in der Nähe vom Barzlin ist im Winterhalbjahr mit Nässe zu rechnen.

Kulturgeschichte Das Wandergebiet ist der feuchteste und verkehrsmäßig am wenigsten erschlossene Teil des Oberspreewaldes, die Wotschofska eine kleine Erhebung im ursprünglichen Sumpfland. Hier stand seit Mitte des 17. Jahrhunderts eine gräfliches Vorwerk, später ein Forsthaus. Nach den Agrarreformen des 19. Jahrhunderts ist der gesamte Wald in Wiesen verwandelt worden. Im Jahre 1894 ließ die Stadtverwaltung von Lübbenau die Gaststätte Wotschofska errichten und im trockenen Sommer 1911 den als ältesten Wanderweg im Spreewald geltenden Fußweg dorthin anlegen und mit 4000 Erlen und 2000 Birken bepflanzen. Der Weg führte ursprünglich durch Felder und Wiesen, seit 1950 haben Erlenwald und Weidengebüsch das Gelände zurückerobert. Im Norden von Wotschofska erfolgten 1974–76 umfangreiche Meliorationen.

Es entstand intensiv nutzbares Dauergrünland mit 30 % Waldanteil, nur der Hochwald blieb unverändert und ist seit 1961 Naturschutzgebiet. Nachdem der Spreewald zum Biosphärenreservat erklärt worden ist, gehört das gesamte Wandergebiet mit Ausnahme der Flächen südwestlich von Altzauche zur Schutzzone II, ist also Naturschutzgebiet, in dem Erhaltung und Pflege der landschaftlichen Vielfalt Vorrang haben. Das erfordert vom Touristen entsprechende Rücksichtnahme.

Zum Barzlin → Tour 16

Pflanzenwelt Am Wotschofskaweg wachsen überwiegend Moorbirken und ihre Bastarde mit der Gemeinen Birke. Sie haben größere und rundrandige Blätter, die jungen Zweige sind behaart. Unweit von Lübbenau in der Nähe der Lehrtafel „Boden" blüht rechts vom Weg im Mai die Sommerknotenblume. Die in Mittelmeerländern heimische und früher im Schloßgarten von Lübbenau kultivierte Verwandte des Märzenbechers konnte sich im Spreewald an einigen Stellen einbürgern, sie wird über 70 cm hoch (siehe Foto S. 98). Neben der für die Niederung typischen Erle und Weidenarten im Wandergebiet weit verbreitet. Die Bäume und Sträucher sind zweihäusig, d. h. es gibt männliche und weibliche Exemplare. Zu Bäumen wachsen im Gebiet nur die Silber- und die Bruchweide und ihre Bastarde heran. Die Bruchweide hat ihren Namen von der auffälligen Brüchigkeit ihres Holzes. Kleine Zweige brechen schon bei leichtem Fingerdruck ab. Weidenbüsche, die aufgelassene Wiesen bedecken, werden von der Grauweide gebildet, die der Spreewälder ihrer samtigen Rinde wegen Haarweide nennt.

Tierleben Wer das Stadtgebiet von Lübbenau hinter sich gelassen hat, ist bald mit der Natur allein und hat Gelegenheit, Tiere zu belauschen. In den weit herabhängenden Zweigen der Birken schaukelt zuweilen ein kunstvoll geflochtenes Nest der Beutelmeise. Ihre Anwesenheit verraten diese Vögel durch leise Rufe. Ebenso unauffällig sind die Stimmen der häufigen Sumpfmeise und des Kernbeißers, dagegen trägt der Feldschwirl seinen Gesang langanhaltend vor. Seltener, aber doch regelmäßig zu hören ist vom Wege aus der Schlagschwirl, ebenso die Bekassine. Im Gebiet lebt an mehreren Orten der Fischotter. Dieser vom Aussterben bedrohte und daher streng geschützte Wassermarder ist Störungen gegenüber sehr empfindlich, starke Beunruhigungen können dazu führen, daß die Eltern ihren Nachwuchs verlassen.

In dem von Menschen wenig frequentierten Gebiet zwischen Wotschofska und Altzauche fühlen sich auch größere Tiere wohl, Rotmilan, Bussard und andere Greifvögel ziehen in den Lüften ihre Kreise, Hasen und Rehwild sind nicht selten. Rot- und Schwarzwild treten erst nach Einbruch der Dämmerung aus ihren Tageseinständen, zu einer Zeit, in der der Tourist ohnehin alle Schutzgebiete verlassen haben muß.

Tour 5

Kahnfahrten ab Altzauche

Altzauche ist ein idealer Ausgangspunkt für Kahnfahrten in den Oberspreewald.

Anfahrt → Tour 23 bis Lübben, Weiterfahrt

PKW B 320 in Richtung Straupitz, 1 km hinter Radensdorf rechts nach Altzauche einbiegen, der Hafen befindet sich 1,5 km südöstlich vom Dorf (Wegweiser) **Bus** direkte Verbindung gibt es von Königswusterhausen und Cottbus bis zur Haltestelle Abzweig Altzauche bzw.

Burglehn, von hier 2,5 km Fußweg nach Altzauche.

Tour 5a

Fahrt in den Hochwald und den Siedlungsraum Burg

Fahrstrecke Altzauche – Hotel „Eiche" – Gasthaus „Waldschlößchen" – Altzauche; 3 bis 4 Stunden
Orientierung → Karte S. 44/45
Rast Hotel „Eiche" (Mittagessen), „Waldschlößchen" (Kaffee)

Auf dem Nordfließ gleitet man gemächlich durch den Hochwald, der zu den schönsten Teilen des Oberspreewaldes gehört und gelangt später zur Streusiedlung Burg, dem seiner Ausdehnung nach größten Dorf Europas, → Touren 8 und 15.

Tour 5b

Tagestour in den Oberspreewald

Fahrstrecke Altzauche – „Eiche" – „Waldschlößchen" – Leipe – Lehde – Altzauche; 8 bis 9 Stunden
Orientierung → Karte S. 44/45
Rast Leipe (Mittagessen), Lehde (Kaffee).

Die Fahrt bietet den gesamten Oberspreewald mit all seinen landschaftlichen Schönheiten, das Museum in Lehde gewährt Einblicke in Lebensweise und Kultur der alteingesessenen Spreewaldbewohner. → Touren 2 und 15.

Tour 6

Von Lübbenau durch den zentralen Oberspreewald nach Lübben

Anfahrt → Tour 1, Ausgangspunkt ist der Kahnfährhafen.
Wanderstrecke 13 km / 4 Stunden, Rückfahrt mit Bahn oder Bus
Die Tour ist für Radfahrer gut geeignet. Hier wird ein Rundkurs von insgesamt 26 km vorgeschlagen = 4 Stunden → Variante unten
Orientierung → Karte S. 77; zur Orientierung in Lübben → Stadtplan S. 73.
Wegemarkierung mit rotem Strich markiert.
Rast und Einkehr An der Schleuse am Barzlin befindet sich ein Rastplatz, Gaststätten sind in Lübben und Ragow.

Durch die Lübbenauer Altstadt und Vorstadt gelangt man in den Südpolder (Polder = eingedeichtes Land). Dann wird zwischen Spreebrücke und Barzlin (→ Kulturgeschichte) die Niederung durchquert.
Am Barzlin kann der Weg bei ungünstigem Wetter stellenweise naß sein, im Winterhalbjahr sind Gummistiefel zu empfehlen. Räder müssen gegebenenfalls ein paar Meter geführt werden. Die Schleuse ist vorsichtig zu überqueren.
Der weitere Wanderweg führt auf einer Plattenstraße am Deich entlang und dann auf einer schattigen Allee zum Ziel.
Variante Radfahrer nehmen den Rückweg von Lübben über Ragow. Von der Schleusenbrücke (→ Stadtplan) fährt man am Bootsverleih vorüber und nach der 2. Brücke sofort links auf dem Deich weiter. An der Jugendherberge wird rechts abgebogen. Der nächste Abzweig links führt zu einer Asphaltstraße in einem Weidegebiet.

Kahn um Kahn gleitet auf den Fluten dahin

An der nächsten Gabelung links halten! Der Weg endet an der Bahnstation Ragow, von hier wird die B 115 benutzt.

Kulturgeschichte Zwischen Lübbenau und Lübben verengt sich das Tal der Spree. Der ursprünglich im Wandergebiet vorhandene Wald ist relativ frühzeitig zurückgedrängt und zu Beginn des 20. Jahrhunderts völlig in Grünland verwandelt worden. In der Zeit von 1933–36 entstanden Süd- und Norddeich. Sie schützen die dahinter liegenden Äcker und Wiesen vor Überflutung. Weitere, recht umfangreiche Meliorationen haben in den Jahren von 1974 bis 1976 das gesamte Gebiet zwischen Burg-Lübbener Kanal und Eichkanal in Dauergrünland verwandelt. Genutzt wurde das nördliche Poldergebiet des Spreewaldes von einem Weidekombinat, das bis zu 24 000 Jungrinder hielt. Die intensive Bodennutzung hat zu Landschaftsschäden geführt, den hiesigen Bauern fällt künftig die schwere Aufgabe zu, durch ökotechnische und ingenieurbiologische Maßnahmen eine harmonische Kulturlandschaft zu entwickeln. Das soll vorrangig ein Betrieb in Radensdorf übernehmen. Im naturnahen Zustand blieb im Wandergebiet nur ein etwa 1 km breiter Streifen in der Nähe der Hauptspree, den man durchwandert.

Der Barzlin, heute Naturschutzgebiet, ist ein Talsandhorst in der Niederung. Er war bereits während der Bronzezeit (vor etwa 3000 Jahren) dicht besiedelt und wurde in

Heuschober am Wiesenrand

der frühen Eisenzeit mit Wall und Wellenbrecheranlage befestigt. Letztgenanntes ist eine Besonderheit. Im 8. bis 10. Jahrhundert gab es hier eine slawische Burg und im 19. Jahrhundert ein Vorwerk. Um 1820 wurde der Wall abgetragen, die Erde gelangte auf Kähnen in den Schloßpark von Lübbenau, um das Gelände aufzufüllen. Ein weiterer Talsandhorst, der ebenfalls in vorgeschichtlicher Zeit besiedelt war, ist Kockrows Berg. Die Anhöhe liegt am Wanderweg, etwa 2 km nach Passieren der Barzlinschleuse, links hinter dem Deich.

Pflanzenwelt In der nassen Niederung ist das Wasserschwadenried weit verbreitet. Die Bestände, die überwiegend aus Großem Schwaden bestehen, sind aus Rohrglanzgraswiesen nach mangelnder Pflege hervorgegangen. Zwischen den hohen Halmen leuchten im Frühjahr die gelben Blüten von Wasserkresse und Sumpfschwertlilie, während des ganzen Jahres findet man Sumpfvergißmeinnicht.

In den Gräben im Weidegebiet bildet die Sumpfprimel im Frühjahr herrliche Blütenteppiche, im Röhricht sind Pfeilkraut und Froschlöffel anzutreffen. Zu den seltenen Arten, die im klaren Wasser gedeihen, gehört der Südliche Wasserschlauch, dessen dottergelbe Blüten im Hochsommer erscheinen. An den Blättern unter Wasser sitzen unzählige Fangblasen, aus denen es für Wasserflöhe kein Entrinnen gibt, sie werden von der Pflanze verdaut.

Bemerkenswert artenreich sind die Feldgehölze am Weg nach Lübben. Hier gedeihen u. a. Wildpflaumen, die im Frühherbst schmackhafte Früchte tragen.

Tierleben Gleich nach Verlassen der Vorstadt von Lübbenau führt der Wanderweg an den Revieren einiger Nachtigallen vorüber, sie singen unermüdlich. Wer Glück hat, hört und sieht im Frühjahr auf den Wiesen im Südpolder den Großen Brach-

vogel. Wenn er bei der Nahrungssuche den Platz wechselt, trägt er im Fluge seine schöne Melodie vor. Sein sanft gebogener Schnabel ist 12 cm lang. Von Mai bis August ist am Wege der Neuntöter oder Rotrückenwürger anzutreffen, seine Beute, vom Insekt bis zur Maus, spießt er gern auf Dornen, um Vorrat für Zeiten ohne Jagdglück zu haben. Während des gesamten Jahres stehen an den Gräben Graureiher und spähen nach Beute.

Tour 7

Durch den zentralen Oberspreewald von Lübbenau nach Raddusch

Anfahrt → Tour 1, die Wanderung beginnt 150 m südlich vom Hafen in Lübbenau.

Wanderstrecke 12 km / 4 Std., Rückfahrt per Bahn möglich. Für den Rückweg zu Fuß über Boblitz sind 8 km / 3 Std. zu rechnen, diese Variante ist für Radfahrer gut geeignet.

Orientierung → Karte S. 44/45. **Wegemarkierung** gelber Strich, zwischen Dubkowmühle und Kossoateich grüner Strich, auf dem ersten Streckenabschnitt zusätzlich Tafeln eines Lehrpfades.

Rast und Einkehr Gaststätten in Leipe und Raddusch, Dubkowmühle.

Ein malerisch mit Birken gesäumter Weg führt nach Leipe und eine Asphaltstraße weiter zur Dubkowmühle. Sie steht abseits vom Wege, ihr Schild ist aber nicht zu übersehen. An der Gaststätte wird die Schleuse mit der nötigen Aufmerksamkeit

überquert. Hier beginnt ein etwa 200 m langer Pfad, der bei Regenwetter festes Schuhwerk erfordert, dann führt ein gut befestigter Feldweg zur Radduscher Buschmühle (→ Kulturgeschichte). Nun folgt man links dem Deich des Leineweberfließes bis zum Kossoateich und geht dann auf dem Damm der Radduscher Kahnfahrt zum Ziel.

Diesen Weg kann man zu jeder Jahreszeit gehen, am schönsten jedoch ist es im Frühjahr, wenn aus allen Zweigen Vogelgezwitscher ertönt und die Wiesen in Blüte stehen. Im Herbst lohnt es, am Leiper Weg nach Birkenpilzen und Rotkappen Ausschau zu halten oder an der Radduscher Kahnfahrt nach Wiesenchampignons zu suchen.

Kulturgeschichte Bis zum Anfang des 20. Jahrhunderts war das Wandergebiet völlig unzugänglich, das Dorf Leipe nur mit dem Kahn erreichbar. Der schon 1315 urkundlich erwähnte Ort liegt auf einer Grundmoräneninsel, die aus der moorigen Niederung herausragt. Ebenfalls auf kleinen Erhebungen wurden 1701 die Dubkowmühle und 1777 die Radduscher Buschmühle erbaut.

Gasthaus Dubkow-Mühle

Die Wassermühlen verarbeiteten Getreide und Leinsamen und besaßen das Schankrecht. Ursprünglich vorhandene Erlen- und Erlen-Eschen-Wälder wurden nach den Agrarreformen des 19. Jahrhunderts gerodet, Wiesen und kleine Horstäcker entstanden. Nach dem Wegfall des Mühlenstaus nach 1930 wurde das Land zwischen Leipe und Raddusch eingedeicht, das Land im Polder wurde landwirtschaftlich nutzbar. Erst jetzt waren Straßen möglich. Der Fußweg von Lübbenau nach Leipe wurde 1935/36 von Angehörigen des Arbeitsdienstes in Handarbeit angelegt und mit Birken bepflanzt. Er führte einst durch Wiesen und Felder, bis 1950 der Prozeß der Wiederbewaldung landwirtschaftlich nicht genutzter Flächen begann.

Pflanzenwelt Mit dem ersten Grün im Jahr erscheinen an allen nassen Stellen Sumpfdotterblumen und Wiesenschaumkraut, wenig später blüht und duftet im Gebüsch die Traubenkirsche, der Strauch bildet überall im Wald und am Ufer das Unterholz, der Spreewälder nennt ihn liebevoll „pošerpina" oder „Maiblume". Um Pfingsten leuchten am Wegrand die rosa gefärbten Blütendolden des Holunderblättrigen Baldrians, der wohl nur hier im Spreewald so häufig anzutreffen ist. Würzig duften im Hochsommer die Blüten des Hopfens, der zusammen mit der Großen Winde das Ufergebüsch mit einem grünen Schleier überzieht. Der Spätsommer ist die Zeit des Blutweiderichs, er taucht Wiesen und Gebüsch in sattes Rot. Eine Besonderheit in den Forstkulturen am Leiper Weg ist die Baumweide. Die erst in jüngster Zeit in größerem Umfang verwendete Neuzüchtung liefert schon nach 25 Jahren hiebreife Stämme. In den Dörfern lohnt ein Blick über den Gartenzaun. Dort gedeihen noch viele Arten und Sorten alter Zier- und Nutzpflanzen, die anderenorts längst verschwunden sind.

Tierleben In der abwechslungsreichen Landschaft beeindruckt vor allem die Vielzahl der Vogelstimmen; Nachtigall und Mönchsgrasmücke singen mit besonderem Eifer. Wer das „Meckern" der Bekassine, die auch „Himmelsziege" genannt wird, vernimmt, wird den Vogel vielleicht bald danach an der Spitze einer Schoberstange sitzen sehen, von wo er sein „ricke ricke" erschallen läßt. Am Kossoateich sind zu den Zugzeiten Limikolen und seltene Entenarten zu beobachten, daher sollte das Fernglas nicht vergessen werden. An Gräsern und über dem Wasser tummeln sich Libellen, häufig ist die Gebänderte Prachtlibelle, aber auch die rot gefärbte Frühe Adonislibelle und die grüne Glänzende Prachtlibelle sind von faszinierender Schönheit.

Das Wild lebt im Sommer der häufigen Störungen wegen recht zurückgezogen, zuweilen zeigen sich Reh und Hase, hin und wieder ist ein Fasan zu hören.

Erweiterungs- und Anschlußtouren

Rüstige Wanderer können von Raddusch aus am Südrand des Oberspreewaldes entlang nach Lübbenau zurückgehen.
Markierung: gelber Strich, Länge der Strecke 8 km / 2–3 Stunden.

Der Weg führt vom Bahnhof Raddusch an der Werkstatt eines Kahnbauers vorüber zum Schwarzen Berge. Er steht unter Denkmalschutz (mehrperiodiger Siedlungsplatz, zur Jungsteinzeit, Bronze-, Eisen- und Slawenzeit bewohnt). Der Berg bietet gute Aussicht über den südlichen Oberspreewald. Am weiteren Wege befinden sich ein Badesee (Freibad) und das Dorf Boblitz.
Da Raddusch bequem mit der Bahn erreichbar ist, kann die Tagestour auch hier begonnen werden. Sie wandern über

Leipe nach Lübbenau. Am Ziel bleibt dann noch Zeit für eine Kahnfahrt oder den Besuch des Spreewaldmuseums und des Schloßparkes (→ Tour 1).

Ganz besondere Reize bietet der Spreewald im Winter. Dann sind weite Flächen vom Winterhochwasser überflutet. Die Tour von Lübbenau über Leipe ist auch zu dieser Jahreszeit trockenen Fußes möglich. Um ins Überschwemmungsgebiet zu gelangen, wandert man nach Überqueren der Schleuse an der Dubkowmühle nach 200 m rechts auf dem Wirtschaftsweg weiter. Jenseits der Unteren Boblitzer Kahnfahrt liegen überflutete Wiesen, der Weg bleibt trocken. Man erlebt besonders eindrucksvolle Landschaftsbilder und kann bei fester Eisdecke auf Schlittschuhen größere Strecken in Stille und Einsamkeit zurücklegen. Der weitere Weg führt an der Boblitzer Kahnfahrt entlang ins Dorf und weiter nach Lübbenau. Gesamtstrecke 17 km / 6 Stunden.

Tour 8

Rundgang durch den Siedlungsraum Burg

Anfahrt

Bahn aus Richtung Berlin oder Görlitz bis Vetschau oder Lübben, weiter mit dem Bus

Bus direkte Busverbindungen bestehen von Königs Wusterhausen und Cottbus, die Haltestelle ist Burg-Dorf.

PKW Anreise über A 15 bis Vetschau und weiter auf guter Chaussee über Suschow, von Cottbus ist Burg über

Sorbisches Holzhaus beim Wirtshaus Waldschlösschen – ein beliebtes Ausflugsziel

Werben erreichbar, von Norden erfolgt die Anreise über Lübben und Straupitz. Ausgangspunkt für die Tour ist der Hafen I in Burg-Dorf.

Wanderstrecke 7 km / 3 Stunden

Orientierung → Karte S. 44/45 (oder Wanderplan „Burg/Spreewald" Euroverlag Berlin 1991) **Wegemarkierung** Abschnitte sind verschieden markiert

Hinweis In Burg besteht ein Labyrinth z. T. privater Wege, halten Sie sich genau an die Markierung!

Rast und Einkehr Hotel „Bleiche", Bismarck-Turm, während der Saison geöffnet.

Man geht in Richtung Bismarckturm, folgt aber nach 200 m rechts den roten Wegemarken, am Betrieb der Fluß- und Tiefbau GmbH vorüber gelangt man zum Sportplatz und geht an der Jugendherberge vorbei zur Straße, an der 200 m links das Hotel „Bleiche" liegt. Nun wird jedoch rechts die Spree überquert und auf dem grün markierten Uferweg stroman bis zur Brücke gewandert. Von dort an folgt man der blauen Wegemarkierung, überquert eine Asphaltstraße und geht am nächsten Gehöft rechts auf dem Wiesenweg zu einem Wäldchen, hinter dem das nächste Teilziel, der Bismarckturm, bereits zu sehen ist. Hier bleibt man links und folgt am Durchstich für die ehemalige Spreewaldbahn gelben Wegemarken bis zu einer Asphaltstraße. Von der Straße wird nach 300 m rechts abgebogen. Auf einem Feldweg gelangt man zu Gehöften, von denen eins einen sehenswerten Galeriebau aus Holz besitzt. Der Feldweg führt weiter zu einer Straße, die nach 150 m rechts zu überqueren ist. An der nächsten Baumreihe verläßt man die gelbe Markierung und geht rechts an der Allee nach Burg zurück.

Kulturgeschichte Die bereits 1315 erwähnte Ortschaft Burg, später Burg-Dorf

genannt, war jahrhundertelang eine kleine Siedlung auf einer Grundmoräneninsel. Die Bewohner lebten von Landwirtschaft und Fischfang. Seit 1462 gehörte Burg zur preußischen Enklave Cottbus im sächsischen Gebiet und hatte mit wenigen hundert Einwohnern fast Urwaldcharakter. Anfang des 18. Jahrhunderts forcierten die Preußenkönige die Besiedlung des Burger Raumes, die Ortsteile Kauper und Kolonie entstanden. Auf Befehl Friedrichs des Großen wurden zunächst etwa 100 Kolonistengrundstücke planmäßig angelegt. Verbunden mit dem Vorhaben waren umfangreiche Entwässerungsmaßnahmen, viele der heute vorhandenen Fließe haben die Siedler damals angelegt oder ausgebaut. Jeder hatte eine Parzelle von 18 Morgen zugewiesen bekommen. Nach der Rodung baute er sein Gehöft in der hier üblichen Weise. Hundert Jahre später war der Prozeß abgeschlossen, die Siedler waren vorwiegend aus Sachsen und Böhmen, aber auch aus Schlesien und Österreich gekommen, hatten Sprache und Volkstum der ansässigen Sorben übernommen und ihre Häuser in Blockbauweise aus Holz erbaut. Zur Streusiedlung Burg gehörten nun etwa 2500 Seelen. Im Jahre 1748 wurde im Dorf eine Leinewebermanufaktur gegründet, die Weber bildeten später eine Innung und legten 1770 eine Bleiche an, mußten aber schon 1789 aufgeben, da ihnen in Cottbus aufkommende Maschinenweberei die Existenzgrundlage nahm. Nur Namen erinnern heute noch an das Gewerbe. Das im 19. Jahrhundert entstandene Gasthaus „Zur Bleiche" wurde 1986 als modernes Hotel wiedereröffnet. Heute leben in Burg in ca. 800 Gehöften 3 700 Bürger. Der ländliche Charakter des Ortes blieb erhalten, von Bedeutung ist der Fremdenverkehr, Burg ist ein Zentrum der Pflege sorbischer Nationalkultur. Wirtschaftliche Bedeutung im Gebiet haben Gemüsebau und Tourismus. In Burg gibt es aber auch viele Kleinbetriebe mit z. T.

seltenem Handwerk wie das des Töpfers und des Pantoffelmachers.

1 km nördlich vom Ort liegt der Schloßberg, er überragt seine Umgebung um 9 m und war seit der Bronzezeit besiedelt. Während der frühen Eisenzeit bestand hier eine Fluchtburg, im 11. Jahrhundert u. Z. gab es an der Stelle eine bedeutende slawische Burg, die noch heute mit vielen Sagen vom Wendenkönig verbunden ist. Der Durchstich des Walls für die Spreewaldbahn hat um 1900 die Anlage stark verändert. 1915–17 wurde aus Calauer Klinkern der 27 m hohe Bismarckturm erbaut, er bietet herrliche Aussicht weit über die Spreewaldniederung hinaus.

Pflanzenwelt Im zeitigen Frühjahr, wenn die Rasenflächen noch das eintönige Grau des Winters tragen, erscheinen an den Gehöften unzählige Schneeglöckchen. Die beliebten Frühlingsboten sind hierzulande nicht heimisch, sondern aus Gartenkultur verwildert. Später wachsen auf den Wiesen saftige Gräser heran, dazwischen leuchten Blumen in üppiger Pracht. Der Wiesenkerbel, ein hohes Doldengewächs, hüllt im Mai weite Flächen in Weiß, infolge reichlicher Düngung hat er in jüngster Zeit zugenommen. Von Fachleuten wird der vorherrschende Wiesentyp Kohldistelwiese genannt. Die namengebende Art ist regelmäßig, aber spärlich vertreten. Ihre weichstachelige Blattrosette treibt im Juni einen Stengel und hellgelbe Blüten. Die Kohldistel hat im Volksglauben eine Rolle gespielt. Sie wird Schreck- oder Puschkraut genannt, in einem Absud der Pflanze wurden Kleinkinder regelmäßig gebadet, um sie vor Hexen zu schützen. An trockeneren Orten gedeiht die ebenfalls buntblumige Glatthaferwiese, wo neben Hahnenfußarten, Margeriten und Glockenblumen auch Hasenbrot (Feldsimse) und Zittergras wachsen.

Tierleben Die an Gehölzen reiche Streusiedlung Burg bietet allen Tieren, die als Kulturfolger gelten, idealen Lebensraum. Von den Dächern herab singt der Hausrotschwanz seine dreiteilige Strophe, in schnellem Flug jagen Rauchschwalben nach Insekten. Oft läßt ein kleiner gelber Vogel ein einförmiges Klirren hören, es klingt, als ob Kieselsteine aneinander gerieben werden, es ist der Girlitz. Im humusreichen Boden leben Regenwürmer und andere Kleintiere. Da ist auch ihr eifriger Vertilger, der Maulwurf zur Stelle. Er wird hier „Moll" genannt und ist nicht sehr beliebt, da die von ihm aufgeworfenen Hügel stören. Einige Menschen trachten ihm immer noch nach dem Leben, ganz zu Unrecht! Strenger verfolgt wird die Maulwurfsgrille, ein fingerlanges Insekt mit kräftigen Grabeschaufeln. Sie nagt an den Wurzeln der Kulturpflanzen und ist eine Landplage.

Tour 9

Von Burg zum Hotel „Eiche" am Hochwald

Anfahrt → Tour 8, Ausgangspunkt ist der Hafen in Burg-Dorf
Wanderstrecke 15 km / 5 Stunden
Orientierung → Karte S.44/45, einzelne Wegabschnitte sind markiert.
Rast und Einkehr Gasthaus „Eiche", Gasthaus Gubatz am Badesee.

Auf der Dorfstraße geht es zum Hotel „Zur Linde" und dort rechts weiter. Blaue Wegemarken führen zur Straße zum Wendenkönig. Auf dieser gelangt man zur Ringchaussee, wo es rechts bis zum Pohlenzweg (Hinweistafel) geht. Gelbe Wegemarken führen bald zum Eicheweg hinüber. Beim Rückweg wandert man auf dem Eicheweg bis zur Ringchaussee und auf ihr links weiter. Von ihr zweigt links als

Urlaub im Boot

2. Asphaltstraße der Willischzaweg ab, er führt zum Freibad und am Bismarckturm vorbei zum Hafen I zurück.

Kulturgeschichte Die Wanderung führt durch den Ortsteil Burg-Kauper. Die Besiedlung begann hier bereits um 1800 zur Regierungszeit Friedrich Wilhelms I. von Preußen. Die Gehöfte wurden auf natürlich vorhandenen Sandinseln, sogenannten Kaupen, erbaut und waren nur auf dem Wasserweg erreichbar. Noch um 1900 störte hier kein Wagengeräusch die Stille und Einsamkeit. Die für die Bewohner so notwendigen Wege entstanden erst in den Jahren zwischen 1901 und 1930 in gemeinschaftlicher Selbsthilfe und mit primitiven technischen Hilfsmitteln, jährlich hat in dieser Zeit jeder Besitzer 35 – 40 Arbeitstage beim Wegebau geleistet.
Der Sandberg Willischza überragt die Umgebung um 4 m. Bodenfunde weisen seine Besiedlung seit der Jungsteinzeit nach. Im 11. Jahrhundert u. Z. haben ihn Slawen als Wohnplatz genutzt. Der heutige Badesee entstand um 1970.
6,5 km nordwestlich vom Burger Ortskern, wo einst mächtige Eichen standen, wurde im 18. Jahrhundert ein Gasthaus erbaut. Die „Eichschenke" erfreute sich seit den Anfängen des Spreewaldtourismus großer Beliebtheit.
Nunmehr in der 5. Generation wird sie von Familie Roschke geführt. Im Jahre 1991 begann neben dem Hause der Bau eines modernen Hotels, das sich harmonisch in einen der schönsten Plätze des Spreewaldes einfügen soll und im Sommer 1992 eröffnet wird.

Pflanzenwelt Auf vielen Wiesen im Burger Raum herrscht die Rasenschmiele vor. Ab Juli bestimmen die braun-silbrigen Blütenstände das Bild großer Flächen, das harte, stark kieselsäurehaltige Gras hat Blätter, die „wie eine Ziehharmonika" gefaltet sind, es wächst in Bulten, die sich schwer mähen lassen, der silbrigen Rispen wegen wird das Gras „Judenbart" genannt. Auf Böden mit schlickhaltigem Flachmoortorf, den sog. „Klockböden", gedeiht die Rasenschmielenwiese besonders gut. Im Mai blüht hier der Goldhahnenfuß, später das Gänsefingerkraut und ab Juli der Herbstlöwenzahn. An einigen Stellen entfaltet der Wiesenalant seine großen, goldgelben Korbblüten.
Auf den Feldern werden Roggen und Gerste, vor allem aber Gemüse angebaut. Neben den meisten Gehöften stehen Folienzelte, in denen vom zeitigen Frühjahr an Salat, Radies und Kohl, später überwiegend Gurken, aber auch Tomaten und Paprika gezogen werden.

Tierleben Aus hohen Wipfeln gurrt der Tauber, Ringeltauben haben ihre Nester in den Bäumen abseits der Höfe. In der Nähe der menschlichen Wohnungen lebt die Türkentaube, ihr dumpfes „u-hu-u" ist kaum mit anderen Stimmen zu verwechseln. Diese Taubenart lebt in Deutschland erst seit etwa 1950, sie wanderte von Südosten her ein. In Feld und Flur leben Fasanen, oft verrät der Hahn seine Anwesenheit durch seine Stimme, zuweilen ist eins der Tiere am Feldrand zu sehen. Weitere Arten → Tierleben Tour 8.

Tour 10

Kahnfahrten ab Burg

Tour 10a

Kleine Rundfahrten vom Hafen I in Burg-Dorf

Anfahrt → Tour 8
Fahrstrecke Hafen I – Hotel „Bleiche" –

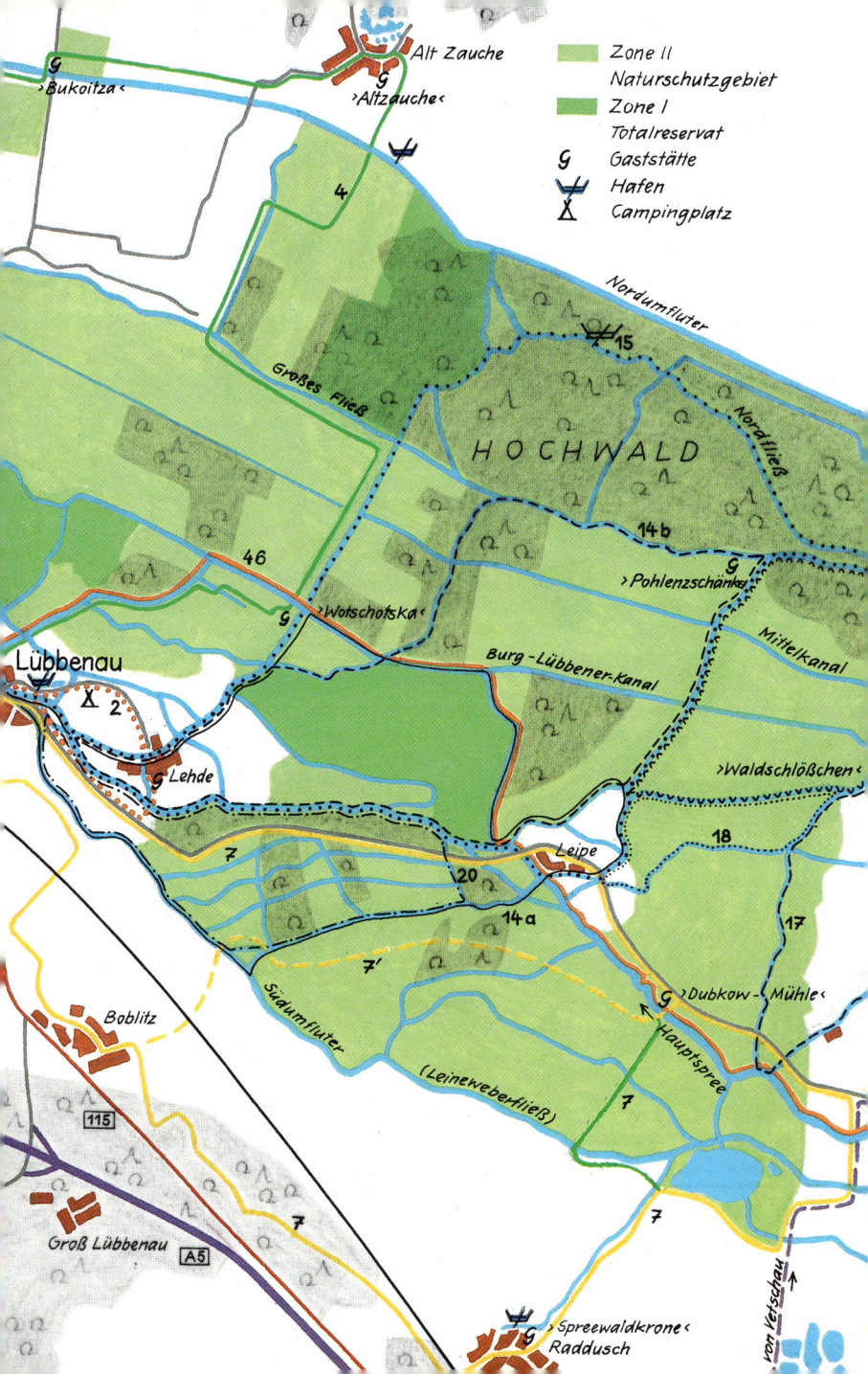

Zone II
Naturschutzgebiet
Zone I
Totalreservat
G Gaststätte
Hafen
Campingplatz

Alt Zauche
›Bukoitza‹
›Altzauche‹

4

Nordumfluter

15

Großes Fließ

HOCHWALD

Noraßfließ

14 b

46
›Wotschofska‹
›Pohlenzschänke‹
Mittelkanal

Lübbenau
Burg-Lübbener-Kanal

2
›Waldschlößchen‹
Lehde
18
7
Leipe
20
14 a
17
Boblitz
7'
Südumfluter
›Dubkow-Mühle‹
Hauptspree

115
(Leineweberfließ)
7

Groß Lübbenau
A5
7

von Vetschau

Spreewaldkrone‹
Raddusch

Hafen I; 1,5 Stunden bei Erweiterung der Tour bis zum Hotel „Spreewald" 2,5 Stunden

Orientierung → Karte S. 44/45

Wechselnde Landschaftsbilder: Einzelhöfe, Gemüsefelder, Feldgehölze, Wälder, Wiesen → Touren 8 und 17.

Tour 10b

Rundfahrt nach Leipe vom Hafen II

(sie wird neben einer einstündigen Tour empfohlen)

Anfahrt

PKW wie 10a, weiter über den Verbindungsweg Wendenkönig und den Waldschlößchenweg, der Hafen II liegt 3 km nordwestlich vom Hafen I.

Bus günstigste Haltestelle aus Richtung

Cottbus ist Burg-Wendenkönig, ab hier 1 km Fußweg.

Fahrstrecke Hafen II – Hotel „Eiche" – Pohlenzschänke – Leipe – Hafen II 6 Stunden

Orientierung → Karte S. 44/45

Rast Hotel „Eiche" und in Leipe

Die Fahrt führt durch die locker besiedelte Kulturlandschaft sowie urwüchsige Gebiete mit herrlichem Hochwald.

Tour 11

Radtour quer durch den Oberspreewald von Vetschau nach Straupitz

Anfahrt

Bahn Vetschau liegt an der Hauptstrecke Berlin–Görlitz

Bus direkte Busverbindungen bestehen von Königs Wusterhausen, Cottbus, Jessen (Elster) und Dahme (Mark)
PKW A 15, Abfahrt Vetschau
Rad Radfahrer können von Lübbenau gut über Leipe zur vorgeschlagenen Strecke gelangen.
Die Tour beginnt am Bahnhof Vetschau.
Wanderstrecke 22 km / 3 Stunden
Rückweg über Byhleguhre – Burg-Dorf
18 km / 2 Stunden
Orientierung → Karte S. 44/45 **Wegemarkierung** Der Weg von Vetschau bis Burg-Kolonie ist mit grünem Strich markiert.
Rast und Einkehr Gaststätte „Sportlerheim" am Park Straupitz, Bismarckturm in Burg

Die grüne Markierung führt zunächst an der Bahnstrecke entlang und dann durch Kiefernwald nach Stradow; am Dorfausgang biegt man rechts zum Teichgebiet ab. Die Markierung endet an der Chaussee Leipe–Burg, wo rechts bis zur Kreuzung weitergefahren wird. Hier biegt man links auf die Ringchaussee ab, überquert nach 4 km in der großen Rechtskurve die Brücke und gelangt bald zum Nordumfluter, wo man den Blick über die weite Niederung genießen kann. Mit den Kirchtürmen von Straupitz ist das Ziel bereits sichtbar, eine gute Straße führt dorthin. Beim Rückweg in Richtung Burg biegt man am Waldrand rechts in den grün markierten Weg zu den Rieseneichen ein. Er führt bald wieder auf die Chaussee zurück, auf der man über Byhleguhre, Burg, Müschen und Suschow nach Vetschau zurückfährt.
Zu empfehlen ist der Besuch des Neuzaucher Weinberges. Er liegt 1,5 km westlich von Straupitz an der B 320 und bietet vorzügliche Aussicht über die Spreewaldniederung und das nordöstlich gelegene Endmoränengebiet.

Kulturgeschichte Der Weg führt besonders in Stradow und im Byttna bei Straupitz an stattlichen Eichen vorüber. Sie haben auch als Sachzeugen bäuerlichen Wirtschaftens kulturgeschichtlichen Wert. Vor den Agrarreformen des 19. Jahrhunderts waren Eicheln für die Schweinemast unentbehrlich, gute Mastbäume sind in Ortsnähe gepflegt worden, denn Futtergetreide konnte der Bauer erst später mit Hilfe künstlicher Düngung produzieren. Einst hieß es „ein Schwein, aus dem Kornsack gefüttert, kostet dreimal so viel als es gilt".
Die Tour führt durch den Siedlungsraum Burg (→ Kulturgeschichte 8, 17) Ziel ist Straupitz. Das ländliche Siedlungszentrum war Sitz einer 9 Dörfer umfassenden Standesherrschaft, seit 1655 im Besitz der Familie von Houwald. 1794–99 wurde auf den Resten einer alten Burg das Schloß

Auf schattigen Wegen durch das Land ▶
◀ Der Neuzaucher Weinberg

und ein bedeutender Gutskomplex erbaut. Bei der Restaurierung im Jahre 1973 kam es bei den Wohn- und Wirtschaftsgebäuden zu entstellenden Modernisierungen. Die Kirche entstand 1826–32 nach Plänen von Karl Friedrich Schinkel, es ist „ein bedeutendes Werk im Rundbogenstil aus der reifen Schaffensperiode des Künstlers" (Dehio). Im eigenen Herrschaftsbereich betrieb Straupitz die Kolonisation des Spreewaldes. So besteht Mühlendorf als kleine Ansiedlung seit 1799 an der fast hundert Jahre älteren Schneidemühle, des ältesten Sägewerkes im Gebiet. Die Straupitzer Buschmühle war vom Ende des 17. Jahrhunderts bis 1941 eine Mahl- und Ölschlagmühle mit Schankrecht, neben guter Bewirtung erlebte der Tourist in der 1. Hälfte des 20. Jahrhunderts zugleich Mühlenromantik.

Pflanzenwelt Bereits in der Nähe der Stradower Teiche gelangt der Naturfreund zu stattlichen Stiel-Eichen, die zur ursprünglichen Vegetation gehören. Sie wuchsen zusammen mit Birken und Kiefern am Rande der Niederung. Besonders schöne Exemplare gibt es in der Byttna bei Straupitz. Oft wird die Frage nach ihrem Alter gestellt. Als Faustregel gilt: Stammumfang in cm = Alter in Jahren. Sind die Bäume über 400 Jahre alt, sollen vom Alter 80 Jahre abgezogen werden, bei der Altersklasse 500–700 Jahre subtrahiert man 70–50 Jahre, später nur noch 30 Jahre. Die Florentineneiche (→ Foto) ist fast 900 Jahre alt. Alle über 250 Jahre alten Eichen, die in Ortsnähe wachsen, sind nicht nur Naturdenkmäler, sie haben auch kulturgeschichtlichen Wert (→ Kulturgeschichte).

Tierleben An den Stradower Teichen können stets Wasservögel beobachtet werden. Neben mehreren Entenarten sind Lachmöwen wohl immer anwesend, meist auch der Fischreiher. Die schwarz-weiß gefärbten Schellenten brüten in Baumhöhlen oder in Nistkästen, die der Naturfreund ihnen anbietet. Unmittelbar nach dem Schlüpfen müssen die Jungen den Sprung aus etwa 4 m Höhe auf den Boden oder ins Wasser wagen. Die ebenfalls schwarz-weiß gefärbte Reiherente trägt am Hinterkopf einen Federschopf. Vor allem während der Zugzeiten (März/April und Oktober/November) ist sie zu sehen. Während dieser Wochen halten sich auch viele Limikolen und andere Raritäten der Vogelwelt an den Teichen auf.

Bisher dienten diese Gewässer der Intensivhaltung von Karpfen, im Jahre 1987 wuchsen hier 1667 kg Fisch/ha heran. Jetzt werden die Teiche von Anglern genutzt und sind Lebensraum für die bedrohte Tierwelt.

Im Byttna finden Sie im alten Holz der Eichen fingerstarke Gänge und elliptische Löcher. Sie stammen vom Großen Eichenbock, der auch Heldbock genannt wird. Seine Larven verbringen 3–4 Jahre unter der Rinde. Der schwarzbraune Käfer wird 5 cm lang, seine bis zu 8 cm lang werdenden Fühler trägt er wie Hörner. Die Art ist heute vom Aussterben bedroht, weil die Forstwirtschaft bisher zu wenig alte Eichen stehen ließ.

Tour 12

Von Straupitz zum Byhleguhrer See

Anfahrt

Bus Direkte Busverbindung gibt es von Königs Wusterhausen, Cottbus und Lübben.

PKW Kraftfahrer verlassen die A 15 in Duben und erreichen den Ort über Lüb-

Rieseneichen am Byttna

ben auf der B 320, von Guben wird die B 320 und von Frankfurt/O. die B 87 benutzt, von Cottbus aus ist Straupitz über Burg erreichbar.

Die Tour beginnt an der Boutique „Zur Alten Schmiede" im Zentrum.

Wanderstrecke 12 km / 4 Stunden

Orientierung → Karte S. 44/45

Rast Ruhebänke sind am Byttna, dem Hl. Gang, an der Jugendherberge und am Nordufer des Sees (am Ostufer keine Möglichkeit, da dort Privatgelände).

Man geht auf der Cottbuser Straße bis zum Wald und folgt dort rechts den Wegemarken (grüner Querstrich) zum Byttna-Weg, den man rechts weitergeht. Hinter den Rieseneichen wechselt man rechts zum Waldrand hinüber und gelangt auf dem „Heilige Gang" (Kirchsteig) zu einer Asphaltstraße. Wegemarken führen zur Jugendherberge am See. Ein Abstecher zu der 500 m südlich gelegenen Kiesgrube (NSG, → Pflanzenwelt) wird empfohlen. Zum Seeufer zurückgekehrt, muß man bald zum Damm des Klärteiches emporsteigen, dort weitergehen und dann den Weg in Ufernähe fortsetzen. Nach Umrundung des Sees kommt man zur Straße Burg – Straupitz, biegt rechts ein und wandert 1 km weiter. Dann zweigt rechts ein breiter Waldweg ab, der am Dutzendsee vorüber nach Straupitz führt.

Kulturgeschichte In Straupitz gab es bereits 1294 ein adliges Landgut. Der Ort wurde bald Sitz einer Standesherrschaft. Im Jahre 1541 wurde in Straupitz Albin Moller, der Verfasser des ersten niedersorbischen Kirchengesangbuches, geboren. Weitere Ausführungen zum Ort → Kulturgeschichte Tour 11.

Südöstlich von Straupitz liegt der 79 ha große Byhleguhrer See, in dem seit 1964 Karpfenintensivhaltung betrieben wurde. Dadurch ist der See stark belastet, sein Wert als Badegewässer stark gemindert. Eine Sanierung war geplant, dafür wurden 1990 Klärteiche angelegt. Jüngsten Erkenntnissen zufolge ist die Maßnahme nicht realisierbar.

Erdgeschichte Wer vom Spreewald her kommt, findet hier eine völlig andere Landschaft vor; Höhen, enge Täler, sandige Hügel sowie große und kleine Seen. Diese Jungmoränenlandschaft wurde während der letzten Kaltzeit durch das Inlandeis geformt. Das geschah im sog. Brandenburger Stadium der Weichselvereisung, einer geologisch sehr jungen Formation. Daher sind die glazialmorphologischen Formen noch gut erhalten, es handelt sich um Endmoränen, Sander und glaziale Hochflächen. Straupitz liegt auf einer solchen Hochfläche. Der Neuzaucher Weinberg ist eine Endmoränenkuppe, die nächste liegt nördlich vom Byhleguhrer See, weitere sind bei Byhlen der Lieberoser Hochfläche vorgelagert. An ihrem Rand treten viele, z.T. ergiebige Quellen aus. Die bekanntesten sind bei Byhlen die Weinbergsquelle und Pintschens Quell (→ Kulturgeschichte Tour 13). Byhleguhrer und Byhlener See sind Hohlformen, die durch Ausschürfung des Inlandeises entstanden sind. Darin befindliche Toteisblöcke verhinderten die Ablagerung von Sedimenten. Nach dem Abschmelzen des Eises blieben die Seen, in denen sich 13 000 Jahre lang Sand und Schlick ablagerten. Der Byhleguhrer See hat eine 10–15 m mächtige Faulschlammschicht, darüber nur wenig mehr als 1 m Wasser.

Pflanzenwelt Schilf und Rohrkolben bilden stellenweise dichte Bestände an den Ufern der Seen. Im flachen Wasser wächst vereinzelt die Sumpfcalla, deren weiße Blattscheiden wie Blüten aussehen, später reifen leuchtend rote Beeren. An ähnlichen Orten kommt Fieberklee vor, ein Enziangewächs mit prachtvollen weißen Blüten. In

Kohldistelwiesen am Ostufer des Byhleguhrer Sees gedeihen Breitblättriges Kna-
benkraut und Großes Zweiblatt, ganz im
Verborgenen gibt es Königsfarn.

Vor 40 Jahren wurde südlich vom Byhleguhrer See Kies gewonnen, in der Grube
wachsen auf nassem Sand Rundblättriger
Sonnentau und eine stark im Bestand
gefährdete Art, der Moorbärlapp. An den
trockenen Hängen kommt sogar Blauschil-
lergras vor.

Tierleben Auf den Wasserflächen der
Seen leben von April bis Oktober Haubentaucher. Mit dem Fernglas sind die Feder-
hauben und die dunkelbraunen Halskrau-
sen zu erkennen. Haubentaucher benö-
tigen große Wasserflächen ebenso wie
breite Schilfgürtel, in denen ihre Nester auf
Pflanzenteilen frei schwimmen. Die Schilf-
bestände sind das Revier des Drosselrohr-
sängers, dessen „karre-kiet" im Frühjahr
zu hören ist. Zu den Bewohnern der
Eichen → Tierleben Tour 11.

Tour 13

Von Straupitz nach Byhlen, zu Pintschens Quell und zum Weinberg

Anfahrt → Tour 12, Ausgangspunkt ist
die Lieberoser Straße.

Wanderstrecke Straupitz – Byhlen, 5 km /
2 Std., Rundgang 4 km / 1,5 Std.,
Rückweg 5 km / 2 Std., zwischen beiden Orten verkehren täglich mehrere
Linienbusse.

Orientierung → Tour 12

Rast und Einkehr Ufer des Byhlener
Sees, Pintschens Quell, Gasthaus in
Byhlen

Straupitz wird auf der Straße nach Butzen
verlassen, 500 m hinter dem Ortsschild
zweigt die „Kirschallee" rechts ab. Über
Felder gelangt man in Kiefernwald und

An Pintschens Quell

schließlich nach Byhlen. Dort überquert man die Dorfstraße und geht 400 m geradeaus, dann links auf dem Feldweg weiter bis zum Waldrand, wo man rechts bis zum nächsten Waldweg geht. Linkerhand, vor dem Forsthaus, liegt Pintschens Quell (→ Kulturgeschichte). Nach dem Abstecher geht man rechts an der Freileitung weiter, entlang des Feldrandes geradeaus zum Weinberg hinauf. Von der Höhe gelangt man am Osthang zu einem Weg, der an der Karosseriewerkstatt Gianotti vorbei zum Dorf zurückführt.

Kulturgeschichte Byhlen ist aus einer slawischen Siedlung hervorgegangen und wurde 1340 urkundlich erwähnt, der sorbische Ortsname geht auf das niedersorbische bely = weiß, hell zurück und weist auf die zahlreichen Sandhügel in der Gegend hin. Die Bewohner des zur Herrschaft Straupitz gehörigen Dorfes ernährten sich von Landwirtschaft, Fischerei und Waldarbeit. In den Wäldern gab es Kohlenmeiler und Teerbrennereien. 1846 wurde die letzte Meilerstätte am Smolny aufgegeben, und 1890 verließen die letzten Bewohner ihre Behausung am Teerofen.
Ferner war der in der Niederlausitz seit 1210 belegte Weinbau für Byhlen von Bedeutung. Die Anfänge liegen entweder im 16. Jahrhundert, als eine günstige Klimaperiode zu vielen Neuanlagen führte, oder in der Periode des wirtschaftlichen Aufschwunges nach dem Dreißigjährigen Krieg. Aufgegeben wurde der Weinbau nach 1864. Es entstanden Obstplantagen, deren Reste bis heute erhalten blieben. Am Westhang des Berges liegt eine schön gefaßte Quelle, die Grundlage für eine Limonadenfabrik war. Sehenswert ist auch Pintschens Quell. Von dem heute wieder restaurierten Sammelbehälter haben bis 1945 das Schloß in Straupitz und eine herrschaftliche Brauerei ihr Wasser bezogen. Die 7 km lange, aus Holzrohren gefertigte Leitung hat nur 7 m Gefälle und

wurde vor mehreren Jahrhunderten mit erstaunlicher Präzision nivelliert.

Erdgeschichte → Tour 12

Pflanzenwelt Östlich von Straupitz gibt es ausgedehnte Kiefernforste, doch häufig erinnern eingesprengte Eichen an die ursprüngliche Bewaldung. Der Eichen-Birken-Wald war an feuchten Stellen mit Moorbirke und Faulbaum gemischt, auf den Höhen wuchsen Kiefern. Drahtschmiele, Rotstraußgras und Schafschwingel sind heute noch die häufigsten Bodenpflanzen. Als Relikt des Eichen-Birken-Waldes gilt der Wiesenwachtelweizen, den man oft antrifft. An Stellen mit Staunässe wächst Adlerfarn. In den Wipfeln der Kiefern gibt es die gelbgrünen Büsche der Nadelholzmistel. Ein botanisch interessanter Sonderstandort ist der Byhlener Weinberg. Neben Traubeneiche und Hainbuche wachsen dort alte Obstgehölze. Obwohl die Natur sich hier seit vielen Jahren selbst überlassen ist, gibt es an gehölzfreien Stellen artenreiche Trockenrasen, die vom Berghaarstrang, einem in seinem Bestand gefährdeten Doldengewächs, beherrscht werden. Weitere seltene Arten sind Karthäusernelke, Ähriger Blauweiderich und Kleine Pimpinelle. Tiefblau leuchten die Blüten der Gebräuchlichen Ochsenzunge.

Tierleben Während des ganzen Jahres leben in den Kiefernforsten Kohl- und Tannenmeisen sowie Goldhähnchen. In der kalten Jahreszeit sind sie in Schwärmen auf Nahrungssuche. An einigen Stellen im Wald liegen Kiefernzapfen angehäuft. In einer Kerbe im Baum ist die dazugehörige „Spechtschmiede". Hier klemmt der Buntspecht Zapfen ein, hackt die Samen heraus und läßt sie fallen. In den ausgedehnten Wäldern lebt die Heidelerche, deren schöner Gesang ab März zu hören ist. Er wird meist im Flug vorgetragen, sowohl

tagsüber als auch zu später Abendstunde. Am See leben neben Haubentauchern Lachmöwen und Trauerseeschwalben. Die flinken Vögel sind schwarzweiß gefärbt und geschickte Flieger, die auf die schwimmende Beute aus der Luft herabstoßen.

Jede Jahreszeit hat besondere Reize

Bootstouren,
ideal für Falt- und Paddelboote

Das „eigene" Boot bietet viele Vorteile

Tour 14

Von Lübbenau nach Leipe – Kleine und große Leiper Tour

Anfahrt

→ Tour 1, Plätze zum Einsetzen der Boote gibt es in Lübbenau am Campingplatz, am Leiper Weg zwischen der 1. und 2. Brücke und an den Ausleihstationen für Boote.

Orientierung → Karte S. 44/45

Kleine Tour: 14 a

Lübbenau – Wotschofska – Leipe – Lübbenau

Wanderstrecke: 18 km / 6 Std.
Wegemarkierung schwarzer Kreis auf gelbem Grund

Große Tour: 14 b

Lübbenau – Pohlenzschenke – Leipe – Lübbenau

Wanderstrecke 21 km / 7 Std.
Wegemarkierung weißes Quadrat auf rotem Grund; beginnt 300 m oberhalb des Kahnfährhafens, viele Fließe sind außerdem beschildert.
Rast und Einkehr Gaststätten in Lehde, Wotschofska, Pohlenzschenke und Leipe, rasten kann man ferner an den Schleusen.

Der Weg über Lehde nach Wotschofska ist kaum zu verfehlen. Hinter der Gaststätte wird rechts auf dem Burg-Lübbener Kanal bis zur Schleuse gefahren und hinter ihr in den Rohrkanal eingebogen. Über Schapigk gelangt man zur Schleuse bei Leipe. Nach einer reizvollen Ortsrundfahrt fährt man zur Unteren Boblitzer Kahnfahrt und dann auf der Gorroschoa nach Lübbenau zurück.

Die große Tour führt ebenfalls nach Lehde, zweigt aber 2 km oberhalb des Ortes rechts ab. Nach der sehr reizvollen Strecke auf dem Bürgerfließ gelangt man zum Hochwald, wo auf der Mutnitza rechts zur Pohlenzschenke gefahren wird. Über Leipe geht es nach Lübbenau zurück.

Variante Zur Gaststätte Wotschofska ist auch eine wesentlich kürzere Rundfahrt möglich: 8 km / 3 Stunden. Die Hinfahrt erfolgt wie oben angegeben. Beim Rückweg fährt man auf dem Wehrkanal 200 m zurück und biegt rechts in die Kumrodna (Wegweiser vorhanden) ein. Nach einigen Kurven ist der schnurgerade Rollkanal erreicht, auf dem man links weiterfährt, dort die Kahnrolle passiert und dann über den Kossoakanal zum Bürgerfließ gelangt. Hinter der Schleuse kommt man an der nächsten Kreuzung zum Lehder Fließ. Die Markierung der Tour 16 (weißes Dreieck auf grün) weist den Weg nach Lübbenau zurück.

Besondere Hinweise Während der Saison ist in der Zeit von 10–16 Uhr in Lehde mit starkem Gegenverkehr zu rechnen, also beizeiten starten!

Kulturgeschichte Der Lübbenauer Spreewald war mit Ausnahme der näheren Umgebung der Ortschaften im 18. Jahrhundert noch Urwald, der durch Holzung und Waldgräserei nach und nach aufgelichtet wurde. Nachdem er in der 2. Hälfte des 19. Jahrhunderts an einzelne Besitzer aufgeteilt war, kam es zu vollständiger Rodung, kleine Gräben entstanden, um Grenzen zu markieren und die Zufahrt mit dem Kahn zu ermöglichen. Mit dem Gra-

benaushub legte man Hochbeete, sogenannte Horstäcker, an, damit die Kulturen zumindest bei mäßigem Hochwasser vor Schaden bewahrt blieben. Alle Felder mußten mit dem Spaten umgegraben werden, immer eine mehrere Tage dauernde Arbeit! Auf dem fruchtbaren Boden wuchsen Gurken, Merrettich und anderes Gemüse. Da Landtechnik nicht einsetzbar war, sind nach 1945 viele Wiesen und Äcker aufgegeben worden und verstrauchten. Die wichtigste Aufgabe der Gegenwart ist es, den Prozeß aufzuhalten und von den Wiesen so viel wie möglich regelmäßig zu pflegen.

Pflanzenwelt Im Wasser der stark befahrenen Fließe gedeihen nur wenig Pflanzen. Aber fast überall sind die langen schmalen Blätter des Einfachen Igelkolbens vorhanden, die im Grund verankert sind und unter Wasser in der Strömung treiben. Zur Blüte kommt die Pflanze hier nie. Dort, wo an ruhigen Stellen das Wasser volle Sonne erhält, können sich Laichkräuter entwickeln, die häufigste Art ist das Schwimmende Laichkraut mit seinen ovalen Blättern. Große, hellgrüne und stets untergetauchte Blätter hat das Alpenlaichkraut. Beide Arten treiben im Sommer ährige Blütenstände. Die großen runden Schwimmblätter von mehr als 10 cm Durchmesser gehören zur Teichrose oder Mummel, deren dottergelbe Blüten ab Juni erscheinen. Ähnliche Blätter hat die Weiße Seerose, die in stillen Buchten und Seitengräben blüht. Wasserpflanzen filtern erhebliche Mengen an Schmutz und Schadstoffen aus und produzieren Sauerstoff.

An Gehölzen am Ufer windet sich Hopfen empor, seine Blätter sind recht dekorativ. Die weiblichen Pflanzen werden seit dem 8. Jahrhundert kultiviert. Im Spreewald war es lange Zeit üblich, die Wildform zu sammeln. Bierbrauerei und Hopfenexport waren wirtschaftlich bedeutend. Junge Sprosse sind als Hopfenspargel genießbar.

Tierleben Mücken sind recht unbeliebte Tiere, es soll im Spreewald mehr als 20 Arten von Stechmücken geben. Sie legen ihre Eier an Pflanzen in Ufernähe ab. In Nässeperioden können viele Mückenlarven, die sich im Wasser entwickeln, heranwachsen, während sich ihre Zahl in trockenen Jahren in Grenzen hält. Da nur trächtige Weibchen nach einer Blutmahlzeit verlangen, können die Plagegeister mit einem Tongenerator, der den Summton des Männchens nachahmt, wirksam vertrieben werden. Ausgesprochene Mückenplagen waren im Spreewald in den letzten Jahren selten.

Die Wiesenschnake sieht wie eine große Mücke aus. Sie kommt oft auf Rasenflächen vor, kann aber nicht stechen. Bei Massenauftreten leidet der Graswuchs, da die Larven an Pflanzenteilen nagen.

Auf der Wasseroberfläche leben Silbriger Wasserläufer und Gemeiner Teichläufer. Beide ernähren sich von Insekten, insbesondere von Mücken und Blattläusen, die erstgenannte Art bewegt sich ruckartig fort, die andere ist viel langsamer.

Tour 15

Von Lübbenau
in den Hochwald

Anfahrt → Tour 1, Ausgangspunkt → Tour 14.

Wanderstrecke Lübbenau – Wotschofska – Schützenhaus – „Eiche" – Leipe – Lübbenau 30 km / 10 Stunden

Orientierung → Tour 14 **Wegemarkierung** Blaues Dreieck auf weißem Grund

Rast und Einkehr Gaststätten Wotschofska, „Eiche", Pohlenzschenke und

in Leipe, rasten kann man 1 km hinter Wotschofska und an der Kanomühle.

Wie bei Tour 14 wird nach Wotschofska gefahren, dort aber auf dem Wehrkanal weiter in den Hochwald. Ohne Richtungsänderung erreicht man die Försterei Schützenhaus und fährt rechts an der ehemaligen Kanomühle (→ Kulturgeschichte) vorüber zum Hotel „Eiche". Der Rückweg führt zur Pohlenzschenke (→ Kulturgeschichte) und auf dem Leiper Graben und der Hauptspree zurück nach Lübbenau.

Kulturgeschichte Der Hochwald ist ein schon immer in Staatsbesitz befindliches, nahezu geschlossenes Waldgebiet, das durch Kanäle und Fließe zugänglich ist. Seit geregelte Forstwirtschaft betrieben wird, sind die Bestände gleichaltrig, die natürliche Holzartenzusammensetzung blieb aber weitgehend erhalten. Vom Forsthaus „Schützenhaus" aus wird das Revier bewirtschaftet. Seit Anfang des 18. Jahrhunderts gibt es an der Stelle ein Haus, in dem der Waldwärter und der Amtsfischer wohnten, das derzeitige Gebäude ist 1906–1909 errichtet worden. Die Kanomühle wurde im Jahre 1988 abgerissen. Seit dem Mittelalter stand hier eine Wassermühle, von der 1648 berichtet wird, daß die Mahl- und Ölschlagmühle dem Amt Neuzauche gehörte und mit dem Schankrecht und dem Fischrecht sowie dem Recht, Branntwein zu brennen ausgestattet war. Ab 1736 wirkte hier die Müllerfamilie Kano. Um 1900 erwarb die Mühle der Staat und richtete eine Försterei ein. Die Gaststätte wurde weitergeführt. Da an der Stelle schon um die Jahrhundertwende sehr reger Ausflugsverkehr herrschte, wurde neben der Schleuse eine Kahnrolle gebaut. Von der Pohlenzschenke wird berichtet, daß um 1850 der pensionierte General Carl Albinus im Wald ein Haus erbaute und als „liebenswerter Einsiedler

den Spreewald und seine Bewohner studierte" (Braunsdorf „Spreewaldfahrten" 1901). Seit Beginn des Tourismus ist die Pohlenzschänke ein beliebtes Ausflugsziel.

Pflanzenwelt Im Schatten hoher Bäume gedeihen Wasserpflanzen nur spärlich. Am Ufer wachsen die Kräuter des Waldes bis ins Wasser und werden gelegentlich fortgespült. Zu ihnen gehört das Große Springkraut. Seine gelben Blüten sind innen rot gepunktet und haben einen langen Sporn. Ab Juli reifen die fünfklappigen Kapseln, die beim Berühren explosionsartig aufspringen und die Samen weit wegschleudern. Im Mai blüht oft am Ufer der Holunderblättrige Baldrian, dessen Wurzeln aromatisch duften. Im Erlenwald wachsen einzelne Moorbirken, Eschen, Ulmen und Eichen. Dichtes Unterholz bilden Faulbaum und Schwarze Johannisbeere, die Wildform der bekannten Kulturpflanze. Zusammen mit Brombeeren, Himbeeren und Brennesseln machen sie den Wald undurchdringlich.

Tierleben Im Gebiet gibt es Fischotter. Die vorwiegend dämmerungs- und nachtaktiven Wassermarder bewohnen die Ufer der Fließe und bevorzugen Bereiche mit dichter Vegetation. Die Tiere sind kurzbeinig aber sehr gewandte Schwimmer. Der unterirdische Bau liegt in Ufernähe, der Zugang unter Wasser. Die Nahrung besteht aus Fischen, Fröschen, Schermäusen und Bisamratten, aber auch aus Muscheln, Krebsen und Wasserinsekten. Wasserverschmutzung und Verfolgung durch den Menschen haben in der Vergangenheit dazu geführt, daß der Fischotter in Europa vom Aussterben bedroht ist. Im Spreewald lebt noch eine der wenigen stabilen Populationen. Daher sind strenge Schutzmaßnahmen eingeleitet. Große Teile des Spreewaldes sind Fischotterschutzgebiet. Das erfordert bei allen Touren entsprechendes Verhalten. Veränderungen

Partie im Hochwald

am Ufer müssen unterbleiben. Das Betreten der Ufer soll möglichst vermieden werden. Grobe Störungen könnten dazu führen, daß die erwachsenen Tiere ihre Jungen verlassen. Der Aufenthalt in Schutzgebieten nach Einbruch der Dunkelheit ist nicht gestattet.

Tour 16

Von Lübbenau zum Barzlin

Anfahrt → Tour 1, die Tour beginnt am Campingplatz in Lübbenau
Wanderstrecke 10 km / 3 Stunden
Orientierung → Karte S. 44/45 **Wegemarkierung** Die Strecke ist mit weißem Dreieck auf grünem Grund markiert.
Rast und Einkehr an der Schleuse am Barzlin befindet sich ein Rastplatz, Einkehrmöglichkeiten bestehen unterwegs nicht.

Holunderblättriger Baldrian wächst am Ufer

Ab Campingplatz fährt man auf dem Lehder Graben abwärts und biegt unmittelbar hinter einer „Bank" (Stufenbrücke) links ein. Man gelangt in Bereiche der Altstadt Lübbenau, wo die Häuser dicht am Ufer stehen und schmale Brücken das Fließ überspannen, dann fährt man an prächtigen Gärten mit Wochenendhäusern vorüber. Die letzten Grundstücke liegen schon am Kreuzgraben, in den man links eingebogen ist. Am nächsten Abzweig wird rechts durch die Falltorschleuse gefahren. Über Hanschens Spree gelangt man durch urwüchsige Landschaft zur Buschmühlspree (→ Kulturgeschichte) und dann auf dem Burg-Lübbener Kanal zum Ziel, der Schleuse am Barzlin. Den Talsandhorst besucht man von hier aus zu Fuß (150 m). Auf dem Rückweg fährt man auf dem Burg-Lübbener Kanal geradeaus bis zur Kalkofenschleuse (→ Kulturge-

schichte) und biegt 400 m oberhalb in das Lehder Fließ ab. Im Schatten hoher Bäume kommt man nach Lübbenau zurück.

Kulturgeschichte Bei der Fahrt auf einer Wasserstraße der Altstadt erhält man einen kleinen Eindruck von den Siedlungsverhältnissen in der Vergangenheit. Ein Stadtplan von 1750 weist fast alle Nebenstraßen von Lübbenau als Wasserläufe aus. Jedes Gehöft hatte sein sogenanntes „Gäßchen", einen kleinen Hafen. Daneben stand im Wasser der Fischkasten, wo der Fang lebend bis zum Tag des Verzehrs aufbewahrt wurde. 2 km nördlich der Stadt berührt diese Tour den Standort der ehemaligen Lübbenauer Buschmühle. Die Mahl- und Ölschlagmühle, zu der auch eine Lohmühle gehört hat, war von 1757 bis 1859 in Betrieb und wurde nach einer Brandkatastrophe nicht mehr aufgebaut.

Der Talsandhorst Barzlin war vor über 3000 Jahren (Bronzezeit) dicht besiedelt, als der Grundwasserstand noch über 1 m niedriger als heute war. In der frühen Eisenzeit wurde der Platz mit einem Wall und einer Wellenbrecheranlage aus halbierten Eichenstämmen befestigt. Im 8. bis 10. Jahrhundert gab es hier eine slawische Burg. Als im 13./14. Jahrhundert das Grundwasser durch die Mühlenstaue in der Niederung anstieg, mußte der Barzlin wie auch andere von Slawen bewohnte Horste im Spreewald verlassen werden. Im 18. Jahrhundert gab es hier wieder ein Vorwerk und etwas Ackerland, das seit 1950 nicht mehr regelmäßig bewirtschaftet wird.

Etwa 300 m südlich von der nach ihnen benannten Schleuse haben bis vor hundert Jahren 2 Kalköfen gestanden. Sie gehörten der Standesherrschaft Lübbenau und verarbeiteten Wiesenkalk, der in einem südlich am Spreewaldrand gelegenen interglazialen Kalklager vorkam. Brennmaterial gab es in der unmittelbaren Umgebung.

Pflanzenwelt Hohe Pappeln säumen viele Fließe im Spreewald. Es sind keine heimischen Bäume, sondern nordamerikanische Hybriden, die seit 150 Jahren gepflanzt wurden. Der Schatten der schnellwüchsigen Gehölze sollte den Krautwuchs im Wasser mindern. Heute sind viele Pappeln überaltert und werden nach und nach von Stürmen entwurzelt. Die Wiesen nördlich der Stadt sind im Winter stets überschwemmt. Noch ehe das Wasser ganz zurückgeht, blühen hier Sumpfdotterblumen in großer Zahl. Wenn das saftige Grün sprießt, bringt das Wiesenschaumkraut bläulich-weiße Farbtöne auf die Flächen. Dann sind Kriechender und Scharfer Hahnenfuß mit ihren gelben Blüten an der Reihe. Im Juni sind die Wiesen weithin rot gefärbt von den Kuckuckslichtnelken, die ihrer zerschlitzten Blüten

wegen im Volksmund „Fleischerblumen" genannt werden. Im Spätsommer zeigt die Sumpfgarbe ihre weißen Blütenköpfe. An einigen Stellen haben die aus Gärten verwilderten Herbstastern größere Bestände gebildet. Wo nicht gemäht wird, breiten sie sich aus, Winterstürme treiben die reifen Samen weiter.

Tierleben Die bunten Wiesen sind Lebensraum für sehr viele Insektenarten. Schmetterlinge und Heuschrecken tummeln sich in großer Zahl. Von den „Grashüpfern" lebt die Zebraspinne, deren Netz überall zwischen den Halmen in der Morgensonne glänzt. Ein typisches Kennzeichen für diese Art sind die beiden zickzackförmigen Seidenbänder im Netz. Das Weibchen wird 15 mm groß, das Männchen erreicht nur ein Drittel dieser Körperlänge. Im Spätsommer hängt im Netz oft ein runder Kokon, der bis zu 400 Eier oder Jungspinnen enthält und vom Weibchen sorgsam bewacht wird. Nicht selten begegnet der Naturfreund auf den Spreewaldwiesen einem auffälligen Schmetterling mit schwarzem Vorder- und tiefrotem Hinterflügel, dessen Raupe vor allem auf Hahnenfuß und Brennnessel lebt. Es ist der Schönbär. Diese schönen Schmetterlinge treten von Jahr zu Jahr unterschiedlich häufig auf.

Tour 17

Durch den Siedlungsraum Burg

Anfahrt

Bus Von Königs Wusterhausen und Cottbus bis zur Haltestelle „Wendenkönig" in Burg, dann 2 km Fußweg zum Hafen II.

PKW über die A 15 bis Vetschau, weiter

An schmucken Wochenendhäusern gleiten wir vorüber

über Suschow, Naundorf nach Burg-Kolonie, von der Ringchaussee links zum Gasthaus „Waldschlößchen" abbiegen, dort bewachter Parkplatz, nebenan Bootsverleih Rehnus mit eigener Parkmöglichkeit.

Die Tour beginnt am Hafen II.

Wanderstrecke 8 km / 3 Stunden
Orientierung → Karte S. 44/45
Rast an den Schleusen im Stauenfließ und am Buschgraben.
Einkehr Gasthaus „Erlkönig".

Oberhalb des Hafens fährt man nach 300 m vom Burg-Lübbener Kanal rechts in die Kleine Spree, unterquert die Straße und gelangt rechts durch die Neue Spree in den Ostgraben. 500 m unterhalb der Gaststätte „Erlkönig" biegt man rechts in das Stauenfließ ab und folgt nach Passieren der Schleuse dem Fließ bis zur Hauptspree. Dort fährt man 200 m stromab und biegt nun rechts in den Buschgraben ein, durchquert das Naturschutzgebiet „Spree-waldwiesen" und gelangt über den Rohrkanal zum Ausgangspunkt zurück.

Änderungen der Tour

Die Fahrstrecke kann um 1,4 km verkürzt werden, wenn vom Stauenfließ gleich durch Barthels Fließ zum Buschgraben gefahren wird. Üppige Wasserpflanzen behindern aber oft die Durchfahrt.

Auf der Hauptspree angelangt, kann man einen Abstecher zu der 1 km unterhalb gelegenen Dubkowmühle unternehmen (→ Tour 7). Die Tour kann auch zur Tagesfahrt erweitert werden, indem von der Dubkowmühle aus der Rückweg über Leipe, Leiper Graben und Rohrkanal genommen wird. Gesamtstrecke 12 km / 4 Stunden Fahrzeit.

Eine Rast ist dann auch in Leipe (Spreewaldhotel mit eigenem Anlegeplatz) möglich. Die Dubkowmühle ist eine gute Spreewaldgaststätte mit Tradition. Jeder Monat von März bis Oktober bietet dem Wasserwanderer ganz spezielle Reize,

Höhepunkt ist der Mai, wenn die Obstbäume blühen, die Wiesen in bunten Farben prangen und aus alle Zweigen Vogelstimmen ertönen. Die später an schwülen Tagen zuweilen lästigen Bremsen sind noch nicht aktiv, dafür erfreuen „Himmelspferdchen" (Libellen) in großer Anzahl den Naturfreund.

Kulturgeschichte Burg (→ Kulturgeschichte Tour 8) ist mit 800 Gehöften auf 55 km² eine ausgedehnte Streusiedlung. Das beschriebene Wandergebiet gehört zum Ortsteil Burg-Kolonie, der nach 1765 entstand. Um 1800, gegen Ende der Zeit als Enklave (1442–1815), war der gesamte preußische Spreewald an Siedler verteilt und fast völlig in Wiese und Ackerland umgewandelt. Das führte zu Mangel an Brennholz. Die schnellwüchsigen Weiden minderten die Holznot. Regelmäßig wurden ihre Reiser geschnitten und getrocknet. So entstanden die knorrigen Kopfweiden, die vom Boot aus zu bewundern sind. Sie stehen unter Naturschutz, weil sie bestandsgefährdeten Vogelarten Brutmöglichkeiten bieten und Sachzeugen einer alten Methode der Brennreisiggewinnung im Spreewald sind.

Pflanzenwelt Der Wassersportler beobachtet die Pflanzen im Wasser aus nächster Nähe. Überall in die Tiefe entdeckt man schmale grüne Blätter, die die Richtung der Strömung verraten. Sie gehören zum Einfachen Igelkolben, der meist steril bleibt. Nur in ruhigen Buchten ragen die Blätter über den Wasserspiegel hinaus, ab Juni erscheinen die zarten, weißen Blüten und später die runden Igelfrüchte. Ein Blick in die Seitenarme lohnt immer, oft schon ab Mai und den ganzen Sommer hindurch blühen dort Weiße Seerosen. Wir freuen uns an ihrer Schönheit, abgeflückt würden sich die Blumen sofort schließen. Einige der weißen Blütenblätter, in einer Flasche mit Kornschnaps verwahrt, hatte der

Spreewälder früher ständig in der Hausapotheke parat. Bei Verletzungen wurden sie mit Zwirn auf die Wunde gebunden.

Akute Verletzungsgefahr besteht für den Wasserwanderer, wenn er den hohen Pflanzen mit den schlanken Blättern und den dreikantigen Stengeln am Ufer zu nahe kommt. Es sind Seggen, auch Schneidegras genannt. Ein Blick durch die Lupe zeigt die feinen scharfen Zähne an den Blatträndern. Wer sich gar an den Pflanzen festzuhalten versucht, muß mit tiefen Schnittwunden rechnen. Harmlos dagegen sind die schlanken, schwertförmigen Blätter von Sumpfschwertlilie und Kalmus, die ebenfalls am Ufer wachsen.

Im Sommer und Herbst blühen am Wasser hohe Stauden: der Schlitzblättrige Sonnenhut ist nicht heimisch sondern erst seit Beginn des 20. Jahrhunderts im Spreewald. Der Lausitzer Botaniker Max Militzer berichtet um 1930 von einer „schönen Amerikanerin, die jüngst in die Lausitz kam", während ein anderer Autor von einem „lästigen Unkraut, das uns das Ausland beschert" spricht. Bis heute hat die schöne Pflanze wohl niemand ernstlich gestört.

Tierleben Zum Naturgenuß einer Bootsfahrt gehört der Gesang der Vögel. Nicht zu überhören ist der Kuckuck. Manchmal begegnen wir einem Tier mit „Sprachfehler", sein Ruf weicht von der Norm erheblich ab. Der volltönende Schlag der Nachtigallen ist an vielen Stellen zu hören (auf dieser Tour wurden im Mai 1991 von Ornithologen 21 Plätze, wo Nachtigallenmännchen ihr Revier durch Gesang kennzeichneten, gezählt). Den Ruf des Pirols kann der Hörer mit einigem Geschick nachahmen, oft reagiert der gelbschwarze Vogel auf den vermeintlichen Nebenbuhler.

Libellen wird der Naturfreund wohl selten noch in so großer Zahl beobachten wie im Spreewald. Die hier im Volksmund „Him-

melspferdchen" genannten Flugkünstler sind besonders aktiv, wenn die wärmende Sonne scheint und der Wind nur schwach weht. Unmöglich ist es, die dunkelblau gefärbten Tiere zu zählen, die auf den Gräsern sitzen oder darüber hinwegfliegen, es sind Gebänderte Prachtlibellen. Häufig sind auch die zierlichen, hellblau gefärbten Becher-Azurjungfern und Federlibellen. Die glänzende Smaragdlibelle ist größer und leuchtend grün, der Plattbauch hat einen auffällig breiten, hellblau gefärbten Hinterleib, ein Bestimmen der Arten ist im Vorbeifliegen allerdings nicht möglich.

Tour 18

Durch das NSG „Spreewaldwiesen" zwischen Burg und Leipe

Anfahrt → Tour 17 Ausgangspunkt: Hafen II in Burg
Wanderstrecke 7 km / 3 Stunden
Orientierung → Karte S. 44/45
Einkehr Zwei Gaststätten in Leipe

Vom Burg-Lübbener Kanal, Rohrkanal und Buschgraben werden zunächst jeweils 500 m lange Abschnitte befahren, Schilder mit den Namen der Fließe erleichtern die Orientierung. Dann folgt man rechts der Neuen Spree und fährt unter hohen Bäumen nach Leipe. Dort unterquert man die Straße nach Burg und ist nach etwa 400 m an der Leiper Gaststätte. Nach der Rast fährt man 200 m zurück, biegt dann in Jurkens Fließ ein, das zum Rohrkanal führt und gelangt so auf gerader Strecke nach Burg zurück.

Kulturgeschichte Das Wandergebiet war noch um 1800 Urwald, in dem die Bewoh-

ner einiger Dörfer des Spreewaldes Nutzungsrechte, sog. „Freiheiten" hatten. Durch Holzung und Waldgräserei wurden die Wälder mehr und mehr gelichtet und um die Mitte des 19. Jahrhunderts völlig in Wiesen verwandelt. Leiper Bauern legten im Gebiet zwischen Rohrkanal und Neue Spree Horstäcker (durch Grabenaushub um etwa 0,5 m erhöhte Felder) an. Größere Teile blieben als Wiesen gräfliches Eigentum, waren bis 1945 an Bauern verpachtet und wurden auch später durch landwirtschaftliche Großbetriebe regelmäßig gemäht. Die wichtigste Pflegemaßnahme im heutigen Naturschutzgebiet besteht in der jährlichen Mahd zu einem möglichst späten Zeitpunkt.

In Leipe erinnern einige erhaltene Backöfen an die Zeit, als noch auf jedem Gehöft Brot und Kuchen selbst gebacken wurden. Seit 1960 werden die Backhäuser kaum noch gebraucht.

Pflanzenwelt Im Buschgraben und anderenorts bilden kleine Blätter und zarte Stengel große, dichte Pflanzenmassen. Es handelt sich um Wasserstern, den der Spreewälder Hechtkraut nennt. Die Bestände filtern viel Schmutz aus den Fluten und bieten Fischen und Wasserinsekten Unterschlupf. Wenn sie sich infolge reichlichen Nährstoffangebotes zu üppig entwickeln, stören sie den Bootsverkehr. In einem Nebenarm des Rohrkanals östlich

Zwergwasserlinsen

von Leipe gedeiht die Zwergwasserlinse. Die kugelförmigen Pflanzenkörper von etwa 1 mm Durchmesser schwimmen an der Oberfläche. Diese Art der kleinsten Blütenpflanzen der Erde vermehrt sich in unserem Klima nur vegetativ, Wasservögel haben sie sicher an ihrem Gefieder hierher gebracht.

Oft wachsen am Ufer stattliche Pappeln (→ Pflanzenwelt Seite 86), vor Leipe stehen linksseitig hohe Bäume mit tiefgeschlitzten Blättern und struppigen Zweigen. Es sind Sumpfeichen. Diese Bäume aus Nordamerika fallen im Oktober durch kräftige Laubfärbung auf.

Tierleben Über den weiten Wiesenflächen ziehen Mäusebussard und Rotmilan ihre Kreise. Zuweilen fliegt ein Weißstorch vorüber. Besonders gern stellt er Fröschen nach, wenn sie unmittelbar nach der Mahd auf der Wiese wenig Deckung finden. Störche sind Kulturfolger und haben vor

Menschen und deren Technik wenig Scheu.

Im April „meckert" über den Wiesen die „Himmelsziege". Das merkwürdige Geräusch entsteht durch Vibrieren der Schwanzfedern, wenn das Männchen sich im Balzflug herabstürzen läßt. Fast den ganzen Sommer über hört der Naturfreund den wehmütig schluchzenden Gesang des Braunkehlchens in Busch und Baum. An seinem einförmigen, lang anhaltenden Gesang, der an das Zirpen einer Grille erinnert, ist der Feldschwirl zu erkennen. An einigen Stellen können Sie sogar den Schlagschwirl hören.

Tour 19

Von Burg zum Hochwald

Anfahrt → Tour 17, Ausgangspunkt ist der Hafen II in Burg
Wanderstrecke 8,5 km / 4 Stunden
Orientierung → Karte S. 44/45
Rast und Einkehr Hotel „Eiche"; rasten kann man ferner an der Schleuse in der Mutnitza, eine weitere Schleuse befindet sich im Burg-Lübbener Kanal 200 m stromauf.

Vom Hafen II wird auf dem Weidengraben zur Mutnitza gefahren und dort stromab, nachdem die Schleuse passiert ist, das Hotel „Eiche" erreicht. Man fährt auf der Mutnitza weiter nach der Wegemarkierung von Tour 15 (blaues Dreieck auf weißem Grund), erreicht den Rohrkanal und fährt von dort nach Burg zurück.

Kulturgeschichte Die Siedlung Burg-Kauper, im ehemals preußischen Teil des Oberspreewaldes gelegen, besteht seit Anfang des 18. Jahrhunderts. Die Gehöfte sind auf Talsandinseln, den sog. „Kaupen" errichtet. Die ersten Ansiedlungen entstan-

Blutweiderich besiedelt weite Flächen

den während der Regierunszeit Friedrich Wilhelms I. von Preußen. 1738 gab es bereits 79 Kauperhöfe. Da nach Maßgabe des Königs nur Siedler aus dem Ausland erwünscht waren, begründeten Einheimische nicht selten Niederlassungen illegal. Heute besteht der Ortsteil aus 239 Gehöften.

Das Gasthaus „Eiche" (→ Kulturgeschichte Tour 9) ist durch Theodor Fontane, der es im Jahre 1859 besuchte, in ganz Deutschland bekannt gemacht worden.

Pflanzenwelt Neben dem Igelkolben (→ Pflanzenwelt Tour 17) findet man das Pfeilkraut mit seinen riemenförmigen Unterwasserblättern recht häufig. Die Pflanze fällt erst auf, wenn sich ab Juni dreieckige Luftblätter ausbilden und die schönen, weißen Blüten hinzukommen. Es gibt bei der Pflanze noch eine dritte Art von Blättern, nämlich ovale Schwimmblätter. In der Mutnitza wächst das Pfeilkraut zusammen mit dem Flutenden Hahnenfuß, einer im norddeutschen Tiefland seltenen Art. Die langen Triebe mit den schmalzipfligen Blättern treiben im Wasser und bilden stellenweise recht beachtliche Pflanzenmassen. Die vielen Blüten im Juni/Juli sind für den Naturfreund ein besonderes Erlebnis. Hier, in der Nähe der neuen Schleuse, wächst auch die Schwanenblume, von der es im Spreewald nur noch wenige Vorkommen gibt. Sie wird auch Blumenbinse genannt. Die großen Dolden mit den rosa Teilblüten sind sehr eindrucksvoll und ein lohnendes Fotomotiv. Am Ufer findet man häufig den Schlitzblättrigen Sonnenhut (→ Pflanzenwelt Tour 17).

Der Hochwald (→ Pflanzenwelt Tour 15) ist verkehrsmäßig wenig erschlossen. Der Erlenbestand wird forstwirtschaftlich in 80jährigem Umtrieb genutzt. Nur in der Nähe der Fließe bleiben die Bestände im Interesse der Landeskultur und des Tourismus wesentlich länger erhalten. Erlenholz wird hauptsächlich in der Industrie für Musikinstrumente aber auch für Bleistifte und Zündhölzer verwendet. Der Holztransport erfolgte ursprünglich in Flößen, später kamen zeitweilig Hubschrauber zum Einsatz, heute steht spezielle Forsttechnik zur Verfügung. Bedeutung hat der Hochwald auch als Rückstaugebiet. Wenn das Hochwasser der Spree den möglichen Abfluß übersteigt, wird zunächst der Wald planmäßig überflutet, dazu befindet sich nördlich von Burg ein besonderes Überlaufbauwerk.

Tierleben Im Spreewald lebt die Ringelnatter als einzige Schlangenart. Wer Glück hat, sieht das Tier mit schlängelnder Bewegung auf dem Wasser schwimmen. Zuweilen rudert auch einmal eine Bisamratte in einiger Entfernung vorbei, wenn sie nicht schon beizeiten vom Menschen durch auffälliges Verhalten zur Flucht veranlaßt wurde. Im Wald sind die Stimmen von Zilpzalp und Mönchsgrasmücke am auffälligsten, der Kleiber ruft mit langgezogenen kräftigen Tönen, und die Singdrossel läßt ihre rhythmischen Strophen hören. Jedes Motiv, das sie sich vorgibt, wiederholt sie mehrmals. Der Wald in der Nähe des Hotels „Eiche" ist Brutrevier für eine seltene Vogelart, das Weißsternige Blaukehlchen. Heimlich und zurückgezogen leben Kranich und Schwarzstorch. Damit jede Störung der vom Aussterben bedrohten Arten unterbleibt, werden die Horstschutzzonen auch von den in der Forstwirtschaft tätigen Personen nicht betreten, notwendige Arbeiten sind nur im Winter möglich.

Fuchs, Baummarder und Iltis sind im Revier vorhanden. Von ihnen wie auch vom Schwarz- und Rotwild wird der Wasserwanderer kaum etwas spüren, da diese Tiere nur nachts aktiv sind. Wer das Röhren der Hirsche zur Brunftzeit erleben möchte, muß sich Ende September in der Nähe der Pohlenzschenke aufhalten. Zum Fischotter Tierleben → Tour 15.

Kleine Bootstouren

Die Sumpfdotterblume ist häufig anzutreffen

Tour 20

Kleine Übungstour
ab Lübbenau

Ausgangspunkt Lübbenau, Leiper Weg
Wanderstrecke 10 km / 3 Stunden
Orientierung → Karte S. 44/45

Auf dem Leineweberfließ fährt man strom-an in Richtung Boblitz. Nach 3 km wird hinter einer Betonbrücke links in die Untere Boblitzer Kahnfahrt abgebogen. Nach 2 km gelangt man durch den Semischkanal zur Hauptspree und strom-ab nach Lübbenau zurück. An jedem Abzweig befindet sich ein Schild mit dem Namen des genannten Fließes.

Tour 21

Kleine Übungstour
ab Lübben

Ausgangspunkt Lübben, Bootsverleih am Hafen
Wanderstrecke 5 km / 2 Stunden
Orientierung → Karte S. 44/45

Die Tour führt auf der Hauptspree bis zur Mündung der Altzaucher Spree, wechselt zum Umflutkanal hinüber und zurück. In der Nähe der Jugendherberge muß man aber zur Hauptspree zurückkehren.

Erweiterungstour

Die erweiterte Route (10 km) liegt im NSG Kockrowsberg, führt über die Untere Ragower Kahnfahrt zum Umflutkanal und dann zur Altzaucher Spree.

Tour 22

Von Burg-Dorf
zum Hotel „Bleiche"

Ausgangspunkt Burg-Dorf, Hafen I
Wanderstrecke 4 km / 1 Stunde
Orientierung → Karte S. 44/45

Man fährt auf der Hauptspree abwärts bis zum Hotel „Bleiche", biegt links ins Schei-dungsfließ und gelangt über den Ostgra-ben zur Hauptspree und auf ihr zum Hafen zurück. Die Tour führt durch reizvolle Teile des Siedlungsspreewaldes.

Die 14 Staugürtel erfordern Schleusen

Unterspreewald
(→ Karte S. 70/71)

Einführung Eine Unterteilung in Ober- und Unterspreewald wäre allzu willkürlich gewählt, hätte nicht die Natur bei Lübben eine markante Talverengung geschaffen. Diese gibt einen brauchbaren Grenzriegel ab → Tour 27 Erdgeschichte. Nördlich davon öffnet sich uns der 7500 ha große Unterspreewald. Das spreewaldtypisch vernetzte Fließsystem tritt zwischen Hartmannsdorf und Leibsch nochmals auf. Allerdings nur noch in einer Breite (W–O) von maximal 4 km. Die überwiegende Park- und Siedlungslandschaft des Oberspreewaldes wandelt sich zu einer mehr waldreichen Auenlandschaft. Vorherrschend naturnah, stellenweise sogar urwaldartig. Im Kontrast dazu die nordöstliche Spreewaldrandlandschaft zwischen Schlepzig und Groß Leuthen. Übernutzte Äcker, Wiesen und arme Kiefernwälder prägen hier das Bild. Die Sandäcker mit niedrigen Bodenwertzahlen dürften jetzt allerdings die rauhen Winde der Marktwirtschaft vielfach nicht überleben. Unterspreewaldtypisch und landeskulturell beherrschend wirken die zwischen 1985/87 neugeschaffenen ausgedehnten Teichanlagen zwischen Schlepzig und Lübben → Touren 27, 29 und 33. Touristisch hinkte der Unterspreewald stets hinter seinem oberen Vetter her. Doch hier mögen manche einwenden „zum Glück". Erst nach dem zweiten Weltkrieg mauserten sich Schlepzig und Lübben zunehmend als Touristenmagnete. Die Touristen mit Vorliebe für die Städte sind ja schließlich auch zahlende Gäste und bedürfen der Erholung. Es ist aber weder vorgesehen noch wünschenswert, alle Orte an dieses dichte Niveau heranzuführen.

Kulturgeschichte Das Untergebiet ist gekennzeichnet durch den Landbrückenkopf bei Lübben. Nur hier war die einst sehr sumpfige Spreewaldaue problemlos zu durchqueren, und es konnte sich ein kleiner Ballungsraum entwickeln. Der Rest der Aue blieb nahezu siedlungsleer und wurde gern dem Wald überlassen, dazu Mähwiesen. Die Ortschaften konzentrierten sich dann auch ausschließlich außerhalb der Auenkernlandschaft. Größere Industrie fehlt dem Unterspreewald. Streusiedlungen haben wir nur in Neu Lübbenau, und das war ja eine Kunstschöpfung des Preußenkönigs Friedrich Wilhelm I → Tour 38 Kulturgeschichte. Die traditionelle Negierung des Holzhauses ist im Untergebiet deutlich zu spüren. Es überwogen Fachwerkhäuser. Nur wenige überlebten bis heute. Diese Relikte befinden sich aber wieder in gutem Zustand. Weitere Ausführungen → Einführung Gesamtgebiet Kulturgeschichte, S. 12.

Erdgeschichte → Einführung Gesamtgebiet Erdgeschichte, S. 14. Besonderheit: Der Unterspreewald liegt bereits im Rückland des Baruther Urstromtales.

Pflanzenwelt Der relative Waldanteil im Kerngebiet des Unterspreewaldes liegt dreimal so hoch wie im Obergebiet und ist meist weniger durch die Erle geprägt. Dafür sind Esche, Stiel-Eiche, Hainbuche, Ulme, Winter-Linde, Berg-Ahorn und im Randgebiet auch Trauben-Eiche stärker präsent. Nur im Buchenhain und vereinzelt im Kriegsbusch begrüßt uns – einzigartig im Spreewald – eine kalkbeeinflußte Waldvegetation → Pflanzenwelt Tour 37. In den Randgebieten gibt es in den Flußtälern und am Rande des Kerngebietes noch kleine Relikte einstiger Streu- und Hudewiesen: Borstgrasheide, Pfeifengras- und Rotschwingelwiese. Dazu auch farbbunte Hochstaudenwiesen → Pflanzenwelt Touren 35 und 36.

Tierleben → Einführung Gesamtgebiet Tierleben, S. 18.

◄ Erle in der Spreeaue bei Hartmannsdorf

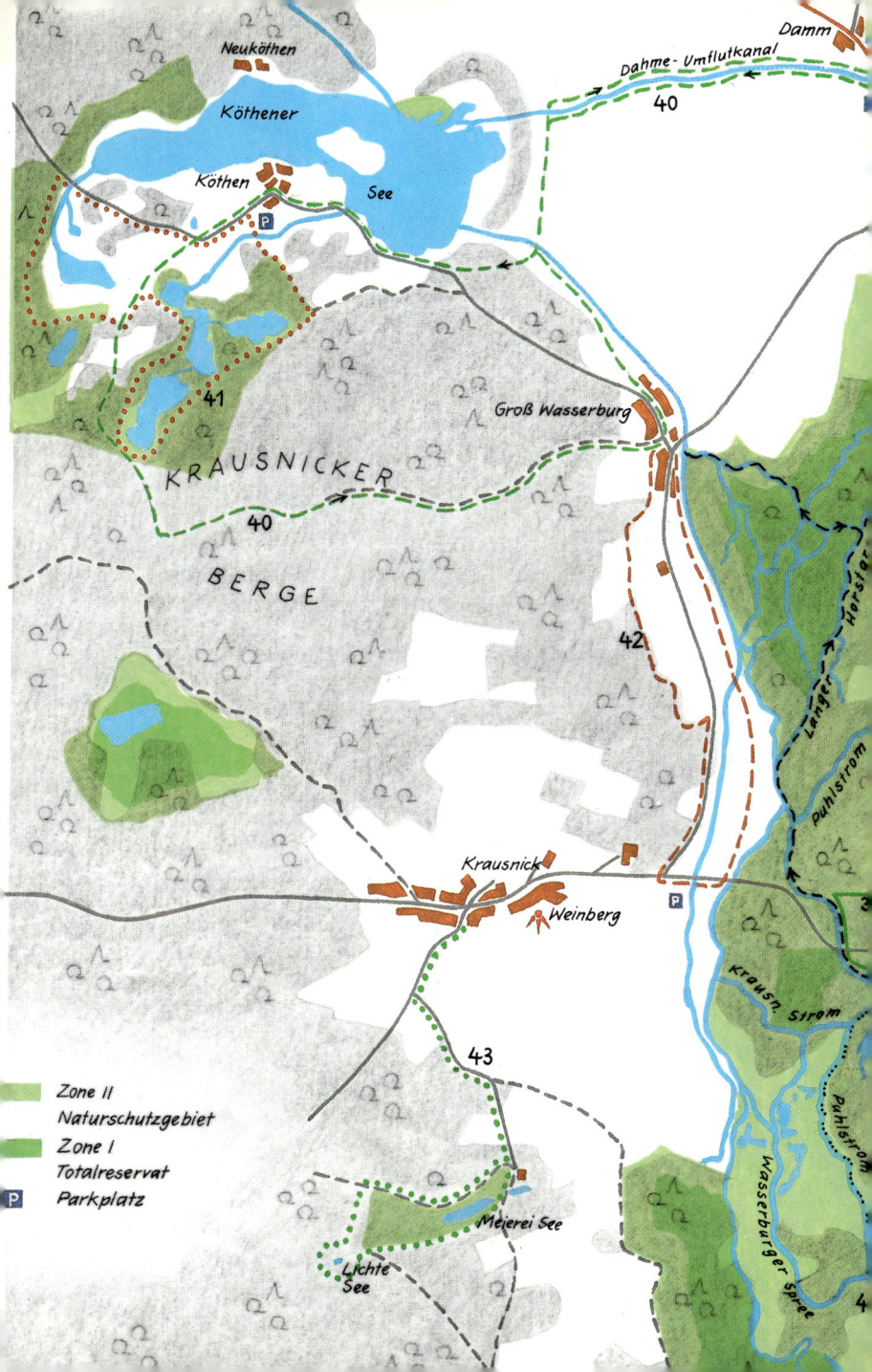

Neuköthen

Köthener

Köthen

See

Dahme - Umflutkanal

Damm

40

41

K R A U S N I C K E R

Groß Wasserburg

40

B E R G E

42

Langer Horstsee

Puhlstrom

Krausnick

Weinberg

P

Kraush. strom

43

Meierei See

Puhlstrom

Lichte
See

Wasserburger Spree

Zone II
Naturschutzgebiet

Zone I
Totalreservat

P Parkplatz

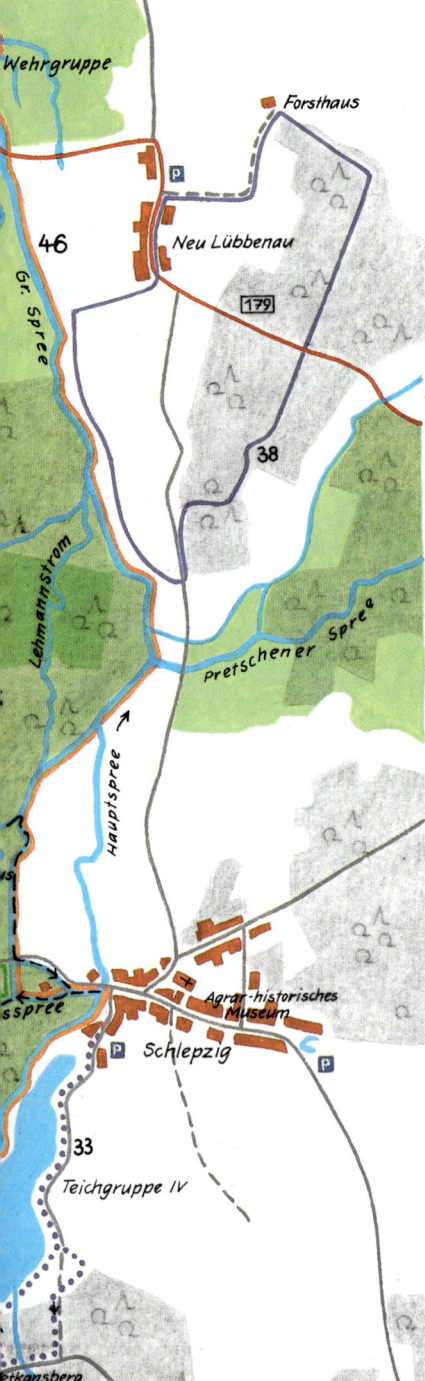

Tour 23

Stadtbesichtigung Lübben

Anfahrt

Bahn Lübben wird aus Berlin und Görlitz direkt erreicht, außerdem liegt der Bahnhof an der Strecke Beeskow-Luckau. Vom Verkehrsknotenpunkt Falkenberg aus wird über Luckau gefahren.

Bus Direkte Busverbindungen bestehen von Königs Wusterhausen, Cottbus, Lübbenau und Schlepzig aus.

PKW Von der A 15 wird in Duben oder Freiwalde abgefahren.

Wanderstrecke 3,5 km / 2 Stunden

Orientierung Stadtplan S. 73

Der Rundgang beginnt und endet am Marktplatz, der Bahnhof ist als Ausgangspunkt ebenfalls geeignet.

1 **Marktplatz** An seiner Ostseite erhebt sich die Paul-Gerhardt-Kirche. Die ältesten Teile stammen aus dem 13. Jahrhundert. Das derzeitige Gebäude wurde 1607 als dreischiffige Hallenkirche St. Nikolai geweiht und 1666 erweitert. Von 1669 bis zu seinem Tode wirkte hier Paul Gerhard, der bedeutendste evangelische Kirchenliederdichter nach Luther. Seit 1930 trägt die Kirche seinen Namen. Das zu dieser Zeit neugestaltete Portal zeigt Nachbildungen der Köpfe von Luther, Melanchton, Bach, Händel, Wichern und Franke. Die im Kriege zerstörte Turmhaube wurde im Jahre 1986 erneuert. Vor der Kirche steht seit 1909 das Denkmal des Kirchenliederdichters.

Das 1751 erbaute Rathaus und weitere Bürgerhäuser sind während der letzten Kriegstage völlig zerstört worden. Die südlich am Markt vorbeiführende Hauptstraße, Teil der alten

71

Der Wappensaal im Lübbener Schloßturm

Handelsstraße Leipzig–Frankfurt, wurde beim Neuaufbau der Stadt auf das Doppelte verbreitert und ist heute noch die wichtigste Geschäftsstraße der Stadt.

2 **Gerichtstraße** Wir stehen vor dem um 1930 errichteten Gerichtsgebäude und betrachten das sehenswerte Portal. Links der Straße befindet sich das Ständehaus, ein zweigeschossiger Putzbau von schlichter Schönheit. Es diente 200 Jahre lang der Oberamtsregierung als repräsentativer Sitz. Jeden der drei Eingänge ziert das Wappen der Niederlausitz. Während des Siebenjährigen Krieges wurde das Haus durch den preußischen Major von Marschall vor der Einäscherung bewahrt. Lessing hat die Begebenheit in seiner „Minna von Barnhelm" verarbeitet, wodurch Lübben Eingang in die Weltliteratur fand. Heute sind im Ständehaus Banken und ein Archiv untergebracht.

3 **Lohnmühlengasse** Beherrscht wird dieser Ort vom Gebäude des Landratsamtes, es wurde 1679–82 als Oberamtshaus für die Verwaltung erbaut (Spätrenaissance). Die Gasse hat ihren Namen nach einer Lohmühle, die vom 17. bis 19. Jahrhundert an ihrer südlichen Einmündung stand, die Lübbener Schuhmacher haben hier Eichenrinde zum Gerben von Leder gemahlen. Etwa 100 Meter südlich davon befand sich bis 1945 die Große Amtsmühle, seit dem 13. Jahrhundert die größte Wassermühle im Spreewald.

4 **Schloß** An der Stelle einer 1368 erbauten Wasserburg wurde 1671–82 das derzeitige Schloß errichtet, sehenswert ist der feingegliederte Renaissancegiebel an der Ostseite. Davor steht der mächtige Wehr- und Wohnturm mit 2,5 m dicken Mauern. Der durch beide Obergeschosse rei-

chende Saal war einst Tagungsort der Niederlausitzer Standesherren, er verlor 1717 durch das Ständehaus an Bedeutung, wurde aber 1914/15 anläßlich eines Kaiserbesuches neugestaltet und enthält unterhalb des Umganges die Wappen sämtlicher Niederlausitzer Adelsfamilien und Städte. Ein Besuch des vor wenigen Jahren restaurierten Wappensaales ist sehr zu empfehlen. Prächtig ausgestattet sind im gleichen Gebäude das Eheschließungszimmer und der historische Weinkeller.

5 **Schleusenbrücke** Der Blick nach Süden zeigt den Kahnfährhafen, flußabwärts liegt das Stadtzentrum. An der Stelle des heutigen Parkplatzes stand bis 1945 die kleine Amtsmühle, die 1929 Jugendherberge wurde.

6 **Liebesinsel** Urwüchsige Natur inmitten der Stadt, Ruhebänke laden zum Verweilen ein.

7 **Paul-Gerhardt-Straße** An den Neubauten in der Straße ist noch abzulesen, wie viele Wunden der Krieg schlug. Hier treten Sie in den Hain. Das 24 ha große Naturschutzgebiet ist ein Auwald mit prächtigen Eichen, Buchen und anderen Gehölzen, er wird von Spree und Berste durchflossen. Schattige Wege bieten Naturgenuß.

8 **Liuba** Der Name der slawischen Göttin der Liebe und Fruchtbarkeit erinnert an eine Opferstätte, die in vorchristlicher Zeit im Hain gelegen haben soll. Der Stein ist der Sockel einer Postmeilensäule. (Einzelheiten finden Sie auf einer Tafel in der Hauptstraße Nr. 15)

9 **Haintor** Übergangsbereich zum Stadtzentrum. In den Grünanlagen rechts die Bronzeplastik „Liebespaar unter dem Regenschirm" des Bildhauers v. Woyski, dahinter ein Pflegeheim,

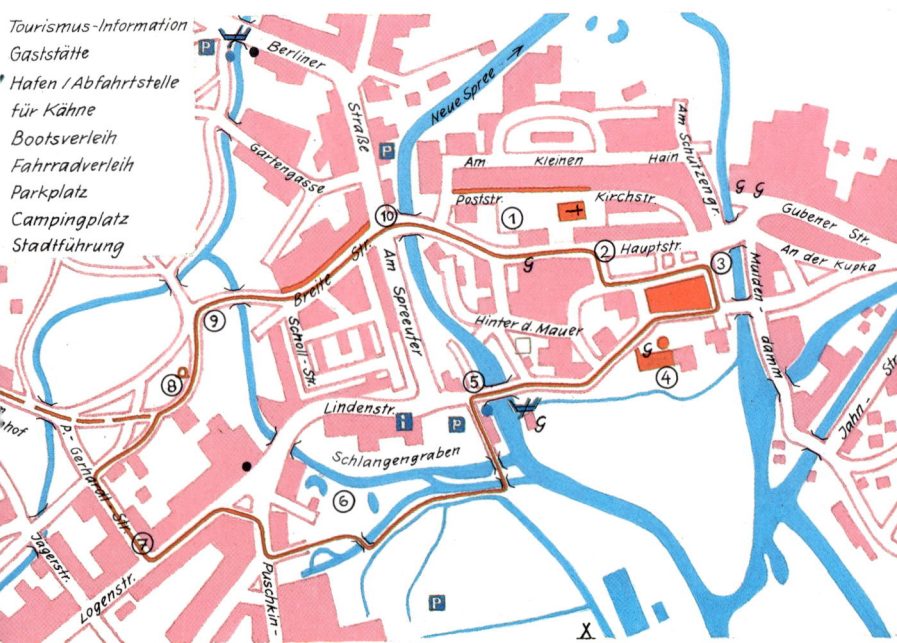

erbaut 1726. Schon seit dem 14. Jahrhundert steht an gleicher Stelle das „Hospital zum Hl. Geist". Die kursächsische Postmeilensäule in der Breiten Straße ist eine Kopie.

10 **Spreebrücke** Sie bietet eine Ansicht der Innenstadt. Am Spreeufer erstreckt sich ein Rest der Stadtbefestigung. Dieser Teil ist um 1480 in Backstein errichtet worden, der „Trutzer" rechts hat Spitzbogenblenden, links steht der „Hexenturm", dessen Dach 1618 erneuert wurde.

Kulturgeschichte Die Spreewaldstadt Lübben hat etwa 14 000 Einwohner und ist seit 1815, als die Niederlausitz an Preußen fiel, Kreisstadt. Außerdem sind Handwerk und Industrie, vor allem Bau- und Konservenindustrie, Melioration und Forstwirtschaft sowie Fremdenverkehr von Bedeutung. Größere Grünflächen, sogar ein Naturschutzgebiet gibt es inmitten der Stadt.

Der Ort liegt an der Stelle, wo die Spree-Niederung seit jeher am günstigsten zu durchqueren war. Seit dem 7. Jahrhundert gab es hier einen bedeutenden slawischen Handelsplatz, erstmals schriftlich erwähnt wird eine Siedlung Luibni im Jahre 1007 u. Z., um 1100 legten deutsche Kolonisten auf einem Schwemmsandkegel zwischen den Spreearmen eine Kaufmannssiedlung planmäßig an, im 14. Jahrhundert erhielt Lübben eine Stadtmauer.

Infolge ihrer günstigen Lage an den alten Handelsstraßen Leipzig–Frankfurt/Oder und Görlitz–Berlin wurde die Stadt bald administratives Zentrum der Region. In der Hauptstadt des Markgrafentums Niederlausitz fand nach dem 30jährigen Krieg die kurfürstlich sächsische Oberamtsregierung ihren Sitz. Lübben war über 200 Jahre Garnisonstadt. Im April 1945 wurde Lübben zu 80 % zerstört, 500 z. T. kulturhistorisch wertvolle Gebäude fielen in Schutt und Asche. Beim Wiederaufbau wurde verstärkt Industrie angesiedelt.

Trutzer und Hexenturm

Tour 24

Kahnfahrten von Lübben in den Oberspreewald

Anfahrt → Tour 23, Hafen → Stadtplan

Tour 24a

Stadt- und Hainrundfahrt

Fahrstrecke Hafen – Stadtgraben – Berste am Hain-Hauptspree – Hafen 2 bis 3 Stunden

Orientierung Abfahrt → Karte S. 70/71
Neben schönen Siedlungsplätzen erlebt man urwüchsige wie gepflegte Natur, selbst innerhalb der Wohngebiete, neben der reizvollen Wasser- und Wiesenlandschaft ringsum.

Tour 24b

Rundfahrt Wendenfürst

Fahrstrecke Hafen – Hauptspree – Jugendherberge „Wendenfürst" – Umflutkanal – Schlangengraben – Hafen 2 bis 3 Stunden

Orientierung → Karte S. 70/71
Landschaftserlebnisse wie 24a.

Tour 24c

Tagestour in den Lübbenauer Spreewald

Fahrstrecke von Lübben bis vor Lübbenau wird mit Außenbordmotor gefahren, weiter auf den ab Lübbenau (→ Tour 3) beschriebenen Routen, 6 bis 10 Stunden

Orientierung → Karte S. 70/71

Tour 25

Kahnfahrt von Lübben in den Unterspreewald

Anfahrt wie Tour 23
Fahrstrecke Lübben – Petkansberg – Rundfahrt im Buchenhain – Lübben (einzelne Streckenabschnitte mit Motorkraft) 6 bis 8 Stunden

Orientierung → Karte S. 70/71
Rast Petkansberg und Schlepzig

Der Zauber der weiten Flußniederung ist etwas zum Genießen, Höhepunkt der Fahrt sind die urwüchsigen Wälder im Naturschutzgebiet „Buchenhain" (→ Touren 37 und 45)

Tour 26

Kahnfahrten ab Schlepzig in den Unterspreewald

Anfahrt → Tour 37

Tour 26a

Kleine Rundfahrt durch den Unterspreewald

Fahrstrecke Hafen – Quaasspree – Wussegk – Quaasspree – Wasserburger Spree – Puhlstrom – Schiwastrom – Zerniasfließ – Hafen, 3 Stunden

Orientierung → Karte S. 70/71

Die Fahrt durch naturnahe Erlen-, Eichen- und Buchenwälder hinterläßt nachhaltige Eindrücke (→ Tour 37)

Kahnfahrt auf einem der Fließe im Unterspreewald

Tour 26b

Tagestour nach Leibsch und zum Neuendorfer See

Fahrstrecke Schlepzig – Puhlstrom – Leibsch – Neuendorf – Hauptspree – Zerniasfließ – Schlepzig
Orientierung → Karte S. 70/71

Über das Erlebnis des Wald- und Wasserparadieses hinaus erfährt man bei der Besichtigung der Wehrgruppe Leibsch Interessantes über die Wasserbaukunst im Spreewald, historische und moderne Wehranlagen. Ausstellungsräume sind in Vorbereitung.

Tour 27

Von Lübben zum Hartmannsdorfer Wehr

Lübben (Westdammweg) – Lehnigksberg – Fischteichgruppe I – Rote Brücke – Hartmannsdorfer Wehr – Hartmannsdorf – Pfaffen Berge – Lübben

Anfahrt
Bahn Station Lübben der Linien Berlin – Görlitz, Luckau – Lübben und Beeskow – Lübben
Bus Station Hartmannsdorfer Straße der Linie Lübben – Golßen
PKW, Fahrrad am Nordwestrand dichter Stadtbebauung wählen wir auf der B 115 (Lübben–Golßen) einen ausgeschilderten Parkplatz. Er befindet sich im Winkel von Berstefließ und Stadtpark

(„der Hain"). Fahrräder können mitgeführt werden.

Faltboot kleiner Kahnhalteplatz (Berste)
im Bereich unseres Parkplatzes, von der
Hauptspree aus erreichbar

Wanderstrecke 13 km (Rundtour)/4 Stunden)

Orientierung → Karte rechts **Wegemarkierung** bis Hartmannsdorfer Wehr roter
Querstrich

Rast im Bereich von Wirtshaus Lehnigksberg befinden sich längs des Wanderweges Bänke

Einkehr Wirtshaus Lehnigksberg. Gaststätte in Hartmannsdorf und diverse
Möglichkeiten in Lübben.

Auf der gegenüberliegenden Straßenseite
des Parkplatzes weist das Schild „Lehnigksberg 1,5 km" die Wanderrichtung.
Die Tour verläuft bis zum Hartmannsdorfer
Wehr am Wasser entlang. Weiter wandert
man auf dem landeinwärts weisenden
Dammweg, biegt nach 200 m links ab, auf
einen Fahrweg mit Pappeln. Der Weg führt
durch Hartmannsdorf in Richtung Lübben,
überquert die Kleinbahnlinie und zweigt
nach links auf den Teichweg ab (Südum-
randung). Nach 1 km erreicht man vor
Lehnigksberg die Trasse des Hinweges.

Besonderer Hinweis Bei dieser Tour lernt
man die Vielfalt des Unterspreewaldes am
besten kennen. Im Frühjahr bietet die
Wanderung die größten Reize. Zwischen
Pfaffen Berge und Hauptspree existiert seit
1990 das kleine Naturschutzgebiet „Lehnigksberg". Hier die Naturschutzregeln
beachten → (S. 21).

Kulturgeschichte auf dem Frauenberg –
heute Kreiskrankenhaus – befand sich seit
1459 eine Marienkapelle. Die heutige
Gaststätte Lehnigksberg blickt hingegen
auf eine ehemalige Existenz als Fischer-
kate zurück.

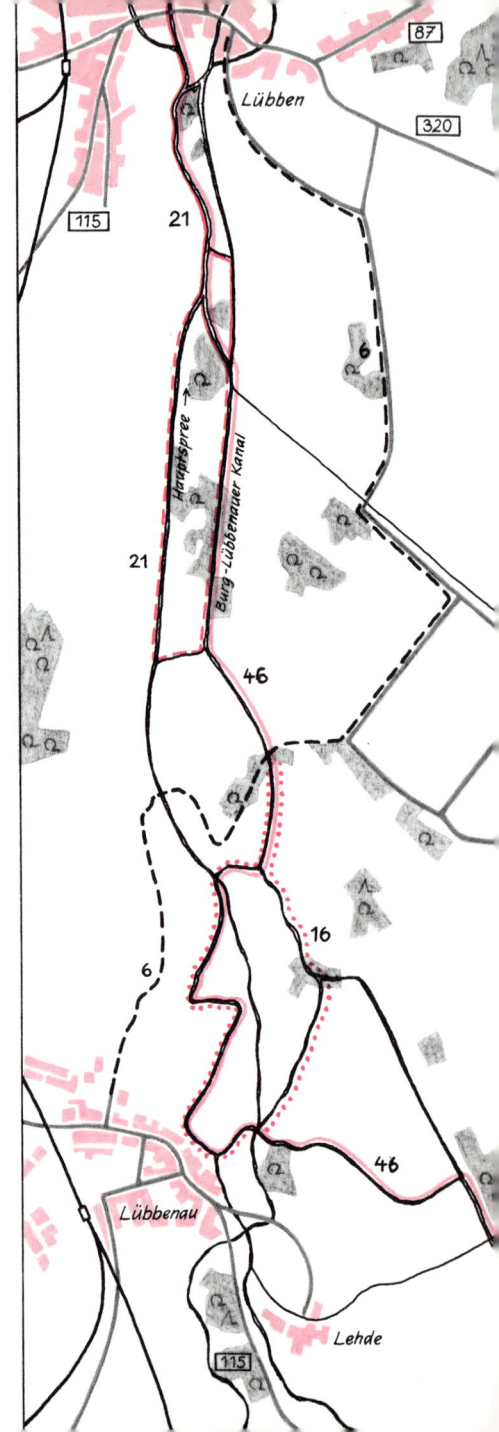

Hätten Sie es für möglich gehalten? Nach 1725 gab es in Hartmannsdorf zeitweilig 24 Weinbauern. Als pures Getränk wohl ein wahrhaft gutes Abführmittel. Durch Zusatz von Honig und Gewürzen erlangte der Wein jedoch trinkbare Qualitäten. Der Anbau am Rande absoluter Standortmöglichkeiten war ständigen Fährnissen ausgesetzt. 1740 erfroren sämtliche Rebstöcke. Danach kam die Reblaus. Das entgültige Aus brachte der billige Importwein aus südwestlichen Landen.

Erdgeschichte In der nacheiszeitlich geprägte Landschaft im Spreetal fehlt jeglicher Steinanteil im Boden. Die Spree lagerte Sand und Flachmoor in großer Mischungsvielfalt ab.

Bei Hartmannsdorf nähern sich beide Spreetalseiten bis auf 500 m. Hier wird fast der Spreewald unterbrochen. Die Ingenieure wußten es einst zu nutzen, als sie die Eisenbahntrasse Lübben – Beeskow an dieser Stelle überspannten (Rote Brücke). Fern der Moräne hat sich in den Pfaffen Bergen die höchste Düne des Spreewaldes (66 m) aufbauen können. Nördlich von Hartmannsdorf erweitert sich die Talaue wieder.

Pflanzenwelt ist in diesem Bereich auf Nässe, Nährstoffreichtum und ungehinderte Ausbreitung ausgerichtet. Besonders Strom- bzw. Flußtalpflanzen sind hier zu finden. Halbtrockenrasen und schlickige Bodensenken beherbergen Langblättrigen Ehrenpreis, Sumpf-Greiskraut, Großes Flohkraut, Sumpf-Platterbse, Großer Wiesenknopf, Rainfarn und Quendel-Ehrenpreis.

Die Dünen der Pfaffen Berge sind mit lückigen Krüppelkiefern, aber auch schönen, alten Rotbuchen und Stieleichen in absonnigen Lagen bewachsen. Hier findet man Maiglöckchen, Nickendes Leimkraut und Hain-Wachtelweizen neben Wiesen-Wachtelweizen. Auf eingestreuten Sand-

Dreifarbiges Stiefmütterchen – eine Schönheit am Wegesrand

äckern wachsen Massenbestände des Dreifarbigen Stiefmütterchens.

Die Hartmannsdorfer Wiesenaue und Altwasserarme der Spree tragen noch heute viele solitäre Altbäume, besonders Eichen und Erlen. So sah es früher im Siedlungsraum des Spreewaldes überall aus.

Tierleben Einst subtropischer Import hat sich die prächtige Wespenspinne die sonnigen Lebensräume des Gebietes erschlossen und beginnt mittlerweile schon die alteingesessene Gartenkreuzspinne zu verdrängen.

Im Bereich der Deiche trifft man auf das Mauswiesel. Zur Pflege des Dammbereiches der Fischteiche werden Schafe eingesetzt. Anpflocken oder Hutung? Nicht nötig, der Schweißgraben wirkt als Zaun. Der Kontakt mit Menschen bleibt somit unter Normalmaß und die Tiere sind scheu. Die reich strukturierte Landschaft um Hartmannsdorf bietet ferner Raum für Pirol, Kuckuck, Rauchschwalbe, Weißstorch (mehrere Nester), Wiedehopf, Graureiher, Fasan und Rebhuhn.

Tour 28

Von Lübben zum ehemaligen Vorwerk Wiesenau

Anfahrt

Bahn → Tour 27

PKW, Fahrrad Parkmöglichkeit am Fahrwegabzweig von der B 87, unweit der Stadtgrenze in Richtung Beeskow. Biosphärereservatschild beachten! Fahrräder können auch mitgeführt werden.

Wanderstrecke 6 km (Rundtour)/2 Stunden

Orientierung → Tour 27 **Wegemarkierung** gelber Schrägstrich. Gegenwärtig nicht mehr erkennbar.

Rast nach Belieben

Einkehr Wirtshaus Lehnigksberg

Ab Biosphärereservatschild benutzt man den Fahrweg nach Wiesenau und gelangt zum ehemaligen Vorwerk, heute Mahlbusen-Teich. Nach Umrundung des Teiches erfolgt der Rückweg entlang des Dammweges der Hauptspree. An der ehemaligen Kleinbahnbrücke stehen 3 Wege zur Verfügung:

1. Über die Brücke zur Gaststätte Lehnigksberg. Von hier aus wie → Tour 27 nach Lübben zurück.
2. Für Fußgänger: sie verfolgen den Dammweg weiter und gelangen entlang des Burg-Lübbener Kanales in die Gubener Vorstadt (Lübben).
3. Fahrzeugbesitzer: nutzen bitte die ehemalige Kleinbahntrasse und erreichen bald die B 87. Von dort bis zum Parkplatz sind noch 500 m in Richtung Ortsausgang zu laufen.

Das Gelände zwischen Vw. Wiesenau und der Teichgruppe II ist als Naturschutzgebiet („Wiesenau") vorgesehen.

Hauptspree beim ehemaligen Vorwerk Wiesenau

Kulturgeschichte Das Gebiet repräsentiert im eigentlichen Sinne die reichstrukturierte Nahzone um kleine Ackerbürgerstädte mit mäßiger Industriesubstanz. Die unterschiedlichen Interessen bei Bürgern, Gewerbetreibenden und Bauern führten zu der hainartig aufgelockerten Landschaftsform. Die beiden Trassen der Kleinbahnen wirkten einer Großflächennutzung ebenfalls entgegen. Bis 1970 (seit 1898) dampfte die „Spreewaldguste" mitten durch das Wandergebiet. Nach gemeinsamer Streckenführung gabelte sich die Bahnlinie bei Straupitz in den Abzweig nach Cottbus und nach Goyatz auf.

Die einstige Bahnstrecke wird heute als Straße oder Fahrweg genutzt, und der Bus hat die Kleinbahn abgelöst.

Erdgeschichte die Talsandstufe plus Dünenauflage tangiert unseren Hinweg überwiegend rechterhand. Die restliche Wegstrecke verläuft im alluvialen Wiesental. → Tour 27 und 29.

Pflanzenwelt und **Tierleben** ähnlich. → Tour 27 und 29.

Tour 29

Von der Försterei Börnichen zu den Biebersdorfer Wiesen

Anfahrt

Bus Station Börnichen Försterei der Linien:

1. Groß Wasserburg – Krausnick – Lübben
2. Vetschau – Lübben – Märkisch Buchholz – Königs Wusterhausen
3. Alt Schadow – Neu Lübbenau – Schlepzig – Lübben

PKW, Fahrrad Chaussee Schlepzig – Lübben benutzen. Parkplatz hinter der

Oberförsterei Börnichen. Hier können auch Fahrräder angeschlossen werden.

Wanderstrecke 14 km (Rundtour) / 5 Stunden

Orientierung → Tour 27 **Wegemarkierung** überwiegend roter Querstrich. Aber nur sehr unvollkommen vorhanden. Daher nach der eingetragenen Route wandern → Karte S. 81

Rast am Wehr

Einkehr Gaststätte in Hartmannsdorf.

Hinweise und Empfehlungen: Zunächst ab Försterei den Fahrweg an der Grenze Wald/Wiesental benutzen. Nach 2 km rechts abbiegen und wenig später die Kleinbahntrasse (Übergang) passieren. Nun geht es an der Teichgruppe II entlang zum Hartmannsdorfer Wehr. Weiter wandert man auf der Westseite des Spreedammes, über die Rote Brücke und an der Wegegabelung rechts zur Oberförsterei Börnichen zurück.

Unter Naturschutz stehen gegenwärtig die Gebiete „Wiesenau" und „Biebersdorfer Wiesen".

Bei aufkommendem Gewitter sollten die kreuzgefährlichen Dammbereiche verlassen werden.

Kulturgeschichte Ein Freilandmuseum eigener Art stellt das NSG „Biebersdorfer Wiesen" dar. Hier hat sich durch ständige extensive Beweidung bis heute ein sogenannter Hudewald erhalten, ein lichter und breitkroniger Biotop.

Heute pflegen weitläufig eingekoppelte Schafe das Gelände.

Mag der Wald wirtschaftlich bedingt noch so eintönig sein, um das ehemalige Forsthaus Biebersdorf („Lachsluch") blieb ein kleines Refugium erhalten. Drei uralte Stieleichen stehen bereits seit Jahrzehnten unter Naturdenkmalschutz.

Teichgruppe III

46

Bf. Börnichen-
Schlepzig

Wehr

29

Teichgruppe II

27

Zone II
Naturschutzgebiet
Zone I
Totalreservat
G Gaststätte
P Parkplatz
H Bushaltestelle
X Campingplatz

29

Hartmannsdorf

H

P

P

HP
Hartmannsdf.

Teichgruppe I

28

87

G
›Lenigksberg

115

27

P

P

Gubener
Vorstadt

320

Bf. Lübben

P

X
Lübben

Treppendorf

46

Hauptspree

Burg-Lübbener-Kanal

87

115

Erdgeschichte Die Wanderung führt zunächst am Südrand ausgedehnter Flugsandflächen mit Dünencharakter vorbei. Auch die vorgelagerten Wiesen bekamen einen Schwung Sand ab. Maulwurfshaufen zeigen uns die jeweilige Untergrundsituatton. Das nördliche Rückland enthält nasse Luche mit Flachmoorcharakter. Zum Teichgebiet → Tour 33.

Pflanzenwelt Zwischen Oberförsterei Börnichen und Wiesenau findet man auf anmoorigen Wiesen eine interessante Flora mit Bewohnern von Borstgrasheiden und Pfeifengraswiesen, Biotope mit hohem Gefährdungsgrad. Hier sind Gemeines Kreuzblümchen, Heil-Betonie, Tausendgüldenkraut, Sumpf-Brenndolde, Moor-Bärlapp, Sonnentau und Wiesen-Alant vertreten. Andere Seltenheiten wie Wald-Läusekraut und Lungen-Enzian verschwanden durch den Teichausbau.
Der demzufolge erhöhte Grundwasserstand bedeutete für einen Stieleichenhain das Aus.
Zur Flora der Spreetalaue → Tour 27.

Tierleben die nicht häufig befahrene Kleinbahntrasse bietet auf der Sonnenseite der Zauneidechse Lebensraum. Auf den Wiesen siedelt Wespenspinne neben Kreuzspinne.
Libellen sind u. a. durch die Gebänderte Heidelibelle und Große Mosaikjungfer vertreten. Unter den Schmetterlingen sollte besonders der Hüpferling Beachtung finden. Er scheint während des Fluges eine Treppe zu besteigen. Altbaumreviere (Försterei) dienen als Vorzugsbiotope für Hornissen. Sie werden nur dann stechaktiv, wenn wir uns am Brutbaum betätigen.
Die Teiche gelten als Dorado für Wasservögel. Dauer- und Nahrungsgäste sind: Fischadler, Baumfalke, Graureiher, Kormoran, Weißstorch, Höckerschwan und mehrere Entenarten. Mitunter lassen sich schmarotzende Graureiher bei Attacken

Moorbärlapp mit Saftling

auf beutegewichtige Fischadler beobachten. Der belästigte Fischadler läßt schließlich die Beute ins Wasser fallen. Der Reiher hat sein Ziel erreicht.

Tour 30

Rundtour um den Briesener See

Anfahrt

Bus Station Briesener See der Linien Glietz – Groß Leine – Briesensee – Lübben oder: Klein Leuthen – Dollgen – Groß Leine – Briesensee – Lübben
PKW, Fahrrad Parkplatz am Südufer Briesener See (Südrand der Chaussee Briesensee–Klein Leine). Hier können auch Fahrräder angeschlossen werden.
Wanderstrecke 4 km / $1^1/_2$ Stunden, Große Tour 8 km / 3 Stunden
Orientierung → Karte S. 83 **Wegemarkierung** für die kleine Tour gilt ein grüner Querstrich (gegenwärtig nicht vorhanden). Routenbeschreibung beachten.

Rast nach Belieben
Einkehr Gaststätte in Briesensee

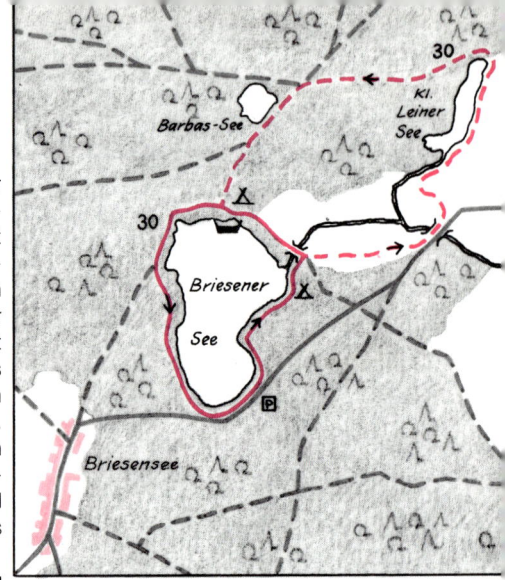

Für die einfache Umrundung des Briesener Sees gilt die Regel: jeweils den ufernächsten Weg wählen. Die Wanderung beginnt am Ostufer entgegen dem Uhrzeigersinn. Der Wegabzweig der erweiterten Tour ist am Ostufer unmittelbar vor der einzigen Grabenbrücke. Man nutzt den Weg unmittelbar am Südrand des Briesener Luches und erreicht nach 1 km die Chausee Briesensee–Klein Leine. Etwa 100 m weiter wird links auf einen Feldweg abgebogen. Östlich am vorgelagerten Kiefernwäldchen vorbei ist bald der Südrand des Klein-Leiner-Sees erreicht.

Die Wanderung wird auf dem Ostuferweg fortgesetzt bis zum Fahrweg, wo man links abbiegt und nach 1,5 km am Barbas-See vorbeikommt. Südlich des Sees spaltet sich der Weg. Bitte den linken Abzweig benutzen. Er führt zum Zeltplatz des Briesener Sees zurück. Neben dem Klein-Leiner See rühmt man besonders den Briesener See als Badesee wegen des sauberen Wassers und seiner sehr kinderfreundlichen, flachen Uferzone.

Das Ostufer des Briesener-Sees und das nordöstlich anschließende Briesener Luch stehen unter Naturschutz. Eine Beschilderung erfolgte.

Badestrände befinden sich am Süd- und Nordufer. Das Nordufer beherbergt auch den Zeltplatz. Pilzsucher finden in umliegenden sehr ausgedehnten Wäldern ein reiches Betätigungsfeld. Weniger reich an Pilzen sind allerdings Waldpartien mit Süßgräsern oder Adlerfarn.

Kulturgeschichte Das Gebiet um Klein und Groß Leine enthielt früher Weinanbauflächen → Tour 27. Bei Groß Leine ist der Rumpf einer Windmühle erhalten. Ausgedehnte ehemalige Handtorfstiche finden sich im Briesener Luch. Der Naturschutz profitiert heute davon → Pflanzenwelt. Es dürfte sich allerdings mehr um Zwischenmoortorf gehandelt haben und vornehmlich zur Verbesserung der Ernteerträge auf den Sandäckern verwendet worden sein.

Erdgeschichte östlich vom Briesener See haben sich 3 Endmoränenstaffeln – davon die südlichste als Haupteisrandlage – etabliert. Am See und in seiner Umgebung steht allerdings nur eine Staffel an.

Der Briesener See gilt mit einer maximalen Tiefe von 4,80 m als sehr flacher Beckensee im Sand. Die nahe Endmoräne verrät sich durch zahlreiche Steine, einige überragen bei Niedrigwasser den Wasserspiegel bei langen Trockenperioden. Südwestlich davon treten noch Sander und Talsand auf.

Pflanzenwelt Die flache und temporäre Uferzone des Briesener Sees gehört zur Domäne einer Zwergbinsengesellschaft. Neben Kröten-, Kopf- und Zwiebel-Binse, Rundblättrigem und Mittlerem Sonnentau und Gelbweißem Ruhrkraut, findet man zahlreich die Oeders-Segge. Etwas selte-

Moorrinne nördlich des Briesener Sees

ner ist der Moor-Bärlapp. Diese Pflanzengesellschaft ist empfindlich gegenüber Nährstoffreichtum und Bewaldung. Uferabseits siedeln artenarme Feuchtheiden mit Heidekraut und Pfeifengras. Östlich schließt sich ein aufgelassenes Torfstichgelände mit Wasserschlaucharten, Krebsschere, Froschbiß und Ästigem Igelkolben an. Am Barbas-See findet sich der sonst im Gebiet fehlende Rote Fingerhut (Zeltplatz!). Für den Botaniker ist die Moorrinne nördlich des Barbas-Sees von Interesse, wo Wollgras- und Torfmoosgesellschaften angesiedelt sind. Die Sanderlandschaft um den Briesener-See gilt als Vorzugsstandort der Kiefer, wurde aber vor Jahrzehnten mit Eiche und Rotbuche unterbaut.

Tierleben Die große Präsenz menschlicher Aktivitäten um den Briesener-See führt zu einer starken Auslese der See- und Uferbewohner. Kulturflüchter fehlen. Lachmöwe, Bachstelze, Flußregenpfeifer,

Stockente, Bleßrallen und Haubentaucher sind vertreten. Im angrenzenden Luch begegnet uns der Braunfleckige Perlmutterfalter. Die ehemaligen Torfstiche sind stellenweise äußerst libellenreich. Neben der prächtigen Königslibelle kommen auch die Große Mosaikjungfer und die Herbstmosaikjungfer vor. Schlupfbereite Libellenlarven steigen besonders vormittags aus dem Wasser. Der Stengel einer Pflanze dient als „Umkleidekabine". Eine ziemlich sichere Gewähr derartiger Beobachtungen liefert der Graben im Mittelteil der Moorrinne nördlich des Barbas-Sees.

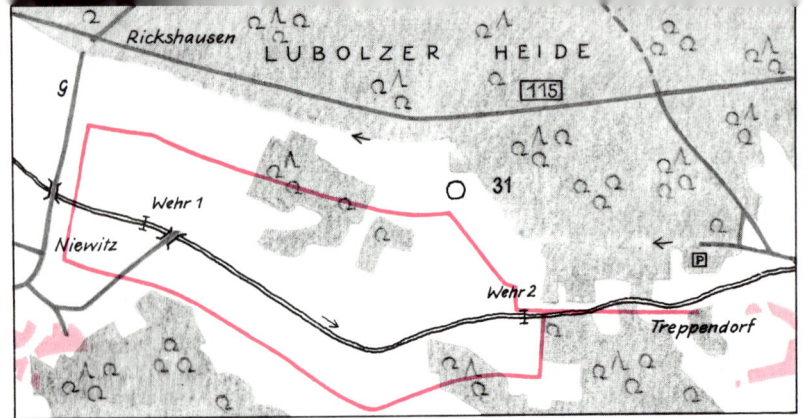

Tour 31

Von Treppendorf
in die Lubolzer Heide

Anfahrt

PKW, Fahrrad auf der B 115 biegt man 1 km westlich der Bahnschranke (Lübben) auf die kurze Chaussee nach Treppendorf ein. In Treppendorf wird rechts abgebogen (Birkenweg). Dieser Weg mündet in den Kimpernweg. Hier wieder rechts abbiegen. Am Ende der Bebauung bestehen ausgedehnte Parkmöglichkeiten, Fahrräder kann man hier anschließen.

Wanderstrecke 10 km (Rundtour) / 3 Stunden

Orientierung → Karte oben **Wegemarkierung** gelber Querstrich (gegenwärtig nicht mehr erkennbar) Routenbeschreibung nutzen!

Rast an den beiden Wehren der Berste.

Einkehr Gaststätte in Rickhausen (Autobahnraststätte mit Übernachtungsmöglichkeit), Niewitz und Treppendorf.

Wegen des fehlenden Busverkehrs sollten Fußgänger aus Lübben ab Hauptbahnhof in Richtung Lübbenau die Parallelstraße zur Bahnlinie nutzen. Der zweite Bahnübergang führt in Richtung Treppendorf. Den angegebenen Parkplatz erreicht man auf fast gerader Strecke nach knapp 2 km. Von hier aus führt der Weg durch den Kiefernwald. Nach 1 km rechts ein Schlag mit Pappeln. An der Schlaggrenze biegt der Weg rechts ab. Nach knapp 100 m geht es wieder links entlang. Sobald der Kiefernwald gegen Ackerland grenzt, wird linkerhand ein Kunstteich mit Brutmast für den Weißstorch sichtbar. Nach dem Abstecher geht man in vorheriger Richtung weiter und gelangt zur Düne, hinter der die B 115 liegt. Bis Rickhausen verläuft der Wanderweg am Südrand der Düne. Von dort an geht es auf der Chaussee nach Niewitz, vorbei an der neuen Raststätte „Gorbandt" bis kurz vor die Berstebrücke, wo man links abbiegt. Nachdem das zweite Wehr erreicht ist, führt der Weg links in Richtung Waldrand weiter. Nach 0,5 km nimmt uns der Hinweg wieder auf. Bis zum Parkplatz zurück ist dann noch 1 km zurückzulegen.

Besondere Hinweise An den Wehren der Berste kann man mit etwas Glück Eisvögel beobachten.
Bei feuchter Witterung sollte man diese Wanderung nicht unternehmen, dann helfen auch Gummistiefel wegen einiger hochwüchsiger Abschnitte nicht viel.

Kulturgeschichte Flurnamen können mitunter recht zweideutig ausfallen. So leitet sich der Name Treppendorf nicht etwa von Stufen etc. ab, sondern von den einst hier siedelnden Großtrappen.

Die Nähe von Lübben mit seinem hohem Baustoffbedarf ließ einst zahlreiche Lehm- und Kiesgruben um Treppendorf und Niewitz entstehen. Heute sind diese Zeugen menschlicher Tätigkeit aufgegeben und besitzen – meist mit Restgewässern – einen erheblichen landeskulturellen Wert. Das ehemalige Kiesgrubengelände nördlich von Treppendorf wird als Motocross-Strecke benutzt.

Erdgeschichte Der Hinweg führt durch Talsand mit gebietsweisen Dünenaufteilungen. Auch hier beträchtliche Kieslager → Tour 32.

Die Berste entwässert das Luckauer Becken und mündet bei Reichwalde in das Baruther Urstromtal. Das kleine Flüßchen vermochte keine breite Flachmoorzone aufzubauen. Stellenweise treten Kies- und Talsandbildungen bis nahe zum Ufer heran. Im Berstebereich endet übrigens das südwestwärts anstehende Braunkohlenflöz. Südlich der Berste ragt eine Grundmoräneninsel der älteren Saaleeiszeit empor. Um Treppendorf liegen aufgegebene Lehm- und Kiesgruben. Moräne und Talsand bildeten die geologische Basis dafür.

Pflanzenwelt Die dürftigen Sandäcker zwischen Berste und den Dünen mit Lammkraut-Unkrautgesellschaft dürften noch vor hundert Jahren Wiesen gewesen sein. An der Peripherie wirkte sich die Grundwasserabsenkung der letzten Jahrzehnte besonders markant aus. Aus Wiesen wurden Äcker und Kiefernwälder. Die Hochspannungstrasse trägt anspruchslose Trockenrasen mit Silbergras und Landreitgras. Wo das Grundwasser weiter hinaufreicht, hat sich als Neophyt der Doldige Milchstern angesiedelt.

Waldeidechse

Entlang der Berste zieht sich eine durchgängige Baumkulisse, besonders Pappeln, Stiel-Eichen, Eschen und Erlen, die mit ihrer Schattenwirkung die Welt der Wasserpflanzen begrenzen. Im Frühjahr ist die Tour besonders reizvoll, wenn die Bäume ihr zartes Grün entfalten. Stellenweise konnten sich Wasserpest, Laichkräuter und Pfeilkraut ausbreiten. In trockenen Jahren werden die Wehre fast geschlossen. Dann überspannt ein fast geschlossener Teppich mit Wasserlinse den Wasserspiegel und zwingt den Eisvogel vorübergehend zur Auswanderung.

Tierleben Die Klarheit des Berstefließes, dazu die höhlenreichen Wurzelteller der Bäume verlocken den Eisvogel in normalen Jahren zur Dauerbesiedlung. An sonnigen Fließabschnitten tummeln sich die Libellen, z. B. Gebänderte Prachtlibellen. Nur das Männchen weist die prächtige Blaufärbung auf. An sonnigen Tagen zeigen sich auch gern Waldeidechsen. Der Kuckuck legt seine Eier in Nester fremder Vögel in den Röhricht- und Seggengebüschen südlich der Berste. Der Weißstorch – Nest in Niedwitz – kämpft mit Nahrungsproblemen, weil durch die inten-

sive Nutzung der Wiesen in den achtziger Jahren ein Defizit an Beutetieren entstand. 1991 gelang erstmalig wieder eine Jungenaufzucht.

Um den Artenreichtum zu vergrößern, legte man vor einigen Jahren einen Kunstteich an. Heute birgt der Teich bereits exzellente Lurchpopulationen: Teichfrosch, Kreuz-, Knoblauch- und Erdkröte.

Tour 32

Von Groß Lubolz zum Bugkgraben und Bahnhof Schönwalde

Anfahrt

Bahn Bahnhof Lubolz der Strecke Berlin–Görlitz.

PKW, Fahrrad weitläufige Parkmöglichkeit vor der Dorfgaststätte in Groß Lubolz („Zur gemütlichen Ecke"). Fahrräder können auch mitgeführt werden

Wanderstrecke 14 km (Rundtour) / 5 Stunden

Orientierung → Karte unten **Wegemarkierung** überwiegend roter Querstrich. (gegenwärtig meist fehlend oder unkenntlich) Routenbeschreibung nutzen!

Rast nach Belieben

Einkehr Gaststätte in Lubolz

Vom Parkplatz aus wandert man in nordöstlicher Richtung die Straße entlang und verläßt nach 1 km den Ort. Nach der zweiten Grabenüberquerung geht links ein ehemaliger Panzerweg ab, der – vorbei am früheren Gehöft „Bugk" – am Waldrand entlang zur Chaussee Krausnick – Schönwalde und weiter zum Bahnhof führt. Noch

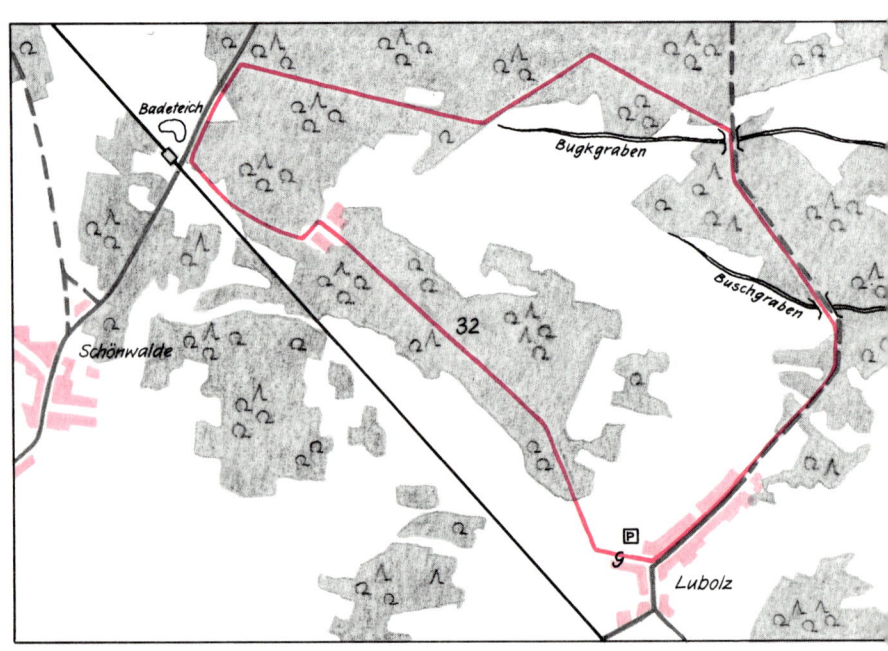

Das Kirchlein von Lubolz

vor der Schranke wird auf einen asphaltierten Fahrweg links eingebogen. Dort, wo der Asphaltweg endet, wendet man sich nach links und 100 m weiter wieder rechts (zwischen zwei Gehöftkomplexe hindurch). Nun verläuft der breite Weg durch den Kiefernwald. Nach 3 km ist die Straße und 200 m weiter die Gaststätte erreicht.

Kulturgeschichte Lubolz besitzt ein winziges Kirchlein, das 1692–94 ganz aus Fachwerk erbaut wurde und heute ein restauriertes Kleinod ist.

Auch sonst weist der Ort noch eine Reihe an hübschen Fachwerkbauten auf.

Der Fahrweg zwischen Vorwerk Eichhorn und Lubolz enthält noch Reste des einstigen Fahrradweges. Eine Besonderheit in den Sandgebieten Brandenburgs. Die Radler schufen sich früher ihre Bahn wenige Meter neben den Fahrwegen der Holz- und Erntefuhrwerke.

Nördlich von Schönwalde beginnt unter dem Namen „der Brand" Brandenburgs „traurigste Sandschelle". Eine Einschätzung vor mehr als hundert Jahren! Auf

dem trockenen Sander gediehen nur Heidekraut und Flechten. Hier und da eine solitäre Kiefer oder Birke. Schafherden belebten das Bild. Die letzten Krüppelkiefern gab es noch um 1970, aber Waldbrände und die moderne Forstwirtschaft haben auch die Reste vernichtet. Im Wandergebiet findet man je nach ehemaliger Nutzung und Grundwasserstand verschiedene Kiefernwaldtypen. Die Unterschiede zwischen Bauernwald und Staatsforst (nördlich des ehemaligen Panzerweges) sind deutlich erkennbar.

Erdgeschichte Ablagerungen des Baruther Urstromtales (Talsand) prägen das Bild. Hierzu gehören auch gebietsweise (NO von Lubolz) umfangreiche Kieslager, die besonders in den Schälfurchen neuangelegter Kiefernschonungen auszumachen sind. Vielfach überlagert feinkörniger Flugsand den Talgrund.

Besonderheiten der Spreetalwiesen stellen Raseneisenerzlager dar (O–NO von Lubolz), gebietsweise auch kleine Flächen mit Moormergel. Durch Intensivnutzung und Grundwasserabsenkung sind diese Areale heute leider vegetationskundlich nicht mehr gesondert faßbar.

Pflanzenwelt Das Niederschlagslee um Lübben gipfelt in einer reichen Pflanzenwelt sarmatischer Herkunft (Ostpolen und Ukraine). Frühlings-Fingerkraut, Rauhhaarige Gänsekresse, Büschel-Gipskraut, Berg-Haarstrang, Thymian, Mauerpfeffer, Sand-Veilchen, Rispen-Flockenblume und Kölme besiedeln Böschungen und Wegränder. Vor mehr als hundert Jahren war auch die Frühlings-Kuhschelle hier beheimatet. Vorblattloses Vermeinkraut, Dürrwurz-Alant und Wiesen-Kuhschelle kommen nordwestlich von Schönwalde vor. Besonders zur Pilzzeit ist die Wanderung empfehlenswert. Interessante Pilze sind Heidebovist, Weißstielige Lorchel, Frühjahrslorchel, Kornblumenröhrling und Rotbrauner Erdstern. Ein farnkrautreicher Erlenwald östlich Vorwerk Eichhorn enthält ferner die seltene Vergesellschaftung von Großem Hexenkraut (Auwaldpflanze) und Alpen-Hexenkraut (Moorwaldpflanze).

Tierleben Der im Dauerstreß lebende Fuchs wähnt sich in Kiefernschonungen relativ sicher. Pilzsucher finden oftmals mehrröhrige Baue.
Tierleben → Tour 34 und 39.

Tour 33

Naturlehrpfad „Pauck" bei Schlepzig

Anfahrt
Bus Station Schlepzig–Kirche der Linie → Tour 37
PKW, Fahrrad Chaussee Krausnick–Schlepzig benutzen. Östlich der Schleuse in die Dammstraße einbiegen und bis Ortsende fahren. Rechts einbiegen, in Sichtnähe der Teiche parken.
Faltboot → Tour 37
Wanderstrecke 12 km (Hin- und Rückweg) / 4 Stunden.
Orientierung → Tour 37, Karte S. 70/71
Wegemarkierung grüner Schrägstrich, aber Routenbeschreibung beachten. Durch den Teichbau wurden Teile des einstigen Lehrpfades geflutet.
Rast eine überdachte Schutz- und Rastmöglichkeit besteht am Südostufer der Teichgruppe IV
Einkehr Wirtshaus am Petkansberg. In Schlepzig → Tour 37

Am Nordostufer des Teiches beginnen Tour, Wegemarkierung und die Tafeln des Lehrpfades. Der Wanderweg führt auf der Dammkrone entlang, passiert die Rasthütte und biegt links ab. Hier sind weitere

Lehrtafeln. Gegenüber der alten Eiche befindet sich, von einer Wiesenkultur getrennt, das Flächennaturdenkmal „Pauck" mit dem Königsfarn. Nach einer schonenden Besichtigung geht man zurück zur Eiche und biegt nach 20 m links auf einen Pfad ab, der im Sommer stark mit Adlerfarn überwuchert ist.

Nach 100 m wird ein Fahrweg überquert. Auf der anderen Seite weisen Lehrtafeln und Markierung den richtigen Weg bis zur asphaltierten Forststraße. Sie führt zum Wirtshaus Petkansberg. Aus Gründen des Artenschutzes ist das Westufer der Teiche tabu. Der Rückweg führt vom Wirtshaus über eine Betonschwellenstraße in Richtung Teiche. Nachdem man die Wirtschaftsgebäude der Fischerei durchquert hat, wendet man sich am Südufer nach rechts und erreicht bald die bereits bekannte Raststätte. Nun deckt sich der Rückweg mit dem Hinweg.

Besondere Hinweise Bademöglichkeit in Schlepzig (Südrand). Auf dem Gelände des Wirtshauses Petkansberg bestehen Möglichkeiten zum Angeln, Zelten und der Übernachtung in Bungalows. Bei drohendem Gewitter sollte die Deichwegwanderung unterbleiben.

Kulturgeschichte als Ort wurde Schlepzig erstmals 1004 u. Z. erwähnt. Zu dieser Zeit dürfte die Landschaft südlich des Ortes noch eine sumpfige Erlenwildnis gewesen sein. Doch der Holzbedarf forderte seinen Tribut, für Knüppeldämme, Zäune, als Brennholz, Bauholz und nicht zu knapp für den Schlepziger Eisenhammer. Auch das Weidevieh wollte „mehr Licht in die Wälder", und so entstanden im späten Mittelalter jene malerischen Hainlandschaften, die weder Wald noch Wiese sind. Fehlende Düngung machte diese Laubwiesen ertragsarm und so sagte der Volksmund, „daß sich das Vieh auf der Suche nach Futter hungrig läuft", weil es mehr Moos als Gras gab. Später wurden Wald und Wiese getrennt.

Durch Düngung, Grundwasserabsenkung und vergrößerte Flächen sollten die Wiesen wirtschaftlicher werden, was aber nicht gelang. 1985–87 entstanden deshalb 250 ha Teichfläche.

Erdgeschichte Die Teiche liegen im Bereich der Spreetalaue, einem Flachmoor mit Sand. Der Wald, außer dem flußnahen Erlenwald, rechnet zur Talsandstufe.

Das hier sehr weitläufig angelegte Spreetal wird in der südöstlichen Ferne markant durch die ehemalige Eiszeitrandlage begrenzt. (Marien Berg!)

Pflanzenwelt fischwirtschaftlich bedingt entbehren die Teiche der natürlichen Vegetation. Erst im Bereich des Waldes trifft man wieder naturnahe Vegetation. In der Saumzone hat sich unter der Obhut einer Naturschutzgruppe ein kleiner Bestand Königsfarn erhalten, der einzige Fund im Kreis Lübben! Als Subatlantiker meidet diese Pflanzenart die lufttrockene Mittelmark und kommt erst in der Niederlausitz wieder häufiger vor. Die verschiedenen, spreewaldtypischen Waldgesellschaften sind im Forst Börnichen bis auf kalkreiche Varianten (→ Tour 37) alle vertreten. Im Bereich des Lehrpfades trifft man auch auf Forstplantagen mit Fremdgehölzen, wie Roteiche, Lärche, Fichte, Douglasie, Weymuthskiefer und Schwarzkiefer. Im Erlenwald tritt häufig der rotblühende Wasser-Dost auf. Waldwiesen beherbergen massenhaft Sumpf-Garbe. Zum Pilzesammeln eignet sich das Gebiet nur im Bereich des Flugsandgürtels.

Tierleben der lichte Stieleichenwald gilt als Vorzugsbiotop für Käfer aus der Mistkäfergruppe, Frühlings- (blau) und Waldmistkäfer (schwarz). Der Stierkäfer ist durch ein nach vorn gerichtetes Kopfhorn gekennzeichnet.

Tagpfauenauge

Tour 34

Naturlehrpfad „Dürrenhofer Moor" bei Schlepzig

Anfahrt

Bus → Tour 37. Aber Station Schlepzig – Bergstraße

PKW, Fahrrad am Ortsausgang des Ortes – Fahrweg zum Dürrenhofer Moor – gibt es weitläufige Parkmöglichkeiten. Fahrräder können hier angeschlossen werden

Faltboot → Tour 37. Etwas ungünstig, weil erst der gesamte Ort (1,5 km) in Richtung Osten durchquert werden muß

Wanderstrecke 7 km (Rundtour) / $2^1/_2$ Stunden

Orientierung → Tour 37. Karte S. 93

Wegemarkierung grüner Schrägstrich. Entgegen den Hinweisen in der Wanderkarte („Spreewald" 1:50 000, 1991) ist nur der Rundweg des Moores markiert und mit Hinweistafeln bestückt

Rast am Badesee des Moores empfehlenswert

Einkehr Gaststätte in Schlepzig

Blüten – besonders von der Scharfgarbe – sind eine gute Meßlatte für Artenreichtum bei kleinen Bockkäfern (Blütenböcke). Auf Sumpf-Haarstrang weidet auch gelegentlich der Moschusbock. Sein schimmernder Perlmutterglanz erinnert an tropische Vertreter. Die reichen Wasserdostbestände dienen ferner im Hochsommer zur Blütezeit einem Schmetterlingsheer als Nektarspender. Hier saugen C-Falter, Tagpfauenauge, Zitronenfalter, Admiral, Kleiner Fuchs, Distelfalter, Kaisermantel und Gammaeule.

Die eigentliche Wanderung beginnt am ostsüdöstlichen Ortsausgang von Schlepzig. Hier macht die Chaussee nach Lübben einen Knick nach Süden. Der Wanderweg biegt in Richtung Osten ab und führt am Südrand der Düne entlang. Auf Höhe von Dürrenhofe geht der Weg halbrechts weiter, aber die Wanderung wird links, waldeinwärts fortgesetzt. Unter Beibehaltung der Richtung wird nach ca. 750 m der Südwestzipfel des Moores erreicht, das Moorgebiet umrundet und wieder zum Ausgangspunkt zurückgewandert. Dort biegt man nach rechts ab (Nordwestrichtung) und benutzt den sogenannten Heuweg.

Blühendes Frühlingskreiskraut in der Kiefernheide

Nach reichlich 1 km wird ein geschotterter Waldweg gekreuzt, wo man links abbiegt und nach 2 km Schlepzig erreicht.

Besondere Hinweise Der Moorsee ist ein schöner Badesee. Das Moor gehört nicht mehr zum Biosphärenreservat, steht aber seit 1990 unter Flächenschutz. Besonders ältere Schonungen in der Umgebung gehören zu den Pilzoasen.

Kulturgeschichte Die Gegend um Dürrenhofe (Name!) war aufgrund großer Sand-

ablagerungen von Urspree und Düne als erstklassige Sandschelle berüchtigt. An trocken-stürmischen Tagen fegen noch heute „Wüstensande" durch die Gegend. Inzwischen entstanden allenthalben Windschutzhecken, deren Funktionsfähigkeit allerdings noch nicht gewährleistet ist. Demgegenüber waren früher die Wiesenflächen um den Land-Graben regelmäßig überschwemmt und deshalb Laichplätze für Karpfen. Die ansässigen Bauern durften jedoch nur für den eigenen Bedarf fischen.

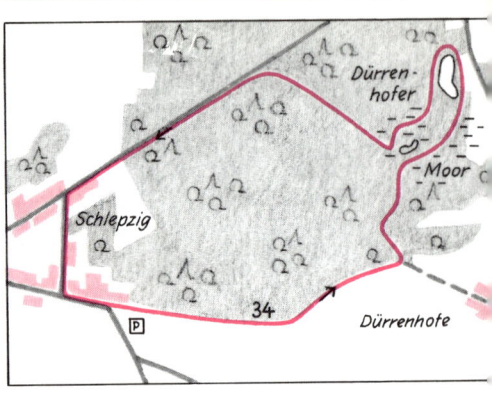

Erdgeschichte Sehr viele Gräben und die zwei Flußläufe Pretschener Spree und Land-Graben sind die heutigen Zeugnisse erdgeschichtlicher Entwicklung. Zwischen den beiden Flußläufen sind ausgedehnte Dünen und Flugsandflächen vorhanden. Unter diesem Grenzwall befindet sich ein reicher Grundwasserhorizont, der zur Trinkwassergewinnung dient.

Im Moor, einstiger Altwasserarm, wurden in den sechziger Jahren Bodenschätze ausgebeutet. Nach Einstellung der Austorfung entwickelt sich eine Torfmoosdecke.

Pflanzenwelt jede sich neu ansiedelnde Pflanzengemeinschaft braucht ihre Zeit bis sich alle möglichen Mitglieder eingestellt haben. Dem dreißigjährigem Moor fehlen daher sogenannte Reliktarten. Wie z. B. Sumpf-Porst und Rosmarinheide. Im anschließenden Kiefernwald siedelt an einer Stelle der Keulen-Bärlapp. Diese ehemaligen Bauernwälder waren Holzquelle ohne geregelte Aufforstung und waren Streunutzung und Weidedurchgang (Schafe) ausgesetzt. Krüppelkiefern, Flechten, Moose und blanker Sand hatten bald das Sagen. Dafür finden Pilzsammler hier reiche Beute, u. a. Habichtspilz, Butterpilz, Kuhröhrling, Sandpilz, Rußgrauer Porling und den schmackhaften Grünling.

Tierleben der Dünenkiefernwald gehört zum Lebensraum von Walker, Junikäfer und Kleinem Nachtpfauenauge. Der einst häufige Puppenräuber erlag offenbar der Breitbandwirkung eingesetzter Insektzide, aber viele Schädlinge haben überlebt. Widersinn der Chemie! Auf sandigen Kiefernwaldwegen und offenen Flugsandflächen räubert tagsüber der fluggewandte Sandlaufkäfer. Feldgrillen bevorzugen mehr die Wegränder. Die Vögel sind durch Schwarzspecht, Baumläufer und Nachtschwalbe vertreten.

Der Restsee wird von unzähligen Teichfröschen bevölkert.

Tour 35

Zum Ostufer des Dollgen Sees

Anfahrt

Bus Station Dollgen der Linie → Tour 36

PKW, Fahrrad gute Parkmöglichkeiten vor der Dorfgaststätte des Ortes Dollgen. Fahrräder sollten angeschlossen werden, da der Weg ein Mitführen nicht erlaubt.

Wanderstrecke 5 km (Rundtour)/ etwa 2 Stunden

Orientierung → Karte S. 95

Wegemarkierung keine. Neue Trasse.

Rast Überall möglich

Einkehr Dorfgaststätte des Ortes Dollgen

Das Dorf wird in südlicher Richtung verlassen. An der alten Eiche außerhalb des Ortes biegt man rechts zum Ufer des Sees ab und verfolgt den teilweise sehr schmalen Uferweg bis zur Kiesgrube am Südrand des Sees. Als Merkmal dient die plötzliche wallartige Überhöhung der Talabhänge. Wenige Meter davor verläßt ein steil ansteigender Gestellweg die Talrinne, führt am Nordrand der Kiesgrube entlang und

mündet am neuaufgeschlossenen Kiesgrubenbereich in einen nordwärts führenden Fahrweg. Durch Kiefernwald führt der Weg nach Dollgen zurück.

Besondere Hinweise Die südliche Verlandungszone des Dollgen Sees und die Kiesgrube sind seit 1990 als Naturschutzgebiet vorgesehen. Eine Beschilderung wird erfolgen.

Kulturgeschichte ein kulturgeschichtlich, interessantes Bild bieten die verschiedenen Abschnitte der Kiesgrube. Während die Sohle des Westbereiches, mit den hübschen Restseen, die nach Einstellung der Nutzung sich selbstüberlassene Landschaftsentwicklung widerspiegelt, zeugt der jüngere, mittlere Grubenabschnitt von „sozialistischer Rekultivierung". Das damalige Bestreben, zurückgewonnene Fläche möglichst intensiv zu nutzen, führte zum Zuschieben der Restlöcher. Wenigstens der noch in Betrieb befindliche Teil der Kiesgrube soll nach Einstellung der Nutzung entsprechend den Wünschen des

Kiessee mit blühendem Wasserhahnenfuß

übernehmenden Naturschutzes gestaltet werden.

Erdgeschichte der Dollgen See stellt das Anfangsglied einer subglazialen Schmelzwasserrinne dar → Tour 36. Im Gegensatz zum Leuthener See gestaltet sich seine Form mehr als Rinnensee. Südlich und südwestlich des Dollgen Sees beginnt der Bereich der Haupteisrandlage. Das Gelände wird unruhiger, die Kiesgrube zeugt davon. Ihr steiler Westrand geht allerdings auf die Rechnung des Abraumbaggers.

Pflanzenwelt die Sandüberdeckung macht die Kiefernwälder am Dollgen-See für den Botaniker unergiebig. Der Südbereich des Sees ist botanisch reicher. Die Verlandungszone des Südwestufers trägt ein Torfmoor, aber die Torfmoose in Ufernähe fehlen infolgen Nährstoffanreicherung des Sees durch die langanhaltende militärische Nutzung.

Die früher genutzten Sumpfwiesen südlich des Sees tragen heute den Charakter einer rückvermoorenden Hochstaudenwiese. Arten → Tour 36. Darüberhinaus existiert ein kleiner Bestand der Breitblättrigen Kuckucksblume. Huflattichbestände zeigen Lehmhorizonte, die Kiesgrube, an.

Tierleben Tierwelt des Sees → Tour 36. Die fast unzugänglichen Moorwälder des Südufers bieten dem Kranich Brutmöglichkeiten. Die anliegenden Wiesen und Getreideäcker dienen der Nahrungsbeschaffung.

In der Kiesgrube soll im Rahmen von Naturschutzmaßnahmen Fledermausstollen angelegt werden. Bemerkenswert der Reichtum an Kreuzkröten, die am Tag gern im verborgenen bleiben. Äußerst flink entziehen sich die Tiere menschlichen Annäherungsversuchen. Auf den feuchten Sandbänken des Restsees findet man Bachstelzen und Flußregenpfeifer.

Tour 36

Rund um den Groß Leuthener See

Anfahrt

Bus Station Groß Leuthen der Linie Guben – Lieberose – Kuschkow – Königs Wusterhausen. Ferner : Neu Lübbenau – Kuschkow – Dollgen – Lübben

PKW, Fahrrad Parkplatz am Nordrand des Badestrandes von Groß Leuthen. Fahrräder sollten wegen einiger ungünstiger Wegabschnitte hier angeschlossen werden.

Wanderstrecke 8 km/3 Stunden

Orientierung → Karte links **Wegmarkierung** grüner Querstrich (noch provisorisch)

Rast im Strandbereich von Klein Leuthen empfehlenswert

Einkehr 2 Gaststätten an der Hauptstraße des Ortes, sowie das Terrassencafé am Badestrand.

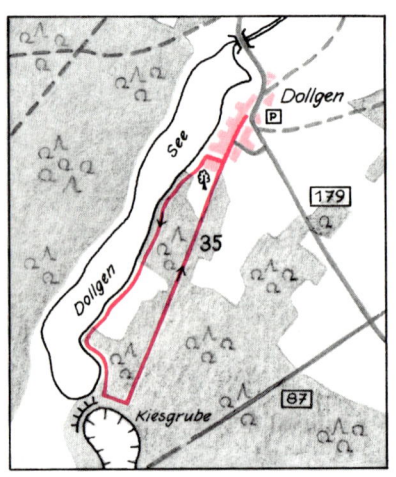

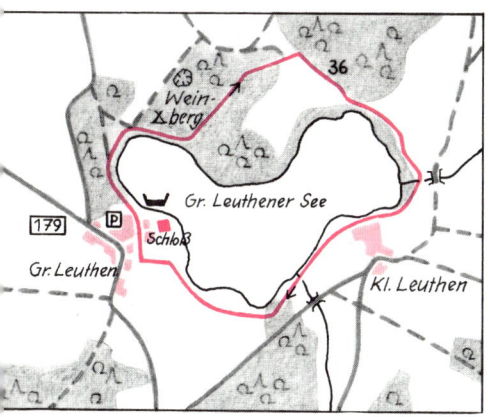

Die Wanderung beginnt am Parkplatz des Strandbades und verläuft in Uhrzeigerrichtung. Nach Passieren des Zeltplatzes biegt der Weg seewärts ab, verläßt den Wald nach 750 m, überquert einen Graben und zweigt nach 100 m rechts ab. Im Bereich einer Sandgrube ist der See wieder in Sichtnähe. Die Wanderung führt in Ufernähe weiter nach Klein Leuthen, wo besonders auf die Markierung (letztes Haus am Ufer) zu achten ist.

Ein hier beginnender Pirschweg mündet nach etwa 1 km in den Schloßweg, der nach Groß Leuthen zurückführt.

Rund um den See gibt es sehr viele Buchten. Während der Bade- und Pilzsaison ist die Wanderung besonders zu empfehlen.

Kulturgeschichte der Name Wein Berg weist auf den im Mittelalter hier verbreiteten Weinbau hin → Tour 27.

Spuren sind inzwischen von der Nutzung als Zeltplatz überlagert. Der Südhang war günstig gewählt.

Das Schloß kann auf eine bewegte Vergangenheit zurückblicken. An seiner Stelle war vorher eine im 12./13. Jahrhundert gebaute Wasserburg. Ende des 16. Jahrhunderts entstand das Schloß. Unter den Grafen Schulenburg und Haeseler erfolgten mehrmals Restaurierungs- und Ergän-

zungsbauten. Die letzten Jahrzehnte brachten häufig zweckentfremdete Nutzung mit sich: Wetterdienststelle, Lazarett, Umsiedlerwohnungen und Spezialkinderheim.

Erdgeschichte der Groß Leuthener See stellt den Ausschnitt einer subglazialen Schmelzwasserrinne dar. Als Einzugsgebiet dient die Leuthener Sandplatte, eine stark übersandete Grundmoräne. Derartige spätglaziale Rinnen geben im Gebiet ihr Wasser stets an die nordöstliche Rücklandzone der Endmoräne ab, weil diese niveaumäßig niedriger liegt als das bereits mit Ablagerungen ausgefüllte Baruther Urstromtal (Niveauunterschied 50 m).

Bei Trebatsch (Kilometer 42) findet die Rinne als Rocher Mühlen Fließ Aufnahme in die Kossenblatter Spree.

Der Wein Berg gehört einer inneren Endmoränenstaffel der Weichseleiszeit an. In nur geringer Tiefe steht Lehm an. Einen Einblick erlaubt die winzige Lehmgrube oberhalb des Zeltplatzes. Auch die spontane Laubholzausbreitung weist auf besseren Untergrund hin.

Pflanzenwelt Der Wein Berg gilt als Traubeneicheninsel. Die heutigen Forstbestände setzen sich aus Kiefern, Rotbuchen und Eichen zusammen. In Ortsnähe wachsen auch Robinie, Spitz- und Berg-Ahorn. Die ehemalige Sandgrube am Fuße des Eich Berges unterhält einige wärmeliebende Pflanzenarten: Knorpellattich, Thymian und der sehr seltene Sand-Tragant. Der Schloßpark liegt überwiegend im Grundwasserbereich und beherbergt Maiglöckchen – Eichen – Edellaubholzwald bis zum quellnassen Erlenwald. Auf einer Waldwiese wächst ein kleiner Bestand der Breitblättrigen Kuckucksblume. Schmuck geben sich im Hochsommer die umliegenden Hochstaudenwiesen.

Sie beheimaten Sumpf-Haarstrang (weiß), Blutweiderich (rot), Zungen-Hahnenfuß

Teichrohrsänger im Nest

Tour 37

Naturlehrpfad „Buchenhain" bei Schlepzig

Anfahrt

Bus Station Schlepzig Kirche der Linien Vetschau – Lübben – Märkisch Buchholz – Königs Wusterhausen und Alt Schadow – Neu Lübbenau – Lübben

PKW, Fahrrad 0,5 km westlich des Ortsausgangs Schlepzig befindet sich nördlich der Chaussee nach Krausnick ein ausgeschilderter Parkplatz (Fahrräder können hier angeschlossen werden), an dem der Lehrpfad beginnt.

Faltboot Kahnhafen Schlepzig (Hauptspree)

Wanderstrecke ab Parkplatz 3 km (Rundwandertour/1 Stunde).

Orientierung → Karte S. 70/71 **Wegemarkierung** grüner Schrägstrich

Rast am Ort der ehemaligen „Moldenhauers Hütte" bietet eine ständig verschlossene Hütte durch das überhängende Dach wenigstens Schutz vor Regen. Die wenige Meter entfernte Kahnanlegestelle gilt als „inoffizieller" Rastplatz

Einkehr Gaststätte an der Schlepziger Schleuse, dort auch Parkmöglichkeit.

(gelb), Sumpf-Storchschnabel (rot) und Gemeiner Gilbweiderich (gelb) und werden mitunter gemäht. Eine Rückvermoorung zeigen Fieberklee (weiß-rotbraun) und vereinzelt bereits Torfmoose an.

Tierleben Die warme, geschützte Basis der Sandgrube gilt als Vorzugsbiotop einiger Schwärmerarten, z. B. Wolfsmilchschwärmer und Mittlerer Weinschwärmer. Das Westufer des Sees besitzt ausgedehnte Schilfflächen. Diese dienen als Wochenbett für Wildschweine. Menschliche Begegnungen lassen den Schilfhaufen plötzlich bedrohlich lebendig werden. Die Schilfzone in Ufernähe bietet den Haubentauchern und Teichhühnern gepolsterte Bodenbrutstellen. Elegant verknüpfte Nester (Schilfhalme) bauen die Rohrsänger. Teichrohrsänger und der Drosselrohrsänger mit Stentorstimme (karre – karre – kiet. . .).

Routenschema in Stichpunkten: Zerniafließ bis zum Wehr – Archendamm – Brücke über den Schiwastorm überqueren – parallel zum Puhlstrom bis zu „Moldenhauers Hütte". Rücktour: über Försterei Buchenhain zur Chaussee und zum Parkplatz zurück. Der Naturlehrpfad wurde 1967 eingerichtet. 21 Tafeln bieten bildhafte Kurzinformationen.

Erweiterung zur Tagestour

Besuch des Agrarhistorischen Museums in Schlepzig: das Museum befindet sich in der Dorfstraße 26. Folgende Trakte kön-

nen besichtigt werden: Backofen, Kräutergarten, Ackergeräte, Hausgeräte und das Wohnhaus inclusive Inventar. Öffnungszeiten von 7–16 Uhr. Reisegruppen können sich zum Brotbacken anmelden. Besichtigung des Arbeitsganges, Verkostung und Möglichkeit des Ankaufes.

Verbleibt noch Zeit und Lust sollte unbedingt die Dorfkirche besichtigt werden. Ein erst jüngst restaurierter Fachwerkbau von 1782 mit einem Kanzelaltar aus eben dieser Zeit. Blumenpracht auf den Gräbern umsäumt die Kirche und weist auf den Familiensinn der Schlepziger hin. Am Tor zwischen Kirche und Pfarrei weist ein Schild auf Führungen hin.

Besondere Hinweise der tatsächliche Routenablauf stimmt gegenwärtig nicht mit dem in der Wanderkarte überein.

Wegen der unzähligen Mücken sollte man bei schwülwarmen Witterungslagen im Sommer die Tour meiden.

Sehr empfehlenswert sind Herbstwanderungen von Oktober bis Anfang November. Seit 1961 steht der Waldanteil der Tour unter Naturschutz.

Kulturgeschichte dem Benutzer des Lehrpfades werden einige kulturgeschichtliche Daten geboten. So ist der Archendamm ein historischer Pfad, über den bereits im 14. Jahrhundert die Schlepziger trockenen Fußes nach Krausnick eilen konnten. Fehlende slawische Funde im Wandergebiet, dazu die Abwesenheit wärmeliebender Pflanzen belegen eine ununterbrochene Bewaldung. Als Staatsforst blieb die Degradierung zum Bauernwald erspart. In Moldenhauers Hütte wurden früher Holzmulden zum Teigkneten hergestellt. Später spielten sich hier Sängerwettbewerbe ab. Nach einem Brand steht heute dort eine Blockhütte. Sie diente zeitweilig der Fledermausforschung.

Erdgeschichte das Gebiet von Buchenhain befindet sich im Einflußbereich der Spree. Das Absetzen von Sinkstoffen, Laufveränderungen und geringmächtige Flachmoorschichten auf einstigen Dauerstauflächen führten zu den wechselhaften Bodenverhältnissen. Sandstürme verfrachteten ferner von der nahen Endmoräne her Sand in das Tal. So entstanden bis zu 3 m hohe Dünen. Sie prägen das Bild südwestlich der Försterei Buchenhain. Das Reliefbild des Tourengebietes, obgleich Tal, erscheint uns daher keineswegs als eben. Verlandete Altwasserarme und die Dünen bilden die Eckwerte.

Pflanzenwelt der Talboden des Tourengebietes ist durchschnittlich grundwasserferner und kalkreicher als der Restspreewald. In Buchenhain siedeln sämtliche Waldgesellschaften des Spreewaldes. Hinzu kommen noch Forstgesellschaften, in denen Kiefer, Fichte, Weymuthskiefer und Lärche dominieren. Den Touristen wird der ständige Wechsel der naturnahen Baumartenkombination begeistern. Der Hauptflor liegt im Frühling. Der Edellaubholzwald gefällt sich dann in der Blütentracht von Scharbockskraut. Gelben und Weißen

Im Mai blüht die Sommerknotenblume

band für Überraschung. Bei Störungen zeigt der Eulenschmetterling das Königspurpur seiner Hinterflügel. Auf Waldwegen sonnen sich Ringelnattern.

Tour 38

Von Neu Lübbenau in den Forst Klein Wasserburg

Anfahrt:
Bus Station Neu Lübbenau der Linie → Tour 40

PKW, Fahrrad der Dorfkern im Bereich der Schulstraße besitzt weitläufige Parkmöglichkeiten.

Faltboot Hauptspree nutzen. Ankermöglichkeiten an einer Wirtschaftsbrücke westlich des Ortes. Ab hier in die Rundwandertour einschalten

Wanderstrecke 9 km (Rundwandertour)/3 Stunden

Orientierung → Tour 40 **Wegemarkierung** gegenwärtig keine. Routenbeschreibung beachten

Rast nach Bedarf überall

Einkehr Gaststätte in Neu Lübbenau (Dorf).

Von der B 179 zweigt der Weg in die Schulstraße ab und biegt nach reichlich 500 m links ein. Zugleich mit der Försterei erreicht man den Waldrand und biegt wieder rechts ab. Nach 1 km wird der Fahrweg Neu Schadow – Neu Lübbenau Süd erreicht. Dort geht es nach rechts und etwa 1,5 km weiter wird die B 179 überquert. Linkerhand fällt der Blick nach 1 km auf die Zirnitz-Wiesen.

Bis zum Erreichen der Chaussee führt die Wanderung durch Wald und nach kurzer Wegstrecke auf der Straße in südlicher Richtung biegt man rechts zum Dammweg ab und folgt der Spree etwa 2 km bis man

Schwarzstorch

Windröschen, Leberblümchen und Schuppenwurz. Der Stieleichen-Rotbuchenwald prunkt mit schönen Maiglöckchenbeständen und der Erlenwald mit Gundermann, Gefleckter Taubnessel und Sumpf-Dotterblume. Als große Seltenheit gilt hier das Vorkommen des südeuropäischen Sommer-Märzenbecher.

Tierleben ein Teil der reich vertretenen Tierwelt besitzt geradezu eine Vorliebe für urwüchsige Waldbestände. Als Prototyp gilt der Schwarzstorch. Auch der Schwarzspecht besitzt eine Vorliebe für altgermanische Waldüberschirmung, konnte sich aber andererseits den modernen Forsten anpassen. Hoch in Waldesgipfeln nisten Hohltaube, Kolkrabe und die beiden Milanarten. Mitgeführte Ferngläser startbereit halten! Besonders im Totalreservat findet das überständige und absterbende Holz viele Liebhaber unter den Insekten. So entwickelt sich im Mulm absterbender Erlen der mit dem Rosenkäfer verwandte Eremit. Ein 3 cm großer Käfer mit schwarzbraunem Erzschein. Als typische Waldschmetterlinge erfreuen überwinterte Zitronenfalter und Trauermantel bis in den Mai hinein. Im Herbst sorgt das Rote Ordens-

Waldbild aus dem Forst Klein Wasserburg

schaftsbrücke nach rechts wendet, um bald den Südrand von Lübbenau (Dorf) zu erreichen.

Die Tour empfiehlt sich besonders ab Juli zur Pilz- und Beerenzeit (Brombeere, Heidelbeere und Himbeere). Bademöglichkeiten in der Hauptspree.

Kulturgeschichte Neu Lübbenau wurde 1721 vom Preußenkönig Friedrich Wilhelm I. gegründet. Holländer hatten sich damals im sächsischen Lübbenau angesiedelt und erzeugten Qualitätsgurken deren Export bis nach Berlin ging. Den geizigen Monarchen verdroß dieser unnötige Import. Flugs wurden 30 Familien abgeworben und bei der Gründung des besagten Ortes unterstützt. Leider ließ die Fruchtbarkeit der Äcker bald nach und der Anbau verlief „im Sande". Nach 1815 löste sich das Problem von selbst. Preußen erhielt nach dem Wiener Kongreß die gesamte Niederlausitz.

Alte Eichen des Forstreviers Klein Wasserburg sind oftmals letzte Zeugen der einst im Bereich des Stieleichen-Birkenwaldes verbreitete Schweinemast.

Erdgeschichte Die Wanderung führt durch ein Talsandgebiet. An der Vegetation ist abzulesen, ob Talsand oder geringmächtige Dünen vorherrschen.

Bei Umbrüchen im Bereich der Wiesen – Richtung Kuschkow – werden mitunter flächendeckend Knollen von Raseneisenstein an die Oberfläche befördert.

Pflanzenwelt Die Wanderung führt durch typisches Stieleichen-Birkenwaldgebiet, das heute überwiegend forstwirtschaftlich genutzt und durch Kiefern geprägt wird. Als typischer Strauch kommt der Faulbaum vor. Das Waldbild wird ferner durch Leitpflanzen modifiziert. Adlerfarn, Heidekraut, Süßgräser und Wiesen-Wachtelweizen. Botanisch gesehen erscheint die letztere Variante noch am interessantesten.

Hier siedeln Schattenblume und Birngrün. Gräser und Farne im Übermaß kündigen wenige Pilze an, nur im Roteichenwald sind reiche Steinpilzfunde zu erwarten. Im Spätherbst findet man die Laubverwerter Violetter Rötelritterling und Nebelgrauer Trichterling, beide eßbar. Der schattenreiche und krautarme Standort sagt auch der Orchidee „Breitblättrige Sitter" zu, die sich trotz Vorliebe der Rehe für diese Pflanze, stark auszubreiten beginnt.

Tierleben als wahre Nahrungsschatzsucher fungieren die Wildschweine im Adlerfarn-Kiefernforst. Die schmackhaften Wurzeln des Farnes – übrigens auch schon in Notzeiten vom Menschen als Kartoffelersatz genutzt – werden flächenhaft ausgegraben. Der offene Mineralboden wird schnell von Kiefern- und Birkensamen entdeckt. Das Wildschwein als Förster!

Im Dammbereich der Spree lauern Legionen ewig hungriger Teichfrösche. Bei lautloser Annäherung und ruhigem Verharren gelingt die Beobachtung der Beuteergreifung. Als „Festmahl" gelten unter Fröschen z. B. Paarungsräder von Libellen.

Tour 39

Von Hohenbrück zum Pretschener Wein Berg und dem Mühlen Berg

Anfahrt

Bus Station Hohenbrück der Linie Alt Schadow–Schlepzig–Lübben

PKW, Fahrrad Parkmöglichkeiten im Ort. Wir nutzen den Weg am Postkasten. Fahrräder kann man hier anschließen.

Faltboot Ankermöglichkeiten 300 m nördlich Hohenbrück am Ufer des Neuendorfer-Sees

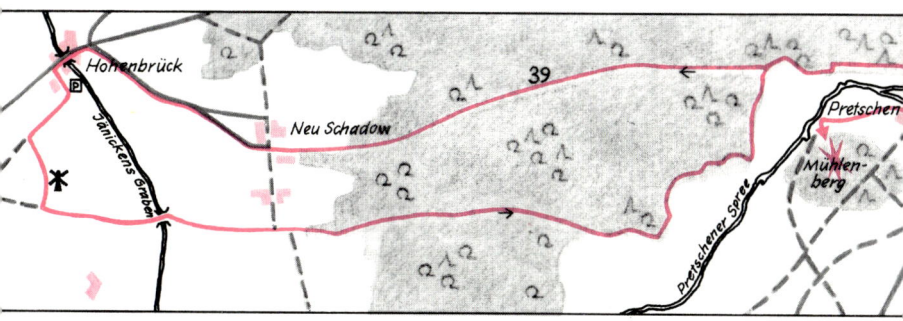

Wanderstrecke 15 km (Rundwandertour) / 5 Stunden

Orientierung Karte oben **Wegemarkierung** keine, Routenbeschreibung nutzen!

Rast nach Bedarf überall

Einkehr je 1 Gaststätte in Pretschen, Hohenbrück und 300 m westlich, am Neuendorfer-See (Café „zum Laubfrosch")

Ausgangspunkt Hohenbrück. Man biegt in die Alte Straße am Dorfbriefkasten ein. Nach 200 m macht der Weg eine Rechtskurve. Am Waldrand führt der Weg links weiter und passiert einen Wirtschaftsbetrieb (Holz). Nach reichlich 200 m mündet der Weg in einen Fahrweg. Jetzt muß man links abbiegen und immer am Südrand der bewaldeten Düne verbleiben. Es geht vorbei an einem Gehöfttrakt. Nach 1 km ist Forst Klein Wasserburg erreicht. Auf 500 m Länge durchläuft man eine Mehrfachkreuzung der Wege (→ Karte), gelangt zum Wiesental der Pretschener Spree und wandert in Richtung Pretschen. Rücktour: zunächst den gleichen Weg zurück. Nach reichlich 1 km (ab Spreebrücke) auf Jagenbezeichnung 3532 achten; hier wird waldeinwärts gewandert und nach 2 km ein geschotterter Waldweg überquert. 300 m weiter, Krümmung des Weges nach halblinks. Ab Neu Schadow muß man die Chaussee nach Hohenbrück

benutzen. In Pretschen empfiehlt sich der Aufstieg zum Mühlen Berg. Hier gute Aussicht nach beiden Seiten (Kahlschlag).

Kulturgeschichte anläßlich einer Stiftung König Heinrichs II. zugunsten des Klosters Nienburg (1004) gehörte auch Pretschen zum Inventar. Die bevorzugte Lage am Fuße zweier Hügel ließ bald den Weinbau einziehen, erstmals um 1505 erwähnt. Noch 1870 trug der Mühlen Berg auf 10 Morgen Weinreben → Tour 27. Durch wasserbauliche Maßnahmen im Kernspreewald war die Pretschener Umgebung Schauplatz eines Grundwasserspiegelverfalls. Ackerland und Wiesen mußten zugunsten von Kiefernaufforstungen weichen. Infolge seiner Verkehrsabgelegenheit wirkt der Ort anheimelnd. Als Anziehungspunkte dienen die Dorfkirche (1893), 1 Fachwerkhaus davor und das ehemalige Gutshaus (Mitte des 19. Jahrhunderts).

Erdgeschichte die flexibel akkumulierende Spree → Tour 33 und 34 hinterließ im Wandergebiet weitläufige Talsandflächen, stellenweise anmoorig geprägt. Pfeifengrasbestände im Wald geben Hinweise. Hier steht das Grundwasser weniger als 1 m hoch an. Unruhige Geländeformen verraten ferner eine Überprägung durch Flugsand und Dünen. Eine lange Strichdüne befindet sich z. B. südlich von Neu Schadow. Die Flachmoorwiesen der Pret-

Das Dorfzentrum von Pretschen

schener Spree geben sich heute sehr entwässert. Die Flurbezeichnung „Morastwie-
sen" spiegelt einen Zustand vergangener
Zeiten wider.

Wie 2 Torwächter flankieren Mühlen Berg
und Wein Berg die sich hier schmal
gebende Spree, sogar der Lauf ändert
sich. Bisher floß die Spree nach Nordost,
ab Pretschen vorübergehend in östlicher
bis südöstlicher Richtung. Die Pretschener
Spree stellt heute nur eine unbedeutende
Entwässerungsbahn dar. Bei Plattkow
mündet sie in die Kossenblatter Hauptspree. Die Endmoränen bei Pretschen
gehören nicht der Haupteisrandlage an.
Den Wein Berg kennzeichnen eindrucksvolle Erosionsrinnen, die einstige Entwal-
dung anzeigen.

Pflanzenwelt die Dünenkette südlich von
Neu Schadow trägt einen malerischen
Krüppelkiefernwald → Tour 34. Hier nicht

den reichen Behang mit Misteln (Schma-
rotzer!) übersehen.

Der Staatswald – Klein Wasserburg – kün-
digt sich durch besseren Waldzustand und
schnurgerade Gestelle an. Reiche Bestände an Kalmus begleiten die Ufer der Pretschener Spree in Höhe des Mühlen Berges. Kalmus ist eine Heilpflanze, deren
Wurzelstöcke eifrig gesammelt wurden.
Heute erfolgt der Import aus Billiglohnlän-
dern.

Der Wein Berg und Mühlen Berg tragen
heute Kiefernforst. Auf dem Mühlen Berg
lockern Traubeneichen und Birken das
Waldbild auf. Sonnenseitig wachsen Astlo-
se Graslilie, Karthäuser-Nelke, Nickendes
Leimkraut und Siegmarswurz. In Ortsnähe
verfremden Robinien mit ihren stickstoff-
sammelnden Eigenschaften das Bild. Man
nennt sie die botanische Pest des
20. Jahrhunderts.

Tierleben tagsüber faul in den Kronen von Kiefern sitzend wird abends der Walker – Deutschlands größter Maikäfer – mobil. Auf Waldwegen üben sich Trauermantel und Zitronenfalter in Hochzeitsflügen. Nach der Paarung und Eiablage im Frühjahr gehen sie in die ewigen Jagdgründe ein. Die Raupen der neuen Generation sind ab Juli besonders auf Faulbaumblättern zu finden.

An den Talsandterrassen zur Pretschener Spree lauern stets gesellige Waldeidechsen auf Insekten.

Bisamratten schwimmen in der Spree. Ihr schädliches Treiben an den Deichen kann Hochwasserschutz in Frage stellen. Auf der Sonnenseite von Düne und Endmoräne haben wärmeliebende Insekten ihre Wohnröhren, z. B. Solitärbienen, Wegwespe, Sandlaufkäfer und Ameisenlöwen.

Tour 40

Rundwanderung Leibsch, Köthener See, Krausnicker Berge

Anfahrt

Bus Station Leibsch-Damm der Linie Vetschau – Lübben – Märkisch Buchholz – Königs Wusterhausen

PKW, Fahrrad auf der B 179 fährt man bis Leibsch-Damm. Parkmöglichkeiten befinden sich im Bereich der Umflutkanalbrücke. Fahrräder hier anschließen.

Faltboot Ankermöglichkeiten zwischen dem Wehr bei Leibsch und der Bundesstraßenbrücke

Wanderstrecke 18 km (Rundtour) / 6 Stunden

Profil sehr steiler Anstieg oberhalb des Schwanen-Sees. Auf 0,5 km Distanz fast 100 m Höhenunterschied

Orientierung → Karte S. 70/71 **Wegemarkierung** die Markierung auf der Wanderkarte entspricht nicht den Tatsachen. Wir beschreiben daher die Route.

Rast nach Bedarf. Darüberhinaus sei der kahle Wehlaberggipfel empfohlen.

Einkehr Gaststätten in Leibsch-Damm (mit Parkplatz), Köthen (→ Tour 41) und Groß Wasserburg an der Schleuse

Zunächst führt die Wanderung auf dem Süddammweg des Umflutkanales in Richtung Westen. Nach Erreichen des Köthener Sees (Ostufer) biegt man links auf einen Dammweg ab, überquert die Randkanalbrücke und wandert rechts weiter. Der Weg mündet in die Chaussee Groß Wasserburg–Köthen.

Köthen durchwandert man in Richtung Märkisch Buchholz auf der Chaussee. Wenige Meter außerhalb der Ortschaft zweigt man halblinks in einen Waldweg ab. (Parkplatzmarkierung!). Es geht vorbei am Triftsee, Acker und Wildacker. An der Weggabelung benutzt man den stärker befahrenen Weg bis zur Jagenkennzeichnung 1239 und biegt dort links ab. Bald ist der Schwanen-See erreicht. Südlich des Sees führt die Wanderung auf dem Mittelweg weiter und nach einer Geländekehle steil bergan (links Eichengatter und rechts Lärchengatter). Auf der Hochfläche ist bald der geschotterte Höhenweg erreicht, wo in Richtung Osten abgebogen wird. Man kommt zum Wegabzweig in Richtung Wehla Berg und erreicht ihn nach 200 m. (Jagen 1236!)

Nach der Bergbesteigung wird auf dem geschotterten Weg weitergelaufen, am Feuerwachtturm vorbei und an der nächsten Wegkreuzung auf den halblinks weiterführenden Schotterweg abgebogen. Nach knapp 2 km ist der Ortskern von Groß Wasserburg erreicht. In nördlicher Richtung geht es aus dem Ort hinaus bis zur Straßengabelung. Die rechterhand zu benutzende Betonstraße wird hinter der

Ortsgrenze ein Wanderweg parallel zum Randkanal bis zur Brücke, der zunächst der Endpunkt unserer Rundtour ist. Auf dem Rückweg sollte am Umflutkanal diesmal der Norddammweg benutzt werden.

Besondere Hinweise Die gegenwärtig noch exzellente Aussichtsmöglichkeit (Kahlschlag) auf dem Wehla Berg (144 m) sollte man unbedingt nutzen.
Bei Sperrung des Norddammes (Schafe) den Süddamm für den Rückweg nutzen. Teile des Köthener-Sees wurden jüngst unter Naturschutz gestellt. Weitere Hinweise → Tour 41.

Kulturgeschichte nach der verheerenden Überflutung im August 1897 entfaltete man bedeutende Schutzaktivitäten. Der Bau des Spree–Dahme–Umflutkanales stellte Anfang des 20. Jahrhunderts eine bedeutende Leistung dar. Auf nur 10 km

überwindet der Kanal von Leibsch bis Märkisch Buchholz etwa 6,5 m Gefälle. Die Abflußleistung beträgt 20 m³/s. Die überströmenden Wassermassen muten am Wehr von Märkisch Buchholz gewaltig an. Das bisherige kleine Wiesenflüßchen „Dahme" wird nunmehr zu einem Fluß. Heideseen und Köthen → Tour 41.
Unweit westlich unseres Schwenks in den Wehlabergweg existiert (siehe Meßtischblatt 3949 Schlepzig 1:25 000) eine seltsame Flurbezeichnung – Bunterstiel! dort stand einst ein buntstieliger Wegweiser. Man muß wissen, daß hier ein Wegnadelöhr für die Ortschaften Märkisch Buchholz, Oderin und Schönwalde bestand. Bei Bunterstiel befand sich dann die Wegaufspaltung in Richtung Groß Wasserburg oder nach Krausnick. Unweit des Wehla Berges erhebt sich der Feuerwachtturm. Stets nutzte man markante Höhen wegen der besseren Überschaubarkeit.

Pfifferlingsgruppe

Höckerschwan im Fließgewässer

Erdgeschichte Der Süddammweg auf dem Hinweg gewährt einen ungewöhnlich guten Einblick in die geologische Situation dieses Tourengebietes. Im Vordergrund liegt das überwiegend flachmoorunterlagerte Staubecken der Spree kurz vor dem Köthener- und Neuendorfer-See. Keine Düne und Flugsandwellung unterbricht hier den ebenen Charakter der vor uns liegenden Wiesenlandschaft. Dahinter die schmale, bewaldete Talsand- und Sanderzone und dahinter, fast mittelgebirgsartig aufragend, der Endmoränenblock der Krausnicker Berge. Die Heideseen und der Köthener-See bleiben vorerst verborgen → Tour 41.

Pflanzenwelt die Bäume und Sträucher der beiden Kanäle sind Kunstpflanzungen: Pappel, Weiden, Erle, Eschenblätteriger Ahorn, Traubenkirsche und eine Rosenart. Ein Labsal für Touristen könnten die klei-

nen schwarzen Steinfrüchte einer Traubenkirschenart des Randkanales sein, die ab Anfang Juli reifen. Saftig, zuckersüß mit leicht bitterlichem Nachgeschmack empfehlen sie sich auch zur Likörherstellung. Alle Traubenkirschenarten sind eßbar!

Die Endmoränen der Krausnicker Berge enthalten den Löwenanteil am Gesamt-Traubeneichenbestand des Spreewaldgebietes. Sie lassen sich nach Leitpflanzen einordnen: Farnkraut-, Horstgras-, Süßgras-, Blaubeeren- und von beträchtlicher Verbreitung: Wiesenwachtelweizen-Eichenwald. Die Eiche bedingt eine große Pilzvielfalt, besonders bei Dominanz von Schafschwingel und Wiesen-Wachtelweizen. Dann findet man Eichensteinpilz (bereits ab Ende Mai), Flockenstieliger Hexenröhrling, Hasenröhrling (selten), Pfefferling und Eichenmilchling. Auf dem Bergkamm siedeln hoch reckenhafte Alteichen, obwohl auch hier der Kiefernforst überwiegt. An

Seltenheiten treten Keulen- und Flach-Bärlapp auf.

Tierleben auf den Wiesen südlich des Dammes herrscht im Frühling reges Leben. Kranich und Höckerschwan haben hier Plätze zum Äsen. Auch der Kiebitz fehlt nicht.
Im weitläufigen Waldgebiet der Krausnicker Berge schallt es „u–pup–pup". Der Wiedehopf grenzt zur Brutzeit sein Revier ab. Heute eigentlich überflüssig, die Brutplätze des vom Aussterben bedrohten Vogels berühren sich kaum noch. Liegengebliebene Schnittholzstapel aus Eiche werden bei sonniger Lage gern als Nahrungs- und Brutbiotop für Insekten erkoren: Bienenwolf, Goldwespe und Widderbock.

Tour 41

Rundwanderung um die Heideseen bei Köthen

Anfahrt
Bus Station Köthen der Linie Königs Wusterhausen – Märkisch Buchholz – Hermsdorf
PKW, Fahrrad Parkmöglichkeit am Südrand von Köthen (Hinweistafeln für die Gaststätte „zum Köthener See", sowie zu Natur und Jagd)
Faltboot Nordrand von Köthen (Köthener See).
Wanderstrecke 8 km / etwa $2^1/_2$ Stunden
Orientierung → Karte S. 70/71 **Wegemarkierung** grüner Querstrich
Rast überdachter Rastplatz (Tisch und Bänke) am Nordostufer des Schwanen-Sees
Einkehr 2 Gaststätten im Ort Köthen. Ein weiteres Wirtshaus „Gasthaus am See"

befindet sich 1 km östlich, an der Fahrstraße nach Groß Wasserburg

Die Wanderung beginnt am Parkplatz. Nach etwa 100 m ist eine Brücke erreicht. Man überquert den Verbindungsgraben Trift-See/Köthener See, läßt das Gestüt rechts liegen und wandert vorbei am Forsthaus Köthen, Pichersee und Mittelsee zum Schwanensee. Dieser See wird umrundet. Entlang am Westufer des Mittelsees, Südufer des Triftsees und Südufer des Großen Wehringsees erreicht man den Höhenweg oberhalb des Westufers des Großen Wehringsees. Auf der Straße Märkisch Buchholz – Köthen gelangt man zum Ausgangspunkt zurück.

Besonderer Hinweis Der bequeme Wegverlauf gestattet auch die Mitnahme von Fahrrädern. Angelkarten können in Köthen erworben werden. Seit der Wende steht das Wandergebiet auf der Liste der neu ausgewiesenen Naturschutzgebiete. Eine Ausschilderung steht bevor.

Kulturgeschichte trotz reizvoller Lage und relativer Nähe zu Berlin blieb dem Tourengebiet der häufig übliche Kranz eines „Bungalowgebirges" erspart. Die nach 1970 hier einsetzende Staatsjagdnutzung drängte die Erholungssuchenden durch Verbotsschilder zurück. Jugendherberge und Zeltplatz mußten ebenfalls weichen. Die Jagdleidenschaft der Führungsschicht sollte keinen Störungen ausgesetzt sein.

Erdgeschichte die sogenannten Heideseen liegen in der geländemäßig äußerst unruhigen Übergangszone vom Köthener Talsandbecken zu den Endmoränenwällen der Krausnicker Berge, durchsetzt mit Grundmoränenabschnitten. Die am Eisrand abgesetzten Mineralbestandteile überdeckten zahlreiche Toteisblöcke. Nach ihrem Austauen entstanden kessel-

artige Hohlformen, in denen sich bei stauendem Untergrund (Lehm) Wasser ansammelte. Hinzu kommen noch Tiefenausschürfungen des Eises. Beide Möglichkeiten führten zu den Heideseen. Ihre unterschiedliche Tiefe können wir recht gut an der Breite der Wasservegetationszonierung erkennen. Setzt sich die Steilheit der Hänge (Picher- und Schwanen-See) unter Wasser fort, ist sie nur spärlich ausgebildet.

Pflanzenwelt eine reiche Schwimmpflanzen- und Verlandungsflora beherbergen nur die beiden flachen Wehrigseen. Im Verlandungsbereich herrschen nasse, kaum betretbare Erlenbestände vor, am Westufer des Großen Wehrig-Sees dagegen Torfmoose mit Sumpf-Dreizack und Rundblättriger Sonnentau. Früher auch Englischer Sonnentau, Kuckucksblumen und Sumpf-Sitter. Wasserseits siedeln Binsenschneide, Schilf und Rohrkolben. Der Rest der Wasserfläche wird von Krebsschere und Weißer Teichrose eingenommen. Bei Gegenlicht verlockt dieses Bild zur künstlerischen Darstellung. Wir aber zücken die Kamera. Die Umgebung der Heideseen gehört zur Domäne des Traubeneichen-Kiefernwaldes. Heute vielfach zu Kiefernforst verfremdet. Ursprüngliche, zum Teil auch alte Bestände aus Traubeneiche und Kiefer werden noch auf den Steilhängen zum Picher See angetroffen. Sonnseitige Abhänge dienen als Heimstatt mittelbrandenburgischer Traubeneichenwaldpflanzen: Ästige Graslilie, Nickendes Leimkraut und Pfirsichblättrige Glockenblume. Urwaldartig mutet eine Schlucht zwischen Picher See und Schwanen See an. Ein luftfeuchtes Farnparadies: Adlerfarn, Wurmfarne, Engelsüß und Eichenfarn.

Tierleben blühende Leitpflanzen der Waldabhänge sind beliebte Tummelplätze für Hummeln.

Im Frühjahr ergeben blühende Preiselbeere eine gute Tracht. Ab Ende Mai verlockt der stellenweise massenhaft vorkommende Wiesen-Wachtelweizen. Die Bestäubungsleistung von Hummeln gelten als enorm. Ihr „Pelz" befähigt sie auch bei bienenunfreundlichen Temperaturen und dazu fast ganztägig zu fliegen. Beachten Sie ferner die vielen alten Eichen und Eichenstubben auf den Abhängen zum Picher See. Brutwohnungen für künftige Hirschkäfergenerationen. Das Weibchen legt hier unterirdisch seine Eier ab. Ein Umtrieb bis zum Käfer dauert mindestens 5 Jahre. Somit wird die jährlich wechselnde Dominanz des Hirschkäfers verständlich. Unter den Säugetieren gibt zum Leidwesen des Waldes der Rothirsch den Ton an. Ein Relikt aus der Zeit des Staatsjagdunwesens. Waldnachwuchs kommt gebietsweise nur im Schutze eines Gatters hoch.

Tour 42

Von Krausnick nach Groß Wasserburg

Anfahrt

Bus Station Krausnick-LTA, der Linie Groß Wasserburg – Schlepzig – Lübben sowie Linie Schlepzig – Krausnick – Groß Wasserburg – Groß Leuthen. Von hier ab 1 km in Richtung Schlepzig den bezeichneten Parkplatz ansteuern

PKW, Fahrrad aus Richtung Schlepzig oder Groß Wasserburg kommend, nutzen wir den offiziellen Parkplatz an der Kreuzung beider Straßen 0,5 km östlich von Krausnick (Ortsausgang)

Seerosenblüte auf dem Schwanensee ▶

Faltboot Kahnanlegestelle in Groß Wasserburg und hier in die Rundwandertour einschalten

Wanderstrecke 8 km (Rundtour) / etwa $2^{1}/_{2}$ Stunden

Orientierung → Tour 40, 41 **Wegemarkierung** die Trassierung des Hinweges ist neu. Die Markierung des Rückweges (roter Querstrich) hingegen meist nicht mehr erkennbar. Bitte Routenbeschreibung nutzen

Rast ein überdachter Rastplatz befindet sich auf dem Parkplatz. Ferner besteht noch eine günstige Möglichkeit an der Kahnanlegestelle Groß Wasserburg

Einkehr Gaststätte in Groß Wasserburg an der Schleuse

Blühender Busch der Traubenkirsche

Vom Parkplatz aus 300 m auf der Chaussee in Richtung Schlepzig wandern. Hier beginnt die durchgängige Dammwanderung bis zum Kahnhafen in Groß Wasserburg. Rücktour: Man benutzt die Chaussee nach Krausnick bis zum Ortsausgang. Hier halbrechts abbiegen. Nach knapp 0,5 km führt die Wanderung links auf einem Fahrweg (alter Wegweiser und Markierung) weiter. Von hier ab Markierungen beachten. Sie führen uns nach reichlich 1 km zurück auf die Chaussee. Die Chaussee leitet zum Parkplatz zurück. Die schönste Wanderzeit ist Ende April zur Traubenkirschblüte. Im Sommer mindert bisweilen ein gewaltiger Mückenexport aus dem angrenzenden Niederungswald die Lust am Wandern.

Besondere Hinweise Bei nasser Witterung die Tour meiden oder Gummistiefel benutzen. Der weniger begangene Südteil des Dammes ist recht grasig. Das Auwaldgelände (Nordteil) östlich des Dammes steht als Totalreservat unter strengem Schutz und darf nicht betreten werden.

Kulturgeschichte Mitten durch das Tourengebiet zog sich bis 1815 die preußisch

sächsische Grenze durch den Erlenwald (Grenzgraben). Groß Wasserburg gehörte somit zu Preußen, Schlepzig bereits zum Königreich Sachsen. Allzu streng ging es aber im Grenzbereich nicht zu, so hatten sächsische Fischer Nutzungsrechte bis weit nach Preußen hinein (Neuendorfer-See).

In Wasserburg stand einst ein Wassermühlenkomplex. Heute befindet sich hier der Kahnhafenbereich, flußabwärts das Wehr.

Erdgeschichte Der Dammweg führt durchweg durch die alluviale Spreeaue. Die Talränder nähern sich jedoch gelegentlich. Östlich davon der Adlershorst, eine etwas aus Flachmoor (Erlenwald) und Klock herausragende Talsandinsel. Der Rückweg führt durch die schmale Sanderzone der Krausnicker Berge. Eintöniger Kiefernwald im Gefolge.

Pflanzenwelt Im Bereich des Dammes überwiegen intensiv genutzte Mähwiesen. Stellenweise aber auch die weniger intensiv genutzte Honiggraswiese. Hier siedeln Vogel-Wicke, Gamander-Ehrenpreis und Gelbe Wiesenraute bevor die Erntemesser

alles oberflächlich abrasieren. Es erfolgen 2 Schnitte im Jahr. In verlandeten Altwasserarmen haben sich hingegen blütenarme Großseggenbestände ausgebreitet. Durch das dichte Untergrundpolster an abgestorbener Biomasse finden keimungswillige Erlensamen keinen Halt, während doch sonst dieser Baum schnell in aufgegebenen Wiesen Fuß faßt. Im Niederungswald verspricht die artenreiche Baumkulisse vieles, aber der Krautschicht fehlen die meisten kalksteten Arten. → Tour 37.

Die Rücktour führt durch Kiefernforste. Einst hatten hier Stieleiche und Birke das Sagen. Als Relikte trauern Faulbaum, Wurmfarn, Maiglöckchen, Himbeere und Wald-Ehrenpreis der entschwundenen Stieleiche nach. Ihre Standfestigkeit im Kiefernforst erscheint bewundernswert.

Tierleben der Damm gilt als Schienenstrang für Schmetterlinge. Haltepunkte sind im Frühjahr blühende Traubenkirschen. Im Frühsommer Brombeeren und im Hochsommer Wasser-Dost. Trauermantel, Zitronenfalter, Goldene Acht, Kleiner Feu-Falter. Den Schweißgraben entlang schießt in manchen Jahren der Eisvogel

Zitronenfalter

dahin. Eine ständige Gefährdung seines Bestandes durch Eisvogelversiegelung der Gewässer wird durch hohe Nachwuchsrate und in der Regel guten Bruterfolg (Fütterungskarussell) langfristig ausgeglichen. Wie schon der Name vorankündigt, barg einst der Adlerhorst Nistmöglichkeiten für unsere stattlichsten Greifvögel. Besonders dürften dafür alte, herausragende Stieleichen prädestiniert gewesen sein.

Auf der Rücktour kann man an Altkiefern Nisthilfen für Fledermäuse entdecken.

Tour 43

Von Krausnick zum Meierei- und Lichte-See

Anfahrt

Bus Station Krausnick (Kirche) der Linien Groß Wasserburg – Schlepzig – Lübben und Groß Leuthen – Groß Wasserburg – Krausnick – Schlepzig

PKW, Fahrrad Parkplatz gegenüber der Krausnicker Gaststätte (Ortszentrum) benutzen oder Fahrzeuge 0,5 km südlich Ortsausgang (Richtung Schönwalde) am Fahrstraßenabzweig abstellen. Fahrräder können auch mitgeführt werden.

Wanderstrecke 8 km (Hin- und Rücktour) / 3 Stunden

Orientierung → Tour 41. **Wegemarkierung** bis Meierei-See roter Querstrich

Rast außer Meierei-See und Kriegbusch (NSG) nach Belieben

Einkehr Gaststätte in Krausnick

Krausnick über die Chaussee in Richtung Schönwalde verlassen. Nach 0,5 km wird auf eine asphaltierte Fahrstraße halblinks abgebogen, eine Stallanlage passiert, und

100 m vor dem Forsthaus Meiereisee biegt man rechts ab und wandert am Nordrand des Sees entlang. Nach 1 km gehen links zwei Wege ab. Den hinteren – 10 m Differenz – zwischen Schonung und Hochwald nutzen. Das Nordufer des Lichte-Sees ist nach 0,5 km erreicht. Rücktour: auf gleichem Weg 50 m zurück. Dann zweigt der Waldweg nach rechts ab.

Wenig später muß man sich an einer Wegegabelung links halten, tangiert das Südufer des Meierei-Sees und erreicht wieder den hier nicht mehr asphaltierten Fahrweg südlich der Försterei. Bitte links abbiegen. Nach 100 m ist die Försterei passiert. Von hier wandert man auf bekanntem Weg nach Krausnick zurück. Meist reicht die Zeit noch für einen Besuch des Weinberges aus. Von der Gaststätte aus kann man in Richtung Schlepzig wandern bis rechts der kurze Dorfanger auftaucht. Hier abbiegen. Der Südhang wird nach 300 m erreicht. Diese Tour ist für Wanderer mit Vorliebe für die Stille empfehlenswert.

Kulturgeschichte dem Wein Berg sind noch heute typische Terrassenstufen zu eigen → Tour 27 Kulturgeschichte. Westlich davon klapperten einst Windmühlen (Mühlenberg). Die letzte ihrer Art wurde 1925 stillgelegt und nach dem Weltkrieg abgerissen.

Östlich unweit der Försterei liegt der Kriegbusch (NSG).

Flurenbezeichnungen mit Namen wie Krieg u. ä. kommen in deutschen Landen häufig vor. Auch der Kriegbusch verdiente sich seinen Namen redlich. Einstmals preußisch-sächsische Grenze, hatten hier vor reichlich 350 Jahren die Krausnicker (preußisch) Grenzbäume gefällt und dieses auch noch bestritten. Die landesfremden Kontrahenten (Amtskreis Lübben und Luckau) erboste diese Freveltat. Daraus entwickelte sich ein hartnäckiger, vorwiegend juristischer Kleinkrieg. Eine völllige

Beilegung des Konfliktes wurde eigentlich erst nach 1815 erreicht, als die gesamte Niederlausitz ohnehin an Preußen fiel. Doch schwelte der Konflikt noch lange danach in den gegenseitigen Beziehungen.

Erdgeschichte das Gebiet Krausnick–Lichtesee bietet wellig-kuppiges Grundmoränenland. Während der Meierei-See noch völlig zur alluvialen Spreetalaue rechnet (Flachmoorvegetation), ist der Lichte-See bereits völlig in die Grundmoräne eingebettet. Eine Toteishohlform! Östlich des Meierei-Sees erheben sich zahlreiche Dünen aus dem Wiesengelände. Fast weiße, korngleiche Sande kennzeichnen sie. Im Bereich der Stallanlage besitzt man eine gute Sicht auf die Endmoränen nördlich von Krausnick.

Pflanzenwelt aufgrund seiner ausklingenden Erlenauwaldvegetation rechnet der Meierei-See auch botanisch noch zum eigentlichen Spreewald. Buschwindröschen, Wechselblättriges Milzkraut, Großes Hexenkraut und Gewöhnliche Traubenkirsche. In den feuchtfesten Partien siedelt die großblütige (weiß/gelb) Sumpfprimel in umfangreichen Beständen. Das alles beschatten Erlen, Eschen und Stieleichen. Langfristig waldfrei ist hingegen der Lichte-See mit nährstoffliehenden Arten wie Sumpfkalla, Englischer und Rundblättriger Sonnentau sowie der Moororchidee Sumpf-Weichwurz. Die kiefernbewaldeten Moränenabhänge beherbergen Birngrün und Bärlapparten. Neben der natürlichen Baumkulisse aus Stiel-Eiche, Sand-Birke und Eberesche treten forstwirtschaftlich bedingt Rotbuche und Rot-Eiche hinzu. Eine fast fehlende Krautschicht fördert den Pilzreichtum.

Der Kriegsbusch bestand einst weitestgehend aus Erlen. Erst durch hochwasserabschirmende Wirkung des östlich vorgelagerten Dammes nahm der Anteil an

Helm-Knabenkraut

Esche, Ulme, Stiel-Eiche und Hainbuche zu. Als Besonderheit tritt hier die Zwergwasserlinse auf. Das einst hier vermeldete Helm-Knabenkraut tritt heute nur noch steril auf. Zu reicher Blüte bringt es dagegen noch das Große Zweiblatt.

Tierleben Die massenhaft bei den Schafherden um Krausnick auftretenden Stare kommen aus dem Laubwald am Meierei-See und von Altbaumpartien des Kriegbusches. Auf dem Rücken der Schafe ist ein großes Nahrungsangebot.

Buntspechte hatten einst einen Überschuß an Bruthöhlen fabriziert. Die Wiesen östlich der Försterei sind Tummelplatz von Kranichgruppen.
Ab Nachmittag beginnt einer unserer prächtigsten Bärenspinner, der Schönbär, zu fliegen.

113

Tour 44

Zum Südufer des Neuendorfer Sees

Anfahrt

Die Tour beginnt in Hohenbrück.

Bus → Tour 39

PKW, Fahrrad weitläufige Parkmöglichkeiten befinden sich wenig nördlich Ortsausgang Hohenbrück links von der Chaussee Hohenbrück – Alt Schadow. Hier biegt ein Weg ab. Kennzeichen: ein Naturschutzschild.

Faltboot Anlegemöglichkeit im Bereich des Gaststätten- und Ferienkomplexes Hohenbrück. Hier kann man sich in die Rundtour einschalten.

Wanderstrecke 9 km / 3 Stunden

Orientierung → Karte S. 115

Wegemarkierung Hinweg, roter Querstrich.

Rast im Bereich des Komplexes Gaststätte – Badestrand empfehlenswert.

Einkehr Gaststätten in Hohenbrück, Alt Schadow und am Neuendorfer See. Letztere ist im Winter geschlossen

Wenig nördlich vom Ortsausgang Hohenbrück biegt links von der Chaussee ein Feldweg ab. Er mündet nach 500 m in einen Asphaltweg, der im Bereich Gaststätte – Ferienkomplex – Badestrand – Campingplatz endet. Der ufernahe Wanderweg führt zu einem weiteren Campingplatz. Ab hier ist er wieder asphaltiert. Sobald die Bungalowsiedlung erreicht ist, biegt man in den ersten unbefestigten Weg nach rechts ab. Hier immer am Rand der Siedlung und später Waldrand entlang bis die Chaussee erreicht ist, die in Richtung Alt Schadow führt. Dann biegt man rechts ab. Zweimal gabelt sich der Weg, der sich immer rechts hält. Er mündet in einen breiteren Sandweg (Jagen 3656/3657). Nach 500 m biegt man rechts

in einen geschotterten Waldweg (Jagen 3544/3657) ein. Naturfreunde sollten sich 500 m weiter den Torfstichweiher ansehen. Danach geht es auf gleichem Weg 100 m zurück. Hier rechts abbiegen und nach 500 m wieder rechts. Nach Passieren des Siloplatzes erreicht man bald Hohenbrück.

Besonderer Hinweis der ganze Seebereich nördlich von Hohenbrück ist Naturschutzgebiet. Einführung → Naturschutz.

Kulturgeschichte Hohenbrück wurde 1747 gegründet. Wenig später erfolgte auch der Bau von Windmühlen. Für die am Südostrand gelegene Mühle verwendeten die Bauherren sogar Eichenkernholz. Wenn auch ohne Flügel, so steht das 1753 gebaute Objekt noch heute kernig da. Der Standort, teilweise von Wald umgeben, verrät, daß die Gegend früher waldärmer war. Zwischen der Mühle und dem Ort verläuft eine Heerstraße, die schon die Soldaten Napoleons benutzten. Einen ästhetischen Anblick bieten die zum Teil sehr alten Krüppelkiefern, auch eine Hudeeiche, am Südufer, die unter Denkmalschutz stehen.

Erdgeschichte das Gletscherzungenbecken des Neuendorfer Sees entstand durch Ausschürfungen des Inlandeises → Einführung Erdgeschichte. Dem südlichen Vorland fehlt auffälligerweise der Kranz der Hauptendmoräne. Das machte in der Nacheiszeit den Neuendorfer See zum Drehpunkt der Schmelzwasserströme. Solange das Baruther Urstromtal noch in Funktion war, floß das Schmelzwasser aus Richtung Schwieloch-See über den Neuendorfer See und Unterspreewald dorthin. Danach änderte sich die Fließrichtung und Spree und Schmelzwasser der Rückzugstaffeln flossen gemeinsam in Richtung Nordwest. Als das nicht mehr möglich war (→ Einführung Erdgeschichte) drehte die Abflußrichtung endgültig nach Osten. Der Neuendorfer See stellt heute nur noch

Weiße Seerosenbestände

einen Rest des ursprünglichen Wasser-
beckens dar. Die Ablagerungen und Umla-
gerungen sind Sand, den die Badegäste
zu schätzen wissen.

Pflanzenwelt das flache, schnell durch-
wärmte Seebecken war lange Zeit
berühmt durch seine Wassernußbestände.
Heute scheint die Art dort zu fehlen.
Infolge des großflächig nahen Grundwas-
serspiegels enthalten viele Luche und
manche Triften um den See einige Vertreter mit subatlantischer Verbreitung. Hierzu
zählen Glockenheide, Vogelfuß, Sparrige
Binse und Mittlerer Sonnentau.

Tierleben Tierleben der Kiefernheide →
Tour 34 und 39. Tierleben des Sees → Tour
29, 30 und 36. Die Vogelwelt des Sees sollte besonders außerhalb der recht belasten-
den Touristiksaison Beachtung finden.
Vogelzugperiode im Frühjahr und Herbst!

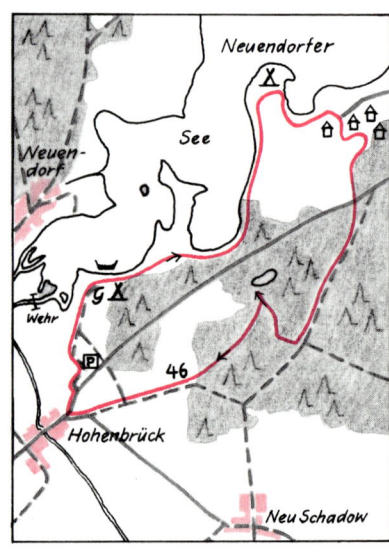

Bootstouren
ideal für Falt- und Paddelboote

Große Spree bei Neu Lübbenau

Tour 45

Von Schlepzig oder Petkansberg durch den Unterspreewald

Anfahrt

Bahn auf der Hauptstrecke Berlin – Görlitz bis Lübben, weiter auf der Strecke 205 bis Hartmannsdorf, 500 m von der Haltestelle entfernt kann das Boot in die Spree eingesetzt werden, Petkansberg liegt 5 km, Schlepzig 6,5 km flußabwärts.

PKW Kraftfahrer aus Richtung Berlin fahren auf der B179 bis Neu Lübbenau und biegen dort rechts nach Schlepzig ab, nach Petkansberg fährt man auf derselben Straße 5 km weiter und biegt am Wegweiser rechts ab. Von Süden her verläßt man die A 15 in Richtung Duben und fährt auf der B 87 nach Lübben und biegt hinter der Stadt links ab. Ausgangspunkt für die Tour sind Schlepzig oder Petkansberg.

Wanderstrecke ab Schlepzig ist der Rundkurs 12 km/3 Stunden, ab Petkansberg 15 km/4 Stunden.

Orientierung → Karte S. 70/71

Ab Hafen Schlepzig paddelt man auf der Quaasspree abwärts und dann auf dem Puhlstrom durch den Wald. Hinter dem Forstort „Moldenhauers Hütte" wird links durch den Dresslerstrom und dann auf dem Langen-Horst-Graben stromab gefahren, dann links in die Wasserburger Spree eingebogen und bis zum gleichnamigen Ort gepaddelt. Nach der Rast muß man zum Langen-Horst-Graben zurück und dort stromab weiter. Vor der Schleuse rechts in den Puhlstrom eingebogen, geht es etwa 1 km stroman und dann links auf dem Schiwastrom weiter. Durch die „Schnelle Katrein" (starke Strömung) wechselt

man links zum Zerniasfließ hinüber und gelangt nach Schlepzig zurück.

Besondere Hinweise Die beschriebene Tour ist ebenso gut von Petkansberg aus möglich, der Ort liegt 1,5 km oberhalb von Schlepzig an der Hauptspree. Dort kann mit Erlaubnis des Wirtes gezeltet werden.

Die beschriebene Strecke ist vom 15.6. bis 31.12. jeden Jahres frei, aber während der ersten Jahreshälfte im Interesse des Naturschutzes gesperrt. Ganzjährig frei sind Hauptspree, Zerniasfließ und Quaasspree.

Rast und Einkehr sind in Groß Wasserburg und oberhalb Moldenhauers Hütte möglich.

Kulturgeschichte Die Großen Waldungen im Unterspreewald sind seit jeher in Staatsbesitz. Alte Siedlungen am Rande sind Schlepzig und Leibsch, während Groß Wasserburg erst Ende des 17. Jahrhunderts und Neu Lübbenau sogar erst 1721 gegründet wurden. Als in der 2. Hälfte des 13. Jahrhunderts Siedler aus Sachsen und Franken ins Land kamen, brachten sie Kenntnisse über die Anwendung der Wasserkraft mit. Westlich Schlepzig entstand die Buschmühle, im Dorfe selbst wurde ein Eisenhammer erbaut. Voraussetzung für die technischen Einrichtungen war ein Damm, der das Spreetal in Höhe Schlepzig seit dem 14. Jahrhundert abriegelte. Diese älteste wasserwirtschaftliche Anlage im Unterspreewald besaß mehrere Wehre, nach denen sie „Archendamm" genannt wurde. Der Hammer (Eisenschmelze und Pochwerk) verarbeitete Raseneisenstein aus nächster Umgebung. Er wurde schon im 17. Jahrhundert stillgelegt, vermutlich, weil das Königreich Sachsen in den südlichen Landesteilen rentablere Metallurgie besaß. An der Stelle des Hammers entstand um 1700 eine Mahl- und Ölschlagmühle, bald kam ein Sägewerk hinzu. Im

Rundblättriger Sonnentau

spärlich entwickeln, bessere Bedingungen finden die Röhrichtarten im Ufersaum. Am häufigsten sind Großseggen, Wasserschwaden, Schilf, Iris und Kalmus. Letzterer duftet aromatisch, die Wurzeln enthalten einen Bitterstoff, der bei Magen- und Darmbeschwerden hilfreich ist.

Hohe Stauden am Ufer sind ferner der violett blühende Wasserdost und weiß blühende Mädesüß. Von der Schwarzen Johannisbeere, eigentlich einem Strauch des Erlenwaldes, hängen die Zweige oft bis ins Wasser hinab. Das Gelände beiderseits der Quaasspree bleibt im Frühjahr lange überschwemmt. Dort bedeckt das Wasserschwadenried große Flächen. Darin blüht vereinzelt die Schwanenblume, deren prächtige Scheindolde im Sommer den Betrachter fasziniert.

Jahre 1962 ist der Betrieb eingestellt worden.

In Kriegszeiten fanden die Bewohner der umliegenden Dörfer Schutz im Walde. Bedeutendste Zufluchtsstätte war der Wussek, eine Talsandinsel 1 km WSW Schlepzig. Ein hier im Jahre 1904 aufgestelltes und 1990 erneuertes Denkmal erinnert an einen Prediger aus Lübben, der im Dreißigjährigen Krieg hier Gottesdienst abhielt (siehe Inschrift). Der Wald lieferte Material für viele Gewerke, für die Herren war er hauptsächlich Jagdrevier. Nach 1815 war hier ein Jagdgebiet der Deutschen Kaiser, später blieb es bis in die Gegenwart Staatsjagdgebiet, Pflege erfolgte von Klein Wasserburg aus. Mehrere Hochsitze sind vom Boot aus zu sehen. Der oberhalb von Schlepzig gelegene Kriegbusch ist seit 1938 Naturschutzgebiet, im Jahre 1961 wurden die NSG „Buchenhain" und „Groß Wasserburg" eingerichtet, seit 1990 gehört der gesamte Unterspreewald zum Biosphärenreservat.

Pflanzenwelt Im Schatten der Bäume können sich Wasserpflanzen nur sehr

Tierleben Begegnungen mit Tieren sind für den Wasserwanderer besondere Erlebnisse. Über den Wäldern fliegen Rotmilan, Mäuse- und Wespenbussard. Wer Glück hat, sieht den Eisvogel dicht über dem Wasser dahineilen. An Steilufern brütet die Uferschwalbe, Kolkraben sind öfters zu hören, zuweilen dringt auch der Trompetenruf des Kranichs ans Ohr. Vom Schwarzwild sind tagsüber nur die Wechsel am Ufer zu finden. Während der Angler vor allem Hechten, Aalen, Plötzen, Schleien und Rotfedern nachstellt, wird der Wassersportler nur gelegentlich einige Kleinfische beobachten. Auf Sandbänken im flachen Wasser liegen Muscheln, meist handelt es sich um Mahler-Flußmuscheln. An Krebsen gibt es nur den Amerikanischen Flußkrebs.

Begegnung an der Schleuse ▶

Tour 46

Große Spreewalddurch-
querung von Cottbus
zum Neuendorfer See

Versierten Wassersportlern wird vorgeschlagen, auf einer Mehrtagesfahrt den
gesamten Spreewald von Cottbus bis zum
Neuendorfer See zu durchqueren, begonnen wird in Cottbus am Großen Spreewehr.

Anfahrt
Bahn Cottbus liegt an der Hauptstrecke
Berlin – Görlitz. Vom Bahnhof fährt man
mit der Straßenbahn Linie 4 bis Körner-
platz, er ist 900 m vom Großen Spreewehr entfernt.

PKW die A 15 verläßt man an der
Abfahrt Cottbus-Süd und gelangt über
die B 97 und den Nordring zum Parkplatz am Großen Spreewehr.

Wanderstrecke Gesamtstrecke 68 km,
Etappenziele sind Burg, Jugendherr-
berge (23 km), Lübbenau, Campingplatz
(9 km), Lübben, Campingplatz (13 km),
Petkansberg (12 km) und der Neuendorfer See (11 km).
An allen Etappenorten bestehen Zelt-
möglichkeiten.

Orientierung → Karte S. 70/71, 44/45

Auf der 1. und zugleich schwersten
Etappe wird der breite Strom der Spree
befahren, wo auf 7 km 8 Sohlschwel-
len im Strom zu überwinden sind (bei
ausreichend Wasser können sie überfah-
ren werden). Später muß das Boot an
3 Wehren umgetragen werden, befestigte
Ufer erleichtern die Manöver. Zeltmöglich-
keiten!

Die 2. Etappe führt auf der Hauptspree durch den Siedlungsraum Burg (→
Tour 8) an der Dubkowmühle (→ Touren 7,
17) vorüber nach Leipe. Von der Schleuse
westlich des Dorfes gelangt man über
Schappigk und den Burg-Lübbener Kanal
nach Wotschofska, Weiterfahrt → Tour 14,
Variante) bis zum Campingplatz.

3. Etappe: Bis Barzlin → Tour 16, weiter
auf dem Burg-Lübbener Kanal, unterhalb
der Einmündung des Eichkanals muß zur
Hauptspree übergewechselt werden, auf
ihr wird Lübben erreicht.

4. Etappe: Petkansberg erreicht man auf
der Hauptspree.

5. Etappe: Bis Leibsch → Tour 45, weiter
auf der Hauptspree.
Campingplätze gibt es am Neuendorfer
See in Hohenbrück, Neuendorf und Altschadow.

Was man im Spreewald ißt

Was macht den Spreewälder stark?
Kneedeln, Leinell und Quark.
Was schmeckt am zur Sunntagsruh?
Kaffee und Plinze dazu.
Was werd er immer lieben?
Gritzwurscht und große Grieben.
Was gibt am Mut und Zorn?
Alter Cottbuser Korn.
Was klärt den Kopp bei Mann und Frau?
Saure Gurken aus Lübbenau.
Was bringt das Land noch auf den Tisch?
Pflaumkuchen, Spargel, Meerrettich
und Fisch.

Schon sehr lange werden den Spreewaldbesuchern in den Gaststätten für den Landstrich typische Speisen und Getränke angeboten. Berühmt sind die hiesigen Fischgerichte, vor allem Fisch in Spreewaldsoße. Ob Hecht, Zander, Schlei oder ein anderer Fisch zubereitet wird, immer ist die Soße das Wichtigste, die zum Beispiel mit Butter oder Bier ihren besonderen Geschmack erhält.
Es gibt viele Varianten und weil jede Hausfrau ein geheimes, überliefertes Rezept besitzt, deshalb kann nur ein Spreewälder selbst die richtige Spreewaldsoße zubereiten. Fisch in Spreewaldsoße war schon immer ein Festessen und kommt auch heute nur an besonderen Feiertagen auf den Tisch. Aber als Gast kann man dieses Gericht täglich auf der Speisekarte finden. Daneben sind Quark mit Leinöl, Grützwurst mit Sauerkraut und Zwiebelsuppe im Angebot.
Diese ebenfalls recht schmackhaften Alltagsgerichte mußten in jüngster Zeit leider oft von den Karten gestrichen werden, weil sie zu wenig bestellt worden sind. Die All-

tagsgerichte der Spreewaldbewohner von heute gleichen dagegen im wesentlichen denen der übrigen Bundesländer.
Früher lebten die Menschen hier sehr bescheiden. So aß der Bauer morgens meist Milchsuppe und eine 'Schniete' Roggenbrot. Zum zweiten Frühstück war das Brot mit Griebenfett bestrichen. Mittags aßen die Leute größtenteils Pellkartoffeln. Dabei saß die gesamte Familie um den Tisch, in dessen Mitte eine Schüssel mit Quark und Leinöl stand, aus der sich jeder bediente. Zur Abwechslung gab es Gemüseeintopf oder sauren Hering. Das Vesper aus Schmalzschnieten und Malzkaffee, wurde aufs Feld gebracht oder vom Bauern im selbstgefertigten Kober mitgenommen. Abends gab es nochmals Pellkartoffeln, oft mit Speckstippe. Wer hatte, aß zuweilen Hausmacherwurst oder Schinken zu Brot. Fast ausschließlich wurde gegessen, was in der eigenen Wirtschaft erzeugt werden konnte. Fisch kam wochentags nur selten auf den Tisch, weil dessen Zubereitung die Hausfrau von der Feldarbeit zu sehr abgehalten hätte.
Auf den Feldern der Randgebiete der Niederung gedieh früher Buchweizen, den der Müller zu Grütze und Mehl verarbeitete. Von der Grütze wurde mit Milch ein Brei gekocht, der mit Zucker und Zimt gegessen wurde. Mit Fleischbrühe und Speck angerichtet, mundete der Brei ebenfalls. Beim Hausschlachten war mit Buchweizengrütze zubereitete Blutwurst eine Delikatesse.
Von Buchweizenmehl wurden an Festtagen Plinze gebacken. Nach alter Tradition bieten heute viele Gaststätten am Nachmittag zum Kaffee Plinze an, allerdings nun

überwiegend aus Weizenmehl hergestellt. Die jüngste Entwicklung in der Landwirtschaft läßt in der Lausitz jedoch auf eine Renaiccance des Buchweizen hoffen.

Gurken und Meerrettich gedeihen im Spreewald vorzüglich, sie sind seit dem 16. bzw. 17. Jahrhundert und noch heute begehrte Köstlichkeiten aus dieser Landschaft.

Nachfolgend einige typische Rezepte aus dem Spreewald.

Spreewälder Saure Gurken

Mittelgroße Einlegegurken waschen und wechselweise mit Wein-, Kirsch- oder Eichenblättern und reichlich Dill in einen Steintopf einschichten. Vorher wurde eine Salzlösung (40 g Kochsalz auf 1 l Wasser) aufgekocht, die nun nach dem Erkalten auf die Gurken gegossen wird. An einem warmen Ort folgt nun eine mehrtägige Gärung. Nach 3 Tagen wird die obere kahmig gewordene Lake entfernt, und die Gurken sind verzehrfertig.

Buchweizenplinze

250 g Buchweizenmehl, 20 g Hefe, 1/2 l Milch, 40 g Zucker, 2 Eigelb, etwas geriebene Zitronenschale und Salz.

Alle Zutaten warm stellen, das Mehl in eine Schüssel sieben und das Hefestück ansetzen. Nach dem Aufgehen werden alle Zutaten der Reihe nach zugegeben und gut gerührt. Dann läßt man den Teig nochmals gehen und bäckt in heißem Fett kleine Plinze, die man mit Zucker und Zimt bestreut. Dazu wird Kompott gereicht.

Krauthirse mit Milch

500 g Hirse (heute kann man auch 300 g Reis verwenden) waschen. Einen kleinen Weißkohlkopf fein zerschneiden. In einem höheren Topf Fett auslassen und darin abwechselnd Kraut (etwa 3 cm) und Hirse (2 bis 3 Eßlöffel) schichten und salzen.Das Ganze mit kalter Milch übergießen, so daß die letzte Schicht gerade bedeckt ist und

langsam garen lassen. Serviert wird mit etwas brauner Butter im tiefen Teller.

Speckstippe

Räucherspeck gewürfelt anbraten, Zwiebelwürfel dazugeben. Mehl in Wasser verrührt und Speck-Zwiebel-Schwitze aufkochen und mit Salz nachwürzen. Dazu Pellkartoffeln, Salzkartoffeln oder Brot sowie Gurkenteller reichen.

Lübbenauer Spreewaldsoße

Wurzelwerk (Sellerie, Möhre, Zwiebeln und Petersilie) in Scheiben schneiden und gar kochen. Wurzelwerk entfernen und Bier hinzugeben, mit Salz abschmecken. (Für 4 Personen rechnet man 0,1 l Voll- und 0,2 l Malzbier). In dem Sud wird Fisch (Karpfen, Hecht ...) gargezogen und dann herausgenommen. Sahne und Mehl werden angerührt und in den Sud gegeben. Nach dem Aufkochen wird die Spreewaldsoße mit brauner Butter verfeinert.

Der Fisch wird geschmacklich aufgewertet, wenn der fertigen Spreewaldsoße reichlich Dill, Majoran, Thymian o. ä. beigemengt wird.

Sorbisches Hochzeitsessen

Für 4 Personen 800 g Rindfleisch (ohne Knochen) aufkochen lassen und abschäumen. Ist das Fleisch halb gar, Wurzelwerk zugeben und weich kochen lassen. Aus je 80 g Margarine und Mehl eine Schwitze bereiten und mit etwas Brühe zu einer sämigen Tunke auffüllen. 200 g geriebenen Meerrettich und etwas Milch dazu tun und mit 80 g Butter verrühren. Nun nicht mehr aufkochen lassen. Mit Salz, einer Prise Zucker und Pfeffer würzen, mit Eigelb abziehen. Das warme Fleisch wird in Scheiben auf Teller gegeben, mit Meerrettichsoße überzogen und mit Eierscheiben garniert. Als Beigabe reicht man Sauerkraut und Gewürzgurken. Das sorbische Hochzeitsessen wird mit Bort serviert, seltener mit Kartoffeln oder Klößen.

Wandern mit Neumanns Landschaftsführern:

Landschaften haben viele Gesichter:
- Berge und Täler, Flüsse und Seen
- Zeugnisse einer oft wechselvollen Erdgeschichte
- ein charakteristisches Pflanzenkleid
- interessantes Tierleben und natürlich auch
- Burgen, Schlösser, Kirchen und Städte

Erleben soll man durch Erwandern!
- auf den eigenen Füßen
- im Faltboot
- mit dem Fahrrad, wenn längere Strecken zu überwinden sind
- mit dem PKW, wenn besondere Sehenswürdigkeiten wie Kirchen oder Burgen für ein Fußtour zu weit auseinander liegen.

Vorrang hat das Wandern auf den eigenen Füßen. Es ist trotzdem mehr als nur Laufen, denn man sollte dabei beobachten und spähen,
mehr sehen wollen als nur die Bäume am Wegesrand,
den Vogelstimmen lauschen,
hier und dort ein Erinnerungsfoto machen,
die Arbeitswelt und das Stadtgespräch ausklammern und stattdessen an jeder Wegebiegung und vor jedem Austritt aus dem deckenden Wald nach Jägerart verharren um zu sehen, ob Tiere ausgetreten, Vögel eingefallen oder anderes Leben zu beobachten ist, das wir mit forschem Weiterlaufen nur zur Flucht veranlassen würden.

Die Wandergeschwindigkeit der Touren und die Zeitangaben sind deshalb mit nur 3 Stundenkilometern angesetzt. Da bleibt Zeit zum Beobachten, da kann Stein oder Blüte bestimmt werden, da braucht niemand zu drängeln, um Anschlüsse oder Treffpunkte pünktlich zu erreichen. Wird

die Zeit trotzdem knapp, dann schafft ein rüstiger Fußgänger 6 Stundenkilometer und verkürzt damit alle Zeitangaben unserer Landschaftsführer auf die Hälfte. Übrigens stimmen Fußgänger und die Paddler im Faltboot in der Wandergeschwindigkeit genau überein. Gemächliches Paddeln bringt 3 km, flottes Paddeln 6 km Vortrieb je Stunde.

Ein Fernglas leistet beim Beobachten gute Dienste. Es sollte nicht zu gering, aber auch nicht zu stark vergrößern. Am häufigsten werden die 8fachen Gläser benutzt. Sie sind klein, handlich und belasten das Exkursionsgepäck kaum.
Vogelkundler benutzen gern stärkere Gläser mit 10- oder sogar 12facher Vergrößerung. Aber spätestens hier beginnt sich das Zittern der Hände störend bemerkbar zu machen.

7 Jahreszeiten entspringen altem Wissen der Gärtner, Bauern und Biologen, denen die Einteilung des Jahres nach der astronomischen Stellung der Sonne viel zu schematisch war und ist. Seit Karl Foerster die sieben Zeiten des Gartenjahres propagierte, folgt ihnen auch das Neumann Verlagsprogramm.

Wandern in Naturschutzgebieten, Reservaten und Naturparks?
Es sind die letzten Zellen intakter Natur unserer Heimat. Wir erwarten, daß jedermann die Gesetze achtet: auf den Wegen bleibt, die überall bedrängte Natur schont, das Wild nicht beunruhigt, das Leben nicht stört. Selbst die kleine Welt am Wegesrand ist es wert, beachtet und respektiert zu werden. Wenn auch sie verschwindet, braucht die Menschheit keine Wanderoder Landschaftsführer mehr!

Das Wanderjahr und seine schönsten Wandertouren

VORFRÜHLING: Vom Stäuben der Haseln bis zum Ergrünen der Laubbäume
Beobachten: Vorfrühlingsblüher im Laubwald, am Grunde der Hecken und am Wiesenrand. Laichende Amphibien, Rückkehr der Zugvögel

FRÜHLING: Vom Ergrünen der Laubwälder bis zum Erblühen der Wildrosen
Beobachten: Obstbaumblüte, Blütenfolge der Wiesenkräuter, Höhepunkt des Vogelsangs, Werben und Balzen

FRÜHSOMMER: Vom Erblühen der Wildrosen bis zur Getreideernte
Beobachten: reifende Getreidefluren, Ackerunkräuter, Blütenreigen im Ödland mit Insektenleben. Mittsommer, Johanniskäfer, Feldgrillenzeit, Holunderblüte

HOCHSOMMER: Ab Getreideernte bis zur Vollreife der Vogelbeeren, Blütezeit des Rainfarns, Heupferdzeit
Beobachten: Getreideernte, Blütenreigen im Ödland, zweiter Aufwuchs der Wiesenkräuter und erneute Mahd

FRÜHHERBST: Von der Vollreife der Vogelbeeren bis zum Beginn der Laubfärbung. Erntezeit bei Mensch und Tier
Beobachten: Zugvögel und Wanderfalter, Altweibersommer, Hirschbrunft, erste Wintergäste, Dahlienblüte

HERBST: Von der beginnenden Laubfärbung bis zum vollendeten Laubfall
Beobachten: Laubfärbung, Einbringen des letzten Erntegutes, Karpfenfischen, Mastzeit bei den Tieren, Wintergäste kommen

SPÄTHERBST und WINTER: Vom Laubfall bis zum Stäuben der Haseln.
Beobachten: Wintergäste an den verschiedensten Nahrungsquellen, Überwinterer unter dem Dach der Menschen, Vielfalt des „Tannengrüns"

Vorfrühlingsblüher im Laubwald →
1, 12, 23, 37, 42 und
Sumpfdotterblumen → 2, 6, 27, 38, 40
Rückkehr der Störche →
7, 13, 27, 29, 31, 37
Laichende Amphibien → 4, 7, 33, 35

Traubenkirschenblüte → 4, 12, 37, 42
Blütenfolge der Wiesen → 2, 7, 8, 16, 29, 31, 33, 37, 42
Balzzeit der Vögel → 4, 7, 29, 31, 35, 36, 37, 40, 41

Licht-Kuckucksnelkenblüte auf den Wiesen → 6, 11, 29, 31
Blütenreigen im Ödland mit Insektenleben → 9, 13, 27, 28, 29, 30, 34, 35, 40
Heldbockzeit → 11, 12
Brutzeit der Störche → 7, 14–19, 27, 29,
Wasserdost- und Rainfarnblüte →
14–19, 27, 29, 33, 40, 42, 44
Tagfalter auf Hochstaudenfluren →
6, 8, 29, 33, 35, 42
Heupferd- und Libellenzeit →
14–19, 27, 29, 30, 31, 34, 40, 42
Dahlienblüte → 2, 6, 38
Pilzzeit → 29, 30, 32, 34, 35, 36, 40, 41, 43
Hirschbrunft → 4, 19, 40, 41, 44
Radnetzspinnen auf Mooren und Wiesen →
4, 12, 27, 29, 31, 34, 35, 39, 44
Erste Wintergäste → 12, 27, 29, 35, 36

Laubfärbung → 1, 23, 27, 29, 33, 36, 37, 44
Hauptpilzzeit → 32, 34, 35, 36, 40, 41, 43
Mastzeit bei Tieren → 12, 13, 30, 33, 40, 41, 43
Zugvögel → 7, 11, 27, 29, 33, 40, 46

Wintergäste → 1, 8, 23, 29
Eisdecke auf Teichen, Seen und Wasserläufen (Eislauf) → 1, 2, 7 (Variante) 23, 28, 29–31, 33, 35, 36
Stadtbesichtigungen → 1, 23
Museumsbesuche → 1, 2, 37

Fremdenverkehrsinformationen

Fremdenverkehrsbüro Schlepzig –
O–7551 Schlepzig, Tel. 2 65
Fremdenverkehrsverein „Spreewaldkreis
Lübben" – O–7550 Lübben,
Lindenstraße 14, Tel. 30 90
Fremdenverkehrsamt Lübbenau –
O–7543 Lübbenau,
Ernst-Thälmann-Straße 25, Tel. 22 63
Gemeindeamt Raddusch –
O–7541 Raddusch, Dorfplatz 1,
Tel. Vetschau 30 74
Fremdenverkehrsamt Burg –
O–7502 Burg-Dorf, Am Hafen 1,
Tel. 4 17
Touristeninformation Straupitz –
O–7551 Straupitz, Cottbuser Straße 27,
Tel. 3 21
Biosphärenreservatsverwaltung Spreewald
O–7543 Lübbenau, Schulstraße 9

Campingplätze

O–7543 Lübbenau, Am Volkspark
O–7550 Lübben, Am Burglehn
O–7551 Altschadow, Neuendorfer See
O–7551 Neuendorf, Neuendorfer See
O–7551 Hohenbrück, Neuendorfer See
O–7551 Groß Leuthen,
        Groß Leuthener See (am Weinberg)
O–7551 Briesensee, am Briesener See
O–7551 Byhleguhre, am Byhleguhrer See

Jugendherberge

„Köthener See", O–1601 Köthen,
    Tel. Märkisch-Buchholz 5 22
„Friedrich L. Jahn", O–7502 Burg,
    Am Sportplatz, Tel. 2 25
„Haus am See", O–7551 Byhleguhre,
    Am See, Tel. Straupitz 3 62
Jugendherberge, O–7550 Lübben,
    (Steinkirchen), Dorfaue 16, Tel. 26 69

Bootsausleihe

Alt Schadow, Burg (4), Köthen, Lehde,
Lübben, Lübbenau (4).

Kahnfahrten:

Alt Zauche, Burg (2), Groß Wasserburg,
Leibsch, Lübben (3), Lübbenau (3), Neu
Zauche, Raddusch, Schlepzig

Meßtischblätter sind zu beziehen bei:

Brandenburgischer Vermessungs- und
    Liegenschaftsdienst, O–1500 Potsdam,
    Neuer Markt 1
Fachbuchhandlung für Geografie
    „SCHROPP", W–1000 Berlin 30,
    Potsdamer Straße 100
eventuell auch bereits über örtliche oder
    regionale Buchhandlungen

Register

Neumanns Landschaftsführer

lieferbar:

- Das Elbtal und Dresden

im Druck:

- Thüringer Wald
- Der Harz
- Rheinsberger Seenlandschaft

in Vorbereitung:

- Das Ilmtal und Weimar
- Insel Rügen
- Mecklenburgische Boddenlandschaft
- Sächsisch-Böhmische Schweiz
- Das Saaletal
- Die Eifel
- Schwäbische Alb
- Havelland
- Schorfheide
- Lüneburger Heide
- Zwischen Spree und Dahme